丛书主编　丁见民
丛书副主编　付成双　赵学功

美 洲 史 丛 书

拉美结构主义发展理论研究

董国辉　著

南开大學出版社

天　津

图书在版编目(CIP)数据

拉美结构主义发展理论研究 / 董国辉著. 一天津：
南开大学出版社，2023.1
（美洲史丛书 / 丁见民主编）
ISBN 978-7-310-06323-9

Ⅰ.①拉… Ⅱ.①董… Ⅲ.①经济发展理论－研究
Ⅳ.①F061.3

中国版本图书馆 CIP 数据核字(2022)第 206866 号

拉美结构主义发展理论研究
LAMEI JIEGOU ZHUYI FAZHAN LILUN YANJIU

南开大学出版社出版发行
出版人：陈　敬
地址：天津市南开区卫津路 94 号　　邮政编码：300071
营销部电话：(022)23508339　营销部传真：(022)23508542
https://nkup.nankai.edu.cn

雅迪云印(天津)科技有限公司印刷　全国各地新华书店经销
2023 年 1 月第 1 版　　2023 年 1 月第 1 次印刷
238×170 毫米　16 开本　20 印张　4 插页　336 千字
定价：186.00 元

如遇图书印装质量问题,请与本社营销部联系调换,电话:(022)23508339

南开大学中外文明交叉科学中心
资助出版

编者的话

自从 1492 年哥伦布发现"新大陆",美洲开始进入全世界的视野之内。不过,哥伦布认为他所到达的是东方的印度,故误将所到之地称为印度群岛,将当地原住民称为"印地人"。意大利航海家阿美利哥在随葡萄牙船队到南美洲探险后,于 1507 年出版的《阿美利哥·维斯普西四次航行记》中宣布哥伦布所发现的土地并非东方印度,而是一个新大陆。稍后学者为了纪念新大陆的发现,将这一大陆命名为"亚美利加",即美洲。此后很长时期内,欧洲人,无论是西班牙、葡萄牙还是英国、法国的探险家,都将这一大陆称为美洲。葡萄牙航海家费尔南多·麦哲伦,西班牙探险家赫尔南·科尔特斯、弗朗西斯科·皮萨罗,英国探险家弗朗西斯·德雷克、沃尔特·雷利无论在发给欧洲的报告、书信还是出版的行记中,都将新大陆称为美洲。甚至到 18 世纪后期,克雷夫科尔撰写的《一位美国农夫的来信》使用的依然是"America",而法国人托克维尔在 19 世纪 30 年代出版的名著《论美国的民主》也是如此。可以说,在"新大陆"被发现后的数百年中,美洲在欧洲人的观念中都是一个整体。

1776 年,随着英属北美 13 个殖民地的独立,美洲各区域开始走上不同的发展道路。首先独立的美国逐渐发展壮大,西进运动势如破竹,领土扩张狂飙猛进,到 19 世纪中期已经俨然成为美洲大国。接着,原在西班牙、葡萄牙殖民统治之下的广大拉丁美洲地区,也在 19 世纪 20 年代纷纷独立,建立了众多国家。不过,新独立的拉美各国在资源禀赋极为有利的情况下,却未能实现经济快速发展,社会问题丛生,现代化之路崎岖缓慢。现代学者在谈及拉美问题时,屡屡提及"现代化的陷阱"。最后,加拿大在 19 世纪中期经过与英国谈判才获得半独立地位,但此后其"国家政策"不断推进,经济发展和国家建设稳步提升,于 20 世纪初跻身经济发达国家之列。

表面上看,似乎美洲各国因为国情不同、发展道路各异而无法被等同视之，但当历史进入 19 世纪末期以后，美洲一体化的趋势却日渐明显，似乎应了"分久必合"的老话。1890 年 4 月，美国同拉美 17 个国家在华盛顿举行第一次美洲会议，决定建立美洲共和国国际联盟及其常设机构——美洲共和国商务局。1948 年在波哥大举行的第九次美洲会议通过了《美洲国家组织宪章》，联盟遂改称为"美洲国家组织"。这一国际组织包括美国、加拿大与拉丁美洲大部分国家。

除了国际政治联合外，美洲经济一体化也在第二次世界大战后迅速发展。美洲区域经济一体化首先在拉丁美洲开启。拉美一体化协会（Latin American Integration Association）是拉美地区最大的经济合作组织，其前身是拉丁美洲自由贸易协会，主要成员国包括阿根廷、玻利维亚、巴西、智利、哥伦比亚、厄瓜多尔、墨西哥、巴拉圭、秘鲁、乌拉圭和委内瑞拉。此外，1969 年成立的安第斯条约组织（又称安第斯集团），由玻利维亚、智利、哥伦比亚、厄瓜多尔和秘鲁组成。1994 年，安第斯条约组织正式组建自由贸易区。1997 年，安第斯条约组织更名为安第斯共同体，开始正式运作。与此同时，加勒比共同体、中美洲共同市场、南方共同市场等区域经济一体化组织纷纷出现。其中，1995 年建立的南方共同市场是拉美地区发展最快、成效最显著的经济一体化组织。北美自由贸易区的建立，则是美洲一体化的里程碑。1992 年，美国、加拿大和墨西哥三国正式签署《北美自由贸易协定》。1994 年 1 月 1 日，协定正式生效，北美自由贸易区宣布成立。

时至今日，美洲各国在经济和政治上的联系日益紧密，美洲在政治、经济和文化等诸多方面依然是和欧洲、亚洲、非洲迥然不同的一个区域。无论是被视为一个整体的美洲，还是走上不同发展道路的美洲各国，抑或走向一体化的美洲，都值得学界从历史、文化、外交、经济等多维度、多视角进行深入研究。

南开大学美洲史研究有着悠久的历史和深厚的学术传统。20 世纪二三十年代，曾有世界史先贤从美国学成归来，在南开大学执教美国史，为后来美国史研究的发展开启先河。不过，南开美国史研究作为一个具有影响的学科则可以追溯到杨生茂先生。杨先生 1941 年远赴海外求学，师从美国著名外交史学家托马斯·贝利，1947 年回国开始执教南开大学，他培养的许多硕士生和博士生成为国内高校美国史教学和科研的骨干。1964 年，根据周恩来总理的指示，中国高等教育委员会在南开大学设立美国史研究室，杨生茂先生任主任。这是中国高校中最早的外国史专门研究机构。此后，历经杨生茂先生、张友伦先生和李剑鸣、赵学功教授三代学人的努力，南开大学美国史学科成为中国美国史研究一个颇具影响的学术点。2000 年，美国历史与文化研究中心成立，成为南开大学历史学院下属的"三系三所三中心"的机构之一。2017 年，以美国历史与文化研究中心为基础组建的南开大学美国研究中心，有幸入选教育部国别与区域研究（备案）基地，迎来新的发展机遇。不过，南开大学美国研究中心并非仅仅局限于历史学科。南开美国研究在薪火相传中一直都具有跨学科的多维视角特色，这可以追溯到冯承柏先生。冯先生出身于书香世家，数代都是南开学人。他一生博学多才，在美国研究、博物馆学与图书情报等数个领域都建树颇丰，在学界具有重要的影响，他为美国研究进一步开辟了交叉学科的宽广视野。在冯先生之后，南开美国研究的多学科合作传统也一直在延续，其中的领军者周恩来政府管理学院的韩召颖教授、美国研究中心的罗宣老师都是冯先生的杰出弟子。

南开大学拉丁美洲史是国家重点学科"世界史"主要分支学科之一，也是历史学院的特色学科之一。南开大学历史系拉丁美洲史研究室建立于 1964 年，梁卓生先生被任命为研究室主任。1966 年，研究室一度停办。1991 年，独立建制的拉丁美洲研究中心成立，洪国起教授为第一任主任，王晓德教授为第二任主任，董国辉教授为现任主任。2000 年南开大学实行学院制后，拉美研究中心并入历史学院。1999 年，中心成为中国拉丁美洲史研究会秘书处所在地。洪国起教授在 1991—1996 年任该研究会副理事长，1996—2007 年任理事长；2007—2016 年，王晓德教授担任研究会理事长，韩琦教授担任常务副理事长；2016 年后，韩琦教授担任理事长，王萍教授、董国辉教授担任副理事长。

此外，加拿大史研究也一直是南开大学世界史学科的重要组成部分。20 世纪 90 年代，张友伦先生带队编著并出版《加拿大通史简编》，开启研究先河。杨令侠、付成双教授分别担任中国加拿大研究会会长、副会长，先后担任南开大学加拿大研究中心主任。南开大学加拿大研究中心是中国加拿大研究的重镇之一，出版了众多加拿大研究成果，召开过数次大型学术研讨会。

深厚的学术传统结出丰硕的学术成果，而"美洲史丛书"就是前述研究成果的一个集中展现。这套丛书计划出版（或再版）18 部学术著作，包括杨生茂著《美国史学史论译》、张友伦主编《加拿大通史简编》、冯承柏著《美国社会文化与中美交流史》、洪国起著《拉丁美洲史若干问题研究》、陆镜生著《美国社会主义运动史》、韩铁著《美国历史中的法与经济》、王晓德著《拉丁美洲对外关系史论》、李剑鸣著《文化的边疆：美国印第安人与白人文化关系史论》、韩琦著《拉丁美洲的经济发展：理论与历史》、赵学功著《战后美国外交政策探微》、付成双著《多重视野下的北美西部开发研究》、董国辉著《拉美结构主义发展理论研究》、王萍著《智利农业与农村社会的变迁》、丁见民著《外来传染病与美国早期印第安人社会的变迁》、张聚国著《上下求索：美国黑人领袖杜波依斯的思想历程》、罗宣著《美国新闻媒体影响外交决策的机制研究》、王翠文著《体系变革与中拉发展合作：跨区域主义的新转向》与董瑜著《美国早期政治文化史散论》。

与其他高校和科研机构的相关成果相比，这套丛书呈现如下特点：第一，丛书作者囊括南开大学老中青三代学者，既包括德高望重的前辈大家如杨生茂、张友伦、冯承柏、洪国起，又包括年富力强的学术中坚如王晓德、李剑鸣、赵学功、韩琦等，还包括新生代后起之秀如付成双、董国辉和董瑜等；第二，丛书研究的地理区域涵盖范围宽广，涉及从最北端的加拿大到美国，再到拉丁美洲最南端的阿根廷；第三，涉猎主题丰富广泛，涉及政治、经济、文化、外交、社会和法律等众多方面。可以说，这套丛书从整体上展现了南开大学美洲史研究的学术传统特色和专业治学水平。

为保证丛书的编写质量，南开大学历史学院与南开大学出版社密切合作，联手打造学术精品。南开大学中外文明交叉科学中心负责人江沛教授在担任历史学院院长时启动了"美洲史丛书"的出版工作，并利用中外文明交叉科学中心这个学术平台，提供学术出版资助。余新忠教授继任历史学院院长后，十分关心丛书的后续进展，就丛书的编辑、出版提出了不少建设性意见。南开大学世界近现代史研究中心主任杨栋梁教授为丛书的出版出谋划策，鼎力支持。此外，美国研究中心、拉丁美洲研究中心的博士及硕士研究生出力尤多，在旧版书稿与扫描文稿间校对文字，核查注释，以免出现篇牍讹误。

南开大学出版社的陈敬书记、王康社长极为重视"美洲史丛书"的编辑出版工作，为此召开了专门的工作会议。项目组的编辑对丛书的审校加工倾情投入，付出了艰巨的劳动。在此向南开大学出版社表示衷心的感谢！

丁见民

2022 年 4 月

目　录

引　言

在当今的不发达世界中，拉丁美洲是一个"谜"一般的存在。该地区的主要国家早在 19 世纪初就获得了独立，而且它们大多拥有丰富的自然资源，是世界主要的"粮仓"和"原材料供应基地"。然而，绝大部分拉美国家至今仍然属于发展中国家，依然没有解决发展问题。对于这个"谜题"，拉美地区的理论家们很早就开始了探讨，尤其是拉美结构主义发展理论、依附理论和新结构主义发展理论等，先后致力于解释拉美国家不发达的原因和探寻摆脱不发达状态的路径。其中，拉美结构主义被公认是"拉丁美洲对发展理论的独特贡献"[①]，是"第一个产生于第三世界的经济发展理论"[②]，"它开创了从第三世界角度分析第三世界发展的先河"[③]。

拉美结构主义发展理论是指战后初期由联合国拉丁美洲经济委员会（以下简称"拉美经委会"）中以阿根廷经济学家劳尔·普雷维什为代表的经济学家们提出和发展的一种经济发展理论，亦称"拉美经委会主义""普雷维

---

① ［美］约瑟夫·洛夫：《1930 年以来拉丁美洲的经济思想和意识形态》，载［英］莱斯利·贝瑟尔主编：《剑桥拉丁美洲史》［第六卷（上）］，中国社会科学院拉丁美洲研究所译，北京：当代世界出版社 2000 年版，第 395 页。2006—2007 年，笔者获得中美富布莱特项目资助赴美国伊利诺伊大学厄巴纳-香槟分校访问研究，约瑟夫·洛夫是笔者的合作教授，他提供了大量拉美结构主义方面的资料，是笔者得以完成本书稿写作的有力保障。在此，笔者对约瑟夫·洛夫教授的指导和帮助表示衷心感谢。

② Cristóbal Kay, *Latin American Theories of Development and Underdevelopment*, London: Routledge, 1989, p. 10.

③ 江时学：《拉美结构主义论再认识》，《国外社会科学》1995 年第 2 期，第 23 页。

什主义""拉美发展主义"[①]。其中，普雷维什发表于 1949 年 5 月的《拉丁美洲的经济发展及其主要问题》被誉为真正的"拉美经委会宣言"[②]，是拉美结构主义发展理论形成的标志[③]。拉美结构主义理论形成初期，其主要内容包括"中心-外围"理论、贸易条件恶化理论和进口替代工业化理论。这三者之间相互关联，共同构成了拉美结构主义理论体系："中心-外围"理论是拉美结构主义理论的分析基础，它揭示了国际经济体系的二元结构特征；贸易条件恶化论则揭示了中心国家与外围国家之间不平等的根源；进口替代工业化理论则为外围国家摆脱贸易条件恶化和不发达状态提供了一种现实可行的出路。当然，随着战后民族解放运动和拉美国家现代化进程的不断深入，外围国家发展进程中面临的问题也不断增加，拉美结构主义也据此进行着不断的发展和完善，先后提出了结构主义的通货膨胀理论、加强外围国家之间相互合作的理论以及体制变革理论等。

20 世纪五六十年代，拉美结构主义发展理论对拉美地区和整个发展中国家的现代化进程产生了非常深远的影响。对此，中国社会科学院学部委员、著名的拉美研究学者苏振兴研究员认为："拉美结构主义思想在 50 和 60 年代对于拉美国家经济发展模式及发展政策的选择都产生了很大的影响。"[④]还有学者评价说："拉美结构主义的确对拉美经济发展产生了重要影

①　关于拉美结构主义不同名称的问题，南开大学韩琦教授做了较为详尽的分析，他分析说："拉美结构主义、拉美经委会主义、普雷维什主义、发展主义是从不同的角度对 20 世纪 40 年代末至 60 年代拉美经委会提出的关于经济发展思想的称谓，'拉美经委会主义''普雷维什主义'强调了思想理论的创立者，'拉美结构主义'则是从这一思想的方法论角度加以强调的，而'发展主义'是从这一思想的内涵强调的，但比较而言，发展主义的内涵更加宽泛。"（韩琦：《拉美结构主义研究中的几个问题》，《世界历史》2008 年第 2 期，第 89—90 页。）

②　这一说法最早是由美国著名经济学家艾伯特·赫希曼提出来的，后来成为国际学术界普遍接受的术语。（Albert O. Hirschman, "Ideologies of Economic Development in Latin America", in A. O. Hirschman, ed., *Latin American Issues: Essays and Comments,* New York: The Twentieth Century Fund, 1961, p. 13.）

③　这里需要强调两点：一方面，拉美结构主义发展理论的形成最初得益于普雷维什个人的不断思考和深入研究。例如，《拉丁美洲的经济发展及其主要问题》在拉美经委会第二次大会上发布前，时任联合国秘书长赖伊在序言中特地强调"报告的观点完全属于作者个人"（Edgar Dosman, *The Life and Times of Raúl Prebisch, 1901—1986,* Montreal: McGill-Queen's University Press, 2008, p. 251）。另一方面，拉美结构主义理论的不断发展和完善是吸收了以巴西经济学家塞尔索·富尔塔多和何塞·梅迪纳，智利学者阿尼瓦尔·平托，墨西哥学者胡安·诺约拉和维克多·乌尔基迪等人为代表的"拉美经委会学派"的集体智慧。对此，普雷维什本人也承认，其思想的发展和成熟得益于富尔塔多、乌尔基迪、梅迪纳和平托等"一些年轻人"，与他们的对话"是令人鼓舞和富有教益的"（[阿根廷]劳尔·普雷维什：《外围资本主义：危机与改造》，苏振兴、袁兴昌译，北京：商务印书馆1990年版，第3—6页）。

④　苏振兴主编：《拉丁美洲的经济发展》，北京：经济管理出版社2000年版，第121页。

响，这种影响包括对各国政府提供的技术援助、人员培训和咨询活动；为拉美政要提供思想交流的论坛；提供统计资料和类似的服务,但最主要的影响仍来自其提出的理论和政策建议。"①还有学者以十分生动的笔墨描绘了结构主义在拉美的影响，他说："在 50 和 60 年代期间，……这个理论以强有力的方式抓住了拉丁美洲及加勒比地区各国的社会群体、阶级和部门。这些社会群体原来就在寻求某种发展模型，而现在人们在拉美经委会的学院中找到了它。因此，这一理论就深深地影响着和鼓舞着集体的想象和舆论，指引着社会实践。在这二三十年中，拉美的人们经历了一场'发展的狂欢节'。……它以某些发展理论、目标和政策为中心，形成了若干联盟，它团结和动员了各种政治力量以及企业界乃至军界的领袖人物及其所代表的社会阶级。"②

然而，对于拉美结构主义在 20 世纪 80 年代以后是否还产生影响的问题，学术界存在很大的分歧，众说纷纭。一种观点认为，拉美的结构主义理论仍然在通过拉美经委会的努力而对拉美各国的变革与发展进程产生着影响，而且结构主义本身也有一定的发展。例如，肯尼斯·詹姆森在 80 年代中期指出："拉美结构主义最初形成于 20 世纪四五十年代，……它的影响在 60 年代末期达到巅峰，……在 70 年代的一段时期里，结构主义似乎停滞不前了。但是，它现在又恢复了从前的活力。"③然而，詹姆森似乎有些言之过早，他没有预见到新自由主义的广泛影响对拉美结构主义所产生的挑战。在新自由主义的巨大影响下，拉美国家纷纷摒弃了拉美结构主义所倡导的进口替代工业化战略和政府对经济的调节作用，代之以"华盛顿共识"所开出的处方。在这样的背景下，另一种观点认为，在新自由主义的冲击下，拉美结构主义理论基本上退出了历史舞台，对拉美国家发展进程的影响更是微乎其微。

因此，在新自由主义盛行的 20 世纪八九十年代期间，国内外学术界对拉美结构主义的批判甚嚣尘上。例如，对于拉美结构主义的核心内容"中心-外围"理论，中国学者当时就进行了无情的批判。中国学者刘力评论

---

① 韩琦:《拉美结构主义研究中的几个问题》,《世界历史》2008 年第 2 期，第 97 页。

② ［委］海因茨·R. 松塔格:《发展的际遇》,《国际社会科学杂志》中文版第 12 卷，第 2 期，1995 年 5 月，第 88 页。

③ Kenneth P. Jameson, "Latin American Structuralism: A Methodological Perspective", *World Development*, Vol. 14, No. 2, 1986, p. 223.

说:"普雷维什的'中心-外围论'已被实践证明是极端片面的,给以此为指导思想的发展中国家带来了巨大的灾难。"因此,他呼吁道:"新普雷维什主义可以休矣。"[①]另外一名中国学者徐滇庆指出:"普雷维什提出的中心-外围理论包含了一些可取的观点,但是,缺乏一个严格的理论基础,在很多问题上逻辑混乱。""普雷维什的中心-外围理论在经济上的分析基本是错误的。他没有能够抓住世界上贫富差别加大的本质。"[②]对于拉美结构主义倡导的进口替代工业化理论,学术界也一改战后初期的肯定态度,对之进行了猛烈的批判。有学者评价说:"对于进口替代工业化战略的评价就犹如走过山车一般。战后初期,它被广泛认为是后发国家实现赶超努力的一种积极战略;20 世纪六七十年代,一些开始对之进行批评;到 80 年代末,它所受到的批判程度趋于巅峰。"[③]针对贸易条件恶化论,学界的批判也非常激烈。豪尔赫·奥斯皮纳·萨尔迪说:"初级产品相对于制成品的贸易条件朝不利方向的变化,可能并不像所设想的那样严重。对它所进行的讨论,对于实际制定经济政策并没有多大的价值。关于初级产品贸易条件变化的这种长期趋势给出口国经济带来的负效应,目前尚无确实的证据。"[④]

然而,随着新自由主义改革暴露出大量问题,诸如贫困化问题不断恶化、社会两极分化日趋严重和金融危机频繁发生等,拉美国家出现了反对新自由主义、寻求可替代发展模式的浪潮。在这种形势下,拉美结构主义再次引起了拉美学者的注意,大有复兴之势。对此,有学者敏锐地指出:"劳尔·普雷维什、塞尔索·富尔塔多和其他拉丁美洲杰出经济学家的思想再一次被视为解决在当今发展中的全球化世界中遇到困难的有效道路。"[⑤]还有学者这样评价说:"全球化日益加速的时代理应意味着结构主义和依附理论之有效,因为它们都是从全球的视角来看待发达与不发达问题的。……中心

---

① 刘力:《经济全球化:发展中国家后来居上的必由之路》,《国际经济评论》1997 年 11/12 月号,第 33 页。

② 徐滇庆:《世界格局与中国经济发展策略——世纪之交的理论思考》,北京:经济科学出版社 1998 年版,第 55、57 页。

③ David Felix, "Import Substitution and Late Industrialization: Latin America and Asia Compared", *World Development,* Vol. 17, No. 9, 1989, p. 1455.

④ [哥伦比亚]豪尔赫·奥斯皮纳·萨尔迪:《拉丁美洲的贸易政策》,载[日]纳谷诚二等编:《发展的难题:亚洲与拉丁美洲的比较》,陈家海等译,上海:上海三联书店 1992 年版,第 87 页。

⑤ Aldo Ferrer, "Development and Underdevelopment in a Globalized World: Latin American Dilemmas", in Louis Emmerij, ed., *Economic and Social Development into the XXI Century*, Washington, D. C.: Inter-American Development Bank, 1997, p. 184.

国家（或称发达国家）与外围国家（或称不发达国家）之间的经济鸿沟和收入差距在不断扩大，这恰好证明了结构主义与依附理论的预言，而与新古典理论和新自由主义的趋同论相反。"①中国学者袁兴昌也强调，"拉美结构主义理论研究发展问题"具有"深刻性、前瞻性和预见性"，它的许多观点"对研究包括中国在内的发展中国家的经济问题仍有现实意义"。②

与拉美结构主义发展理论在拉美国家和其他发展中国家现代化进程中跌宕起伏的命运相应的是，国内外学术界对这一理论的研究也经历了不同阶段。

国内学术界对拉美结构主义发展理论的关注大约始于 20 世纪 70 年代末期。高铦的《拉丁美洲的"发展主义"经济思潮》一文是我国学者最早关注和介绍拉美结构主义发展理论的评论性文章之一，其既强调这种发展理论的"资产阶级改良主义"性质，也强调其"对外妥协动摇、对内害怕群众的一面"。③进入 20 世纪 80 年代以后，我国学者加大了对拉美结构主义发展理论的研究力度，其中的代表性学者是中国社科院拉丁美洲研究所的高铦研究员，他先后发表了一系列文章，对拉美结构主义发展理论及其主要代表人物劳尔·普雷维什的思想进行了更为深入的研究。④在 20 世纪 80 年代期间，其他学者也对拉美结构主义发展理论进行了初步研究，评述性和介绍性较强，研究深度略显不足。这方面的论文主要包括余幼宁的《拉美经委会的不发达理论》、段乘璞的《建立国际经济新秩序斗争的回顾和展望》、陈亚温的《普雷维什的发展经济学评介》、高君成的《评拉美发展主义的经济理论及其实践》、朱钟棣的《劳尔·普雷维什的经济思想与政策主张》和袁兴昌

① Robert N. Gwynne and Cristóbal Kay, "Latin America Transformed: Changing Paradigms, Debates and Alternatives", in Gwynne and Kay, eds., *Latin America Transformed: Globalization and Modernity*, London: Arnold, 1999, p. 5.

② 袁兴昌：《对结构主义经济理论的新认识》，《企业家日报》2017 年 6 月 16 日。

③ 高铦：《拉丁美洲的"发展主义"经济思潮》，《世界经济》1978 年第 4 期，第 78 页。

④ 高铦：《战后拉丁美洲经济思潮概述》，《拉丁美洲丛刊》1982 年第 1 期；高铦、迟少杰：《拉美经委会关于经济发展的主要观点》，《拉丁美洲丛刊》1983 年第 4 期；高铦：《劳尔·普雷维什》，《世界经济》1983 年第 9 期；高铦：《拉丁美洲的依附和依附论》，《拉丁美洲丛刊》1985 年第 1 期。

的《非正统理论的产生、演变和方法论特点》等。①同期，国内学者出版的少量著作，如曹远征所著的《世界经济体系中的发达与不发达关系》一书，对拉美结构主义发展理论进行了初步探讨。②

在 20 世纪 90 年代期间，国内学术界对拉美结构主义理论的研究达到了新的水平，出版和发表了一些更具有学术性的论著，例如肖枫编著的《西方发展学和拉美的发展理论》、高铦的《第三世界发展理论探讨》、尹翔硕的《发展中国家贸易发展战略研究》和江时学的《拉美发展模式研究》等著作，均对拉美结构主义发展理论的部分内容进行了较为深入的研究。③这一时期，中国社科院拉丁美洲研究所主办的《拉丁美洲研究》杂志成为研究拉美结构主义发展理论的重要阵地，先后刊发了王赞桔的《拉美的新结构主义经济理论及其对经济结构调整政策建议》、苏振兴的《拉丁美洲的结构主义》、杨同明的《拉美经委会经济一体化思想述评》、袁兴昌的《对依附理论的再认识》（连载）、曾昭耀的《关于进口替代工业化战略的再思考》、王萍的《结构主义与拉美的发展》等研究性论文。④除此之外，其他刊物也发表了多篇相关论文，如张雷声的《发展中国家发展主义理论的演进》、俞品根的《普雷维什国际贸易悲观主义理论评析》、陈雪梅的《中心-外围格局的存在与突破——发展中国家经济发展战略选择研究》、金计初的《理论与历史——发展主义与拉丁美洲》、江时学的《拉美结构主义论再认识》和陈雪

① 余幼宁：《拉美经委会的不发达理论》，《国外社会科学》1981 年第 3 期；段乘璞：《建立国际经济新秩序斗争的回顾和展望》，《世界经济》1983 年第 11 期；陈亚温：《普雷维什的发展经济学评介》，《经济学动态》1984 年第 2 期；高君成：《评拉美发展主义的经济理论及其实践》，《拉丁美洲丛刊》1985 年第 2 期；朱钟棣：《劳尔·普雷维什的经济思想与政策主张》，《世界经济》1987 年第 10 期；袁兴昌：《非正统理论的产生、演变和方法论特点》，《拉丁美洲研究》1989 年第 4 期。

② 曹远征：《世界经济体系中的发达与不发达关系》，杭州：浙江人民出版社 1988 年版。

③ 肖枫编著：《西方发展学和拉美的发展理论》，北京：世界知识出版社 1990 年版；高铦：《第三世界发展理论探讨》，北京：社会科学文献出版社 1992 年版；尹翔硕：《发展中国家贸易发展战略研究》，上海：复旦大学出版社 1995 年版；江时学：《拉美发展模式研究》，北京：经济管理出版社 1996 年版。

④ 王赞桔：《拉美的新结构主义经济理论及其对经济结构调整政策建议》，《拉丁美洲研究》1990 年第 2 期；苏振兴：《拉丁美洲的结构主义》，《拉丁美洲研究》，1991 年第 2 期；杨同明：《拉美经委会经济一体化思想述评》，《拉丁美洲研究》1991 年第 2 期；袁兴昌：《对依附理论的再认识——依附理论的起源》，《拉丁美洲研究》1990 年第 4 期和《对依附理论的再认识——依附理论的主要组成部分》（上、中、下），《拉丁美洲研究》1990 年第 5、6 期和 1991 年第 2 期；曾昭耀：《关于进口替代工业化战略的再思考》，《拉丁美洲研究》1996 年第 6 期；王萍：《结构主义与拉美的发展》，《拉丁美洲研究》1999 年第 4 期等。

梅、郭熙保合著的《贸易条件恶化论述评》等。①

　　进入 21 世纪以来，国内学者对拉美结构主义发展理论的研究呈现出新的特点。首先，国内学术界对拉美结构主义理论创始人劳尔·普雷维什及其思想的研究更加深入，代表性成果是南开大学董国辉的专著《劳尔·普雷维什经济思想研究》②，该书的出版被认为"将国内对普雷维什经济思想的研究推向了一个新的高度"③。此外，其他学者也对普雷维什经济思想中的"中心-外围理论""贸易条件恶化论"等内容进行了程度不同的研究。④其次，国内学者开始尝试利用更多第一手资料，深入研究拉美结构主义发展理论中的历史渊源、理论根源和其他主要问题，这方面的代表性成果是发表在《世界历史》上的两篇论文，即韩琦的《拉美结构主义研究中的几个问题》和董国辉的《论拉美结构主义兴起的历史根源》。前者着重分析了拉美结构主义的定义及相关概念、拉美结构主义与凯恩斯主义的关系、拉美结构主义的主要内容及其评价等问题；后者则从阿根廷历史文化传统、拉美经济民族主义思潮和普雷维什个人的经历等方面阐释了拉美结构主义形成于 20 世纪

---

　　① 张雷声：《发展中国家发展主义理论的演进》，《经济学动态》1993 年第 1 期；俞品根：《普雷维什国际贸易悲观主义理论评析》，《经济评论》1993 年第 4 期；陈雪梅：《中心-外围格局的存在与突破——发展中国家经济发展战略选择研究》，《学术界》1993 年第 3 期；金计初：《理论与历史——发展主义与拉丁美洲》，《史学理论研究》1994 年第 3 期；江时学：《拉美结构主义论再认识》，《国外社会科学》1995 年第 2 期；陈雪梅、郭熙保：《贸易条件恶化论述评》，《教学与研究》1999 年第 7 期。

　　② 董国辉：《劳尔·普雷维什经济思想研究》，天津：南开大学出版社 2003 年版。除了本书以外，董国辉还发表了数篇研究拉美结构主义发展理论的论文。它们分别是《21 世纪贸易条件问题初探》（《拉丁美洲研究》2000 年第 4 期）、《普雷维什命题：历史与现实》（《拉丁美洲研究》2001 年第 3 期）、《"贸易条件恶化论"的论争和发展》（《南开经济研究》2001 年第 3 期）和《经济全球化与"中心-外围"理论》（《拉丁美洲研究》2003 年第 2 期）。

　　③ 韩琦：《拉美经济发展理论最杰出的先驱者——读〈劳尔·普雷维什经济思想研究〉》，《拉丁美洲研究》2003 年第 5 期，第 60 页。

　　④ 主要包括曹囡：《拉美发展主义理论简述——普雷维什的结构主义》，《社会观察》2004 年第 3 期；于宾、朱廷珺：《贸易条件理论研究：文献述评》，《社科纵横》2006 年第 8 期；吕薇洲：《"中心-外围"资本主义理论及其社会影响》，《中共云南省委党校学报》2009 年第 3 期；赵丽红：《关于贸易条件恶化论的争论》，《拉丁美洲研究》2011 年第 3 期；江时学：《普雷维什的"中心-外围论"：以第三世界视角探讨国际经济关系》，《中国社会科学报》2012 年 7 月 4 日；张康之、张桐：《论依附论学派的中心-边缘思想——从普雷维什到依附论学派的中心-边缘思想演进》，《社会科学研究》2014 年第 5 期；张康之、张桐：《"世界体系论"的"中心-边缘"概念考察》，《中国人民大学学报》2015 年第 2 期；贾根良、沈梓鑫：《普雷维什-辛格新假说与新李斯特主义的政策建议》，《中国人民大学学报》2016 年第 4 期；张海防、宋娟：《论普雷维什的特权消费社会思想》，《南京师大学报（社会科学版）》2016 年第 6 期等。

中叶的历史根源。[①]最后，随着新自由主义发展模式在拉美国家遭遇一系列问题，拉美经委会开始反思结构主义和新自由主义的短长，试图找出一条适合拉美国家实际情况的发展路径，拉美新结构主义理论应运而生。国内学者关注到这方面的变化，对拉美新结构主义进行了初步研究，譬如韩琦的《拉美的新结构主义理论》。[②]

　　相形之下，国外学术界对拉美结构主义发展理论的研究开始于 20 世纪 50 年代。这一时期，拉美结构主义理论中的贸易条件恶化论成为学术界关注的焦点，西方学者（尤其是美国学者）对这一理论进行了激烈的批判。1952 年，美国学者雅各布·瓦伊纳出版著作《国际贸易和经济发展》，批判拉美结构主义的贸易条件恶化论。他强调说，"贸易条件恶化论"没有考虑初级产品与制成品在质量上的不同变化，因而是有偏差的。他认为，在 1876—1938 年，制成品的质量往往都有很大的提高，而初级产品的"绝大部分在质量上不是更优越了，……在某些情况下甚至更低劣了"。[③]哈佛大学的戈特弗里特·哈伯勒在其著作中也对贸易条件恶化论提出了质疑。[④]除了这些著作以外，还有一些学者发表了一系列论文，研究和讨论贸易条件恶化论问题。例如，美国学者 R. S. 鲍尔德温在《美国经济评论》上发文强调，拉美结构主义所论及的净实物贸易条件（NBTT）并不适用于发展中国家，只有收入贸易条件（ITT）和要素贸易条件（FTT）才能确切地反映这些国家的贸易状况。[⑤]美国威斯康辛大学的艾斯沃斯则撰文研讨了初级产品生产国与工业国家之间的贸易条件，对拉美结构主义的贸易条件恶化论提出了批判，认为这一理论依据的相关数据并没有考虑国际贸易中运费下降等因

---

　　① 韩琦：《拉美结构主义研究中的几个问题》，《世界历史》2008 年第 2 期；董国辉：《论拉美结构主义兴起的历史根源》，《世界历史》2008 年第 6 期。

　　② 韩琦：《拉美的新结构主义理论》，《拉丁美洲研究》2008 年第 3 期。

　　③ Jacob Viner, *International Trade and Economic Development*, Glencoe: The Free Press, 1952, p. 143.

　　④ Gottfried Haberler, *International Trade and Economic Development,* Cairo: National Bank of Egypt, 1959.此后他还撰文专门讨论贸易条件恶化论，再次提出了批评意见。他说："有足够的证据表明，不发达国家贸易条件长期恶化的理由是完全没有根据的，建立在其基础之上的政策建议则缺乏任何有效的基础。"具体情况参阅 Gottfried Haberler, "Terms of Trade and Economic Development", in Howard S. Ellis and Henry C. Wallich, eds., *Economic Development for Latin America,* New York: Stockton Press, 1961.

　　⑤ R. S. Baldwin, "Secular Movements in the Terms of Trade", *American Economic Review: Papers and Proceedings,* Vol. 45, May 1955.

素的影响，因而其结论出现了较大的偏差。①美国学者西奥多·摩根认为，拉美结构主义者以英国在 1876—1939 年贸易条件变化的情况来概括出整个发展中国家和它们的初级产品的贸易条件走势，明显属于"以偏概全"，其观点是站不住脚的。②当然，并不是所有的西方学者都抨击拉美结构主义的贸易条件恶化论，例如美国经济学家查尔斯·P. 金德尔伯格在经过深入研究之后说："辛格和普雷维什有关不发达国家贸易条件的观点从一个更加彻底的统计研究中得到了证实。"③

20 世纪 50 年代末至 60 年代中期，拉美国家的进口替代工业化开始进入从替代生产一般消费品的容易阶段向替代生产耐用消费品、资本品的高级阶段转型的新阶段，遭遇到国内市场狭小、工业品缺乏国际竞争力等困难，因而陷入了较为严重的经济危机。面对这种局面，国外学术界对拉美结构主义发展理论的研究进入了一个新的阶段，进口替代工业化理论和实践成为这一时期国外学者着重研讨的问题。美国耶鲁大学的维尔纳·贝尔是这方面讨论的主要代表人物之一④，他在 1962 年 1 月号的《经济发展和文化变迁》杂志上发表了一篇题为《普雷维什的经济学和拉美经委会》的论文，较为深

---

① P. T. Ellsworth, "The Terms of Trade between Primary Producing and Industrial Countries", *Inter-American Economic Affairs*, Vol. 10, No. 1, Summer 1956, pp. 47—65. 除了这篇论文以外，《泛美经济事务》杂志还发表多篇文章评述拉美结构主义发展理论。例如美国学者罗格撰文，通过评价拉美经委会发布的《1949 年拉丁美洲经济概览》，对贸易条件恶化论以及拉美结构主义发展理论的其他内容提出了质疑（B. A. Rogge, "Economic Development in Latin America: The Prebisch Thesis", *Inter-American Economic Affairs*, Vol. 9, No. 4, Spring 1956, pp. 24—49）。更有意思的是，1963 年 1 月 29 日，美国驻巴西大使林肯·戈登在全国经济委员会上发表了关于美国与巴西经济关系的演讲，专门论及贸易条件恶化理论。然而，美国国务院在事后宣布反对大使在发言中的观点。对此《泛美经济事务》编辑部特刊载了这篇发言稿的部分内容，并将之题名为"论贸易条件恶化论"（Lincoln Gorden, "On 'Deterioriation' in the Terms of Trade", *Inter-American Economic Affairs*, Vol. 16, No. 4, Spring 1963, pp. 83—92）。

② Theodore Morgen, "The Long-Run Terms of Trade between Agriculture and Manufacturing", *Economic Development and Cultural Change*, Vol. 8, No. 1, October 1959, pp. 1—23.

③ Charles P. Kindleberger, "The Terms of Trade and Economic Development", *The Review of Economics and Statistics,* Vol. 40, February 1958, p. 85.

④ 维尔纳·贝尔（1931—2016）是德裔美国学者，1958 年毕业于哈佛大学，获得经济学博士学位，1958—1974 年先后任职于哈佛大学、耶鲁大学和范德堡大学，1974 年后一直任教于伊利诺伊大学厄巴纳-香槟分校。贝尔的主要研究领域是巴西经济，代表作有《巴西的工业化与经济发展》（1965）、《巴西高铁工业的发展》（1970）、《巴西经济：增长与发展》（1979）等著作，以及《普雷维什的经济学和拉美经委会》（1962）、《拉丁美洲关于通货膨胀的争论》（1967）、《进口替代和拉丁美洲的工业化》（1972）等研究拉美结构主义理论与实践的学术论文。尤为有意思的是，厄瓜多尔前总统拉斐尔·科里亚是拉美激进左翼政治力量和反美主义运动的主要代表人物之一，他在伊利诺伊大学厄巴纳-香槟分校攻读博士学位时的导师就是维尔纳·贝尔。

入地研究了以普雷维什为代表的拉美经委会经济学家和由他们提出和发展的拉美结构主义发展理论，从经验证据和理论两个方面肯定了拉美结构主义理论，他写道："在某种程度上说，普雷维什的分析是行之有效的，它并不是古典国际贸易理论的一种挑战。"①同年，查尔斯·弗兰肯霍夫在《泛美研究杂志》上发表《普雷维什命题：拉美的一种工业主义理论》一文，将普雷维什担任拉美经委会执行秘书时期的经济思想概括为三个主要发展阶段，并逐一进行了评析，认为拉美结构主义发展理论的"分析为确定外围经济发展的问题和进程提供了一个良好的工具"。②在 1964 年 3 月出版的《拉美经济公报》上，拉美学者圣地亚哥·马卡里奥发表了《保护主义和拉美的工业化》一文，对拉美结构主义发展理论所倡导的进口替代工业化理论及其在拉美国家的实践提出了批评。③

针对国外学术界的各种评论，以劳尔·普雷维什、塞尔索·富尔塔多、维克多·乌尔基迪等为代表的拉美经委会学者，则以不同形式作出回应，从而推动了拉美结构主义发展理论的发展。1959 年，普雷维什在《美国经济评论》上发表《欠发达国家的贸易政策》一文，分析了拉美国家进口替代工业化战略遭遇的国内市场狭小和过度保护导致的低效率等问题，提出了"有选择的保护政策"和建立拉丁美洲共同市场等主张。④1963 年，普雷维什又提出了拉美国家有必要进行农业结构、收入分配和教育领域的改革。⑤此后，普雷维什还发表了一系列论文，论及拉美国家进口替代工业化进程中的通货膨胀、一体化、计划性等问题，从而更加丰富了拉美结构主义发展理论

① Werner Baer, "The Economics of Prebisch and ECLA", *Economic Development and Cultural Change*, Vol. 10, No. 2, January 1962, pp. 169—182.两年后，M. 琼·弗兰德斯对贝尔的观点提出了质疑，由此引发两人的一场学术争论。《经济发展和文化变迁》杂志刊发了弗兰德斯的质疑文章和贝尔的回应，让我们得以了解这一争论的全貌。参阅 M. June Flanders, "The Economics of Prebisch and ECLA", *Economic Development and Cultural Change*, Vol. 12, No. 3, April 1964, pp. 312—314; Werner Baer, "Reply to Flanders", *Economic Development and Cultural Change*, Vol. 12, No. 3, April 1964, p. 315.

② Charles A. Frankenhoff, "The Prebisch Thesis: A Theory of Industrialism for Latin America", *Journal of Inter-American Studies*, Vol. IV, No. 2, April 1962.

③ Santiago Macario, "Protectionism and Industrialization in Latin America", *Economic Bulletin for Latin America*, Vol. IX, No. 1, March 1964, p. 78, reprinted in G. M. Meier, ed., *Leading Issues in Economic Development: Studies in International Poverty, 2nd Edition*, Oxford: Oxford University Press, 1970, p. 528.

④ Raúl Prebisch, "Commercial Policy in the Underdeveloped Countries", *American Economic Review: Papers and Proceedings*, Vol. 49, No. 2, May 1959, pp. 251—273.

⑤ Raúl Prebisch, *Towards a Dynamic Development Policy for Latin America*, New York: United Nations, 1963.

的内涵。①除了普雷维什以外，拉美结构主义发展理论的另一个代表人物，巴西经济学家塞尔索·富尔塔多于 1959 年出版其代表作《巴西经济的形成》，运用结构主义方法来研究巴西经济史，进一步发展和丰富了普雷维什提出的"中心-外围"理论，明确提出了关于外围国家不发达发展的问题。②拉美经委会的另一位经济学家维克多·乌尔基迪在 1964 年出版《拉丁美洲发展的挑战》一书，进一步丰富了拉美结构主义发展理论。③

　　20 世纪 60 年代中期以后，随着拉美国家进口替代工业化战略暴露出的问题日趋严重，拉美主要国家的国内社会矛盾日益尖锐，加之古巴革命胜利后左翼政治运动日趋激烈，巴西、阿根廷等拉美主要国家相继发生了军事政变。一时之间，拉美国家在思想意识领域出现了左右两股力量之间的激烈斗争；关于拉美结构主义发展理论的成败得失也成为这一斗争的主要内容之一。因此，从 60 年代中期到 70 年代末期，国外学术界对拉美结构主义发展理论的研究和讨论也呈现出新的特点，其中最为显著的特点是，拉美结构主义发展开始遭到来自左右两方面的批判，围绕这一理论进行的争议更加激烈和广泛。

　　一方面，西方国家的学者继续质疑拉美结构主义发展理论，不仅继续批判贸易条件恶化论和进口替代工业化理论，而且还在通货膨胀问题、经济一体化问题等方面展开了新的批判。围绕贸易条件恶化论，西方学者的批判重点发生了变化。杰拉尔德·迈耶在 1968 年指出，拉美结构主义的贸易条件恶化理论忽略了净实物贸易条件（NBTT）与收入贸易条件（ITT）和要素贸易条件（FTT）之间的区别，贸易条件恶化论所宣扬的"出口悲观主义"是没有理论依据的，在实践上也是找不到经验证据的。④法国经济史学家保罗·贝罗奇则对贸易条件恶化论赖以成立的经验证据、研究期限和计算方法

　　① Raúl Prebisch, "Inflación y desarrollo económico", *Boletín del Banco Central del Ecuador* (Quito), Vol. 34, No. 398—399, septiembre y octubre de 1960, pp. 15—33; "Economic Development or Monetary Stability: The False Dilemma", *Economic Bulletin for Latin America* (Santiago), Vol. 6, March 1961, pp. 1—25; "Planning of Economic Growth in Latin America", *Review of the River Plate*, Vol. 133, Buenos Aires, 11 June 1963.

　　② ［巴西］塞尔索·富尔塔多：《巴西经济的形成》，徐亦行、张维琪译，北京：社会科学文献出版社 2002 年版。1964 年，富尔塔多出版《发展和不发达》一书，进一步阐释了外围国家的不发达问题。（Celso Furtado, *Development and Underdevelopment*, Berkeley: University of California Press, 1964.）

　　③ Victor L. Urguidi, *The Challenge of Development in Latin America*, New York: Frederick A. Praeger Publishers, 1964.

　　④ Gerald M. Meier, *The International Economics of Development: Theory and Policy*, London: Harper and Row, 1968.

提出了质疑和批判。①针对进口替代工业化理论，西方国家的学者仍然加以质疑。1966 年，约翰·H. 鲍尔发表《作为一种工业化战略的进口替代》一文，明确提出拉美结构主义所宣扬的进口替代工业化战略存在经济上和技术上的低效率，容易导致资源配置失调等问题。② 20 世纪 70 年代初，I. M. D. 利特尔等人共同完成的一项研究报告指出，进口替代工业化战略在进入替代生产耐用消费品的高级阶段后必然出现低效率、外汇危机、失业率居高不下以及官僚主义、腐败和不稳定等问题。③

　　另一方面，从 20 世纪 60 年代中后期开始，有来自左翼的依附论学者开始质疑拉美结构主义发展理论在解决拉美国家所面临的问题上的有效性，因而开启了激烈的批判。需要强调的是，尽管依附论者对拉美结构主义进行了激烈批判，但两者实际上有非常紧密的联系。对于拉美结构主义的"中心-外围"概念，绝大部分的依附论者予以认同，并将之纳入自己的理论体系。例如，依附论的主要代表人物安德烈·冈德·弗兰克在 1966 年发表的《不发达的发展》一文中吸收了"中心-外围"理论的基本逻辑，认为国际经济体系是随着资本主义扩张而形成的二元经济结构，由发达的"宗主国"和不发达的"卫星国"组成。在此基础上，弗兰克认为这种二元结构不仅存在于世界层面，在不发达国家之内同样存在"都市-卫星"的社会结构。④塞尔索·富尔塔多等原本属于拉美结构主义发展理论的主要成员，则进一步发展了"中心-外围"理论。尽管如此，依附论学者对于拉美结构主义的贸易条件恶化论、进口替代工业化理论，以及对国际经济关系的认识等方面，均

---

①　Paul Bairoch, *The Economic Development of the Third World since 1900*, Berkeley: University of California Press, 1975.

②　John H. Power, "Import Substitution as an Industrialization Strategy", *The Philippine Economic Journal*, Vol. 5, No. 2, 1966, reprinted in G. M. Meier, ed., *Leading Issues in Economic Development: Studies in International Poverty, 2nd Edition*, Oxford: Oxford University Press, 1970.

③　I. M. D. Little, T. Scitovsky and M. Scott, *Industry and Trade in Some Developing Countries: A Comparative Study*, London: Oxford University Press for OECD, 1970.

④　Andre G. Frank, "The Development of Underdevelopment", *Monthly Review*, Vol. 18, No. 4, 1966.

提出了严厉的批判。①

　　20 世纪 80 年代以后，拉美国家陷入了严重的债务危机，长期奉行的进口替代工业化战略陷入了空前的困难，国际学术界开始更加深入地反思拉美结构主义发展理论的成败得失。这一时期国外学术界对拉美结构主义发展理论的研究呈现出这样几个特点：第一，国外学术界开始较为系统地研究拉美结构主义发展理论和依附理论，并将二者视为相似乃至相同的理论体系加以研究。这一方面的代表性著作主要有罗纳德·奇尔科特的《发达与不发达理论研究》、马格努斯·布罗姆斯特罗姆和比约·斯特恩合著的《过渡中的发展理论：围绕依附论的争论》、詹姆斯·狄耶茨和詹姆斯·斯特里特合编的《拉丁美洲的经济发展：制度主义和结构主义视角》、克里斯托瓦·凯伊的《拉丁美洲的发达与不发达理论》、帕特里西奥·梅列尔主编的《拉丁美洲的发展辩论：新结构主义、新货币主义和调整进程》和瓦尔皮·菲茨杰拉德和罗斯玛丽·索普合编的《拉丁美洲的经济理论：起源、孕育和演化》等。②第二，国外学术界对拉美结构主义发展理论的研究深受新自由主义改革成败的影响。在新自由主义改革初期，由于拉美国家经济改革的相对成功，包括拉美国家学者在内的各国学者均对拉美结构主义发展理论持批判意见，认为这种理论应对拉美国家发展进程的相对失败负责。例如，1999 年出版的《被迫转型的拉丁美洲：全球化和现代性》一书着重研讨了拉美国家实施新

　　① 参阅 Andre G. Frank, *Capitalism and Underdevelopment in Latin America: Historical Studies of Chile and Brazil,* New York: Monthly Review Press, 1967; Theotonio Dos Santos, *Dependencia y Cambio Social,* Santiago: Centro de Estudios Socio-Economicos, Universidad de Chile, 1970; James D. Cockcroft, Andre G. Frank and Dale L. Johnson, eds., *Dependence and Underdevelopment: Latin America's Political Economy*, New York: Doubleday & Company, Inc., 1972; Fernando Henrique Cardoso and Enzo Faletto, *Dependency and Development in Latin America,* tr. by Marjory Mattingly Urquidi, Berkeley: University of California Press, 1979; [巴西] 弗朗西斯科·洛佩斯·塞格雷拉主编：《全球化与世界体系》，白凤森等译，北京：社会科学文献出版社 2003 年版；等等。

　　② Ronald H. Chilcote, *Theories of Development and Underdevelopment,* Boulder: Westview Press, 1984; Magnus Blomström and Björn Hettne, *Development Theory in Transition: The Dependency Debate and Beyond: Third World Responses,* London: Zed Books Ltd, 1984; James Dietz and James Street, eds., *Latin America's Economic Development: Institutionalist and Structuralist Perspectives,* Boulder: Lynne Rienner Publishers, 1987; Cristóbal Kay, *Latin American Theories of Development and Underdevelopment,* London: Routledge, 1989; Patricio Meller, ed., *The Latin American Development Debate: Neostructuralism, Neomonetarism and Adjustment Processes,* Boulder: Westview Press, 1991; Valpy FitzGerald and Rosemary Thorpe, eds., *Economic Doctrines in Latin America: Origins, Embedding and Evolution*, New York: Palgrave Macmillan, 2005.

自由主义改革的历史必然性，反思了拉美结构主义发展理论存在的问题。[①]
然而，在拉美国家从 20 世纪 90 年代中期开始频繁陷入金融危机，新自由
主义改革暴露出诸多问题之后，学术界开始反思新自由主义改革存在的问
题，并从拉美结构主义发展理论的基本逻辑中找寻灵感，以期为拉美国家的
现代化进程找到切实可行的出路。于是，一种既反思新自由主义和传统结构
主义发展理论的成败得失，同时又试图吸收两者合理成分的新结构主义理论
应运而生，成为国外学术界追捧的新焦点。[②]第三，联合国拉美经委会在研
究和反思拉美结构主义发展理论方面继续发挥着至关重要的作用。事实上，
早在 20 世纪 80 年代，拉美经委会中以奥斯瓦尔多·松克尔为代表的一批学
者开始反思传统结构主义发展理论的成败得失，提出了"向内发展"的理
念。他们的理论主张也被称为新结构主义，其中的代表性成果是 1993 年出
版的《向内发展：适用于拉丁美洲的一种新结构主义方法》。[③]此后，拉美
经委会组织其研究团队对结构主义发展理论进行了系统的反思，并结合拉美
国家在新自由主义改革和政治民主化进程中出现的问题，不断调整其发展思
路，逐步形成了较为成型的新结构主义发展理论。2016 年，拉美经委会发
表题为《21 世纪初拉丁美洲和加勒比地区的新结构主义和非正统思想》的

---

① Robert N. Gwynne and Cristóbal Kay, eds., *Latin America Transformed: Globalization and Modernity*, London: Arnold, 1999. 这方面的著作还有 Christopher Colclough and J. Manor, eds., *States and Markets: Neoliberalism and the Development Policy Debate*, Oxford: Clarendon, 1991; Patricio Meller, ed., *The Latin American Development Debate: Neostructuralism, Neomonetarism and Adjustment Processes,* Boulder: Westview Press, 1991；等等。

② 这一方面的代表作包括：Octavio Rodríguez, "Fundamentos del estructuralismo latinoamericano", *Comercio Exterior*, Vol. 51, No. 2, 2001, pp. 100—112; Matias Vernengo, "Liberalización externa e inversión extranjera directa en Brasil, 1971—2000: una perspectiva neoestructuralista", *Investigación Económica*, Vol. 62, No. 246, 2003, pp. 125—147; Alice Amsden, "Import-substitution in High-tech Industries: Prebisch Lives in Asia!" *CEPAL Review*, No. 82, 2004, pp. 77—91; Hector Guillenromo, "From the ECLAC Development Order to Neo-structuralism in Latin America", *Comercio Exterior*, abril de 2007; Fernando Ignacio Leiva, *Latin American Neostructuralism: The Contradictions of Post-Neoliberal Development*, Minneapolis: University of Minnesota Press, 2008；等等。

③ Osvaldo Sunkel, ed., *Development from Within: Toward a Neostructuralist Approach for Latin America*, Boulder: Lynne Rienner Publishers, 1993. 除此之外，其他代表性的研究成果有：Ricardo Ffrench-Davis, "An Outline of a Neo-Structuralist Approach", *CEPAL Review*, No. 34, April 1988, pp. 37—44; Sergio Bitar, "Neo-Conservatism versus Neo-Structuralism in Latin America", *CEPAL Review*, No. 34, April 1988, pp. 45—62; Osvaldo Sunkel and Gustavo Zuleta, "Neo-Structuralism versus Neo-Liberalism in the 1990s", *CEPAL Review,* No. 42, December 1990, pp. 45—51; Gustavo Zuleta, "El desarrollo desde dentro: un enfoque neoestructuralista para América Latina", *Pensamiento Iberoaméricano*, Vol. 21, 1992, pp. 304—313；等等。

研究报告，向拉美各国推荐新结构主义发展理论。[①]

　　综上，我们大体上可以观察到国内外学术界对拉美结构主义发展理论研究的不同特点：国外学术界对拉美结构主义发展理论的研究起步较早，研究成果也非常丰富，但受意识形态偏好的影响较大，欧美国家的学者与拉美国家的学者之间往往各执一词，从而影响了这些研究成果的客观性。相形之下，国内学者对拉美结构主义发展理论中的部分问题进行了较为客观、深入的研究，在诸如该理论主要代表人物劳尔·普雷维什的经济思想、贸易条件恶化理论及其应用、"中心-外围"理论等方面发表了大量学术性论文，但目前尚无一部全面研究拉美结构主义发展理论的专著。有鉴于此，本书计划将拉美结构主义发展理论置于战后该地区现代化进程的大背景下加以考察，力求突破意识形态偏好的束缚，客观、系统地研究这一理论的主要内容及其演化进程。

　　当然，本书对拉美结构主义发展理论的研究是笔者对 2003 年出版的《劳尔·普雷维什经济思想研究》一书的拓展和深入，考虑到普雷维什在拉美结构主义形成和发展中的特殊贡献，本书对拉美结构主义的研究仍然以普雷维什发展思想的演化为主线，兼及拉美结构主义学派其他经济学家的理论。

[①] Alicia Bárcena and Antonio Prado, eds., *Neostructuralism and Heterodox Thinking in Latin America and the Caribbean in the Early Twenty-first Century*, Santiago: ECLAC, 2016.

第一章　拉美结构主义的历史根源

阿根廷经济学家劳尔·普雷维什是拉美结构主义发展理论的创始人和奠基者，这是当前学术界普遍认同的观点，他在 20 世纪 40 年代末期发表的《拉丁美洲的经济发展及其主要问题》一文，被认为是拉美结构主义诞生的标志。此后，普雷维什团结拉美经委会中的一些经济学家，共同推动了拉美结构主义的发展、完善和应用。在这种意义上说，拉美结构主义是集体创造的成果，并不属于普雷维什一个人。例如，有学者指出，从 1949 年到 1957 年在拉美经委会工作并担任经济发展部主任的巴西经济学家塞尔索·富尔塔多和 1949—1959 年任职于拉美经委会的墨西哥经济学家胡安·诺约拉对结构主义理论的形成和发展做出了重要的贡献。[1]还有学者强调，20 世纪 50 年代，"包括 R.普雷维什、O.松凯尔、A.平托等人在内的一些拉美经济学家形成了与正统经济理论的传统毫不相同的、具有自己特色的关于社会经济过程的观点。他们为'结构主义学派'奠定了基础"。[2]然而，考虑到普雷维什在这种理论诞生过程中的突出作用，我们谈到结构主义的历史起源问题，仍然要以对普雷维什的研究为核心。

第一节　普雷维什的求学生涯

劳尔·普雷维什的全名是劳尔·费德里科·普雷维什·利纳雷斯，1901

---

① Ricardo Bielschowsky, "Sixty Years of ECLAC: Structuralism and Neo-structuralism", *CEPAL Review*, No. 97, April 2009, p. 174；韩琦：《塞尔索·富尔塔多及其经济发展思想》，《拉丁美洲研究》2007 年第 3 期，第 44 页。

② [苏联] B. 恰林和 H. 叶菲莫娃：《拉丁美洲的发展观点与制度主义》，《国外社会科学》1984 年第 6 期，第 55 页。

年 4 月 17 日出生于阿根廷内陆省份图库曼的一个德国移民家庭，其父亲阿尔文·普雷维什是移居阿根廷的第一代德国移民，他的母亲罗萨·利纳雷斯·乌里武鲁则是征服者弗朗西斯科·皮萨罗的后代，是阿根廷著名的“乌里武鲁家族”的一员①。普雷维什从小深受母亲和外祖父塞贡多·利纳雷斯的影响，立志成为一个创造阿根廷历史的领导者。普雷维什小学就读于圣心学院（College of the Sacred Heart），这是一所由法国耶稣会建立的学校，就读者多是中产阶级家庭的子女。1914 年起，普雷维什在国立胡胡伊学院（Colegio Nacional de Jujuy）接受中学教育。②

　　1918 年高中毕业后，普雷维什进入国立布宜诺斯艾利斯大学的经济科学系。在大学期间，他显示出对经济学的浓厚兴趣，并很早就撰写出了质量较高的论文。根据有关材料的记载，普雷维什最早撰写的论文是《玉米的工业化》，完成于 1918 年，篇幅是 30 页，可能是“工业和农业技术课”或“经济地理课”的结课作业。不过，有学者认为这篇“有些堂吉诃德式的”文章，是普雷维什的第一篇未发表的论文，应该写于上大学前夕。③1919年，普雷维什撰写了一篇长达 155 页的专题文章《利息理论》，是为该校的经济学教授毛利西奥·尼任斯坦指导的经济学研究生班所撰写的。上述两篇文章的复印件原先收藏在布宜诺斯艾利斯大学经济科学系的图书馆中，但后来却丢失了，因此它们的具体内容已无从知道了。不过，普雷维什本人后来回忆说，他所发表的第一篇学术论文是《以黄金计算工资？》，刊登在布宜诺斯艾利斯大学的奥古斯托·本赫博士领导的阿根廷社会党主办的《时代》

---

① 1930 年 9 月 6 日，阿根廷发生军事政变，推翻激进党政府。这次政变的领导者是何塞·菲利克斯·乌里武鲁，他是普雷维什妈妈的远房堂兄。

② 关于普雷维什早年的资料甚少，他本人也很少对外界透露。1985 年 5 月，加拿大学者戴维·波洛克曾经对普雷维什作了一个系列采访，录下了 8 盘磁带（David Pollock's Interview with Raúl Prebisch, Washington, D. C., May 1985）。关于其早年生活的情况，可参考这次访问录音的第 1 盘。这里要感谢美国伊利诺伊大学厄巴纳-香槟分校历史系的约瑟夫·洛夫教授，他向笔者提供了上述访问的完整记录。除此之外，可以参阅埃德加·多斯曼所撰普雷维什传记的第一章“孩提时代：图库曼梦想”（Edgar Dosman, *The Life and Times of Raúl Prebisch, 1901—1986,* Montreal: McGill-Queen's Press, 2008, pp. 7—20）。

③ Frederick F. Clairmonte, "Prebisch and UNCTAD: The Banality of Compromise", *Journal of Contemporary Asia*, Vol. 16, No. 4, 1986, p. 428.

（*Tiempo*）杂志上①。但根据普雷维什基金会整理的缩微资料显示，这篇文章实际上发表于 1920 年出版的《先锋报》（*La Vanguardia*）。1955 年 12 月 13 日发行的《钟点报》（*La Hora*）重新刊发了这篇文章。普雷维什在文中试图证明，美元作为可兑换货币（等于黄金），它的价格也应当贬值，最好的解决办法是根据生活成本来调整工资。②

此后，普雷维什在《经济科学杂志》上发表了一系列的文章和书评，如 1919 年 7 月号上的《关于中国生活"水平"的研究》《意大利的生活成本》《战争和法国的人口》和《关于工业疲劳调查的部门》；1919 年 8 月号刊载的《战前世界的财富和收益》和《经济地理》；1919 年 9 月号刊发的《法国的金融形势》；1920 年 6—7 月号上的《评欧文·费雪尔的〈稳定美元〉》《意大利的流通手段和物价》；1920 年 8 月号发表的《战争前后各国的公共债务》和 1920 年 10 月的《反通货膨胀的原则》，以及 1921 年 8 月号刊登的《自由劳动》等③。当时，布宜诺斯艾利斯大学经济系在系主任埃莱奥多罗·洛沃斯的影响下，坚持正统的经济学观点，主张继续发挥阿根廷的比较优势，坚持自由贸易原则，积极发展初级产品出口部门。然而，普雷维什的上述文章尽管还带有正统经济学的印记，但已经对自由贸易学说产生了一定的质疑。

与布宜诺斯艾利斯大学不同的是，国立拉普拉塔大学的经济学家亚历杭德罗·欧内斯托·本赫则对比较优势学说和自由贸易理论提出了质疑。本赫出生于 1880 年，是阿根廷土生土长的经济学家，1915—1920 年和 1923—1925 年曾两度担任阿根廷国家统计局的负责人。事实上，本赫是当时阿根廷国内最为知名的经济学家之一，以他为代表的一些经济学家极力主张选择发展工业来为阿根廷经济注入新的动力。他们针对美国、西欧、英联邦等国家和地区普遍实行贸易保护政策的现实，提出阿根廷也务必实施一定程度的

---

① Manuel Fernandez Lopez, "Nota preliminary", in Gregorio Weinberg, et al., eds., *Raúl Prebisch: Obras 1919—1948 (Tomo I)*, Buenos Aires: Fundación Raúl Prebisch, 1991, pp. xi—xii. 奥古斯托·本赫（1877—1943）是阿根廷社会党的领导人之一，国会议员，热衷于社会改革运动，特别是工人阶层的教育、医疗和社会保障。普雷维什与奥古斯托·本赫之间的关系非常密切。而亚历杭德罗·本赫是奥古斯托·本赫的兄长。

② Jose Besa García, ed., *Archivo de trabajo del Dr. Raúl Prebisch, 1920—1986.* Microfilm, Roll 1. Santiago de Chile: CEPAL, 2003.这篇文章收录在本套缩微胶片第一卷的第一篇。

③ 这些文章均收录在普雷维什基金会编辑出版的文集中。（Gregorio Weinberg, et al. eds., *Raúl Prebisch: Obras 1919—1948 (Tomo I)*, Buenos Aires: Fundación Raúl Prebisch, 1991, pp. 1—83.）

保护政策，优先发展工业部门，努力实现出口的多样化。1921 年，本赫写道："在 1908 年或 1910 年以前，我们的政策是与英国的政策相适应的，也使我们从中受益。我们的经济进步要归功于我们同英国和其他欧洲国家之间强有力的商业联系……由于英国实行了新的政策（即贸易保护政策——引者注），我们实际上被置于其贸易轨道之外了……因此，我们也应该实行新的政策，以适应其他国家政策的变化。"①实行什么样的新政策呢？本赫在次年明确指出："畜牧业、农业和铁路的发展已经达到了它们最高的水平，将来不能再指望它们成为促进增长的因素。现在，工业和建设的阶段必须开始了。在今后的 50 年中，这些领域将提供巨大的机会，就像 50 年前其他活动的作用一样。"②

因此，亚历杭德罗·本赫被广泛认为是"那个时代阿根廷最著名的工业化倡导者"。对于其经济思想，有学者这样描述："本赫在德国接受的教育，在 20 世纪 20 年代中期成为阿根廷的首席经济学家，他对共和国经济的依附性进行了有力的批判。他也许是拉丁美洲第一位根据对发达国家过分的结构依赖来系统地分析经济不发达问题的经济学家。……本赫悲叹，阿根廷成了工业化国家的'卫星'。因此，他积极倡导保护性关税，积极倡导政府计划来刺激国内发展，积极倡导扩张矿业和石油生产。"③

在布宜诺斯艾利斯大学经济系，自由主义传统盛行，普雷维什根本无法接触到亚历杭德罗·本赫的上述观点，遑论接受了。但机缘巧合的是，普雷维什在 1920 年参加了亚历杭德罗·本赫主持的一个研讨班，并担任本赫的研究助理。这个研讨班主要研究和讨论战后阿根廷与欧洲购买力的比较问题，研究成果《工资调整与生活成本研究》发表在本赫创办的《阿根廷经济杂志》1920 年 11—12 月期上。当时，本赫刚刚出版《1901—1917 年的阿根廷贸易》一书，普雷维什对该书涉及的研究领域产生了浓厚的兴趣。本赫与普雷维什之间的联系更加紧密了。一方面，普雷维什认为，"本赫是他离

① A. O'Connell, "Free Trade in One (Primary Producing) Country: the Case of Argentina in the 1920s", in Guido Di Tella and D. C. M. Platt, eds., *The Political Economy of Argentina, 1880—1946*, London: The Macmillan Press, 1986, p. 75.

② Guido di Tella, "Economic Controversies in Argentina from the 1920s to the 1940s", in Guido Di Tella and D. C. M. Platt, eds., *The Political Economy of Argentina, 1880—1946*, London: The Macmillan Press, 1986, pp. 123—124.

③ Carl E. Solberg, *Oil and Nationalism in Argentina: A History*, Stanford: Stanford University Press, 1979, p. 30.

开图库曼以来所遇到的最有趣的学者之一",他非常"钦佩本赫的学识和对统计运用的熟练";另一方面,本赫对普雷维什身上的"严谨和致力于经验研究的毅力赞赏有加"。①因此,本赫不仅在学术上对普雷维什悉心指导,还邀请他到国家统计局协助自己工作,并帮助普雷维什在国立拉普拉塔大学的社会和法律系谋得了一个助教的职位。尽管如此,普雷维什最初并未全盘接受本赫批判比较优势、提倡工业化的观点,当时的普雷维什从总体上看还是一个自由贸易的信奉者。尽管如此,本赫的思想影响是潜移默化的。②普雷维什后来回忆时也承认这种影响,他说:"本赫注意到我对经济事务有一定的兴趣,他便开始激励我,使我的兴趣转化成真正的热情。"③

1923 年,普雷维什以优异的成绩获得经济学博士学位,并留校任教。事实上,关于普雷维什是否获得博士学位的问题,学界有不同的说法。大多数学者认为,普雷维什在 1923 年从布宜诺斯艾利斯大学毕业时获得了经济学博士学位,这也是其职业生涯被人尊称为"普雷维什博士"的原因。如詹姆斯·斯特里特就明确持这种观点,他写道:"他进入国立布宜诺斯艾利斯大学,并于 1923 年获得经济学博士学位。"④阿根廷学者路易斯·迪马科斯也持这种观点。他说:"1923 年,普雷维什博士从布宜诺斯艾利斯大学获得了学位。"⑤加拿大学者埃德加·多斯曼则认为,普雷维什毕业时并没有被授予博士学位。他说,尽管普雷维什"缺少经济学博士学位头衔",但由于他"发表了 37 篇论文,充分证明了他的能力",因此布宜诺斯艾利斯大学在 1925 年 3 月 1 日任命普雷维什为政治经济学专业的代理教授(acting professor)。⑥

事实上,在毕业前一年的 1922 年 6 月 5 日,普雷维什就开始担任阿根

---

① Edgar Dosman, *The Life and Times of Raúl Prebisch, 1901—1986*, Montreal: McGill-Queen's University Press, 2008, p. 30.

② Jose Luis de Imaz, "Alejandro E. Bunge, Economista y Sociologo (1880 — 1943)", *Desarrollo Económico*, Vol. 14, No. 55, octubre-deciembre de 1974, pp. 548—549.

③ Raúl Prebisch, "Anotaciones a la Estadistica Nacional", *Revista de Economia Argentina*, No. 86, agosto de 1925, p. 85.

④ James H. Street, "Raúl Prebisch, 1901—1986: An Appreciation", *Journal of Economic Issues*, Vol. 21, No. 2, June 1987, p. 649.

⑤ Luis Di Marco, ed., *International Economics and Development: Essays in Honour of Raúl Prebisch*, New York: Academic Press, 1972, p. xvii.

⑥ Edgar Dosman, *The Life and Times of Raúl Prebisch, 1901—1986*, Montreal: McGill-Queen's University Press, 2008, p. 53

廷农业协会（Rural Sociedad Argentina）下属的一个统计办公室的主任职务。该协会是阿根廷保守的大农场主和大畜牧业主组织的全国性组织，是该国第一个土地所有者的协会组织，1866 年 7 月 10 日在布宜诺斯艾利斯成立。从 19 世纪 80 年代末期起，该组织迅速发展成为一个全国性的、代表大地产主、大出口商和外国公司等农牧业精英阶层的协会组织，开始成为左右阿根廷政局的一支重要力量。①普雷维什在阿根廷农业协会的工作，使他能广泛接触该国农牧业精英阶层，为自己的职业生涯奠定了较好的基础。

　　1923 年 12 月，阿根廷财政部和农业协会派普雷维什到新西兰和澳大利亚，了解和学习这两个国家的税收立法和管理问题，这样又为他提供了一个更加清楚地了解阿根廷在国际经济中所处地位的好机会。经过观察和研究，普雷维什认为，阿根廷在国家管理的现代化方面要比澳大利亚落后 20 年。②翌年回国后，普雷维什先后担任阿根廷农业部部长托马斯·莱·布莱顿的特别助理和阿根廷国家统计办公室副主任，同时仍然保留在布宜诺斯艾利斯大学的教职，晋升为政治经济学代理教授。1927 年 12 月，普雷维什在《经济科学杂志》上发表了一篇题为《关于肉类贸易中合伙经营制度的技术报告》的论文，这是普雷维什为阿根廷农业协会起草的研究报告的部分内容，认为阿根廷的肉类合伙经营者对市场的干预一直对英国的包装业有利，而不是对阿根廷的牧民有利。因此，普雷维什建议政府对肉类贸易中的企业提供一定的保护，强调工业在经济中的战略地位。③在这篇报告中，我们已经清晰地看到了亚历杭德罗·本赫的影响。

第二节　阿根廷历史文化传统的延续

　　如前所述，普雷维什经济思想的形成得益于其大学时期亚历杭德罗·本赫带给他的影响。当然，这种影响不能简单地理解为教授与助理之间思想观

---

　　① Alejandro Tarruella, *Historia de la Sociedad Rural Argentina, De la colonización española a nuestros días: radiografía de la oligarquía terrateniente*, Buenos Aires: Group Planeta, 2012.

　　② Edgar Dosman, *The Life and Times of Raúl Prebisch, 1901—1986*, Montreal: McGill-Queen's University Press, 2008, p. 50.

　　③ Raúl Prebisch, "El régimen de pool en el comercio de carnes: informe técnico", *Revista de Ciencias Económicas*, Vol. 15, Serie 2, No. 77, diciembre 1927, pp. 1302—1321, in Gregorio Weinberg, et al., eds., *Raúl Prebisch: Obras 1919—1948 (Tomo I)*, Buenos Aires: Fundación Raúl Prebisch, 1991, pp. 481—497.

点的传承，而是要从一战结束后阿根廷国内围绕经济转型所引发的辩论带给他的冲击。不过，亚历杭德罗·本赫的经济思想同样也是阿根廷历史传统的产物，它是阿根廷历史上的洛佩斯-佩列格里尼学派的历史延续。该学派形成于 19 世纪 70 年代，主要代表人物有维森特·菲德尔·洛佩斯、卡洛斯·佩列格里尼、艾利赛奥·坎通等人。

1873—1876 年，由于受欧美资本主义国家严重经济危机的影响，阿根廷以初级产品出口为核心的经济遭遇到统一以来的第一次危机，财政收入从 1872 年的 2020 万金比索缩减到 1876 年的 1350 金比索[1]，贸易赤字在 1873 年达到 2600 万金比索，失业人数激增，国内消费缩减，土地价格崩溃[2]。这场危机，"激起了公众对国家依赖进口制成品和民族工业落后的关注"。[3]在这种情况下，阿根廷国会就是否引入关税保护机制来鼓励发展工业的议题展开了激烈的辩论，以维森特·菲德尔·洛佩斯为首的"积极的保护主义者"强调，阿根廷单纯发展初级产品的经济结构造成了国家对英国的严重依赖，不可避免地导致了债务危机的频繁发生，国内经济增长易于受世界市场波动的影响。改变这种局面的唯一有效的出路是学习德国和美国的保护主义及民族主义政策，对国内的"幼稚工业"加以保护。1873 年，洛佩斯向国会提议，给予阿根廷国内工业部门为期 10 年的、7% 的利润保证，以推动本地工业的发展。洛佩斯还提及著名的银矿波托西，该矿在经过数个世纪的开采以后，当时仅仅存下一个外壳了。对此他认为，"如果一个国家一直是纯粹的初级产品生产者，这就是其最终命运的不祥之兆"。[4]

以卡洛斯·佩列格里尼为首的一派则主张"温和的"关税保护政策，强调阿根廷经济应该继续以农牧业生产和出口为主，但必须加强农牧业生产的多样化，关税保护的对象也主要是与农牧业生产有关的加工工业，而对于工业生产所需要的燃料和机器设备则应该免除关税。佩列格里尼在 1875 年 9 月的国会辩论中强调，阿根廷必须引入关税保护机制，以减少"对欧洲市场

---

① Ernesto Tornquist and Company, *The Economic Development of the Argentine Republic in the Last Fifty Years*, Buenos Aires: Ernesto Tornquist & Co., Limited, 1919, p. 276.

② David Rock, *Argentina 1516—1982: From Spanish Colonization to the Falklands War*, Berkeley: University of California Press, 1985, p. 148.

③ Paula Alonso, *Between Revolution and the Ballot Box: the Origins of the Argentine Radical Party in the 1890s*, Cambridge: Cambridge University Press, 2000, p. 168.

④ David Rock, *Argentina 1516—1982: From Spanish Colonization to the Falklands War*, Berkeley: University of California Press, 1985, p. 150.

的依赖"，他对此警告说："如果阿根廷不能有所作为的话，我们目前是，将来依然还会是工业大国的农场而已。"[①]

可见，在借助关税保护政策来推动本国工业发展的问题上，洛佩斯和佩列格里尼实际上持有同样的观点，二者只是在保护的程度和范围上略有差异。与此相反，当时居于主导地位的自由贸易论者则反对任何形式的保护主义，强调关税的传统功能在于增加政府的收入。这一派的主要代表人物是时任总统阿维利亚内达，他主张发挥阿根廷的比较优势，继续发展农牧业出口，他向国会提出的提高关税水平和降低出口税的提案，主要目的是扩大农牧业出口和增加政府的财政收入。经过激烈辩论，阿根廷国会通过的 1877年关税法案，实际上是上述三个派别之间达成的一种"政治妥协"：一方面决定将平均出口税提升至 6%，以增加政府的财政收入；另一方面则决定对面粉、制糖和葡萄酒等"幼稚工业"给予 20%至 35%的关税保护。[②]笔者认为，尽管这项法案并没有对真正意义上的制造业加以保护，但它在阿根廷开启了一个先例，即关税的功能不仅仅在于增加政府的收入，它还是保护"幼稚工业"发展的重要手段。

1893 年，阿根廷的进出口贸易下降了 7.5%，海关收入随之减少，进而对政府的公共收入产生了不利影响。1894 年 1 月，萨恩斯·培尼亚总统组成了一个委员会，研究解决财政赤字的问题。11 月，财政部部长何塞·特里提议将进口关税从 60%下降到 50%，试图通过增加进口量来提高政府的海关收入。结果，特里的提议在阿根廷国会引发了一场对国家经济政策的大讨论。国会中，以弗朗西斯科·巴罗埃塔维尼亚为代表的自由贸易者和以艾利赛奥·坎通为代表的保护主义者从国家宪法原则、阿根廷的经济传统、发达国家的实例和公众意见等层面，展开了激烈的辩论。

坎通强调说，根据宪法第 67 条第 16 款的规定，国会"通过制定保护性法律提供临时特许和鼓励性补偿来促进工业、移民、铁路和航运的发展，开垦国家土地，引进和建立新工业"，阿根廷政府理应据此以关税保护来发展民族工业。而且，民族工业必须加以保护，还在于它可以有效地增加就业

---

① Argentina, Cámara de Diputados de la Nación, *Diario de sesiones de la Cámara de Diputados*, 14 de septiembre de 1875, p. 1124.

② Donna J. Guy, "Carlos Pellegrini and the Politics of Early Argentine Industrialization, 1873—1906", *Journal of Latin American Studies*, Vol. 11, No. 1, May 1979, p. 128.

和推动社会的"文明化"。①而自由贸易论者则强调，阿根廷国家的独立本身就源自对殖民地保护主义的反抗和对自由贸易原则的遵循，独立后的阿根廷一直秉承着经济自由主义的传统，仅在罗萨斯独裁统治时期才重拾了保护主义的"旧式武器"，使国家陷入了深刻的危机之中。罗萨斯之后的历届政府，均奉自由贸易为基本原则，偶有保护主义措施出台，往往"使经济偏离其自然轨迹"，而且，"人为地扶持一些没有竞争力的工业，造成了消费品价格的上涨……使国家孤立于国际经济之外，实际上阻碍了国家自然工业的发展"。②

正是在这一场围绕国家经济政策的辩论中，阿根廷国内逐渐形成了一个所谓的"洛佩斯-佩列格里尼学派"。概括地说，该学派的下述两个相互联系的经济观点对以后阿根廷经济发展思想传统的形成起到了非常重要的作用。

第一，强调阿根廷必须实现一定程度的工业化，而不能单纯地发展农牧业。该学派的主要代表人物洛佩斯认为，阿根廷单纯发展初级产品的经济结构造成了国家对英国的严重依赖，不可避免地导致了不断出现的债务危机和面对变幻莫测的世界市场的脆弱性。该学派的另一个代表人物佩列格里尼也指出："在阿根廷存在两种趋势，……一个趋势就是，宣布所有的保护为敌……希望绝对的贸易自由；另一个则需要保护作为民族工业发展的先决条件。……这两种利益，它们不是对立的，它们就是商业的利益和工业的利益；商业和工业是互相补充的……它们是支持和推动国家进步的双翼和双轮……但是这两种利益之间肯定是有先有后，有主有次的。我的理解是，工业的利益是优先的和主要的。"③

第二，批判自由贸易的原则，强调对幼稚工业予以适当的保护。洛佩斯-佩列格里尼学派的经济学家们深受德国历史学派，特别是弗雷德里希·李斯特的影响，强调对刚刚建立的工业给予适当的保护。洛佩斯认为，"自由贸易是强国统治弱国的一种阴谋"④，正是因为自由贸易的原则，阿

---

① Paula Alonso, *Between Revolution and the Ballot Box: the Origins of the Argentine Radical Party in the 1890s,* Cambridge: Cambridge University Press, 2000, p. 169.

② Paula Alonso, *Between Revolution and the Ballot Box: the Origins of the Argentine Radical Party in the 1890s,* Cambridge: Cambridge University Press, 2000, pp. 169—170.

③ Congreso de la Nación Argentina, *Carlos Pellegrini: Intervención en la Sesión Ordinaria del 28 de Septiembre de 1895 en la Cámara de Senadores,* Buenos Aires, 1895, p. 505.

④ David Rock, *Argentina 1516—1982: From Spanish Colonization to the Falklands War,* Berkeley: University of California Press, 1985, p. 150.

根廷的生产活动和社会进步才出现了衰退。他说："如果我们考虑我们国内生产和国民生产的历史，我们将看到，自从 1810 年革命——它开始对自由的对外贸易开放我们的市场——以来，我们开始失去我们生产的原材料……我们可以称之为幼小工业中心区的地方……今天却完全消失了，并不断地朝着毁灭之路走下去。"①为了避免出现上述情况，一个有效的解决办法就是对新兴的工业实施保护主义政策。为此，必须充分发挥国家在经济事务中的干预作用。佩列格里尼在论及政府在促进经济发展的作用时指出，政府必须采取切实可行的措施，找到恰当的方法，"划定国家发展应当遵循的主线，通过工业与商业的联合行动，提供手段来消除妨碍自由交易的壁垒"。②

　　洛佩斯-佩列格里尼学派在阿根廷历史上的影响较大，从 19 世纪 70 年代起，阿根廷即开始寻求贸易保护、发展民族工业。1877 年的关税法案尽管带有明显的妥协色彩，但它宣布对阿根廷国内生产可以自给自足的面粉和蔗糖等产品实行保护，由此开创了保护"幼稚工业"在阿根廷历史上的先河。不过，洛佩斯-佩列格里尼学派对后世的经济理论所产生的影响则要重要得多，这种影响在亚历杭德罗·本赫和劳尔·普雷维什的身上得到了更为充分的体现。对此，波佩斯库评论说："形成普雷维什理论的根本观点是'中心-外围'概念，这一概念是在弗雷德里希·李斯特 1848 年的著作中开创的，在阿根廷是由在 1874—1876 年担任政治经济学教授的维森特·菲德尔·洛佩斯和 1918 年创办《经济学杂志》的亚历杭德罗·本赫所普及推广的。"③正是在这种意义上可以说，普雷维什发展思想的形成，在阿根廷是有土壤的，是阿根廷历史文化传统的一种延续。

第三节　拉美经济民族主义思潮的影响

　　就整个拉美地区而言，结构主义发展理论也是拉美历史进程的一种延续，是拉美地区在 20 世纪前期所出现的经济民族主义思潮迅速传播的

---

① Congreso de la Nación Argentina, *Diario de Sesiones de la Cámara de Diputados, 27 June 1873,* Buenos Aires, 1873, p. 262.

② Fernando Demaría, *El Pensamiento Económico del Dr. Carlos Pellegrini,* Buenos Aires, 1966, p. 18.

③ Oreste Popescu, *Studies in the History of Latin American Economic Thought,* London: Routledge, 1997, p. 270.

产物。

事实上，关于经济民族主义，学术界历来就存在不同的释义。美国学者肖夏娜·B. 坦塞认为，经济民族主义"是指一个国家的这样一种愿望：在世界经济体制范围内掌握本国的经济命运，以及在本国领土范围内行使主权，决定谁可以开发自然资源，谁可以参与各经济部门的活动"。①另外一名美国学者罗伯特·吉尔平则从政治经济学的角度来定义经济民族主义，他说："用高度概括的话来说，经济民族主义（或如最初所称的重商主义）是由近代政治家的社会实践发展而来，主张政治是重于经济的第一位因素，经济民族主义是国家建设的最基本信条，它主张市场要服从国家利益，政治因素确定（或至少应该决定）经济关系。"②而在 19 世纪德国历史学派和 20 世纪美国制度学派的理论中，"经济民族主义"概念主要用以强调国家干预经济的重要性，主张国家应保护民族经济，实行适度的贸易保护主义。本文对经济民族主义的理解更接近这两个学派的解释。

经济民族主义在拉丁美洲的出现最早可以追溯到 19 世纪 70 年代，前面所提的洛佩斯-佩列格里尼学派就具有一定的经济民族主义倾向。不过，现代民族主义的迅速发展和壮大，还是在第一次世界大战爆发以后的事。一战爆发后，拉丁美洲的许多国家都陷入了经济危机之中，传统的初级产品出口部门遇到了困难，对危机的反思和批判，推动了拉美经济民族主义的发展。以阿根廷为例，有学者这样描述："战时危机……激起了一小部分有影响的阿根廷知识分子对国家经济结构的反思。他们对传统的出口导向经济的合理性提出了挑战，他们对 20 世纪阿根廷经济思想的发展产生了深远的影响。他们提倡发展工业和渴求经济独立，成为现代阿根廷经济民族主义的思想先驱。"③

20 世纪 30 年代的经济大萧条后，经济民族主义进一步发展和扩散。对于这种情况，美国学者伯恩斯指出："1929 年和 1930 年国际经济的崩溃以及随之而来的长期经济大萧条促使人们将注意力转向民族主义的另一种形

---

① ［美］肖夏娜·B. 坦塞：《拉丁美洲的经济民族主义——对经济独立的探求》，涂光楠、高铦、张森根译，北京：商务印书馆 1980 年版，第 27 页。

② ［美］罗伯特·吉尔平：《国际关系政治经济学》，杨宇光等译，北京：经济科学出版社 1994 年版，第 34 页。

③ Carl E. Solberg, *Oil and Nationalism in Argentina: A History,* Stanford: Stanford University Press, 1979, p. 29.

式：即经济民族主义或发展民族主义。困难的年代再次向拉丁美洲人强调了依附性和他们的经济的脆弱性。……到 1932 年，拉丁美洲出口额比 1929 年减少 65%，再次证明外贸对拉丁美洲经济的周期性波动起到的重大作用。民族主义者要求采取措施，增加民族经济的生存力，反过来减少他们对少数高度工业化国家的购买热造成国际市场波动的依赖。他们制定了增加经济多样化和促进工业化的计划。工业化既是常识的要求，又是引以自豪的东西。首先，工业化可望使经济多样化；其次，它防止外汇花费在本国可以制造的进口项目上。同时，外币的严重短缺意味着，这些国家要么制造自己的产品，要么就不靠这些制造品了。"[1]

在阿根廷，经济民族主义主要由于阿根廷与英国之间不平等的《罗加-朗西曼条约》的签订而迅速发展。[2]在该条约签订后的次年，伊拉苏斯特拉兄弟出版了一本题为《阿根廷和英帝国：链条上的环节，1806—1933 年》的著作，对阿根廷统治阶级在条约中做出的过多让步进行了分析和批判，得到许多阿根廷知识分子的认同。该书在当时的影响很大，甚至有学者认为它的出版使民族主义成为"一支主要的思想力量"[3]。

普雷维什的经济思想实际上就是这种思潮进一步发展的结果，中国学者林被甸对此评价说："民族主义的有关主张和实践，最终为在拉美创立关于发展的新理论打下了基础，这就是 40 年代末、50 年代初由劳尔·普雷维什提出的拉美结构主义发展理论（也被称为'拉美发展主义'）。因此可以说，拉美结构主义的产生，是民族主义向经济领域发展的结果，是经济民族主义的一种表现，它的出现并不是偶然的。"[4]这种民族主义的情绪在思想意识上就表现为对"思想独立性"和"创造性"的追求；对于前者，凯伊这样描述道："拉丁美洲的民族主义热情主要集中于反对美国资本对本地区国内事务在经济上和政治上的操纵。这种对真正民族独立性的追求也表达了拉丁美洲知识分子的愿望，他们希望通过建构一些可以取代居于统治地位的中心正

---

① ［美］E. 布拉德福德·伯恩斯：《简明拉丁美洲史》，王宁坤译，长沙：湖南教育出版社 1989 年版，第 257—258 页。

② 关于该条约的具体内容和影响，本文下一节将作比较详细的分析。

③ ［美］戴维·罗克，《1930—1946 年的阿根廷》，载 ［英］莱斯利·贝瑟尔主编：《剑桥拉丁美洲史》（第八卷），中国社会科学院拉丁美洲研究所译，北京：当代世界出版社 1998 年版，第 32 页。

④ 林被甸：《对 20 世纪中叶拉美社会变革的思考》，提交给 2003 年 10 月 13—17 日在中国庐山举行的"20 世纪拉丁美洲变革与发展"学术讨论会的论文。

统理论的理论来实现'社会科学的非殖民化'。"①对于后者，有学者指出：
"新一代知识分子不仅宣传创造的重要性，而且认为拉美民族有充分发扬创
造性的天然条件。这种条件就是拉美历史上形成的种族融合。"②普雷维什
作为这些知识分子中的一员，难免受其影响，我们从他在拉美经委会成立初
期的一些言行中便可看出其民族主义的倾向：他向联合国秘书长的代表大
卫·欧文提出了进入拉美经委会的三个条件，其中第一条就是强调该组织的
"思想独立性"。在美国驻美洲国家组织大使向普雷维什提出将拉美经委会与
美洲国家组织合二为一，并提议普雷维什为合并后的新组织领导人候选人的
计划后，普雷维什说："大使先生，我完全理解您的立场。但我必须坦率地
对您说，我们这个新的组织拉丁美洲经济委员会的基础是思想独立性。这是
我们拉美人第一次有机会用我们自己的理论来思考经济问题。在此之前，我
们一直都没有这种机会，……所以，非常抱歉地对您说，我不能接受（您的
提议）。"③

总之，拉美结构主义理论"继承和发展了拉丁美洲在战前几十年间出现
的现代化思潮，是发展理论与民族主义相结合的产物"④。

第四节   普雷维什早期职业生涯的影响

拉美结构主义发展理论的形成，还与普雷维什早年的职业生涯息息相
关。在 20 世纪 30 年代的大萧条以前，虽然阿根廷曾进行了贸易保护和工
业化的尝试，但对以古典自由贸易理论为指导的初级产品出口战略的崇尚仍
居主导，因此，"比较利益理论成为一种近乎神圣不可侵犯的理论"，"不仅
强有力的出口集团信仰比较利益，而且自称是工人和消费者利益保卫者的阿

---

① Cristóbal Kay, *Latin American Theories of Development and Underdevelopment,* London: Routledge, 1989, p. 14.
② 索萨：《拉丁美洲思想史述略》，昆明：云南人民出版社 2003 年版，第 185—186 页。
③ Pollock, Kerner and Love, "Raúl Prebisch on ECLAC's Achievements and Deficiencies: An Unpublished Interview", *CEPAL Review*, No. 75, December 2001, pp. 10—14.
④ 李春辉、苏振兴、徐世澄主编：《拉丁美洲史稿》（第三卷），北京：商务印书馆 1993 年版，第 14 页。

根廷社会主义政党也在 20 世纪 20 年代极力反对工业上的保护主义"①。普雷维什正是在这样的背景下开始其职业生涯。

1927 年 12 月，阿根廷农业协会主席路易斯·杜昂出任阿根廷国家银行（Banco de la Nacion Argentina，BNA）行长，他任命普雷维什担任银行下属的经济研究室主任，并授权其组织自己的研究团队，创办自己的刊物《经济评论》（Revista Económica）。普雷维什由此组织了自己的研究团队，主要成员包括欧内斯托·马拉柯尔特、麦克斯·阿莱曼、埃德蒙多·加纽克斯、胡里奥·布洛伊德和亚布拉罕·格莱斯特。这个团队成为普雷维什此后为阿根廷政府提供技术支持的重要力量，也为拉美结构主义发展理论的最终形成做出了一定的贡献。

1930 年 9 月至 1943 年 10 月，普雷维什先后担任阿根廷临时政府财政部副部长、世界经济大会筹备委员会的阿根廷政府代表、阿根廷与英国债务谈判与贸易谈判的政府代表、阿根廷政府农业部和财政部顾问，以及阿根廷中央银行行长和首席经济学家，成为这一时期阿根廷政府经济领域的重要决策者和执行者之一，积累了比较丰富的理论和实践经验，这对其经济发展思想的形成起到了促进作用。与此同时，普雷维什还坚持回到布宜诺斯艾利斯大学讲授经济学课程。例如，普雷维什在 1936 年 5 月至 9 月先后讲授了《国际收支、外汇市场和货币变动之间的联系》《国际价格的下跌与农业国家金本位的保持》《外汇管制和计划经济》和《金本位问题的现状》等专题。②

20 世纪 30 年代初的大萧条，对阿根廷经济造成了严重的影响。1930—1931 年，出口收入减少 1/3，由 20 年代后期的年均约 10 亿比索下降到 1931 年的 6 亿比索。1929—1931 年，国内生产总值下降了 14%，粮食产量减少 20%，制造业下降 17%，比索贬值了大约 25%③。面对世界经济危机的冲击，阿根廷政府先后采取了一系列的应对措施，诸如精简政府机构、改革税制、提高关税、放弃金本位制和实行外汇管制制度。其中乌里武鲁政府 1931 年 10 月开始实行的外汇管制制度具有重要的影响。根据该制度，政府

①　Joseph L. Love, "Raúl Prebisch and the Origins of the Doctrine of Unequal Exchange", Latin American Research Review, Vol. 45, No. 3, 1980, p. 48.

②　José Besa García, ed., Raúl Prebisch (1901—1986): escritos 1919—1986, Santiago: CEPAL, 2006, p. 39.

③　[美] 戴维·罗克：《1930—1946 年的阿根廷》，载 [英] 莱斯利·贝瑟尔主编：《剑桥拉丁美洲史》（第八卷），中国社会科学院拉丁美洲研究所译，北京：当代世界出版社 1998 年版，第 19 页。

要求出口商把出口贸易中所获得的外汇卖给政府，然后政府以公开拍卖的形式把外汇再卖出去。这些措施虽然在一定程度上缓解了危机对阿根廷的冲击，但是却影响了阿根廷与英国的经贸关系。

大萧条以前，英国是阿根廷的主要贸易伙伴国和投资国，阿根廷主要向英国出口肉类和谷类，对英出口约占其出口总额的 40%，英国主要向阿根廷出口工业品，占阿进口总额的 20%。[①]因此在两国的贸易中，阿根廷处于较为有利的地位。在经济繁荣时期，英国尚能够从其他国家的贸易中弥补其对阿根廷贸易的逆差，但是随着大萧条的爆发，以及英联邦其他国家不断施加压力，英国在 1932 年的渥太华英联邦会议上，决定对英联邦成员国实行贸易优惠，以换取英国商品进入各联邦成员国市场的优惠待遇。此即所谓的"帝国优惠制"，这种贸易安排直接威胁到阿根廷向英国的出口份额，尤其是它的肉类出口份额，因为对英国的肉类出口占阿根廷出口总值的 16%。[②]

为了减少英联邦的帝国优惠制度可能给阿根廷造成的损失，阿根廷政府派出以副总统小胡里奥·A. 罗加为首的代表团赴伦敦与以英国商会主席沃尔特·伦西曼为首的英国代表团进行谈判。经过近三个月的艰难谈判，两国于 1933 年 5 月 1 日签订了一份《联合王国政府与阿根廷共和国政府条约》；9 月 26 日，双方还签署了一份《补充协定》和一份议定书。这些文件合在一起，即所谓的《罗加-朗西曼条约》。该条约的主要条款包括：（1）英国将不会对进入英国市场的阿根廷冷藏牛肉给予任何限制，进口数量维持在 1931 年第三季度到 1932 年 6 月 30 日期间的水平；（2）阿根廷对英国出口所赚取的外汇必须予以保留，汇回英国，阿根廷偿还其他国家的公共债务可能要扣除的有限数额除外；（3）在条约签署时仍然被阿根廷政府管制的英国资金将被转换成一种由英国提供的贷款，利息为 4%，偿还期 20 年，5 年后开始偿付；（4）阿根廷承诺对英资铁路、电车和电力公司提供"仁慈的待遇"，在外汇管制条例下给予它们获得进口物品的优惠条件，继续维持煤炭和其他有关产品的零关税政策，允诺将英国商品的关税降低到 1930 年的水平等。[③]

---

① Love, "Raúl Prebisch and the Origins of the Doctrine of Unequal Exchange", *Latin American Research Review*, Vol. 45, No. 3, 1980, p. 49.

② Arthur P. Whitaker, *Argentina*, Englewood Cliffs: Prentice-Hall, 1964, p. 93.

③ Daniel Drosdoff, *Gobierno de las vacas (1933—1956): Tratado Roca-Runciman*, Buenos Aires: Ediciones Bastilla, 1972, pp. 169—183.

从双方达成的上述条款来看，《罗加-朗西曼条约》显然更有利于英国。首先，阿根廷政府承诺保持对煤炭、纺织品等英国产品给予关税豁免，并降低其他产品的关税，使英国出口品在阿根廷市场上有了较大的优势；其次，英国还从阿根廷政府得到了给予英国资本优惠待遇的承诺，使一些原本陷入困境的英国公司重获活力。例如，英国铁路公司由于设备老化和疏于管理，已经濒临破产。阿根廷政府在条约中承诺抑制在铁路运输上的竞争，使英国铁路公司得以重获生机。反过来说，阿根廷并没有从条约中获得多大的利益，唯一获利的是肉类出口集团。英国将其进口阿根廷冷藏牛肉的数量维持在 1931—1932 年的水平，是一个较低的水平。例如，1927 年阿根廷出口冷藏牛肉 466669 吨，1932 年下降到 370634 吨，其中出口至英国的比重高达99%。同时，牛肉出口值也从 1927 年的 3.664 亿美元减少到 1931 年的2.051 亿美元和 1932 年的 2 亿美元。[①]由此可见，对于阿根廷而言，《罗加-朗西曼条约》只是保证了其肉类出口部门的利益，是肉类出口利益集团以牺牲国家利益来换取本集团利益的结果。

所以，《罗加-朗西曼条约》一经签署，立刻在阿根廷引起轩然大波，批评之声不绝于耳，"受到了阿根廷保守派以外几乎所有人的攻击"[②]。例如，1933 年 7 月，阿根廷国会围绕该条约展开了激烈的辩论，阿根廷进步主义者与社会主义者组成的反对派联合阵线对该条约加以批判。反对派的领导人之一、阿根廷进步主义领袖利桑德罗·德·拉·托雷严厉批评了条约对阿根廷出口配额的限制。他说："英国的每一个自治领都有一定的配额，并有权加以管理。我的议员伙伴们不会忽视这一点吧，……阿根廷是唯一不能管理自己配额的国家。新西兰可以自己管理，加拿大和澳大利亚也可以自己管理，甚至南非也是如此。英格兰对于其国际人格都受到限制的帝国成员的尊重显然要胜于对阿根廷的尊重。"[③]

另一方面，《罗加-朗西曼条约》的不平等刺激了阿根廷经济摆脱对英国依赖、寻求发展工业化的努力，为普雷维什发展思想的逐渐形成提供了一个生动的反面教材。普雷维什在 1933 年参加世界经济会议后，曾经亲赴伦

---

① Ovidio Mauro Pipino, *Tratado Roca-Runciman y el desarrollo industrial en la decada del trienta*, Buenos Aires: Editorial Galerna, 1988, pp. 96—97.

② George Pendle, *Argentina, 3rd Edition*, London: Oxford University Press, 1963, p. 79.

③ Julio Notta, *Crisis y solución del comercio exterior Argentino,* Buenos Aires: Editoriales Problemas Nacionales, 1962, p. 158.

敦，担任了《罗加-朗西曼条约》谈判的技术顾问。作为一个亲历者，普雷维什切身体会到弱国与强国谈判时的被动地位，深切认识到了阿根廷在对英国贸易中的不利境况，因而开始更多地关注初级产品贸易条件的问题，开始寻求在阿根廷实施新的经济政策。对此，中国知名学者江时学评论说："阿根廷在谈判中被迫作出的让步使普雷维什既看到了穷富国家关系的本质，又认识到了改变初级产品出口国地位的必要性。"①

1934 年 7 月，普雷维什发表了一篇题为《经院哲学式的通货膨胀和阿根廷的货币》的论文。他在文中指出，由于"农业价格的下降幅度远远大于制成品价格的下降幅度"，1933 年与大萧条以前的时期相比，为了获得相同数量的制成品进口，阿根廷必须多出口 73% 的初级产品。普雷维什进一步指出，1933 年阿根廷必须支付两倍的黄金才能履行与 1928 年一样的固定外债义务，这必然对该国的贸易条件产生了不利影响。②在这篇文章中，我们已经开始看到普雷维什经济发展思想的初步萌芽。

1937 年，普雷维什在《经济评论》杂志上再次提出农产品和工业品价格变化的不同特点。他说："制造业使工业国有效地控制生产，因而工业国能够将它们的产品价格维持在理想的水平上。农牧业国家的情况则不然，农牧业生产的性质和农业生产者之间的无组织状态，必然使它们的生产缺乏弹性。在最近的大萧条中，上述差异主要表现为农产品价格的急剧下降，而制成品价格的下降幅度相对小些。农业国因此失去了它们的部分购买力，结果对国际收支和进口量产生了影响。"③在该文中，普雷维什观察到阿根廷工业发展与它同世界经济联系程度之间的反比关系，即当它与世界经济联系紧密时，其工业化的动力就受到抑制；相反，当阿根廷与世界经济相对缺少联系时，工业发展就最为迅速。由此，普雷维什得出了一个初步的结论：一味地依赖初级产品出口，已不再是经济发展的一条有效途径了。

1939 年，在普雷维什的主持下，阿根廷中央银行发布了 1938 年的年度报告，进一步指出，像阿根廷这样的初级产品出口国的贸易周期主要是由其工业化的贸易伙伴国的贸易周期所决定的。在阿根廷中央银行的 1942 年年

---

① 江时学：《拉美结构主义论再认识》，《国外社会科学》1995 年第 2 期，第 19 页。

② Raúl Prebisch, "La inflación escolástica y la moneda argentina", *Revista de Economia Argentina*, No. 193—194, julio-agosto de 1934, pp. 11—12.

③ Joseph L. Love, "Raúl Prebisch and the Origins of the Doctrine of Unequal Exchange", *Latin American Research Review*, Vol. 45, No. 3, 1980, p. 52.

度报告中，普雷维什开始明确提出通过工业化来克服阿根廷经济的对外脆弱性。该报告认为，出口和发展工业并不是不相容的，问题在于将进口品的构成由消费品改成资本品而已。到这一时期，普雷维什似乎已经形成了拉美结构主义发展思想的大致轮廓。

1943 年 6 月 4 日，阿根廷军人发动军事政变，推翻了卡斯蒂略政府。政变后建立的军人政府指责普雷维什是保守的畜牧业主们的经济代言人，代表了阿根廷的保守政治势力，因而迫使他辞去阿根廷中央银行行长的职务。普雷维什重新回到布宜诺斯艾利斯大学经济科学系，再次开始了执教和理论研究的生涯。在此期间，普雷维什系统地思考了"为什么我必须突然抛弃已经根深蒂固的信仰呢？为什么国家必须在发展中发挥积极的作用呢？为什么中心制定的政策不能适用于外围呢？"等一系列理论问题，为其经济发展思想的形成"铺平了道路"。[1]

根据有关资料的记载，早在 1944 年，普雷维什就在布宜诺斯艾利斯大学的课堂上第一次提及"中心-外围"的概念。[2]到 1946 年 8 月，普雷维什应邀出席了在墨西哥城举行的"美洲大陆中央银行问题技术大会"，即西半球中央银行家会议，在会上他第一次用书面形式提出了"中心-外围"的概念和理论。他指出，美国是当今世界的"中心"，而拉美则是"经济体系的外围"，整个世界的贸易周期都是依照美国经济的周期而设定的，"美国的财政和货币政策可以追求一种不用造成货币不稳定而实现充分就业的政策"，而"外围国家则不可能适用与中心一样的货币工具"。[3]对于这种状况，普雷维什认为传统的经济学理论已经失去了效用，转而求助于其他方面的理论。

---

[1] Raúl Prebisch, "Cinco etapas de mi pensamiento sobre el desarrollo", in CEPAL, *Raúl Prebisch: Un Aporte al Estudio de su Pensamiento*, Santiago de Chile, 1987, p. 14.

[2] 普雷维什在 1944—1948 年的全部讲稿均收录于拉美经委会出版的缩微资料《劳尔·普雷维什博士论著档案（1920—1986）》（CEPAL, *Archivo de Trabajo de Dr. Raúl Prebisch, 1920—1986*）第 2 卷，第 35—61 号。该缩微资料共计 8 卷，收藏于美国伊利诺伊大学厄巴纳-香槟分校图书馆。伊利诺伊大学图书馆是世界上最大的公立大学图书馆，共有 38 个分馆，上述缩微资料收藏于"历史、哲学和报刊分馆"。

[3] Joseph L. Love, "Raúl Prebisch and the Origins of the Doctrine of Unequal Exchange", *Latin American Research Review*, Vol. 45, No. 3, 1980, pp. 54—55.

英国经济学家凯恩斯的理论吸引了普雷维什的注意。他开始系统地研究和宣传凯恩斯的经济理论，并于 1947 年 2 月在墨西哥城出版了《凯恩斯简介》一书。约瑟夫·洛夫认为，正是由于该书的出版，"普雷维什作为一名经济学家在拉美的声望得到了很大的提高"[①]。与此同时，普雷维什还在《委内瑞拉中央银行通报》上发表了《凯恩斯勋爵的经济理论和古典主义理论》《凯恩斯理论中的资本和利率》和《消费倾向和有关乘数的凯恩斯理论》等一系列文章，系统地介绍凯恩斯主义的理论。此外，我们从普雷维什在这一时期所发表的论文，以及在大学讲坛上的讲稿中，可以非常清晰地看到凯恩斯经济理论对他的影响。对于凯恩斯理论对普雷维什和拉美结构主义的影响，有学者这样评价说："尽管拉美经委会的理论显然可以在古典经济思想和马克思主义中找到根源，但它们却渗透了凯恩斯主义的语言。"[②]甚至有学者这样说："如果普雷维什有一种意识形态的话，它也许可以用一个简单的称号来概括：浪漫的凯恩斯主义。"[③]

1948 年 2 月，在拉美各国的积极努力下，联合国拉美经委会正式成立。普雷维什因为在拉美经济学界的崇高威望而成为首任执行秘书的热门人选，但是他拒绝了担任该职务的提名，只是出任了该组织的顾问。不过，拉美经委会的成立提供给普雷维什一个经济理论研究的合适舞台，他对拉美经济发展问题的关心与日俱增。1949 年 5 月，普雷维什的《拉丁美洲的经济发展及其主要问题》一文在圣地亚哥问世，尽管普雷维什当时还没有担任该组织的领导人，但他的这篇文章还是被誉为真正的"拉美经委会宣言（ECLA Doctrine）"[④]。

---

① Joseph L. Love, "Raúl Prebisch and the Origins of the Doctrine of Unequal Exchange", *Latin American Research Review*, Vol. 45, No. 3, 1980, p. 57.

② Fernando Henrique Cardoso, "The Originality of the Copy: CEPAL and the Idea of Development", *CEPAL Review*, Second Half of 1977, reprinted in Albert O. Hirschman, ed., *Toward a New Strategy for Development: A Rothko Chapel Colloquium*, New York: Pergamon Press, 1979, p. 70.

③ Frederick F. Clairmonte, "Prebisch and UNCTAD: The Banality of Compromise", *Journal of Contemporary Asia*, Vol. 16, No. 4, 1986, p. 441.

④ 这一说法最早是由美国著名经济学家艾伯特·赫希曼提出来的，后来成为国际学术界普遍接受的术语（Albert O. Hirschman, "Ideologies of Economic Development in Latin America", in A. O. Hirschman, ed., *Latin American Issues: Essays and Comments*, New York: Twentieth Century Fund, 1961, p. 13）。

　　在《拉丁美洲的经济发展及其主要问题》一文中，普雷维什系统地提出了"中心-外围"范式和贸易条件恶化理论，并以此为基础论证了外围国家进行进口替代工业化的必要性和紧迫性。至此，拉美结构主义发展理论瓜熟蒂落，水到渠成。因此，在某种程度上可以说，《拉丁美洲的经济发展及其主要问题》的问世，实际上标志着拉美结构主义发展理论的正式诞生。

第二章　拉美结构主义的理论渊源

拉美结构主义发展理论的形成，还得益于 20 世纪中期盛行的一些社会、经济理论。诚如澳大利亚著名经济思想史学家海因茨·沃尔夫冈·阿恩特所说的："人类状况和人类希望的一切困难都包含在发展的概念之中。在亚当·斯密、斯图亚特·穆勒、乔瓦尼·巴蒂斯塔·维科、卡尔·马克思、甘地、孙中山和熊彼特的著作中的某些地方可以找到近 30 年来把发展作为一种政策目标所谈论的一切事实，很可能是真实的。这种发现是思想史学家值得高兴的事情。"①也就是说，当代经济发展理论都是在前人的思想基础上发展而来的，有着深刻的理论渊源。拉美结构主义发展理论当然也不例外。

第一节　对新古典主义的批判

普雷维什是拉美结构主义发展理论的创始人和奠基者，这种理论是在批判古典学派和新古典学派的国际贸易理论的基础上形成的。普雷维什后来回顾说："在我年轻的时候，我是一个新古典主义者。我强烈地相信瓦尔拉斯-帕累托的一般均衡理论，并为其数学上的完美特性所吸引。根据该理论，在经济力量自由发挥作用的情况下，国际资源和国内资源都将实现最优配置，而技术进步的成果将在均衡点上与每一种生产要素对生产过程的贡献相一致，"然而，"世界大萧条对我的思想产生了巨大的影响。我不得不放弃对自

---

① ［澳］海因茨·沃尔夫冈·阿恩特：《经济发展思想史》，唐宇华、吴良健译，北京：商务印书馆1997 年版，第 8 页。

由贸易的信仰，以及对国际分工积极结果的看法。"[1]

所谓的新古典主义国际贸易理论，是指在以亚当·斯密的国际分工学说和大卫·李嘉图的比较利益学说为基础的古典国际贸易理论基础上发展而来的理论。该理论崇尚自由贸易的原则，认为在自由贸易的原则下，各国根据各自资源禀赋的丰裕程度来合理地安排自己生产中所使用生产要素的比例，含有丰富要素资源的产品将被出口，而要素资源相对稀缺的产品则依靠进口，这样就产生了合理的国际分工。通过各国之间的自由交易，实现了商品的自由流通，同时也实现了生产要素的自由流动，从而改变了各国生产要素的比例，提高生产率，增加世界商品的总量和降低商品的价格，使参加国际贸易的所有国家能够普遍受益。正是在这种意义上说，贸易是经济增长的发动机。[2]

早在殖民统治时期，西班牙和葡萄牙殖民者对美洲殖民地采取了贸易垄断政策和鼓励单一产品生产的政策。这一政策的主要内容大体上包括：（1）宗主国与殖民地之间的贸易只能限于少数几个港口；（2）由宗主国王室指定的船队按照规定的时间和航线往返于宗主国与殖民地之间；（3）宗主国以外生产的产品不得输入殖民地；（4）各殖民地之间不得进行贸易往来；（5）宗主国严格禁止殖民地发展有损于宗主国利益的生产活动，而对那些能够使宗主国获取巨大利益的经济作物和贵金属等初级产品的生产，则予以大力鼓励。"毫无疑问，这样的贸易政策不仅在很大程度上阻碍了西属美洲的生产多样化和贸易自由化的发展，而且也使该地区进一步依赖于初级产品的生产和出口。"[3]也就是说，在拉美国家获得独立后，摆在它们面前的现状就是这样，除了发展初级产品部门以外，似乎别无选择。总之，"长达三个世纪的欧洲殖民统治，一方面彻底打断了早期印第安人社会经济的发展进程，另一方面，给拉美国家留下的就是开发本地自然资源并对外输出少数几种初级产

---

① Raúl Prebisch, "Power Relations and Market Laws", in Kwan S. Kim and David F. Ruccio, eds., *Debt and Development in Latin America*, Norte Dame, Indiana: University of Norte Dame Press, 1985, p. 9.

② 古典主义与新古典主义国际贸易理论在崇尚自由贸易原则方面是一致的，但在分析贸易产生的原因上则存在不同：古典国际贸易理论认为，贸易之所以产生，是因为不同的国家拥有不同的劳动生产率；而以赫克歇尔-俄林定理为基础的新古典国际贸易理论则认为，各国生产要素的资源禀赋状况是决定国际贸易产生和流向的根本原因。

③ 江时学：《拉美现代化进程中的初级产品出口型发展模式》，《拉丁美洲研究》1995 年第 5 期，第30 页。

品这样一种经济基础"①。因此，拉美国家独立后，拉美国家以开发其自然资源为主要经济活动，输出初级产品以进行国际交换，就成为很自然的选择。而它们普遍作出这种选择的一个重要动力，则来自拉美国家独立后所崇尚的经济自由主义思想。

事实上，影响拉丁美洲新兴国家的所谓经济自由主义主要就是在 18 世纪后期诞生的、以亚当·斯密和大卫·李嘉图的经济学说为代表的思想。亚当·斯密的经济学说主要包括三个基本原则：

（1）"看不见的手"和市场原则。在 1759 年出版的《道德情操论》一书中，斯密提出了"看不见的手"概念，在论及生活必需品的消费和分配时提出，富人在满足自己欲望的活动过程中，"被一只看不见的手所引导"，致使社会福利增进和人类繁荣。1776 年出版的《国富论》在阐述这一概念时提出，当每个人在追求各自的经济利益时，"受着一只看不见的手指导"，从而有效地促进社会利益和公共利益。亚当·斯密认为，人性与社会性、私利与公益、经济动机与经济利益、经济行为与经济目标、经济要素与经济过程，都是由"看不见的手"所引导，从而使分散的、相互冲突的经济要素得以协调发展。所以，必须坚持市场原则，让市场机制自由地发挥作用，无需政府的干预和指导。

（2）自由放任原则。这种思想产生于亚当·斯密的自然主义哲学观，他认为，私利与公益是由一只"看不见的手"所引导，自动地趋向和谐均衡。每个人自由地运用自己的劳动和资本是人的天赋权利，个人的经济活动最终会导致全社会利益的发展，因此无须加以限制，任何人为的干预因素及政策都是违背"自然关系"的。所以，他主张取消一切特惠或限制，放任经济部门和企业自由地发展。

（3）自由贸易原则。自由放任的原则应用到国际贸易领域便是自由贸易的主张，斯密运用"绝对成本说"来系统地解释这一原则。斯密认为，各国根据自身的自然条件如自然资源、土质和民族素质，生产在成本上占绝对优势的产品，并进行自由交易，其结果对各国都有利。自由贸易可以使一国在生产上和对外贸易方面处于比其他国家绝对有利的地位。换言之，如果各国都按照各自的有利的生产条件进行分工和交换，将会使各国的资源、劳动力和资本得到最有效的利用，将会大大提高劳动生产率和增加物质财富。

---

① 苏振兴主编：《拉丁美洲的经济发展》，北京：经济管理出版社 2000 年版，第 32 页。

继亚当·斯密之后，对拉丁美洲国家产生重要影响的经济自由主义思想来源于大卫·李嘉图。他继承和发展了亚当·斯密的国际分工理论，在研究国际贸易产生的原因时提出了著名的"比较优势"理论。英国和葡萄牙之间的葡萄酒和毛呢生产和贸易是李嘉图用以说明"比较优势"学说的著名例证。他指出，英国生产一定单位毛呢需要 100 个人一年的劳动；酿制一定单位的葡萄酒需要 120 个人一年的劳动。而葡萄牙生产毛呢需要 90 个人一年的劳动；酿制葡萄酒需要 80 个人一年的劳动。两者比较，葡萄牙在两种商品的生产上都有优势，英国则均居于劣势。根据斯密的"绝对成本说"，英国应该停止这两种商品的生产而悉数从葡萄牙进口。李嘉图认为，任何一个国家在与别国进行交易时肯定会有它的"比较优势"，只要遵循两优取其重、两劣取其轻的原则，双方均可从贸易中获得利益。所以，"对葡萄牙来说，输出葡萄酒以交换毛呢是有利的。即使葡萄牙进口的商品在该国制造时所需要的劳动少于英国，这种交换仍然会发生"，因为将资本集中于葡萄酒生产"可以从英国换得更多的毛呢"；对英国来说，则可以将资本集中于生产毛呢，就会以同样的劳动换得更多的葡萄酒。因此，两国均从国际贸易中获得了利益。

从 18 世纪七八十年代起，随着第一次工业革命的深入发展，英国迅速崛起成为世界上第一个工业化国家和"世界工厂"，它希望全世界均成为其工业品的出口市场。在这样的背景下，英国开始抛弃长期奉行的重商主义政策，转而开始进行自由主义贸易政策的尝试，亚当·斯密和大卫·李嘉图的自由主义学说在其中产生了巨大影响。1786 年，英国的小皮特政府与法国政府签订的《英法通商条约》（亦称《伊顿条约》），便是这种自由主义贸易政策的早期尝试。在 19 世纪 20 年代至 40 年代期间，英国进行了一系列自由主义的贸易改革，其中包括降低原材料和工业品关税，取消进口禁令，废除《谷物法》和《航海条例》等内容，从而使英国成为世界上第一个完全奉行自由主义贸易政策的国家。

与此同时，英国开始以种种手段向外兜售它的自由主义贸易政策，其中与其他国家签订所谓的《自由、友好商务条约》便是英国传播自由主义贸易政策和思想的重要手段。19 世纪前半叶，新兴的拉丁美洲国家成为英国自由主义政策和思想传播的重点对象。早在 1810 年，英国在派海军护送葡萄牙王室抵达巴西之后，与葡萄牙-巴西政府签订了具有浓厚自由主义色彩的《商业和航海条约》，巴西港口对英国货物征税最低为 15%，对葡萄牙本国最低为 16%，对其他国家货物最低征收 20%。1825—1826 年，英国先后与阿根廷、大哥伦比亚和墨西哥签订了《友好、商业和航海条约》，19 世纪四五十年代，英国相继与玻利维亚、乌拉圭、危地马拉、哥斯达黎加、秘鲁和智利签订了类似的商务条约，这些商务条约是"自由主义在经济和政治领域中的优秀范例，代表了工业国家与原材料生产国之间建立自由市场关系的努力"①。通过这些商务条约，英国将自由主义贸易政策付诸于它与相关拉美国家的贸易实践，使自由主义的经济思想，尤其是亚当·斯密的市场原则、自由贸易及自由放任原则和大卫·李嘉图的"比较优势"学说在拉美国家产生了巨大影响。

对于经济自由主义在新独立的拉丁美洲国家所产生的影响，国内外学术界几乎达成了共识。有人提出，"英国不仅向拉美国家施加其经济、政治影响，而且还对它们发挥了其思想影响。它们普遍接受了英国大肆宣扬的'自由贸易'思想。这一'自由贸易'思想不仅是拉美反对西班牙和葡萄牙殖民统治的指导思想，而且是新兴国家制定发展政策的理论基础"②。富尔塔多也指出，在拉美的一些地区，"独立使商业资产阶级的地位上升，他们具有自由主义思想，受到欧洲进步思想的影响，但是也沾染了放任主义的思想"③。在经济自由主义思想的影响下，几乎所有拉美国家在独立后都崇尚"比较优势"理论，一味地发展那些自认为具有"比较优势"的初级产品生产和出口部门，工业品则依靠进口，严重遏制了这些国家工业部门的发展，从而使单一经济结构和初级产品出口模式日益巩固。

在自由主义经济学说的影响下，古典学派和新古典学派国际贸易理论盛行于 19 世纪初至 20 世纪 30 年代期间的拉丁美洲国家。例如，普雷维什在 1918 年进入布宜诺斯艾利斯大学经济系学习时，当时的系主任埃莱奥多罗·洛沃斯就是新古典主义经济学的支持者，他主张继续发挥阿根廷的比较优势，坚持自由贸易原则，积极发展初级产品出口部门。从 1922 年 6 月起，普雷维什开始担任阿根廷农业协会统计办公室主任一职。该协会深受自

---

① H. S. Ferns, *Britain and Argentina in the Nineteenth Century*, Oxford: Oxford University Press, 1960, p. 112.

② 郝名玮、冯秀文、钱明德：《外国资本与拉丁美洲国家的发展》，北京：东方出版社 1998 年版，第 11 页。

③ [巴西] 塞尔索·富尔塔多：《拉丁美洲经济的发展：从西班牙征服到古巴革命》，徐世澄、徐文渊、苏振兴、陈舜英译，上海：上海译文出版社 1981 年版，第 25 页。

由主义经济学说的影响，是该国新古典主义经济学的重要堡垒。

如前所述，20 世纪三四十年代期间，普雷维什先后担任阿根廷财政部副部长、中央银行行长，成为该国经济决策的关键人物之一。在亲历阿根廷与英国之间《罗加-朗西曼条约》谈判"屈辱"过程和国内自由主义政策的起起伏伏之后，普雷维什开始对新古典主义国际贸易理论产生了质疑。他认为，新古典主义学派的国际贸易理论只能够适用于西方发达国家，当用于西方国家以外的其他地区时，这种理论就失去了其合理性。他说："真实的情况是，关于国际劳动分工的经济优势的推论从理论上说是正确的，但是人们常常遗忘的是，它是建立在被事实证明是错误假定基础之上的。根据这种假定，技术进步的好处趋向于在整个社会均衡地分布。……它的缺陷是将特例一般化了。如果'社会'仅仅是指大的工业化国家，那么技术进步的好处逐渐地在所有的社会集团和阶级中分配的说法无疑是正确的。然而，如果社会的概念被扩大到包括世界经济的外围，在这种一般化中的一个严重错误就是不言而喻的了。"[1]这样，普雷维什不仅从大萧条后的亲身实践上认识到传统经济理论的无能为力，而且还从理论上指出了传统经济理论的缺陷。所以，他转而求助于其他流派的理论，在吸收和发展这些理论的基础上，逐步形成了自己的理论体系。

第二节　凯恩斯主义是最主要的理论渊源

凯恩斯主义是对拉美结构主义产生影响最大的理论。凯恩斯主义是英国著名经济学家约翰·梅纳德·凯恩斯提出和发展的一套经济理论，在 20 世纪 30 年代到 70 年代的半个世纪里在西方经济学界居于主导地位。1936年，凯恩斯出版其名著《就业、利息和货币通论》，对此前盛行的古典自由主义理论发起了挑战，正式提出了所谓的凯恩斯主义经济理论，主张国家采用扩张性的经济政策，通过增加总需求来促进经济增长。这一经济学理论是凯恩斯在反思一战后英国经济陷入长期衰退及英国政府应对政策的成败得失过程中逐渐形成的。

---

[1] Raúl Prebisch, "The Economic Development of Latin America and Its Principal Problems", *Economic Bulletin for Latin America*, Vol. 7, No. 1, February. 1962, p. 1.

　　第一次世界大战是英国经济发展进程的转折点。由于大战中政府开支剧增，英国被迫中止实行多年的金本位制。在摆脱金锁链之后，通货膨胀问题随即出现。一战结束后，英国开始从殖民帝国、世界工厂的峰顶一步步衰退了下来，其在国际贸易中的优越地位也日益削弱。对于英国这样一个国内市场相对狭小的岛国来说，一旦在国际贸易的竞争中丧失了在产品构成和劳动生产率方面的优势，必然给国内经济造成不良影响。所以从1920年开始，英国经济就陷入了停滞状态，煤炭、棉纺织品、造船工业等传统部门因国内市场狭窄和出口受阻而难以恢复元气，而汽车、航空等新兴工业部门则难以与后发的美国和部分欧洲国家相竞争。

　　然而，英国政府并没有意识到英国经济的困境，依然按照自由主义原则来制定经济政策。为了提高英国在国际金融界的信誉，巩固伦敦作为世界金融中心的地位，英国政府于1925年恢复了金本位制，使英镑价值与黄金挂钩，结果导致英镑的汇率提高，造成进口增加，出口减少。在这种情况下，为了维持国际收支的平衡，英国政府宣布提高利率以减少资本净输出；提高利率却造成国内投资需求不振，失业人数增加。庞大的失业大军造成一系列社会问题。一时间，如何降低失业率便成为英国政府和民众共同关心的问题。更为棘手的是，由于恢复金本位制，英国政府很难用扩张性的货币政策来刺激就业，因此有学者建议，英国政府应采取措施，建设公共工程来减少失业，即依靠扩张性的财政政策来刺激就业。但是以古典自由主义理论为基调的英国财政部反对用公共工程来缓和失业。结果，英国经济的衰退状态一直持续到"大萧条"爆发。

　　1929—1933年"大萧条"是资本主义有史以来最严重的一次危机，与以往的历次危机相比，它有以下新特点：首先，其持续时间长达5年，实际上造成了长期萧条的局面。其次，这次危机所造成的生产下降和失业增加异常严重。1932年，整个资本主义世界的工业生产比1920年下降三分之一以上，工业生产倒退到1900—1908年的水平。1929—1933年，整个资本主义世界总失业人数由1000万增加到3000万，其中美国失业人数由150万增加到1300多万，失业率接近25%。最后，这场危机不仅仅是一场生产危机，同时也是一场金融危机。

　　"大萧条"对英国经济的冲击更大。危机期间，英国的工业生产指数下降了24%，倒退到1897年的水平，失业率高达22%，2万多家企业破产；对外贸易下降，1929年进口额下降62%，出口额减少66%，并出现了4亿英镑逆差。为了克服经济危机，英国政府在对内政策方面依然抱守古典主义经济理论，采取紧缩政策，削减失业保险补助金，降低工人工资水平，提高税率，使劳动人民生活日益恶化。①

面对严峻的经济危机和英国政府决策的成败得失，凯恩斯发表了一系列文章来讨论摆脱危机的解决办法，并于 1936 年出版了影响后世的名著《就业、利息和货币通论》，系统地提出了一套全新的理论，即所谓的凯恩斯主义理论。这一理论认为，生产和就业的水平取决于总需求的水平；总需求是整个经济系统中对商品和服务的需求的总量。根据传统的微观经济理论，价格、工资和利息率的自动调整会自动地使总需求趋向于充分就业的水平。凯恩斯指出，20 世纪 20 年代以来生产和就业情况迅速恶化的现实，表明这个自动调节机制并没有发挥应有的作用。与此同时，根据古典主义经济理论，需求不足只是衰退和经济混乱的症状而不是原因，因而在一个正常运行的市场中是不会出现的。因此即使是在"大萧条"最为严重的时期，这一理论仍然从供给层面探讨经济危机的原因，认为经济的崩溃是因为缺乏有力的、刺激生产的机制。所以，传统理论认为，唯一正确的办法是将劳动的价格降低到维持生存的水平，导致价格下降，从而购买力（就业）就会回升。这样，通过压缩劳动价格而"节约"的资金将会转化为投资，用于扩大生产，最终解决经济危机。凯恩斯强调，英国政府解决经济危机的政策之所以会失败，其根源就在于遵循了古典主义理论的上述观点。

在国际贸易领域，凯恩斯强调贸易差额对国民收入的影响，相信保护政策如能带来贸易顺差，必将有利于提高投资水平和扩大就业，最终导致经济繁荣。凯恩斯认为，传统贸易理论以各项生产要素，包括劳动力已经充分就业为前提，宣扬按照"比较优势"原理进行贸易，既有充分就业，又享分工之利。但现实生活中并不存在这一前提，而是经常存在大量的非自愿失业。因此，凯恩斯认为，传统贸易理论不适用于现代资本主义，因为它只注重分工的利益和对外收支均衡的自动调节，完全忽略了贸易差额对国民收入和就业的影响。

在《就业、利息和货币通论》中，凯恩斯由投资乘数原理出发，对贸易差额与国民经济盛衰的关系作了进一步阐述。他认为投资的乘数作用表现

---

① 相形之下，英国政府的对外经贸政策做出了较大的调整。一方面，英国政府放弃自由贸易原则，开始实施关税保护政策，对本国出口商品实行优惠和补贴政策；另一方面，推行帝国特惠制度，与各殖民地和自治领之间签订帝国特惠协议。

为，一个部门的新增投资，不仅会使该部门的收入增加，而且会通过连锁反应，引起其他有关部门的收入增加，而且会通过连锁反应，引起其他有关部门追加新投资获得新收入，致使国民收入总量的增长若干倍于最初的那笔投资。而一国的总投资包括国内投资（它决定于国内的资本边际效率和利息率）和对外投资（它决定于贸易顺差额）。增加贸易顺差是政府增加对外投资的唯一直接办法；与此同时，贸易顺差还可以使贵金属内流，它又是政府减低国内利率、增加国内投资的唯一间接办法。除此之外，凯恩斯还强调贸易顺差本身对国民经济的作用亦犹如投资，认为出口是对该国产品的需求，如同投资，是一种"注入"，能使国民收入增长；而进口则是对舶来品消费的增加，如同储蓄，是一种泄露，会减弱投资乘数的作用，使国民收入减少。因此，凯恩斯极力鼓吹贸易顺差，并提出应尽力扩大出口，同时借助保护关税和鼓励"购买英国货物"以限制进口的政策主张。

凯恩斯主义经济理论一经问世，立刻引起了国际社会巨大的轰动，在世界各地均产生了巨大的影响。西方学者对此评论道："凯恩斯是在致命危机威胁资本主义世界时挽救和巩固了这个社会。"[①]有的学者把凯恩斯的理论比作"与哥白尼在天文学上、达尔文在生物学上、爱因斯坦在物理学上一样的革命"。[②]凯恩斯主义宏观经济学与弗洛伊德所创的精神分析法和爱因斯坦发现的相对论一起并称为 20 世纪人类知识界的三大革命。很快，凯恩斯主义席卷世界，对拉美国家也产生了巨大的影响。

早在 20 世纪 30 年代大萧条期间，普雷维什本人就开始接触到凯恩斯的理论。[③]如前所述，1932 年底到 1933 年 8 月间，普雷维什作为阿根廷的政府代表在欧洲工作。当时，普雷维什广泛阅读了欧洲经济学家们的著作，包括英国经济学家凯恩斯、罗马尼亚经济学家曼努莱斯库、瑞典经济学家查理·里斯特等。其中，凯恩斯的《通向繁荣之路》对其影响尤为深刻。据记载，普雷维什在伦敦参加《罗加-朗西曼条约》谈判时，曾经在 1933 年 3 月 16 日的《泰晤士报》上读到了凯恩斯的《通向繁荣之路》，对凯恩斯提

---

① 高志文、方琳主编：《宏观经济学》，南京：东南大学出版社 2014 年，第 31 页。

② 高志文、方琳主编：《宏观经济学》，南京：东南大学出版社 2014 年，第 31 页。

③ 有学者甚至指出，19 世纪末移民到阿根廷的德国经济学家西尔维奥·格塞尔的非正统经济理论对普雷维什发展理论的形成也产生了一定的影响；而格塞尔本人出版了《币制改革为通向社会国家之桥梁》和《经由自由土地和自由货币实现的自然经济秩序》等著作，被凯恩斯誉为"凯恩斯经济学的先驱之一"。Oreste Popescu, *Studies in the History of Latin American Economic Thought*, London: Routledge, 1997, pp. 271—272.

出的"大胆理论和权威文章倍感震惊",凯恩斯关于"刺激需求,清理负担过重的金融市场,进而重新推进增长和商品交易"的观点,以及"成立一个权威的国际机构,向各国中央银行提供 50 亿美元的贷款来恢复重债国的经济活力"的建议,尤其是凯恩斯将阿根廷与美国、英国、德国、法国、日本和西班牙相提并论,认为它们是当时世界上经济实力最强的七个国家,它们将是"复活世界经济的发动机"等观点,均"给普雷维什留下了持久的印象"。[①]此后,普雷维什开始关注凯恩斯的理论,并将之运用到实际工作和大学教学之中。例如,1940 年 7 月,时任阿根廷中央银行行长的普雷维什为财政部部长皮内托起草了一份《全国复兴计划》,就运用了凯恩斯的理论,强调国家对经济进行干预,适度发展工业部门。[②]1946 年 5 月 16 日至 11 月 13 日,普雷维什在布宜诺斯艾利斯大学经济系以《凯恩斯理论》为题上了 13 次课。[③]

1947 年 2 月,普雷维什在墨西哥出版了《凯恩斯简介》一书,不遗余力地宣传凯恩斯主义理论。除此之外,普雷维什还先后在《委内瑞拉中央银行公报》上发表了《凯恩斯勋爵的经济理论和古典主义理论》《凯恩斯理论中的资本和利率》《消费倾向和有关乘数的凯恩斯理论》《凯恩斯的理论体系及其经济和社会计划》等系列文章,系统地介绍凯恩斯主义经济理论。这充分说明,这一时期的普雷维什从凯恩斯主义理论中得到了灵感,产生了共鸣。

具体说来,笔者认为凯恩斯主义至少在两个方面对拉美结构主义发展理论的形成产生了影响。一方面,凯恩斯主义对国家干预的强调,从理论上证明了普雷维什在担任阿根廷中央银行行长时期的政策实践。另一方面,凯恩斯主义对整体研究方法的重视,同样也可能激发普雷维什的灵感。对于凯恩斯主义对普雷维什和拉美结构主义的影响,有学者这样评价:"尽管拉美经委会的理论显然可以在古典经济思想和马克思主义中找到根源,但它们却

---

① Edgar J. Dosman, *The Life and Times of Raúl Prebisch, 1901—1986*, Montreal: McGill-Queen's University Press, 2008, p. 85.

② Edgar J. Dosman, *The Life and Times of Raúl Prebisch, 1901—1986*, Montreal: McGill-Queen's University Press, 2008, pp. 124—126.

③ 其中,1946 年 5 月 16 日至 7 月 17 日,普雷维什讲了第 1 至 11 讲,10 月 18 日讲第 13 讲,11 月 13 日讲授第 18 讲,累计 13 讲,累计时间达 48 小时。José Besa García, *Raúl Prebisch escritos, 1919—1986*, Santiago: CEPAL, 2006, p. 60.

渗透了凯恩斯主义的语言。"①甚至有学者这样说："如果普雷维什有一种意识形态的话，它也许可以用一个简单的称号来概括：浪漫的凯恩斯主义。"②直到现在，还有学者将普雷维什与凯恩斯在理论体系上归于同类。他们说："围绕危机影响、传统政策回应的局限和当前世界经济不确定性的争论，部分地反映了主流理论和经济政策的局限性，各国还试图以此来弥补自由市场经济的缺陷。在约翰·梅纳德·凯恩斯和劳尔·普雷维什的思想中，这些缺陷通常可以总结为无力确保充分就业和创造体面工作；收入和财富分配趋势不平等且随意，金融脆弱性和不稳定趋势明显。"③当然，对于凯恩斯主义的影响，有些西方学者认为对不发达国家是不利的，他们说："凯恩斯理论的本质是生产能力过剩经济的理论，它不适用于仍处于生产能力不足状态的不发达经济，同样也不能用于指导如何扩大生产能力。但是，战后的不发达经济理论中运用了许多以凯恩斯理论为基础的模型，显而易见这是错误的。"④

第三节　制度主义的影响

除了凯恩斯主义以外，制度主义学派对拉美结构主义发展理论的形成也产生了较大的影响。所谓的制度主义经济理论，是 19 世纪末和 20 世纪初诞生于美国的一个经济学派别，它的思想源于德国的历史学派，并作为新古典经济学的对立面出现，它主要关注技术和制度演化、集体行动、法庭和权力结构、劳动经济学、产业结构等问题。制度主义的主要代表人物有托斯丹·邦德·凡勃伦、约翰·罗杰斯·康蒙斯、威斯利·克莱尔·米切尔等人。

美国制度学派经济理论对拉美结构主义的影响不仅在于其本身，还涉及

---

① Fernando Henrique Cardoso, "The Originality of the Copy: CEPAL and the Idea of Development", reprinted in Albert O. Hirschman, ed., *Toward a New Strategy for Development: A Rothko Chapel Colloquium*, New York: Pergamon Press, 1979, p. 70.

② Frederick F. Clairmonte, "Prebisch and UNCTAD: The Banality of Compromise", *Journal of Contemporary Asia*, Vol. 16, No. 4, 1986, p. 441.

③ Alicia Bárcena and Antonio Prado, eds., *Neostructuralism and Heterodox Thinking in Latin America and the Caribbean in the Early Twenty-first Century*, Santiago: ECLAC, 2016, p. 19.

④ 方甲等编译：《西方经济发展理论》，北京：中国人民大学出版社 1989 年版，第 65 页。

作为其思想渊源的德国历史学派。事实上，普雷维什在构思其经济发展理论的过程中，直接或间接地受到了德国历史学派先驱人物弗雷德里希·李斯特（1789—1846）保护主义理论的影响。如前文所述，阿根廷历史上的洛佩斯-佩列格里尼学派深受李斯特理论的影响，而普雷维什的导师亚历杭德罗·本赫更是李斯特的忠实信徒。有了这样的历史渊源，李斯特对普雷维什的影响便是显而易见的了。更为重要的是，普雷维什后来提出的经济发展理论，在许多重要方面与李斯特的理论不谋而合。

李斯特是 19 世纪德国著名的政治经济学家，德国历史学派的先驱和代表人物，他的主要著作有《政治经济学大纲》（1827）、《政治经济学的自然体系》（1837）和《政治经济学的国民体系》（1841），在这些著作中，他提出了对后世影响极大的保护贸易论。李斯特认为，古典经济学派将资本主义看作是一种自然的、永恒的制度，将社会历史发展一定阶段上形成的国际分工归结为自然禀赋的差别，因而是永远不可改变的。英国的任务是向全世界提供工业品，而别的国家则承担向英国提供农产品和原材料的任务。这种经济学理论只适用于经济发达的国家，需要确立一些适合于经济落后国家的新原则。[①]对此，李斯特提出了他的所谓"社会发展阶段论"，这种理论认为，一国的经济发展可以分为 5 个时期：狩猎部落时期、畜牧业公社时期、农业共同体时期、农工业国家时期和农工商业国家时期。自由贸易政策适用于前三个时期，因为那时人口较少，没有足够的剩余资本发展生产，因而用本国的农产品同外国的工业品交换是有益的。一旦资本和人口增加到足以发展一种或多种工业，就应该对它（们）实行关税保护，直至发展到农工商业国家时期，本国的工业和外国的工业能够在大致相同的水平上竞争。对于李斯特给后世的影响，有学者这样评论说："在当代，发展阶段论仍是各国贸易保护主义的一个重要理论根据，西方经济学中的'幼稚工业'论即从发展阶段论演变而来。李斯特在政治经济学史中的地位是双重的……他的理

---

① 对于古典经济学所提倡的自由贸易理论将给落后国家带来的不利影响，李斯特所说的下面一段话可谓一针见血，他说："在这样的情况下，这个英国就会发展成为一个庞大的工业城市。亚洲、非洲、澳洲所接受的将是英国的文化，许多以英国为榜样的新国家将陆续出现，一朝时机成熟，就会组成一个以英国为首的国家体系，到那时欧洲大陆国家的地位将一落千丈，人民将成为不重要的、没有收益的民族。……德国到那时看来对英国世界没有什么别的可以贡献，只有一些儿童玩具、木制的钟、哲学书籍等类，或者还可以有一支补充队伍，他们为了替英国人服务，扩大英国的工商业优势，传播英国的文学和语言，牺牲自己，长途跋涉到亚洲或非洲沙漠地带，就在那里沦落一生。"参阅［德］弗雷德里希·李斯特：《政治经济学的国民体系》，陈万煦译，北京：商务印书馆 1961 年版，第 116 页。

论对政治经济学的进一步发展无所助益，但在实践方面却使经济相对落后的许多国家感兴趣。"①

与此同时，普雷维什在确立自己的"中心-外围"理论体系时所使用的一个重要分析机制——"技术进步的成果及其传播机制"——在很大的程度上要得益于熊彼特主义。所谓的熊彼特主义，是由美国经济学家约瑟夫·熊彼特（1883—1950）提出的经济发展理论，其理论也深受德国历史学派的影响。这种理论认为，资本主义并不是一个和谐的制度，它将"不断地从内部革新经济结构，即不断地破坏旧的、不断创造新的结构"，是一种"创造性的毁灭过程"。②企业家的创新职能将使"经济进步日趋非人身化和自动化"，于是企业家创新职能日益减弱，投资机会日趋消失，资本主义便日益萎缩，最终"自动地出现"社会主义。对于熊彼特的上述观点带给拉美结构主义的影响，诺拉·拉斯蒂格说："结构主义思想的古典根源能追溯到熊彼特主义……观点，即认为自由企业资本主义是一个内在冲突的，而不是和谐的制度，它的发展是一系列不规则的跳跃，这些跳跃导致了无数次的失衡。""结构主义的理论先驱是形形色色的。最明显的是与……熊彼特主义传统的联系，特别是与有关整个制度的功能的观点有联系。"③

除了德国历史学派对普雷维什的结构主义发展思想产生深远影响之外，制度主义学派与拉美结构主义之间的直接渊源，同样得到许多学者的认同，甚至有些学者将拉美的结构主义经济理论也称之为拉美的"制度学派"。④

首先，从制度学派和拉美结构主义形成的历史背景上看，两者有着非常相似的历史根源。19世纪末，美国成为最发达的垄断资本主义国家，同时也成为贫富两极分化最突出的国家之一，资本主义所固有的各种矛盾，尤其是大垄断组织同中小企业之间的矛盾日益加深。正是在这种历史背景下，凡勃伦在1899年和1904年先后发表《有闲阶级论》和《企业论》，创立了制

---

① 胡寄窗主编：《西方经济学说史》，上海：立信会计图书用品社1991年版，第181页。

② ［美］约瑟夫·熊彼特：《资本主义、社会主义和民主主义》，绛枫译，北京：商务印书馆1979年版，第79、102页。

③ Nora Lustig, "From Structuralism to Neostructuralism: The Search for a Heterodox Paradigm", in Patricio Meller, ed., *The Latin American Development Debate: Neostructuralism, Neomonetarism and Adjustment Processes,* Boulder: Westview Press, 1991, p. 28.

④ 经合组织的经济学家查尔斯·欧曼和甘尼香·维格纳拉加便在他们的著作中提出了这样的称谓，参阅［美］C. P. 欧曼、［美］G. 韦格纳拉加：《战后发展理论》，吴正章等译，北京：中国发展出版社2000年版，第5章。

度学派。他采用历史方法、社会达尔文主义和职能主义心理学，批评传统经济学的方法论，承认资本主义制度存在各种弊端和缺陷，强调对资本主义各种经济关系的改良，形成制度学派的传统。因此，制度学派从一开始起就强调资本主义制度本身的缺陷和局限性，强调有必要调整资本主义的各种经济关系，对之进行改良，并预言美国资本主义的唯一出路在于社会改良。相形之下，拉美结构主义的形成则是在第二次世界大战结束后，拉美国家普遍面临发展危机，特别是在国际贸易领域，拉美国家的初级产品出口经济面临着贸易条件不断恶化的困境，普雷维什等经济学家同样看到了资本主义世界经济体系中存在着制度上的缺陷和局限性，同样强调必须调整发达国家与拉美国家（乃至整个发展中国家）之间的关系，进行具有改良主义色彩的进口替代的工业化。

其次，从它产生之日起，制度学派就是作为资产阶级经济学"异端"而出现的经济学派别。凡勃伦和康蒙斯更是被看成是"离经叛道者"，他们在理论中批评当时在资产阶级经济学中处于正统地位的马歇尔理论，指出资本主义经济和自由市场经济制度并非是完美无缺的，凡勃伦甚至还提出了改革美国资本主义的设想，即由技术人员来执掌工业大权，以替代金融家的位置。同样，拉美结构主义则是在批判正统的古典国际贸易理论的基础上，批判了正统经济学强调国际经济关系一元论的观点，提出了国际经济体系是由发达的"中心"和不发达的"外围"构成的二元经济体系。

最后，制度学派的经济学家们，基本上都强调非市场因素（如制度因素、法律因素、历史因素、社会和伦理因素等）是影响社会经济生活的主要因素，认为市场经济本身具有较大的缺陷，使社会无法在人与人之间的"平等"方面协调。从这个意义上说，他们是资本主义现行制度的批评者，也是正统的资产阶级经济理论的批评者。制度学派的经济学家们基本上不同意传统经济学所使用的抽象演绎法，不同意19世纪70年代后的经济学家越来越重视的数量分析方法。他们总是强调所谓制度分析或结构分析，即认为只有把对制度的分析或经济结构、社会结构的分析放在主要位置上，才能阐明资本主义经济中的弊端，也才能弄清楚资本主义社会演进的趋向。制度学派的经济学家们基本上不同意当时处于正统地位的经济学家们根据经济自由主义思想所制定的政策，即国家不干预私人经济生活的政策。他们主张国家对经济进行调节，以克服市场经济所造成的缺陷和弊端。在这些方面，拉美结构主义与制度主义之间持有极为接近的观点。

可见，拉美结构主义与制度主义之间确实存在着很深的渊源关系。关于这一点，智利经济学家奥斯瓦尔多·松克尔作出了较为精彩的评述。他说："两派都分享了马克思主义的一些观点，认为资本主义（特别是工业主义和技术进步）是进步和变革的巨大推动力，但被制度和结构所阻碍。必须变革这些制度以使资本主义和工业主义得以发展，同时保留对无限制的和部分破坏性的资本主义力量加以控制。因此，这两种方法在特征上都是改良主义的和非革命性的，对作为制度的资本主义，必须加以驯服、控制和指导，而不是废除它。"①对于两派之间的差别，松克尔稍后指出，"我认为两种方法之间的最大差异可能是：制度主义方法是以国家为中心的；它的研究目标是国民经济，从根本上说是美国经济。结构主义-依附论方法则是以世界为中心的"。而且，还应该强调的一点是，松克尔始终认为拉美的结构主义者几乎没有关注制度主义的发展，而制度主义者不仅关注结构主义的情况，而且还颇有成果。当然，这只是他的一家之言，并不能就此说明结构主义就没有受到制度主义丝毫的影响。它们之间的相互影响事实上主要体现在两派所存在的许多共性方面了。例如，松克尔在文中还提到了两派都起源于对自由放任思想的批判，都很关注制度与结构等。他还由衷地希望，他的讨论能"有助于建立结构主义和制度主义这两个思想流派之间的桥梁"。②

第四节　结构主义方法论的影响

西方结构主义思潮赋予了拉美结构主义发展思想的主要研究框架和方法论。对于这一点，中国学者韩琦指出，"何谓'拉美结构主义'？要回答这个问题，得先从结构主义谈起。结构主义是由结构主义方法论联系起来的一种现代西方哲学思潮"，"结构主义要素至少有以下 5 种：即认为每个体系必须作为一套有组织的相互关联的因素来研究，不能分解为单个因素研究；

---

① Osvaldo Sunkel, "Structuralism, Dependency, and Institutionalism: An Exploration of Commom Ground and Disparities", in James Dietz & Dilmus James, eds., *Progress toward Development in Latin America: From Prebisch to Technological Autonomy*, Boulder: Lynne Rienner Publishers, 1990, p. 32.

② Osvaldo Sunkel, "Structuralism, Dependency, and Institutionalism: An Exploration of Commom Ground and Disparities", in James Dietz & Dilmus James, eds., *Progress toward Development in Latin America: From Prebisch to Technological Autonomy*, Boulder: Lynne Rienner Publishers, 1990, pp. 36—39.

试图辨认在直接能够观察到和认知到的社会现实背后的深层结构；赞同符号学，后者强调在现实中观察到的事件或事物的意义只是形式上的或社会结构上的而不是自然的；坚持用二元对立的方法分析体系；认为结构随着时间变化，因此经济现象在不同时期具有不同意义"①。

20 世纪 40 年代前半期，结构主义思潮在西方国家开始兴起和传播，其中又以结构主义人类学最具有代表性。法国人类学家列维-施特劳斯是结构主义人类学的主要代表人物之一，被誉为"结构主义之父"。1945 年，列维-施特劳斯发表《语言学的结构分析与人类学》一文，第一次将结构主义语言学方法运用到人类学研究，开始构建结构主义人类学体系。列维-施特劳斯指出，所谓结构是那种决定历史、社会与文化中的诸具体事件和行为的基本的规则整体，它又分为"深层结构"与"表层结构"。"深层结构"是指与语言行为相对的语法结构，与社会行为相对的经济结构，以及与意识活动相对的无意识机制等；而"表层结构"则是指现象的表面秩序，是基本精神过程的表层显现，是可观察、可分析归纳的诸社会现象的秩序，能反映决定着它们的深层结构。列维-施特劳斯认为，虽然人们没有意识到结构的存在，但他们的全部活动和意识的全部形式却服从于统一的严格逻辑。这种逻辑的最初级和最常见的形式是二元对立的倾向，即根据两种对立的东西来思考问题或认识事物，譬如上与下、天与地、阴与阳等。二元对立是人类从其心智认识、组织和利用现实世界的基本方式，也是辨析各种社会文化中的深层结构的出发点。

列维-施特劳斯还强调，结构主义人类学的精髓和基本内涵，是由一系列"结构主义方法"构成的。也就是说，他把自己的哲学看作一种方法论，而不是本体论或认识论。作为方法的结构主义，其活动范围遍及一切社会现象，因而它涉及了人文社会科学的各个领域。从这意义上说，拉美结构主义的"中心"和"外围"二元对立的构想，实际上是与列维-施特劳斯的理论紧密相关。至于普雷维什和其他经济学家在形成结构主义发展理论的过程中是否受到列维-施特劳斯理论的直接影响，笔者目前尚未找到直接的史料支撑。不过，拉美结构主义发展理论中对结构性因素的强调几乎贯穿始终。对此，诺拉·拉斯蒂格强调说："结构主义思想视结构特征为社会进化的基本决定因素。这些结构因素包括：财富和收入的分配、土地所有制、对外贸易

---

① 韩琦：《拉美结构主义研究中的几个问题》，《世界历史》2008 年第 2 期，第 86 页。

专业化的类型和程度、市场集中的程度、生产联系的密度、不同种类主体（例如私营部门、国家和跨国资本）对生产工具的控制、金融体制的职能和技术创新的渗入及劳动力的组织程度、其他阶级或有关部门的组织、人口及其技术水平的地理和部门分布等有关的社会政治因素。"[1]

更为重要的是，列维-施特劳斯的结构主义方法论的一个重要特征是强调整体性，认为整体对于部分来说具有逻辑上优先的重要性。因为任何事物都是一个复杂的统一整体，其中任何一个组成部分的性质都不可能孤立地被理解，而只能把它放在一个整体的关系网络中，即把它与其他部分联系起来才能被理解。列维-施特劳斯理论的这一特征在拉美结构主义发展理论中同样体现得淋漓尽致。拉美结构主义发展理论在论证"中心-外围"二元对立的世界经济体系时特别强调，无论是"中心"还是"外围"，它们都是整个资本主义世界经济体系的一部分，而不是两个不同的经济体系。"中心-外围"体系是一个统一的和动态的体系，该体系具有整体性。

在几乎与结构主义人类学兴起和发展的同时，结构主义方法论在发展经济学领域的影响也非常大。结构主义发展经济学实际上是在挑战新古典经济学的基础上形成的，它强调的是发展中国家经济和社会结构的特殊性。对此，中国学者马颖指出："在西方发展经济学界，结构主义思路历来被当做西方主流经济学派——新古典学派的主要论敌来看待。这一思路反对以发达国家社会经济结构为分析背景的新古典主义经济学理论传统，主张创立一种新的适合于分析发展中国家社会经济结构的理论思路。"[2]拉美结构主义发展理论实际上就是这种思路的重要组成部分，其创始人普雷维什也被誉为"发展经济学的先驱"[3]。

---

① Nora Lustig, "From Structuralism to Neostructuralism: The Search for a Heterodox Paradigm", in Patricio Meller, ed., *The Latin American Development Debate: Neostructuralism, Neomonetarism and Adjustment Processes,* Boulder: Westview Press, 1991, p. 27.

② 马颖：《论发展经济学的结构主义思路》，《世界经济》2002 年第 4 期，第 24 页。

③ ［美］杰拉尔德·迈耶、［英］达德利·西尔斯编：《发展经济学的先驱》，谭崇台等译，北京：经济科学出版社 1988 年版。该书将普雷维什与彼德·T. 鲍尔、柯林·克拉克、艾伯特·O. 赫希曼、威廉·阿瑟·刘易斯、冈纳·缪尔达尔、保罗·N. 罗森斯坦-罗丹、沃尔特·惠特曼·罗斯托、汉斯·W. 辛格和简·廷伯根等人称为"发展经济学的先驱者"。

第三章　拉美结构主义的形成

　　1948 年 2 月 25 日，联合国经济和社会理事会（以下简称经社理事会）通过第 106 号决议，决定成立联合国拉美经委会。这里应强调的是，与联合国的其他地区经济委员会相比，拉美经委会的成立并不是一帆风顺的。联合国宪章第 68 条规定，联合国经社理事会被授权成立经济和社会领域的各种理事会。根据这一规定，1946 年 12 月召开的第一届联合国全体大会就要求经社理事会迅速成立欧洲经济委员会（ECE）以及亚洲和远东经济委员会（ECAFF），以帮助"被战争破坏地区的经济重建"。1947 年 3 月，这两个机构正式成立。对此，拉美各国的代表非常不满，认为他们的地区受到了忽视，因而要求建立他们自己的地区经济委员会。然而，他们的要求遭到了以美国和苏联为首的众多国家反对，因而其成立过程异常地艰难曲折。在这样的背景下，劳尔·普雷维什在拉美经委会成立之初，曾经谢绝了由他担任执行秘书的邀请，就不难理解了。不过，他还是答应担任该机构的经济顾问，并积极地投身于拉美经委会委托的经济研究工作中。1949 年 5 月，普雷维什向拉美经委会递交了他那份被誉为"拉美经委会宣言"的报告——《拉丁美洲的经济发展及其主要问题》，系统而完整地阐述了他的"中心-外围"理论、贸易条件恶化论和进口替代工业化理论，拉美结构主义发展理论正式问世。

第一节　拉美经委会成立的曲折历程[①]

1947 年 8 月 1 日，智利代表圣克鲁斯在联合国经社理事会第五届会议上提议成立拉美经委会。他重申了拉美在联合国的地位问题。拉美占有联合国 51 个成员国中的 20 个席位，从第二次世界大战时期成为同盟国开始，拉美在国际事务中起到了越来越重要的作用。第二次世界大战期间，拉美以低廉的价格为同盟国提供战略物资和食品，为同盟国最后取得胜利做出了贡献。第二次世界大战后，对经社理事会建立欧洲和亚洲及远东经委会的支持，也充分展示了拉美对联合国原则的支持，拉美国家理应受到应有的重视。对此，他在提议中明确指出：“应该强调拉美问题的紧迫性，拉美通过支持联合国会议中有关资源保护和利用的建议以及对建立欧洲和亚洲及远东经济委员会的支持，已经展示了它对联合国原则的支持，现在是时候将注意力转向拉美国家了。”既然“欧洲和亚洲及远东经委会已经证明了这种形式的有效性”，“委员会最终会将他们的注意力转向经济发展，对经济的发展给予适当的关注并与联合国的基本原则保持一致。拉美的发展应该在世界的框架中进行规划，如果拉美问题是作为世界问题不可或缺的一部分来解决，这就需要联合国的行动和协调，尤其需要提供相关技术的服务。这种服务应该以相同的份额用于解决拉美国家的问题，这是从联合国支持的角度考虑的”[②]。最后，圣克鲁斯建议大会成立一个特别委员会对这个新经济委员会的相关内容进行深入研究。拉美各国代表对这项提议纷纷表示赞同和支持。

古巴代表吉耶尔莫·贝尔特认为成立拉美经委会的建议无可非议，拉美从未有过共同的发展计划，拉美经委会需要制定一个计划来实现这一需求。虽然在美洲地区已成立了泛美联盟等组织机构，但是这些机构的工作是令人失望的，因此不必担心拉美经委会与它产生冲突。为此，贝尔特呼吁：

---

① 这一节的主要内容参阅笔者所指导的硕士学位论文《拉美经委会成立的曲折历程及其早期活动（1948—1954）》，该论文的作者是杨云同学，于 2015 年 5 月参加南开大学的硕士学位论文答辩。杨云在学期间作为本课题研究的成员之一承担了拉美经委会成立初期部分的资料收集和写作任务，其毕业论文也是本课题的中期成果之一。

② ECOSOC, *Economic and Social Council Official Records: Fifth Session*, New York: United Nations, 1948, pp. 131—132.

"经社理事会应关注拉美国家并给予精神和经济上的援助。当考虑这个提议的时候，应该是无私心的而不应是商业性的态度，确保拉美国家维护本地区的经济利益。"①委内瑞拉代表卡洛斯·达斯克利对提议表示支持并陈述了关于成立经委会的几个附加理由："首先，尽管外国投资带来了利润，但是仍缺乏令人满意的生活环境。其次，在一些国家由于将投资集中于单一矿产品的开采，损害了其他生产部门的利益。最后，忽视了可能出现的资源耗竭的危险。拉美经委会将在联合国的框架下，与其他已经成立的区域经委会，为实现国际贸易的复兴这个目标进行合作。"②

　　然而，西方国家代表对于建立拉丁美洲经济委员会的提议却反应冷淡。美国代表维拉德·索普表示："我对智利代表的提议印象深刻，并且委员会发言人准备的有关成立拉美经委会的论据都是令人信服的，但应有尽可能多的拉美国家采取行动，表明他们对成立拉美经委会的建议是支持的，这样联合国才可以确保他们进行充分合作。"他还补充道："我不反对智利的提议，但我建议经社理事会推迟到下次会议再采取行动，这样有利于了解所有拉美国家的反应并深入研究这个提议。"③不难看出，美国代表有意推迟对提议的讨论，对成立拉美经委会持一种模糊的态度。而苏联代表帕维尔·切尔尼雪夫对提议持反对态度。他在发言中说道："我对智利代表提高拉美国家生活水平的要求表示赞同，但是我认为关于成立拉美经委会的提议并非如所说一样是必须的。欧洲和亚洲及远东的经济情况也与拉美不同，创建拉美经委会将导致经社理事会的结构混乱，因为经社理事会已有多个经委会并且其经济和就业委员会的职责就是研究全世界的发展中国家。"④实际上，苏联认为成立这样一个委员会只会混淆联合国经社理事会的结构，造成拉美对该机构中的"帝国主义"成员国的经济依赖。

　　尽管遭到美国和苏联等多国的反对，联合国经社理事会仍然决定对这个提议的可行性进行深入调查。1947年8月11日，一个特别委员会宣告成

---

① ECOSOC, *Economic and Social Council Official Records: Fifth Session*, New York: United Nations, 1948, p. 134.

② ECOSOC, *Economic and Social Council Official Records: Fifth Session*, New York: United Nations, 1948, p. 134.

③ ECOSOC, *Economic and Social Council Official Records: Fifth Session*, New York: United Nations, 1948, p. 136.

④ ECOSOC, *Economic and Social Council Official Records: Fifth Session*, New York: United Nations, 1948, p. 138.

立，这个委员会由智利、中国、古巴、法国、黎巴嫩、秘鲁、英国、美国和委内瑞拉等国代表组成。它的主要任务是考察在拉美建立一个结构和作用类似于欧洲和亚洲及远东经委会的机构的可行性。这个特别委员会在联合国经社理事会第六届会议上提交了一份书面报告，报告从有关成立拉美经委会的官方建议与先例，拉美地区的经济因素，专门机构和联合国在拉美方面的活动，泛美联盟和美洲经济及社会理事会的活动这四个方面进行了调查与分析，归纳出拉美经济面临的三方面问题：一是拉美国家在第二次世界大战期间消耗了自己的大部分资本品，因此现在的主要任务是恢复资本，以保证拉美地区的生产和贸易活动，而这个问题与欧洲经委会和亚洲及远东经委会建立前所强调的"受战争破坏"是相似的；二是受战后制成品的价格趋势的影响，拉美国家用于维护和更新资本品的开销越来越大；三是拉美地区的经济在战后初期处于停滞状态，因此拉美需要多种类型的外部援助来摆脱这一困境。综合上述内容，报告得出的最终结论是："建立一个地区经济委员会有助于促进拉美的发展。"①

在经社理事会第六届会议上，特别委员会的建议以提案的形式上交给经社理事会供讨论。委内瑞拉代表斯卡洛斯·爱德华多·斯托尔克作为特别委员会主席发言，重申了特别委员会的结论，并指出这一结果是从拉美地区的实际情况出发，是正确且合理的。他将拉美经委会的基本任务概括为以下几个方面："一是拉美最紧急的问题是研究和解决由战争引起的经济失调，包括提高拉美各国经济活动的级别等；二是拉美和世界其他地方加强经济联系，以实现世界经济的稳定；三是拉美经委会的工作与联合国其他区域和专业机构协调发展。"②智利代表圣克鲁斯补充说："现已知道有 16 个拉美国家赞成这个建议。此外，许多拉美国家代表在联合国大会第二届大会和泛美会议上均表示了支持。毋庸置疑，格兰德河以南的 20 个共和国对于成立拉美经委会的建议都是赞成的。"③对于拉美经委会可能与泛美经社理事会的工作重叠这个问题，圣克鲁斯根据特别委员会报告的内容，认为通过与泛美

---

① ECOSOC, *Economic and Social Council Official Records: Sixth Session, Supplement No. 7*, New York: United Nations, 1948, p. 24.

② ECOSOC, *Economic and Social Council Official Records: Sixth Session*, New York: United Nations, 1948, p. 78.

③ ECOSOC, *Economic and Social Council Official Records: Sixth Session*, New York: United Nations, 1948, p. 81.

经社理事会进行有效地协商，拉美经委会能够采取适当的措施来避免这个问题。而且，拉美经委会也无意参与泛美经社理事会的活动。最后，他指出成立拉美经委会不仅会极大地促进拉美的经济发展，并且有助于在国际合作和联合国中增强拉美整体的信心。巴西代表若昂·卡洛斯·穆尼斯、秘鲁代表胡文内尔·蒙热均发言对提议表示完全支持。

然而，拉美地区以外的绝大部分国家对提议持有怀疑态度，或者持反对立场。法国对建立这个新组织持质疑态度，他们认为过分强调地区主义是与多边主义的概念相违背的。英国代表梅休认可特别委员会的报告并同意成立拉美经委会，但考虑到拉美经委会与泛美经社理事会可能出现的职能重叠问题，仍未明确表态，并建议推迟对于这个问题的研究，在具备相关条件与经验之后再考虑成立。苏联代表阿鲁秋年说道："只有它保证自己是基于联合国经济合作的原则并为拉美人民的利益服务的，才能确定拉美经委会是成功的。此外，这个经委会还必须避免成为掩盖帝国主义国家进一步经济渗透的工具。"[1]这番话明确表达了苏联代表担心拉美经委会成为美国称霸世界的工具。而美国的反对尤为强烈，美国担心成立拉美经委会将给美国带来两个不利后果：一是会增加美国在联合国行政预算（当时美国占该预算的40%）中的摊派额；二是拉美经委会与美洲国家组织下设的经社理事会的职能发生重叠，削弱美国在该地区的影响。[2]

在各国代表陈述了各自的意见后，大会于1948年2月25日进行了投票表决，最终的投票结果是13票赞成，0票反对，4票弃权。[3]联合国经社理事会宣布成立拉美经委会，并要求其必须在联合国的政策指导下开展工作，对它的成员国构成、具体的权力、与联合国其他专业机构的关系以及选举方法和会议召开时间都做了明确的规定。尤其需要关注的是，要求拉美经委会在1951年提交一份特殊的工作回顾，来决定其是应该终止还是继续。也就是说，拉美经委会只是临时性的，试验期3年。因此，直到1951年，拉美经委会才成为联合国的一个永久性的机构。

---

① ECOSOC, *Economic and Social Council Official Records: Sixth Session*, New York: United Nations, 1948, p. 91.

② David H. Pollock, "Some Changes in United States Attitudes towards CEPAL over the Past 30 Years", *CEPAL Review*, No. 6, Second Half of 1978, p. 58.

③ ECOSOC, *Economic and Social Council Official Records: Sixth Session*, New York: United Nations, 1948, p. 263.

在联合国经社理事会宣布其成立的三个月后，拉美经委会在智利首都圣地亚哥召开了第一届会议，各成员国均派代表出席。智利经济和贸易部部长巴尔特拉当选拉美经委会主席。他在大会发言中对拉美经委会今后的工作重点进行了规划：首要任务是进行经济调查，因为拉美各国的经济数据普遍不完整，整个地区的经济信息相对缺失，严重阻碍了对拉美经济情况的了解。为此，经委会应从事或发起针对拉美地区经济和技术发展问题的调查和研究，对经济、技术和统计信息进行搜集、评估并发布。其次，他还强调与泛美经社理事会进行合作，实现二者协调发展。大会决议还强调拉美国家进行工业化的重要性，特别号召各国学者考察拉美的贸易条件问题。同时，大会组建了经委会的秘书处，具备专业知识的专家也开始工作。最后，拉美经委会根据这届会议的讨论拟定了一份报告，并提交给联合国经社理事会。拉美经委会的这一份报告引起世界各国的高度关注，获得了各国的普遍好评。之前持怀疑态度的国家在看到拉美经委会的作用和价值后，态度大多有所转变。欧洲国家纷纷表示愿意与拉美经委会合作，为解决拉美的经济问题贡献一份力量。英国代表菲利普认为拉美经委会的这份报告产生了巨大的效益和成果。他代表英国政府认真考虑了报告和决议并表示热烈支持。他说道："拉美经委会工作最显著的特点是，决议都是有益且实际的，并是在经委会全面细致的讨论之后被采纳的。"①

但是美国和苏联这两个超级大国却围绕拉美经委会的问题展开了激烈的斗争。除了一直充满争议的职能重叠问题外，主要集中于外国投资、国内市场、拉美的经济类型以及经委会与其他机构的关系等问题上。其中，美苏争论的核心是拉美国家的外国投资和外国资本问题。美国代表积极支持拉美经委会的决策，并愿意为拉美国家提供私人投资。这一时期，美国忙于帮助欧洲恢复经济，对拉美的政策由战时合作转为控制和干涉。美国不愿提供大量的政府援助，转而鼓励私人投资，并希望利用涌入拉美的美国私人资本加强对拉美国家经济和政治的控制，将拉美变成其与苏联在世界范围内进行争霸的稳固后方。相反地，苏联明确表示不支持拉美经委会提出的鼓励吸引外国资本的政策，反对拉美国家过度依赖外国资本推动本国工业化和经济发展。苏联主要担心美国投资大量涌入拉美，美国渗透到拉美的主要经济部

---

① ECOSOC, *Economic and Social Council Official Records: Seventh Session*, New York: United Nations, 1949, p. 554.

门，甚至形成垄断，完全控制拉美的经济发展；美国的介入对拉美的国家政策也会产生不利影响，美国垄断企业通过操控拉美的经济命脉，迫使该国政府制定对自己有利的政策，影响政府决策，实现对拉美政府的控制。因此，苏联呼吁拉美国家警惕美国资本的渗透，希望拉美积极发展本国工业，开拓国内市场，走独立发展经济的道路。

在"试用期"的三年间，拉美经委会每年都会向联合国经社理事会提交一份完整的关于其活动和计划的报告，并在每次经委会大会上提交临时报告。此外，拉美经委会还坚持与联合国其他一些专门机构、政府间或非政府组织和泛美经社理事会的相关机构进行沟通与合作。1949年拉美经委会在古巴的哈瓦那举行了第二届会议，第三届会议则于1950年在乌拉圭的蒙特维利亚召开。在第三届会议上，普雷维什提交的报告主题是"政府应该肩负起发展进程领导的重任"，改变了之前拉美经委会对于政府和私人投资的态度，认为拉美国家政府的角色不应仅限于创造一个有利于私人投资的环境，而应该成为拉美经济的主要推动者，遭到了美国的强烈反对。这一时期，美国对拉美的政策由战时合作转为控制和干涉，拒绝提供有实际意义的官方经济援助。作为经济援助的替代，美国坚持拉美应完全依靠私人资本和投资，认为自主技术合作和自由贸易将会促进该地区发展。但拉美经委会和拉美国家则希望美国像对待欧洲国家那样为他们提供官方经济援助，并强调政府在经济发展中的作用。但这与当时美国的经济政策和原则是冲突的，遭到了美国各界，尤其是私人资本家的反对。

尽管拉美经委会在这三年间开展了一系列活动，但是美国的态度不但没有好转，反而随着美苏竞争的加剧，转为批评和打击。作为一个经济组织，拉美经委会的作用是为拉美提供经济帮助，促进拉美地区经济和社会的进步。其在有关全球军事和经济的议题上，采取的态度是不与冷战任意一方联合或结盟。因此，拉美经委会没有选择冷战的政治阵营。但受带有强烈政治色彩的冷战影响，美国政府意识到拉美经委会不会与自己结盟，认为经委会不会站在美国的阵营，借此公开反对拉美经委会。同时，美国积极游说拉美各国，推动拉美经委会与泛美经社理事会的合并，试图将拉美经委会纳入由其操纵的美洲国家组织中，进一步加强对拉美地区的控制。但是，美国"消极抵抗"的态度和游说的做法，遭到了拉美经委会的强烈反对。作为一个为解决拉美地区经济问题而存在的经济组织，拉美经委会必须独立于美国。在美国政府内部也出现了不同的声音，部分代表意识到拉美经委会在普雷维什的领导下越来越出色，越来越重要，因此不同意美国政府强迫两个组织合并的做法。这一声音在拉美经委会第四届会议上集中爆发出来。

1951 年 5 月，在墨西哥城举行的拉美经委会第四次会议总结了拉美经委会在拉美经济发展、国际贸易和国际经济趋势三个领域做出的巨大贡献。对经济发展的研究，集中体现在题为《经济增长的理论和实践问题》研究报告中。这篇报告重点探讨了拉美之前未给予充分认识的生产力问题，并第一次详细阐述了其在经济发展方面的计划。在国际贸易领域，已经证实了拉美经委会对拉美各国决策的形成和实施产生的有益影响。会上对拉美经委会的贡献做出了客观评价，认为："拉美经委会的研究和讨论正在发展成一个经济知识体系，这一体系不仅是对拉美的经济生活的实际状态的如实反映，而且逐渐成为拉美各国政策和实际行动的领导者。"[1]可见，拉美经委会不仅是成员国沟通讨论的场所，更为解决拉美的经济和社会问题提供了许多建设性的意见。

此外，本届会议通过了一系列涉及拉美经济发展各个方面的决议。首先，通过了拉美经委会 1951—1953 年工作计划，涵盖了拉美经济调查、与美国和英国的国际贸易、拉美地区间的贸易、工业研究、技术援助、国际收支平衡、国际投资的法律及经济地位和国内资本等经济发展的各个方面，并要求经社理事会拨给与经委会的任务量相配的人员和预算。其次，为满足拉美各国对经济人才的需求，会议宣布成立拉美经委会中心，并与联合国技术援助局配合，共同组织有关经济发展的研讨会。最后，会议决定在墨西哥城成立区域办公室，负责哥斯达黎加、古巴、多米尼加共和国、萨尔瓦多、危地马拉、海地、洪都拉斯、墨西哥、尼加拉瓜和巴拿马等中美洲国家的经济事务。

这届会议对拉美经委会的未来进行了充分讨论，讨论的重点是拉美经委会能否继续履行其职能，成为经社理事会的固定机构。拉美国家代表表示："拉美经委会已成为研究和解决拉美经济问题不可或缺的工具，它引导了拉美经济决策的方向。拉美经委会不仅应该继续运作，更应该扩大和加强。"[2]在会议召开之前，美国国务院计划继续维持对拉美经委会的立场，

---

① ECOSOC, "Report of the Economic Commission for Latin America", *Economic and Social Council Official Records: Thirteenth Session, Supplement No. 8*, New York: United Nations, 1951, p. 2.

② ECOSOC, "Report of the Economic Commission for Latin America", *Economic and Social Council Official Records: Thirteenth Session, Supplement No. 8*, New York: United Nations, 1951, p. 6.

并避免在会议上讨论任何有意义的议题。早在泛美经社理事会特别会议上，美国代表曾提出了一些可能的情况："一、1951 年，拉美经委会被联合国经社理事会废除。二、泛美经社理事会与联合国经社理事会就其关系达成协议，成为其下设区域组织。协议生效之后，泛美经社理事会将拥有两重身份。此外，不仅需要接受联合国经社理事会的建议，还需要向其提交报告，功能与欧洲经委会和亚洲及远东经委会相似。反过来，联合国也应对其提供相应的资金。三、泛美联盟可以雇用一些拉美经委会秘书处的人员，使他们发挥更大的作用。"这一提议得到了包括智利在内的多个拉美国家代表的秘密支持。在 1950 年 9 月召开的拉美经委会第三届会议上，美国继续推行合并政策，提议将拉美经委会的秘书处与泛美经社理事会的秘书处合并，并就这个建议与其他参会代表交换意见。阿根廷、智利、古巴和乌拉圭等四国指出，如果秘书处设在拉美地区，他们就同意这一提议。在美国代表的游说下，大部分拉美国家代表和部分欧洲代表在非官方的立场上接受了提议，拉美经委会面临着合并的危机。

随着墨西哥会议的召开，美国意识到合并活动宣告彻底失败。于是，美国代表发表了不同于美国官方立场的观点。针对拉美经委会过去三年的工作成果及在拉美地区占有的重要地位，他表示："拉美经委会出版了许多高质量的报告并实现了对拉美各国的数据统计和经济调查，促使拉美国家自己去发现和解决问题，而上述活动依靠美国是无法实现的。"[1]美国代表一致支持拉美经委会，并表示这种态度不仅仅是代表个人，而且获得了美国政府的支持。不同于之前的反对态度，美国代表支持拉美经委会成为自治组织，并敦促美国政府尽快发表声明，支持拉美经委会最终确立。

1951 年 6 月 16 日，拉美经委会宣布通过决议："建议联合国经社理事会将拉美经委会确立为永久机构。在上交的报告中将对这一建议做出详细解释，拉美经委会的确立不仅由于通过对拉美国家的国民经济状况的改善证明了其能力，还因为它已成为拉美各国间最大的经济联合组织。"[2]这表明了拉美经委会成员国的态度，即一定要使拉美经委会成为固定机构。拉美经委会从以下几个方面出发，对这一决议进行了充分考虑。首先，联合国大会第

---

① Hilary Burger, *An Intellectual History of the ECLA Culture, 1948—1964*, Ph. D. Dissertation, the Department of History, Harvard University, December 1998, p. 122.

② ECOSOC, "Report of the Economic Commission for Latin America", *Economic and Social Council Official Records: Thirteenth Session, Supplement No. 8*, New York: United Nations, 1951, p. 16.

409（V）的决议强调："尽管需要根据它们从建成以来获得的经验，对它们的组织和职能做出调整，但区域经济委员会应该继续存在。"①其次，在经社理事会 1948 年 2 月 25 日通过的第 106（Ⅵ）号决议第 16 段和 1949 年 8 月 12 日通过的第 234B（Ⅸ）号决议的修正案中，规定经社理事会应该在 1951 年之前对拉美经委会的工作进行检查，并决定经委会是继续存在还是废止，如果继续的话需要对其职能做出何种调整。再次，拉美经委会无疑已成为拉美经济情况的调查中心，并成为掌握准确经济现状和决定拉美各国经济需求的有效工具。它为拉美各国的经济学家营造了一个良好的工作氛围并为拉美各国培训了许多杰出的人才。最后，1951 年 3 月 7 日，亚洲及远东经委会曾向经社理事会提议，经委会应当继续维持，并且应从发展中国家的角度在经济发展领域扩展经委会的职能。对以上几点的综合分析，充分表明了拉美经委会已经满足了成为固定机构的要求。

　　第四届会议的有关决议表明，拉美经委会在拉美地区以及联合国机构中确立了比较重要的地位，具备了成为经社理事会固定机构的基本条件，其在向经社理事会提交的报告中也表达了这一观点。而在具体的实践中，拉美经委会在多个领域取得了大量成果，并已被拉美国家所广泛认可。对此，拉美经委会发展部主任塞尔索·富尔塔多表示："挑战已经被开启。拉美经委会已成为拉美国家摆脱不发达地位所作出的共同努力的标志。"②

　　正是在拉美国家的共同努力下，在 1951 年 7 月 30 日至 9 月 21 日召开的联合国经社理事会第十三届会议上，一直持反对态度的美国代表也最后表态，同意拉美经委会作为固定机构长期存在。1951 年 9 月 3 日，联合国经社理事会宣布最终决议："经社理事会已收到拉美经委会的年度报告，充分考虑了经委会在其第四届会议上提出的有关拉美经济发展的工作方案。考虑到拉美经委会是一个全新的经委会，应该给予它和其他区域委员会相同的发展机会。因此，建议为经委会提供必要的资金，帮助其在接下来的两年开展包括撰写年度报告在内的各项工作。"③拉美经委会终于正式成为联合国经

---

　　① United Nations, A/RES/409 (V), December 1, 1950, https://documents-dds-ny.un.org/doc/RESOLUTION/GEN/NR0/060/07/PDF/NR006007.pdf?OpenElement.

　　② Hilary Burger, *An Intellectual History of the ECLA Culture, 1948—1964*, Ph. D. Dissertation, the Department of History, Harvard University, December 1998, p. 80.

　　③ ECOSOC, "Resolutions", *Economic and Social Council Official Records: Thirteenth Session, Supplement No. 1*, New York: United Nations, 1951, p. 34.

社理事会的常设机构。当然，拉美经委会之所以能够克服种种困难，成为联合国经社理事会的常设机构，除了拉美国家的共同努力之外，其在发展领域，尤其是发展理论上的突出贡献，在其中发挥了至关重要的作用。

第二节　拉美结构主义的形成

确实，拉美结构主义发展理论的形成和早期实践，是拉美经委会成为联合国经社理事会常设机构的有力保证。事实上，早在拉美经委会成立前，普雷维什已经初步形成了其对拉美等外围国家经济发展问题的思考和理论框架。例如，早在 1944 年，普雷维什就在布宜诺斯艾利斯大学的课堂上第一次提及"中心-外围"的概念[①]。1946 年 8 月，普雷维什应邀出席了在墨西哥城举行的"美洲大陆中央银行问题技术大会"，即西半球中央银行家会议，在会上他第一次用书面形式提出了"中心-外围"的概念和理论。他指出，美国是当今世界的"中心"，而拉美则是"经济体系的外围"，整个世界的贸易周期都是依照美国经济的周期而设定的，"美国的财政和货币政策可以追求一种不用造成货币不稳定而实现充分就业的政策"，而"外围国家则不可能适用与中心一样的货币工具"[②]。

此后，为了论证其渐已成形的"中心-外围"理论，普雷维什进行了多方面的努力：一方面，他对传统的比较优势理论进行了批判。李嘉图的比较优势理论认为，技术进步将使工业品的价格下降，从而使工业品进口国从中获得好处。对此，普雷维什指出，这种设想不仅从来没有出现，恰恰相反，技术进步仅仅带来了中心国家工资的不断上升。因此，他认为，"技术进步的成果在 19 世纪倾向于留在英国"。不过，由于英国牺牲了自己的农业，

---

　　① 普雷维什并不是第一个提出和使用"中心-外围"概念的经济学家，也不是第一个产生了"中心-外围"思想的学者，他在形成"中心-外围"思想和拉美结构主义发展理论的过程中，先后受到了马克思、维尔纳·桑巴特、米哈伊尔·曼努莱斯库、恩斯特·瓦格曼和小威廉·A. 布朗等人的影响。具体内容参阅本书第四章第一节，这里不再赘述。

　　② Joseph L. Love, "Raúl Prebisch and the Origins of the Doctrine of Unequal Exchange", *Latin American Research Review*, Vol. XV, No. 3, 1980, pp. 54—55.

技术进步的部分利益得以转移到了那些向英国出口初级产品的外围国家。[①] 对于这种状况，普雷维什认为传统的经济学理论已经失去了效用，转而求助于其他方面的理论。到 1947 年，普雷维什开始系统地研究和宣传凯恩斯的经济理论，并于当年 2 月在墨西哥城出版了《凯恩斯简介》一书。[②]约瑟夫·洛夫认为，正是由于该书的出版，"普雷维什作为一名经济学家在拉美的声望得到了很大的提高"。[③]另一方面，普雷维什在吸收各种理论流派思想的基础上，还不断地在世界经济的客观现实中寻求理论依据。1945 年 7 月，由国际联盟出版的《工业化和对外贸易》，以及 1949 年 2 月由联合国经济事务署发布的《不发达国家出口品和进口品的相对价格：战后不发达国家与工业化国家之间贸易条件研究》等文件，考察了 1876—1938 年初级产品与制成品之间的价格比率的变化情况，以有说服力的数据论证了普雷维什的贸易条件恶化论。正是在这种意义上，约瑟夫·洛夫才认为，"联合国的研究仅仅是支持了他早已得出的结论而已"。[④]这样，在进入拉美经委会前夕，普雷维什已经初步形成了"中心-外围"理论体系，并在此基础上开始了对贸易条件恶化理论和进口替代工业化理论的思考。由此，拉美结构主义理论体系初具雏形。

普雷维什后来回顾他形成"中心-外围"概念和结构主义发展理论的过程时，尽管说得有点含糊，但也大致反映了上述脉络。他说："谈谈这个理论的由来或许有点意思。从我开始成为经济学家的时候起，我就强烈地感到被经济的周期运动所吸引。我脑子里塞满了形形色色的理论，却弄不明白阿根廷经济的种种现象。后来，当从世界大萧条的时候起我不得不在同样的现实中采取行动时，我感到无所适从。更有甚者，我常常感到，过去学的东西不但不能解释那种现象，而且还妨碍我去考察它。由此我终于确信，不论是

---

① Raúl Prebisch, "Apuntos de economía política (Dinámica económica)", [class notes], 1948, pp. 96—97, mimeo. Located at Facultad de Ciencias Economicas, Universitaria de Buenos Aires. 转引自 J. L. Love, "Raúl Prebisch and the Origins of the Doctrine of Unequal Exchange", *Latin American Research Review*, Vol. XV, No. 3, 1980, p. 55.

② 与此同时，普雷维什还在《委内瑞拉中央银行通报》上发表了《凯恩斯勋爵的经济理论和古典主义理论》《凯恩斯理论中的资本和利率》和《消费倾向和有关乘数的凯恩斯理论》等一系列文章，系统地介绍凯恩斯主义的理论。

③ Joseph L. Love, "Raúl Prebisch and the Origins of the Doctrine of Unequal Exchange", *Latin American Research Review*, Vol. XV, No. 3, 1980, p. 57.

④ Joseph L. Love, "Raúl Prebisch and the Origins of the Doctrine of Unequal Exchange", *Latin American Research Review*, Vol. XV, No. 3, 1980, p. 58.

关于工业国的周期的解释，还是为缓和周期运动并纠正其后果的措施，对于初级产品的外围和刚刚开始的工业化都是不适用的。……于是就产生了中心的概念。"①

与此同时，在拉美各国的积极努力下，联合国拉美经委会于 1948 年 2 月成立。普雷维什因为在拉美经济学界的崇高威望而成为首任执行秘书的热门人选，但是他拒绝了担任该职务的提名，只是担任了该组织的顾问。因为他当时认为，像联合国这样的机构是不会允许发展中国家从自身角度来分析经济发展问题的。不过，拉美经委会的成立提供给普雷维什一个经济理论研究的合适舞台，他对拉美经济发展问题的关心与日俱增。1949 年 5 月，普雷维什的《拉丁美洲的经济发展及其主要问题》一文在圣地亚哥问世，该文的发表标志着普雷维什经济发展理论已经"接近成熟"，同时标志着拉美结构主义发展理论的正式诞生。尽管普雷维什当时还没有担任该组织的领导人，但他的这篇文章还是被誉为真正的"拉美经委会宣言"。②

此后，普雷维什团结拉美经委会中的一些经济学家，共同推动了拉美结构主义的发展、完善和应用。在这种意义上说，拉美结构主义是集体创造的成果，并不属于普雷维什一个人。然而，考虑到普雷维什在这种理论诞生过程中的突出作用，我们又不得不承认，普雷维什本人在结构主义发展理论形成过程中确实发挥了无可替代的作用。有一件事能充分说明普雷维什在拉美结构主义形成过程中的突出作用。

在拉美经委会创立初期，首任执行秘书古斯塔沃·马丁内斯·卡瓦涅斯请普雷维什为《1949 年拉丁美洲经济概览》写前言。普雷维什将前言提交后，收到联合国总部的长篇电文，认为这是一份"将引起很大争议的文件"，因为"它论及了发展、工业化、贸易条件和其他拉美经委会不应该处理的问题"。所以，普雷维什撰写的内容遭到了美、英等国的反对。在他们的压力下，联合国总部希望普雷维什在前言部分签上他的名字，使"引起争议"的责任明确到普雷维什个人身上，而不致殃及拉美经委会。普雷维什欣

---

① ［阿根廷］劳尔·普雷维什：《外围资本主义：危机与改造》，苏振兴、袁兴昌译，北京：商务印书馆 1990 年版，第 26—27 页。

② Albert O. Hirschman, "Ideologies of Economic Development in Latin America", in A. O. Hirschman, ed., *Latin American Issues: Essays and Comments*, New York: The Twentieth Century Fund, 1961, p. 13.

然接受了签名的要求。①但普雷维什在前言中探讨的问题得到拉美国家的接受，"拉美各国都洋溢着赞美之辞"。尤为重要的是，拉美经委会此后几十年间所发表的一系列文献，均延续了普雷维什在这篇前言中建构的理论框架，即拉美结构主义理论。

1950 年 7 月，普雷维什被时任联合国秘书长特里格夫·赖伊任命为拉美经委会的执行秘书，直到 1963 年为止，他一直都在这一岗位上为拉美的经济发展贡献着自己的全部智慧和力量。上任伊始，普雷维什着手改组拉美经委会秘书处，组成一个由副执行秘书斯文森负责的领导小组，下设发展、培训、经济概览、农业和工矿业五个部门。发展部主任是巴西经济学家塞尔索·富尔塔多、培训部主任则是智利学者豪尔赫·阿乌马达。同时，普雷维什还广泛吸引各国经济学家加入拉美经委会，其中主要有智利的阿尼瓦尔·平托，墨西哥的胡安·诺约拉和维克多·乌尔基迪，巴西的何塞·梅迪纳，阿根廷的阿尔多·费雷尔，委内瑞拉的何塞·安冬尼奥·马尤布，古巴的莱吉诺·博蒂和艾利克斯·甘兹等人。于是，一个"拉美经委会学派"和拉美结构主义发展理论形成了。笔者认为，如果说普雷维什经济思想的形成主要是其个人不断思考和研究的结果②，那么普雷维什经济思想的不断发展和完善则是吸收了"拉美经委会学派"其他经济学家的集体智慧③。

第三节　拉美结构主义的早期影响

一般说来，拉美结构主义发展理论的影响大多是通过拉美经委会施加

---

① David Pollock, Daniel Kerner and Joseph Love, "Raúl Prebisch on ECLAC's Achievements and Deficiencies: An Unpublished Interview", *CEPAL Review,* No. 75, December 2001, p. 11.

② 1949 年 5 月，普雷维什的《拉丁美洲的经济发展及其主要问题》在拉美经委会第二次大会上发布前，联合国秘书长赖伊在序言中特地强调"报告的观点完全属于作者个人"（Edgar Dosman, *The Life and Times of Raúl Prebisch, 1901—1986*, Montreal: McGill-Queen's University Press, 2008, p. 251）。

③ 普雷维什本人也承认，其思想的发展和成熟得益于富尔塔多、乌尔基迪、梅迪纳和平托等"一些年轻人"，与他们的对话"是令人鼓舞和富有教益的"。[阿根廷]劳尔·普雷维什：《外围资本主义：危机与改造》，苏振兴、袁兴昌译，北京：商务印书馆 1990 年版，第 3—6 页。

的，这一点得到了学术界的广泛接受。[1]联合国拉美经委会成立后，立刻着手开展工作，以推动拉美地区的经济发展为己任。如前所述，早在试用期期间，拉美经委会针对拉美各国经济数据普遍缺少的现状，对拉美各国经济发展情况和国家及地区间的经济关系进行搜集整理和调查分析，充分了解拉美各国的经济和贸易现状。与此同时，在分析和研究拉美各国历史与现状，剖析相关经济统计的基础上，拉美经委会还提出了一系列经济理论和构想。在阿根廷经济学家普雷维什的领导下，一批经济学家通力合作，不断调整和完善这些理论，拉美结构主义发展理论由此产生并得到广泛认同。不仅如此，拉美经委会还通过开展培训项目等多种活动，成功地传播了其思想理论，拉美各国以此为基础进行改革，促进了经济的发展和社会的进步。此外，拉美经委会与美洲国家组织和其他国际机构间互动频繁，为促进拉美经济的发展共同努力。具体地说，拉美经委会开展下述方面的工作，推动了拉美结构主义的传播和发展。

拉美经委会成立初期非常重视对经济增长和长期发展趋势的分析，将编辑和出版《拉丁美洲经济概览》作为其首要工作。拉美经委会第一届会议明确规定了拉美经委会的主要任务是"搜集数据并开展研究，并强调对技术、工业和生产力等方面进行分析"[2]，并要求对拉美地区经济发展的长期趋势进行调查和评估。拉美经委会的主要目标是根据这些数据，全面概括拉美的经济情况和世界经济关系。根据会议的讨论结果，拉美经委会迅速开展了一系列的经济调查活动，并将这些调查分析汇总，收录到《拉丁美洲经济概览》中。

《1948 年拉丁美洲经济概览》是刚刚成立的拉美经委会的第一个成果，时任拉美经委会执行秘书马丁内斯充分肯定了它的价值和地位，他在概览中写道："这份概览是在全面系统研究分析拉美经济情况这个漫长而又复杂的任务中迈出的第一步。"[3]该报告分为两个部分——"产业形势"和"其他经

---

① David C. Bruce, "The Impact of the United Nations Economic Commission for Latin America: Technocrats as Channels of Influence", *Inter-American Economic Affairs*, Vol. 33, No. 4, Spring 1980; Fernando Cardoso, "The Originality of a Copy: CEPAL and the Idea of Development", *CEPAL Review*, Second Half of 1977, pp. 7—40; Cristóbal Kay, *Latin American Theories of Development and Underdevelopment,* London: Routledge, 1989, etc.

② ECOSOC, *Economic and Social Council Official Records: Seventh Session*, New York: United Nations, 1949, p. 539.

③ ECLA, *Economic Survey of Latin America 1948*, New York: United Nations, 1949, p. xv.

济方面"。第一部分主要概括了拉美工业和农业发展的显著特色，第二部分分析了农业和工业发展对拉美经济其他方面的影响，并着重分析了对国际贸易、国际收支和通货膨胀等方面的影响。该报告明确指出拉美一些国家目前处在自发性的进口替代工业化阶段，并通过分析 1937—1947 年拉美各国进口来源地和出口目的地的变化情况，以及拉美贸易模式的转变和价格的波动，发现拉美经济对世界价格的波动是十分敏感的，拉美的对外贸易过度依赖世界市场，进而得出了只有加速工业化进程才能推动拉美地区发展的结论。此外，报告还对人口、交通运输、收支平衡和通货膨胀等经济发展的具体问题进行了调查，注重分析了拉美与世界经济的联系和拉美经济的发展趋势。这种强调长期趋势和联系的分析方法也成为了拉美经委会的自成立以来一个不变的特点。

在第二届哈瓦那会议之后，拉美委员会执行秘书马丁内斯授权成立了一个研究小组，任命普雷维什为组长，并给予他在领导研究和选择人员上极大的自由。在哈瓦那会议上，拉美经委会提出了秘书处的首要任务——准备一份反映拉美经济情况的年度报告。根据这项决议，普雷维什带领研究小组着手起草第二年度的经济概览。

《1949 年拉丁美洲经济概览》的第一部分题为"增长、不均衡和不平等：对经济发展进程的说明"，这部分对拉美地区的经济数据进行了整合，并指出由于初级产品的收入弹性远远小于工业制成品，使拉美国家在国际贸易中处于不利地位，拉美国家的贸易条件是不断恶化的。第二部分题目为"一些拉美国家的经济发展"。主要介绍了阿根廷、巴西、智利和墨西哥等拉美国家的经济发展情况，其中包括大量的工业发展数据。通过这些数据证实了不断变化的国际贸易条件和价格趋势对拉美国家，是以消极影响为主的。因此，拉美经委会认为以提高劳动生产率为核心的工业化理论应当被采纳。报告的第三部分对拉美经济情况的最新变化进行了简单介绍。笔者认为，《1949 年拉丁美洲经济概览》影响最为深远之处在于，普雷维什正式提出了关于贸易理论的观点，初步构建了贸易关系模型，并对国际收支理论中自由主义的正统理论进行了批判。通过归纳汇总 1925—1949 年拉美的出口情况和 1926—1949 年美国和英国从拉美的进口数量和价格变化，重点分析了初级产品和制成品这两种不同特性产品的供求关系，得出结论：技术进步引起了初级产品价格下跌，利润被转移给消费者，生产者的收益减少；对于制成品生产正好相反，技术进步促进制成品价格上涨，生产者的收益也随之增加。由此证明了外围国家的贸易条件处于不断恶化的趋势，中心国家通过技术进步提高了生产力，而初级产品出口相对价格的恶化则使外围国家处于不利地位。普雷维什的上述理论反驳了认为自由贸易的利润将会随着经济增长被公平分配的观点，指出技术进步的成果在初级产品和制造业生产者之间是不均衡分配的。这种观点不仅是对外围经济问题的客观分析，更是对中心国家的直接批判，揭示了中心国家一方面抬高自身价格、工资和利润，另一方面阻碍技术和工业向外扩展的本质。为了摆脱贸易条件不断恶化带来的掣肘，《1949 年拉丁美洲经济概览》提出："进口替代工业化是拉美国家可选择的唯一办法，因为不仅可为初级产品争取到更加公平的价格，还能利用制成品打入中心国家市场。"①《1949 年经济概览》广为人知，主要是因为普雷维什对于拉美经济发展的贡献是由此开始的。当然，除了普雷维什的影响之外，这与拉美经委会所有经济学家的奉献、努力和使命感是分不开的。它向人们展示了联合国内部机构的广泛合作和研究拉美问题的经济学家间联系的加强。

联合国第一任秘书长特里格夫·赖伊对《1949 年拉丁美洲经济概览》给予了高度赞扬，他说道："《1949 年经济概览》是对拉美地区经济发展问题的第一次系统考察。这份报告对从国际行动角度指导拉美经济的巩固和发展以及加强该区域与世界其他地区的经济联系都有重大的意义。"②

这样，拉美经委会成为该地区第一个为拉美各国经济发展提供完整的统计数据的机构，这项工作一直坚持至今。这些数据不仅涵盖拉美各国，还涉及整个地区的贸易、产品、收入、价格、劳动力以及经济和社会的多个方面。其中，对拉美各国国民收入的统计和分析，是拉美经委会的一大贡献。拉美经委会将国民收入信息等进行整理和汇总，为拉美各国提供准确的经济数据。除了对经济情况进行调查统计之外，《经济概览》还通过分析拉美各国的经济数据，尽可能客观地对这些数据进行评估，以赋予他们新的价值和意义。更为重要的是，随着拉美经委会调查和研究工作的不断深入，拉美结构主义发展理论亦日臻成熟，其中拉美各国的影响也不断扩大。有学者评价道："一群年轻的经济学家聚集在一起，在普雷维什的带领下，向人们展示

---

① ECLA, *Economic Survey of Latin America 1949*, New York: United Nations, 1951, p. 52.

② ECLA, *Economic Survey of Latin America 1949*, New York: United Nations, 1951, p. vii.

了何为真正的'拉丁美洲观点'。"①

与此同时，拉美经委会还发布了其他系列报告，如《拉丁美洲的经济发展及其主要问题》《经济增长的理论和实践问题》《中美洲经济一体化和经济互惠》《拉丁美洲的外国资本》和《拉丁美洲发展政策中的国际合作》等，提出并完善了一整套系统的结构主义发展理论，对拉美各国的经济发展产生了直接的影响。

总之，拉美经委会自成立以来，通过多种途径，帮助拉美国家重整经济，对拉美各国产生了重大影响。首先，拉美经委会帮助拉美各国开展信息的搜集和汇总工作，并对搜集的数据进行分析。在拉美经委会的帮助下，拉美各国获得更加准确全面的经济数据，不仅使拉美各国政府看到了获得准确数据信息的重要性，统计也变得更加标准和规范。按时间顺序整理方法的运用，有助于进行国家间的比较。同时，依靠拉美各国政府的积极配合和协助，拉美经委会也成为了拉美地区信息统计的中心。

其次，1952 年，拉美经委会开始与联合国技术援助局合作，开设了有关经济发展问题的培训课程，主要目的是为拉美各国政府培养制定经济政策的经济学家，并任命豪尔赫·阿乌马达为负责人。最初，在智利首都圣地亚哥开设了 8 个月的课程，主要的对象是那些支持拉美经委会理论的学者。由于培训课程广受好评，拉美经委会决定在不同国家分别安排课程，并由该国的经济学家讲授。这一时期，许多拉美国家的政府官员和参与制定经济政策的学者都参加了培训课程。通过这种方式，广泛传播了拉美经委会有关经济发展的研究方法，对拉美政府经济政策的形成产生了深远影响，同时也为拉美各国输送了大量的经济型人才。

最后，拉美经委会提出的进口替代工业化战略，带领拉美国家走上了进口替代的道路，推进了拉美的现代化进程。从第二次世界大战结束到 20 世纪 50 年代末，拉美国家的进口替代工业化战略顺利进行，取得了令人瞩目的成就。尤其是阿根廷、巴西、智利、哥伦比亚、墨西哥和乌拉圭等拉美经济大国，已经进入到高级进口替代工业化的阶段。例如，巴西国家工业中心从 20 世纪 50 年代早期开始出版拉美经委会的重要研究著作，普雷维什也受邀到巴西工业家协会做演讲，宣传拉美经委会的思想。根据拉美经委会的

① Rosemary Thorp, *Progress, Poverty and Exclusion: An Economic History of Latin America in the 20th Century,* Washington, D. C.: Inter-American Development Bank, 1998, p. 132.

理论，巴西开始强调国家在经济发展中的作用、采取关税保护政策并扩大外资的引进，尤其注重私人投资和建立跨国公司，通过上述方式推行进口替代工业化战略。巴西的制造业在国内生产总值中的比重由 1950 年的 16.5% 上升到 1960 年的 23.4%，工业年均增长率也高达 9.1%。由此可见，拉美经委会对巴西的工业产生了巨大的推动作用。

拉美经委会在成立初期，不仅为拉美各国提供了有重要意义的地区经济调查，还开展了多种多样的实践活动，帮助拉美各国推动本国经济的恢复与发展。同时，它还为拉美国家提供了多种高质量的技术资源，不仅有利于拉美各国间的经济联系的加强，而且促进了拉美与世界其他地区的经济交流。通过上述丰富多样的互动活动，拉美经委会与拉美各国的联系越来紧紧密，发挥了越来越重要的作用。拉美经委会也得到了拉美各国的认可和支持，在拉美和世界的舞台上更加活跃，拉美结构主义发展理论的影响不断扩大。

第四节 拉美结构主义的主要内容

正如克里斯托瓦·凯伊所说，拉美结构主义理论是"第一个产生于第三世界的经济发展理论"，它形成于 20 世纪 40 年代末期，当时的绝大部分亚洲和非洲的国家还处在争取民族解放运动的历程中。拉美结构主义理论形成初期，其主要内容包括"中心-外围"理论、贸易条件恶化理论和进口替代工业化理论。这三者之间相互关联，共同构成了拉美结构主义理论体系："中心-外围"理论是拉美结构主义和之后依附论的分析基础，它揭示了国际经济体系的二元结构特征；贸易条件恶化论则揭示了中心国家与外围国家之间不平等的根源；进口替代工业化理论则为外围国家摆脱贸易条件恶化和不发达状态提供了一种现实可行的出路。当然，随着亚非国家非殖民化运动和拉美国家发展进程的不断深入，外围国家发展进程中面临的问题也不断增加，拉美结构主义也据此进行着不断的发展和完善，先后提出了结构主义的通货膨胀理论、加强外围国家之间经济合作的理论，以及体制变革理论等。

"中心-外围"理论

在《拉丁美洲的经济发展及其主要问题》一文中，普雷维什系统地阐述了他的"中心-外围"理论。他的这一理论可以简要地概括为三个主要方面：（1）整体性；（2）差异性；（3）不平等性。

对于整体性，普雷维什强调，无论是"中心"还是"外围"，它们都是整个资本主义世界经济体系的一部分，而不是两个不同的经济体系。普雷维什认为，现存的世界经济体系是资产阶级工业革命以后，伴随着资本主义生产技术和生产关系在整个世界的传播而形成的，维系这一体系运转的是在"19世纪获得了很大重要性的"国际分工。①根据这种国际分工，首先发生技术进步的国家就成为了世界经济体系的"中心"，而在生产、技术和组织等方面处于落后地位的部分则沦落为"外围"。"中心"和"外围"的形成有一定的历史必然性，是由技术进步在资本主义世界经济体系中发生和传播的不平衡所决定的。

对于差异性，普雷维什强调二者在经济结构上的巨大差异。他认为，技术进步首先发生在"中心"，并且迅速而均衡地传播到它的整个经济体系，因而"中心"的经济结构具有同质性和多样性。所谓的"同质性"，是指现代化的生产技术贯穿于"中心"国家的整个经济；而其经济结构的"多样性"表明，"中心"国家的生产覆盖了资本品、中间品和最终消费品在内的相对广泛的领域。"外围"部分的经济结构则具有异质性和专业化的特点。前者表明生产技术落后、劳动生产率极低的经济（如生计型农业）与使用现代化生产技术，具有较高劳动生产率的部门同时存在；后者意味着绝大部分的生产资源被用来不断地扩大初级产品生产部门，而对工业制成品和服务的需求大多需要依靠进口来满足。

不平等性是"中心–外围"理论的关键和最终落脚点。它主要表现在：（1）从起源上说，"中心"和"外围"在发展进程的起点上就是不平等的。"这一概念中暗含的观点是，发展进程从一开始就是不平等的：资本主义生产技术首先渗透的经济被认为是'中心'，而那些从一开始就在生产技术上和组织上落后的经济则构成了'外围'。"②（2）初级产品贸易条件的长期恶化趋势加深了"中心"与"外围"之间的不平等。由于技术进步及其传播机制的作用，"中心"与"外围"之间形成了不平等的国际分工，"中心"以生产和出口工业品为主，"外围"则以生产和出口初级产品为主。初级产品

---

① Raúl Prebisch, "The Economic Development of Latin America and Its Principal Problems", *Economic Bulletin for Latin America*, Vol. 7, No. 1, February 1962, p. 1.

② Octavio Rodríguez, "On the Conception of the Centre-Periphery System", *CEPAL Review*, First Half of 1979, p. 198.

的贸易条件与工业品相比存在长期恶化的趋势，这又进一步加深了中心与外围之间的不平等。（3）资本主义世界经济体系"动力中心"的转移，进一步加深了"中心"与"外围"之间的不平等。普雷维什指出，在"中心-外围"体系形成初期，该体系的"动力中心"是英国，它所奉行的政策使"外围"国家和地区能够在"中心-外围"体系下获得一定发展的可能性。然而，在世界经济体系的"动力中心"转移到了美国以后，外围国家和地区就处在了一个更加不利的地位上。造成这种结果的一个主要原因就是美国的进口系数非常低。

总之，在资本主义的"中心-外围"体系下，"中心"与"外围"之间必然会存在严重的不平等，外围国家始终会处于不利的地位，这是由这种体系的基本特征所决定的。那么，外围国家要摆脱这种不利的地位，其出路何在呢？对此，普雷维什提出了实行进口替代工业化的设想。

贸易条件恶化论

所谓贸易条件，实际上就是一种交换关系，是一个国家以出口交换进口的条件。在贸易条件所表示的交换关系背后是贸易利益的分配。当贸易条件均等时，贸易双方的利益在两国之间公平分配；而当出口能够交换到更多进口时，贸易条件就改善了；反之，贸易条件就恶化了。

拉美结构主义发展理论认为，发展中国家贸易条件呈现出长期恶化的趋势，正是由于"中心-外围"体系的上述"不平等性"滋生了许多不利于外围国家初级产品贸易条件的内在因素：第一，技术进步的利益在中心与外围之间的不平等分配，是造成后者贸易条件长期恶化的重要机制。在"中心-外围"的体系中，中心首先发生技术进步，是技术创新者和发展的动力，它以向外围出售工业制成品为主；外围则是经济和技术落后的地区，其经济结构具有异质性和专业化的特点，它通过出口初级产品而与世界经济体系产生了联系。普雷维什认为，一般说来，相对于初级产品生产部门而言，工业部门更容易吸收新技术，因而技术水平高。工业技术进步会提高工业生产率，使工业的要素收入增加，并使制成品价格较高。而初级产品部门技术落后，劳动生产率低，投入要素的边际收益递减，从而使初级产品的价格较低。这样造成外围国家初级产品在国际市场上价格相对制成品而言呈现出下降趋势。

第二，贸易周期运动对中心与外围的不同影响，也是外围国家贸易条件长期恶化的重要原因。普雷维什认为，在贸易周期的上升阶段，制成品和初级产品的价格都会上涨，但在贸易周期的下降阶段，由于制成品市场具有垄断性质，初级产品价格下跌的程度要比制成品严重得多。这样，贸易周期的反复出现，就意味着初级产品与制成品之间价格差距的不断拉大，从而使外围国家的贸易条件趋于恶化。另一方面，在贸易周期的上升阶段，由于企业家之间的竞争和工会的压力，工业中心的工资上涨，部分利润用来支付工资的增加。到危机期间，由于工会力量的强大，上涨的工资并不因为利润的减少而下调。而外围国家的情况则不同，虽然在经济繁荣时期，外围国家的工资也会有适当的上涨，但当贸易周期的下降阶段来临时，由于初级产品部门工人缺乏工会组织，没有谈判工资的能力，再加之存在大量剩余劳动力的竞争，所以外围国家的工资和收入水平被压低。这样，在工资成本上，贸易周期的不断运动使制成品的价格相对上升，而初级产品价格则相对下降了，有时甚至是绝对下降了。外围国家贸易条件的不断恶化当然就不可避免了。

第三，初级产品不利的需求条件是外围国家贸易条件长期恶化的另一个重要原因。普雷维什指出，初级产品的需求收入弹性远远小于制成品。因此实际收入的增加就会引起制成品需求更大程度地增加；但收入的这种增加对于食物和原材料等初级产品的需求来说不会产生同样的效果。此外，制造业的技术进步往往会减少单位产品的原材料消耗量，这样所形成的节约就抑制了对相应初级产品的需求；而大量合成产品的出现，更是直接替代了对天然原材料的需求。最后，世界经济的动力中心美国的低进口系数，同样要对初级产品需求条件的恶化负责。普雷维什认为，19世纪以英国为动力中心时，其进口系数很高，而且在整个19世纪几乎都在提高，因此外围国家就能够抵消其初级产品较小收入弹性的不利影响；但从19世纪后期起，美国逐步成为世界的动力中心，它的进口系数不断下降，再加上其丰富的自然资源和保护主义政策，因而对外围国家的初级产品生产带来了极为不利的影响：一来直接压低了对外围国家初级产品的需求，二来使初级产品需求收入弹性小的劣势更显突出。[①]

尤为重要的是，发展中国家贸易条件的恶化不仅是一种历史事实的真

---

① Raúl Prebisch, "Commercial Policy in the Underdeveloped Countries", *American Economic Review: Papers and Proceedings*, Vol. 49, No. 2, May 1959, pp. 266—268; "The Economic Development of Latin America and Its Principal Problems", *Economic Bulletin for Latin America*, Vol. 7, No. 1, February 1962, pp. 6—8.

实反映，而且还反映了一种历史趋势，这种趋势必然会继续下去。这是由资本主义的"中心-外围"体系的特点所决定的，因为在这种体系中，技术进步的利益主要集中于中心国家，而没有使世界体系中的外围国家获得相应的利益。只要"中心-外围"体系的现存特点不加以克服，那么外围国家贸易条件长期恶化的趋势就是不可能逆转的。

总之，在资本主义的"中心-外围"体系下，"中心"与"外围"之间必然会存在严重的不平等，外围国家始终会处于不利的地位，这是由这种体系的基本特征所决定的。那么，外围国家要摆脱这种不利的地位，其出路何在呢？对此，拉美结构主义发展理论提出了实行进口替代工业化的设想。

进口替代工业化理论

所谓进口替代，实际上就是一种通过限制特别的工业制成品进口来促进国内工业扩张的发展战略。它主要借助于关税保护、非关税限制和汇率高估等政策工具来加以推行。拉丁美洲的许多国家很早就迫于客观条件的推动，而采取一定程度上的进口替代做法，尤其在 20 世纪 30 年代的大萧条以后，这种做法在许多拉丁美洲国家甚至成为了一种潮流。普雷维什正是在这种潮流下，将进口替代工业化的具体做法上升到了理论高度，概括出系统的进口替代工业化理论。

首先，普雷维什论证了外围国家实行进口替代工业化战略的必要性和紧迫性：（1）在"中心-外围"体系下，外围国家专门从事初级产品的生产和出口，而工业中心则生产和出口工业制成品。外围国家本身缺乏经济增长的动力，往往容易受到中心经济波动的影响。外围国家要实现经济增长就必须克服这种对外依附性，一个有效的办法就是改变它们的进口结构，由国内生产来替代某些需要进口的产品。（2）由于初级产品与工业品之间在需求收入弹性上的差别，以及不断出现人工合成材料取代天然初级产品的事实，外围国家经济增长的速度就更加低于中心国家。要改变这种局面，外围国家就必须通过进口替代过程来发展自身的工业。（3）在外围国家，由于技术进步的影响和人口的迅速增长，以及劳动生产率低下的前资本主义部门的普遍存在，这样就不断产生出大量的剩余劳动力。要为剩余劳动力找到出路，唯一的途径是发展有吸收能力的工业部门。（4）从大萧条以后，世界经济体系的动力中心转移到了美国，它的进口系数非常低，不可能通过扩大对外围国家初级产品的进口来将经济增长的动力传播到这些国家，从而限制了外围国家初级产品出口能力的提高。要摆脱这种困境，唯一的出路是实行工业化。

在论证了进口替代工业化发必要性和紧迫性以后，普雷维什还进一步提出了外围国家实施进口替代工业化战略的具体政策措施：第一，采取有节制的和选择性的保护主义政策，对外围国家的幼稚工业进行必要的保护。因为这种保护有助于修正发展受外部限制的趋势，可以避免把多余的生产资源配置到初级产品生产，并将其转向工业生产，从而抵消了贸易条件恶化的趋势。此外，它还有助于技术进步的全面渗透和促进生产结构的变革，使之符合制成品的高需求弹性。第二，加强国家在经济增长活动中的作用。在"中心-外围"体系中，由于外围国家经济结构上的异质性，市场机制在外围国家的经济发展中只能发挥部分的作用，如果要求外围国家像中心国家那样采取完全的市场经济体制，听任市场力量自由地发挥作用，只会对外围国家的经济发展造成危害。因此，国家对经济活动的适当干预，是外围国家实现经济发展的必要条件之一。第三，以增加国内储蓄为主，吸收外国资金为辅，大力提高外围国家的投资率。外围国家要实现进口替代工业化的目标，首要的任务就是要打破"低生产率→低收入水平→低储蓄率→低投资率→低生产率"的"恶性循环"，途径有二：一是要以提高国内储蓄率和资本形成能力为主，提高国内的投资率；一是要以适当吸收外国资本为辅，弥补外围国家国内资金的不足。第四，加强外围国家之间的经济合作，适当扩大市场规模，为进口替代部门提供更大的活动空间。外围国家在单个的"防水舱"中进行工业化的努力，必然会面临着市场狭小的限制，使进口替代过程难以为继。摆脱这种掣肘的唯一有效途径是加强拉丁美洲国家之间的经济合作。

结构主义通货膨胀理论

除了前述"中心-外围"理论、贸易条件恶化理论和进口替代工业化理论以外，拉美经委会在 20 世纪 50 年代初期还创造性地提出了结构主义的通货膨胀理论[①]，以此挑战"货币主义"通货膨胀理论。

结构主义通货膨胀观点最早是由墨西哥经济学家胡安·诺约拉提出的，并由智利经济学家松克尔和平托等拉美经委会的学者们不断补充和完善。进入 20 世纪 50 年代，拉美国家的进出口贸易有所好转，出口的增长带来了

---

① 关于结构主义通货膨胀理论可参阅陈舜英、吴国平、袁兴昌：《经济发展与通货膨胀——拉丁美洲的理论与实践》，北京：中国财政经济出版社 1990 年版。

外汇收入的增加。随着出口收入和外汇积累的不断增长，通货膨胀问题在拉美国家也越来越突出，影响了正常的贸易活动，甚至出现了一些进口必需品短缺的问题。因此，拉美经委会十分重视通货膨胀问题，开展了一系列的调查和研究，并在经委会会议上反复讨论。在《1954 年拉丁美洲经济概览》中，专门有一节对拉美日益严重的通货膨胀问题进行了考察和分析。该部分以智利出现的通货膨胀为例，具体说明了通货膨胀产生的背景和影响因素。指出智利的通货膨胀起源于世界经济大萧条，伴随着智利经济的缓慢发展而不断加剧，最终引发了工资物价的螺旋式上升，出现了严重的通货膨胀问题。这种螺旋式上升指的是，随着工人工资的提高，生产成本上升，物价随之上涨，而物价的上涨导致工人的实际收入减少，又会引发增加工资的要求，于是出现了工资物价的螺旋式上升，通货膨胀问题也进一步加剧。拉美经委会强调，通货膨胀不仅仅是智利的问题，它已经蔓延到拉美大多数国家。为此，拉美经委会在墨西哥等国反通货膨胀政策的经验和教训的基础上，提出了缩小公共投资规模，加强信贷监管，实行外汇管制、调整进口结构和加强国际合作等具体措施，一定程度上缓解了拉美国家的通货膨胀压力。不难看出，拉美经委会对通货膨胀问题的研究已取得一定成果，其将结构主义发展理论应用到分析中，初步形成了"结构主义"通货膨胀理论的基本观点。

结构主义通货膨胀理论强调，国家在推动经济发展和克服市场缺陷方面的作用，消除发展的主要障碍就需要一个涵盖社会、政治和经济各方面的结构改革。结构主义理论认为，通货膨胀起源于社会-政治压力、部门失衡和发展进程本身产生的预期。从拉美历史发展的进程来看，拉丁美洲持久的通货膨胀现象起源于外向型发展进程向内向型发展进程的过渡，起源于因为本地区商品贸易条件的长期恶化和中心国家对外围初级产品的需求增长乏力而出现的初级产品出口购买力的停滞。20 世纪 30 年代的世界经济危机刺激了进口替代工业化进程，尤其是那些奉行各种膨胀性政策来缓解大萧条的灾难性后果的国家，这样就产生了通货膨胀后果。因为本国的新工业效率低下，生产成本高于以前提供进口工业品的国外工业，所以国内价格就上升了。这样，这种工业化进程就具有通货膨胀后果，使拉丁美洲在结构上容易出现通货膨胀。

结构主义者对通货膨胀的"基本"压力或"结构"压力与通货膨胀的"传播机制"作出了重要的划分。这些"结构"压力和"传播机制"在每一个国家中可能是不同的。在通货膨胀的"基本"或"结构"压力中，有两种主要的压力可能是普遍存在的：农业部门和外贸部门。农业部门不能满足因为人口爆炸和收入提高而对食品日益增长的需求，因为供给上存在刚性。正是由于工业化，收入获得了明显的提高。这种农业部门与工业部门之间的结构失衡导致了农产品的相对短缺，结果导致了食品价格的上升，但这种上升未能刺激农业产出的足够增长。农业部门供给缺乏弹性产生于传统的、不平等的土地所有制结构，即大地产-小地产并存的结构。绝大部分农业用地集中在大地产主手中，他们通常是居住在城市里的土地出租者，对市场刺激非常迟钝，没有使他们的生产方法实现现代化，他们持有土地的原因只是借此拥有社会名望和政治权力，而不是追求利润最大化。与此同时，小地产的所有者缺乏必要的资源来扩大生产，与市场的联系非常微弱。

通货膨胀的另一个基本根源来自外汇缺口和出口收入的波动。一方面，由于出口部门的供给缺乏弹性和商品贸易条件的恶化，外汇收入增长不足。另一方面，进口品也无法替代，因为它们是维持进口替代工业化进程所必要的原材料、零部件和资本品，以及基本的食品进口。结果产生的外汇缺口和波动就导致了周期性的贬值，因而提高了国内价格。

通货膨胀的基本或结构因素与传播机制之间的区别在结构主义分析中居于十分重要的地位，是使之与货币主义区分开来的重要标志。根据结构主义者的观点，货币主义者未能发现通货膨胀的最终原因。货币主义者认为是通货膨胀根源的那些因素，在结构主义者看来只不过是基本通货膨胀压力的传播机制而已。因此，它们不可能构成通货膨胀的原因。

结构主义者认为，主要的传播机制包括：首先是财政赤字。一方面，财政赤字产生于政府岁入对外贸的依赖和税收征集制度的落后和低效率。另一方面，政府开支又面临不断增加的压力，因为需要扩大公共部门以创造新的就业机会和提供一些基本的社会服务，来面对人口的迅速增长。为了资助财政赤字，政府求助于借贷、调整货币储备、发行新的货币，以及提高税率、公共企业费用和社会保障税收等措施。它们在或大或小的程度上都具有通货膨胀倾向，因为它们（通过提高公共物品和服务的价格）直接或（通过增加货币供给）间接地提高了物价。因此，它们传播通货膨胀的工具。第二种传播机制与薪水和工资的重新调整有关。考虑到生活成本的提高，雇员和工人要求更高的薪水和工资以便维持他们的购买力。雇员和工人的实际收入经常因为食品价格、公共物品和服务，以及税收等的提高而打折扣。钞票的贬值也提高了进口品的价格。那些雇员和工人参加工会组织的地方，他们就能够向雇主施加压力，要求重新调整他们的薪水和工资，这样就传播了通货膨胀。第三种传播机制源自价格为成本提高而进行的重新调整。面对更高的工资成本，更高的投入价格和更高的税率，企业家们反过来会提高他们生产商品的价格。鉴于工业中存在较高的保护程度和垄断或寡头性质，企业家们能够通过提高价格而将生产成本的提高转嫁到消费者身上。

松克尔提出了第二种类型的通货膨胀压力，他称之为"累积性的"通货膨胀压力，是由通货膨胀压力本身导致并加强的通货膨胀压力。在这些累积性通货膨胀中，他提到了一系列货币主义者也认为会进一步激化通货膨胀的因素，例如价格体制的扭曲，有些情况是因为产生于进口替代工业化的价格控制和保护主义措施。其他因素包括通货膨胀预期的发展和生产率的侵蚀，因为罢工和停工的盛行，以及企业家的投机行为。

外围国家经济合作理论

拉美结构主义发展理论还提出了有关加强拉美国家间经济合作的主张，为拉美一体化思想的形成和发展奠定了理论基础。事实上，这一理论的奠基人和主要代表人物普雷维什很早就强调要加强拉美国家间的经济合作。在1949 年出版的《拉丁美洲的经济发展及其主要问题》中，他主张加强外围国家之间的经济合作，目的是解决国内市场狭小，为进口替代部门提供更大的活动空间。他指出："目前的市场分工，价值所带来的低效率，构成了工业增长的一个限制，在这种情况下可以通过各国的配合，根据它们的地理位置和经济特点打破限制，这样做符合它们的共同利益。"[①]这个时候仅提出了拉美国家应加强经济联系和经济合作，但尚未形成在拉美地区建立某种形式的经济一体化组织的思想。

进入 20 世纪 50 年代以后，拉美国家在经济发展过程中发生了一系列变化，推动了拉美经委会进一步发展经济合作的思想。首先，朝鲜战争的结束，导致国际市场对初级产品的需求骤然下降，拉美国家的出口量迅速收缩，外汇收入因此急剧减少，进口替代工业化的资金无法保证，工业化进程也失去了推动力。与此同时，一些主要国家的进口替代活动已经达到较高的

---

① Raúl Prebisch, "The Economic Development of Latin America and Its Principal Problems", *Economic Bulletin for Latin America*, Vol. 7, No. 1, February 1962, p. 18.

层次，但是生产的工业品却缺乏国际竞争力，而国内市场狭小也未形成购买力，制成品不能被有效消化。面对这两方面的阻碍，解决的办法唯有扩展市场。扩大市场的有效途径是加强国家间的经济合作，推动拉美各国的贸易合作。于是，拉美经委会在 1954 年发表的《拉丁美洲发展政策中的国际合作》一文中，再次提出了加强拉美各国经济合作的思想。但此时强调的仅仅是各国间的贸易来往，仍未形成系统的一体化思想。由此开始，拉美经委会越发重视建立拉丁美洲共同市场，推进拉美经济一体化进程。1959 年，普雷维什在《拉丁美洲共同市场》的工作报告中，系统地阐述了关于建立拉丁美洲共同市场的思想。这一思想在 60 年代不断完善，成为拉美国家实现经济发展的重要战略之一。

1964 年，在第一届联合国贸发会议上，普雷维什以秘书长身份作了题为《迈向发展的新贸易政策》的报告，将拉美结构主义发展理论关于加强外围国家经济合作的思想做了更为具体的阐释，提出了解决外围国家经济困难的具体方案。其主要内容包括：（1）中心国家对外围国家的制成品和半制成品出口实行普遍优惠制（以下简称普惠制），促进外围国家的制成品出口，逐步实现新的国际分工。（2）通过签订基本的商品协议，规定初级产品的最低价格，逐步建立一个有利于初级产品的国际贸易体制。（3）工业化国家为发展中国家提供额外的资金，以补偿贸易条件恶化所遭受的损失。普雷维什的报告提出了建立一种有利于外围国家经济发展的贸易新政策，其实质是要对现行的国际贸易体制进行彻底的改革，成为发展中国家建立国际经济新秩序斗争的先声。

20 世纪 70 年代，拉美结构主义发展理论与更加激进的依附理论之间日益趋同，它们关于外围国家经济合作的思想也日益激进化，共同成为发展中国家争取建立国际经济新秩序斗争的理论指导。对此，美国经济学家 M. P. 托达罗指出："国际经济新秩序运动的起源可以追溯到 20 世纪 50 年代和 60 年代初期劳尔·普雷维什以及其他拉美持依附理论观点的经济学家提出的'中心-外围'分析。"[①]

---

① ［美］M. P. 托达罗：《第三世界的经济发展》（下），于同申等译，北京：中国人民大学出版社 1991 年版，第 265 页。

第四章 "中心-外围"理论[1]

　　"中心-外围"概念是普雷维什的结构主义经济发展理论的核心和最重要的分析工具,以这个概念为基础所建构的"中心-外围"理论则是其发展理论的核心内容之一。[2]尽管普雷维什并不是第一个使用"中心-外围"概念的学者,但他却第一次将这个概念上升到理论高度,并在此基础上建立了一整套系统的经济发展理论。也正是由于普雷维什的经济发展理论在世界上的广泛传播,才使"中心-外围"概念获得了世界性的影响,成为包括依附论学派、世界体系论学派、不平等交换理论,以及其他左翼经济学流派的重要分析工具和核心概念,这些理论流派从不同的角度发展和延伸了普雷维什的"中心-外围论",并共同构成了战后盛行一时的激进经济学流派。因此,在某种程度上甚至可以说,普雷维什的"中心-外围论"奠定了战后激进经济学流派的基石。而且,他的"中心-外围"概念还得到了某些正统经济学家的青睐。在本章的最后,我将提出"中心-外围"理论在经济全球化加速发展时代的现实有效性问题。

---

　　[1] 这里需要说明的是,本书以普雷维什经济思想的形成和发展为主线来研究拉美结构主义,而"中心-外围"理论、贸易条件恶化论和进口替代工业化理论,是普雷维什思想和拉美结构主义的核心内容,因此本书第4—6章对上述三个核心理论的研究仍然保留了笔者2003年出版的《劳尔·普雷维什经济思想研究》之中的主要内容,本书仅做了细微的修改和补充。

　　[2] 有学者甚至直接称普雷维什的发展理论为"中心-外围"理论,更有学者甚至将战后整个激进发展经济学理论称之为"中心-外围"理论。中国学者乔依德(《试评发展经济学中的激进派观点》,载《世界经济》1983年第9期,第16—17页)和凌星光(《南北问题理论和国际经济新秩序》,载《世界经济》1983年第11期,第31页)便持这种观点。

第一节　"中心-外围论"形成的背景

所谓的"中心-外围论"，是由普雷维什提出并发展的一种理论模式，它将资本主义世界划分成两个部分：一个是生产结构同质性和多样化的"中心"，另一个是生产结构异质性和专业化的"外围"。前者主要是由西方发达国家构成，后者则包括广大的发展中国家。[①]根据普雷维什的观点，"中心"与"外围"之间的结构性差异并不表明它们是彼此独立存在的体系；恰恰相反，它们是作为相互联系的和互为条件的两极存在的，每一极都不断发生着结构性的变化。也就是说，"中心"与"外围"构成了一个统一的和动态的世界经济体系，表现为整体性、差异性和不对称性的特征。

根据有关资料的记载，普雷维什在1944年离开阿根廷中央银行后到布宜诺斯艾利斯大学任教，在此期间他第一次使用了"中心-外围"的概念。不过，普雷维什并不是首次提出和使用"中心-外围"概念的经济学家，也不是第一个产生了"中心-外围"思想的学者。事实上，这一概念最早可以溯源到马克思主义关于资本主义国际分工的理论上。马克思在《资本论》中指出："一种和机器生产中心相适应的国际分工产生了，它使地球的一部分成为主要从事农业的生产地区，以服务于另一部分主要从事工业的生产地区。"[②]在这段引文中，马克思虽然没有明确地提出"中心-外围"的概念，但却包含了"中心-外围"思想的几个基本内涵：（1）随着工业革命的开展，资本主义世界经济体系分化为两个部分，一个是从事工业生产的国家，一个是从事农业生产的地区；（2）这种国际分工是不平等的，因为它是与工

---

　　①　一些拉美的学者认为，"中心-外围"概念不同于"发达-不发达"概念，它们不能完全互换使用。"发达-不发达"概念仅仅表示了先进国家和落后国家在经济结构上的不平等，基本上反映了一种完全静态的内容；而"中心-外围"概念强调的是世界贸易的结构，是制成品与初级产品之间国际分工的结果，它不仅具有"发达-不发达"概念所体现的"静态含义"，而且还包括一个动态的内涵（Octavio Rodríguez, "On the Conception of the Centre-Periphery System", *CEPAL Review*, First Half of 1979, pp. 202—203）。而且，"中心"必须是经济发达的国家，但并不能包括所有的发达国家，因为它除了收入水平高、生产结构先进和拥有自发的增长动力以外，还必须具有对外围国家经济发展施加影响的能力（江时学：《拉美发展模式研究》，北京：经济管理出版社1996年版，第40页）。

　　②　［德］马克思：《资本论》（第1卷），中共中央马克思恩格斯列宁斯大林著作编译局译，北京：人民出版社1975年版，第494—495页。

业生产"相适应的",从事农业生产的地区则要"服从于"从事工业生产的国家。在此之前,恩格斯在《英国工人阶级的状况》德文版中提出过类似的看法,他说:"英国是农业世界的伟大的工业中心,是工业太阳,日益增多的生产谷物和棉花的卫星都围着它运转。"[①]他这里的"中心-卫星"概念实际上就是"中心-外围"概念的另一种提法而已。后来,列宁在《帝国主义是资本主义的最高阶段》中指出,"全世界资本主义经济"实际上是"极少数'先进'国对世界上大多数居民施行殖民压迫和金融遏制的世界体系",它被划分成了两极:一极是帝国主义国家,另一极则是殖民地和附属国。[②]尽管马克思主义经典作家们以这样或那样的方式提出了类似于"中心-外围"概念的思想,但我们并不能因此断言是他们最早提出了"中心-外围"的概念,更不能说是他们最早提出了"中心-外围"的理论或观点。[③]

　　根据有关学者的考证,最早正式提出"中心-外围"概念的是德国经济学家是魏尔纳·桑巴特(1863—1941),他是 19 世纪 70 年代所形成的德国新历史主义学派的主要代表人物之一。他在其所著的《现代资本主义》一书的 1928 年修订版中首次使用了"中心"和"外围"的概念。他在该书的结论部分写道:"我们必须……将一个资本主义的中心——中心的资本主义国家——与大量的从中心角度看为外围的国家区分开来;前者是积极的和居支配地位的,而后者则是消极的和居从属地位的。"[④]桑巴特认为,在 19 世纪

---

① [德] 马克思、恩格斯:《马克思恩格斯选集》(第四卷),中共中央马克思恩格斯列宁斯大林著作编译局译,北京:人民出版社 1972 年版,第 279 页。

② [苏联] 列宁:《帝国主义是资本主义的最高阶段》,中共中央马克思恩格斯列宁斯大林著作编译局译,北京:人民出版社 1964 年版,第 75 页。

③ 国内有学者就这样说道:"第一次在观察国际性资本主义经济制度时运用中心外围观点的是马克思和恩格斯。尽管他们没有把自己考察具体的(不是抽象的)国际性资本主义经济制度的观点集中阐述并概括为中心外围观,但在马克思主义思想史上他们对于中心外围学说所作的贡献及其历史地位是不应抹杀或忽视的。"(郭寿玉:《资本主义南北经济关系新论——马克思主义中心外围论》,北京:首都师范大学出版社 1993 年版,第 1 页。)

④ Sombart, *Der moderne Kapitalismus*, *III*, München, 1928, pp. xiv—xv. 转引自 Joseph L. Love, "Raúl Prebisch and the Origins of the Doctrine of Unequal Exchange", *Latin American Research Review*, Vol. XV, No. 3, 1980, pp. 62—63. 熊彼特对这部著作的评价是很有意思的,他说:"唯一值得在这里提及的桑巴特的著作《现代资本主义》(1902 年第二版,1916—1927 年的版本是大为增订了的),由于经常显示出不得要领的诡异色彩,使许多专业历史学家为之震惊。他们发现在这部书里并没有什么值得称为真正的研究的东西——这部书中所用的材料事实上全是第二手的——因而对这部书中的许多疏漏之处大张挞伐。然而,从某种意义上说来,这部书却又算是历史学派的最高成就,就连它所包含的那些错误,也是极富刺激性的。"([美] 约瑟夫·熊彼特:《经济分析史》(第 3 卷),朱泱等译,北京:商务印书馆 1994 年版,第 99 页。)

前半期，英国是资本主义的"中心"，世界其他国家和地区则是资本主义的"外围"。到19世纪后半期，西欧其他国家也加入到"中心"的行列中；到20世纪前20年期间，美国的东部地区也成了资本主义的"中心"，而世界其他国家和地区则仍然保持为资本主义的"外围"。在这种"中心-外围"的关系中，"外围"国家和地区对"中心"国家存在着很大的"依附性"。而且，需要特别强调的是，桑巴特甚至还指出外围农民的从属地位部分是由西欧资本主义所造成的，他的这一思想对后来的"依附论"产生了一定的影响。不过，桑巴特的主要贡献仅限于提出了"中心-外围"概念，他并没有将之发展为一种理论。因此，研究普雷维什理论的著名学者约瑟夫·洛夫认为，"即使普雷维什受到了桑巴特的间接启发，他也不欠他哪怕是一个段落，因为桑巴特仅仅是在一些零散的段落中使用了中心和外围的概念"。[1]

然而，桑巴特的"中心-外围"概念及其所反映的经济思想在欧洲经济学界还是掀起了一阵波澜。以欧洲中部一些国家的学者为一方，对桑巴特提出的"中心-外围"概念和思想观点表示认同和支持，"一些中欧学者甚至在该理论的基础上提出了不平等交换的概念。他们认为，在世界经济体系内，'中心'国家与'外围'国家之间贸易关系的特点之一，就是不平等交换"。[2]另一方面，桑巴特的观点在当时遭到了绝大部分主流经济学家们的批判，他们认为他的观点离经叛道，有悖于传统经济理论。这样，欧洲各国，尤其是中欧各国，围绕着桑巴特的"中心-外围"概念和有关理论展开了激烈的争论。在这场争论中，罗马尼亚经济学家和中央银行家米哈伊尔·曼努莱斯库于1929年出版了《保护主义理论》一书，提出了与桑巴特观点基本相同的理论。[3]在该书中，曼努莱斯库直接抨击了当时的国际分工，他根据出口构成的不同将世界经济体系中的国家划分成"工业国"和

---

[1] Joseph L. Love, "Raúl Prebisch and the Origins of the Doctrine of Unequal Exchange", *Latin American Research Review*, Vol. XV, No. 3, 1980, p. 63. 而且，桑巴特的经济思想也决定了他不可能对他所提出的"中心-外围"概念有所发展。桑巴特经济思想的大致内容可参阅 B. Schefold, "Sombart, Werner (1863—1941)", in John Eatwell, et al., eds., *The New Palgrave: A Dictionary of Economics*, London: The Macmillan Press, 1987, Vol. IV, pp. 422—423.

[2] 江时学：《拉美发展模式研究》，北京：经济管理出版社1996年版，第36页。

[3] 需要强调的是，曼努莱斯库的著作并不是受到桑巴特的启发而撰写的，只是它的出版恰好就在欧洲发生这场争论之时。而且，与桑巴特相比，曼努莱斯库对保护理论和工业化的信念要坚定得多，他所提出来的理论也更加系统，在国际经济学界的影响也更大。有关内容参阅 Nicholas Georgescu-Roegen, "Manoilescu, Mihail (1891—?1951)", in John Eatwell, et al., eds., *The New Palgrave: A Dictionary of Economics*, London: The Macmillan Press, 1987, Vol. III, pp. 299—300.

"农业国",并认为前者生产和出口的工业品是先进的和高生产率的,后者生产和出口的农业品则具有"生产率天生低下的特性",因而是落后的。所以,他认为"古典的国际贸易理论只是'证明了'一个民族剥削另一个民族的'合理性'罢了"。[1]因此,曼努莱斯库得出结论说:"由于在自由贸易体制下,工业部门工人的货币收入高于在农业部门就业者的货币收入,如果一个国家进口工业品而出口农产品的话,那么它对其国内的工业部门给予保护就会使之能够以更低的劳动成本获得制成品。"[2]所以对于"农业国"而言,"国家支持的工业化是走向发展的唯一康庄大道"。[3]

发生在欧洲的这场关于"中心"和"外围"的辩论很快就波及了美洲大陆。1931年巴西圣保罗出版了曼努莱斯库的《保护主义理论》的葡萄牙文译本,布宜诺斯艾利斯大学经济科学系的刊物《经济科学评论》也在30年代末期登载了几篇讨论曼努莱斯库理论的论文,如1937年9月发表了路易斯·罗克·冈德拉的《李嘉图的比较利益论》,1939年10月刊登了马里奥·布哥莱塞的《从阿根廷经济的角度看经济民族主义、双边国际贸易和农业国家的工业化》,这些论文大多否定曼努莱斯库的理论,但从一个方面也说明曼努莱斯库的理论在阿根廷已经形成了一定的影响。此外,1933年出生在智利的德国学者恩斯特·瓦格曼,在吸收桑巴特思想的基础上出版了《世界经济的结构与周期》一书,他在书中提出了"中心周期"和"外围周期"的概念,前者是指某个特定国家的货币收入运动,后者则是指国际上的资本运动。尽管瓦格曼的所谓"中心"和"外围"的概念与普雷维什的概念是完全不同的,但约瑟夫·洛夫仍然推测这是"'中心-外围'这个术语的另一个可能的灵感之源"。[4]美国经济学家小威廉·A.布朗在1940年出版的《重评1914—1934年的国际金本位制》一书中,也使用了"中心"和"外围"的概念。他说:"中心国家,以其在世界上的统治地位,从来就不可能转化成外围,而外围国家则不得不在决定他们的货币政策时考虑它们与中心

---

① Joseph L. Love, "Raúl Prebisch and the Origins of the Doctrine of Unequal Exchange", *Latin American Research Review*, Vol. XV, No. 3, 1980, p. 62.

② Jacob Viner, *Studies in the Theory of International Trade,* New York: Harper and Brothers Publishers, p. 498.

③ William E. Crowther, *The Political Economy of Romania Socialism,* New York: Praeger, 1988, p. 38.

④ Joseph L. Love, "Economic Ideas and Ideologies in Latin America since 1930", in Leslie Bethell, ed., *Ideas and Ideologies in Twentieth-Century Latin America,* New York: Cambridge University Press, 1996, p. 233, note 77.

的汇率体制的总体关系。"①

　　现在尚无确凿的材料表明，普雷维什直接或间接地受到了欧洲这场辩论的影响，但是考虑到曼努莱斯库的理论在拉美广泛流传的事实，考虑到阿根廷的《经济科学评论》是普雷维什非常熟悉的期刊，他从 1921 年起就在该刊物上发表了一系列文章，以及考虑到布朗的著作所研究的国际货币问题正是普雷维什在 40 年代初期密切关注的研究领域等事实，我们相信普雷维什必定受到了他们所提出来的"中心"和"外围"概念的影响。②然而，无论是桑巴特，还是曼努莱斯库，还是瓦格曼或布朗，他们仅仅提出了"中心"和"外围"概念而已，最多也只是提及了这些概念的一些基本方面，没有能够"从理论高度上深入地阐述中心-外围概念，而普雷维什则弥补了这一空白"。③

　　除受到上述学者和思潮的影响之外，普雷维什的自身努力则是形成其"中心-外围论"的关键。如前文所述，普雷维什在 1944 年进行的一系列讲座中第一次提到了"中心"和"外围"的概念。1946 年，他又在墨西哥举行的西半球中央银行家会议上第一次以书面形式正式提出了"中心-外围"的概念。此后，为了论证其渐已成形的"中心-外围"理论，普雷维什进行了多方面的努力：一方面，他对传统的比较优势理论进行了批判。李嘉图的比较优势理论认为，技术进步将使工业品的价格下降，从而使工业品进口国从中获得好处。对此，普雷维什指出，这种设想不仅从来没有出现，恰恰相反，技术进步仅仅带来了中心国家工资的不断上升。因此，他认为，"技术进步的成果在 19 世纪倾向于留在英国"。不过，由于英国牺牲了自己的农业，技术进步的部分利益得以转移到了那些向英国出口初级产品的外围国

---

　　① William Brown, Jr., *The International Gold Standard Reinterpreted, 1914—1934,* New York: National Bureau of Economic Research, 1940, Vol. 2, p. 862. 转引自 Joseph L. Love, "Raúl Prebisch and the Origins of the Doctrine of Unequal Exchange", *Latin American Research Review*, Vol. XV, No. 3, 1980, p. 63.

　　② 雅各布·瓦伊纳是最早认为普雷维什的思想受到欧洲人的影响，尤其是受到曼努莱斯库理论影响的经济学家。（Jacob Viner, *International Trade and Economic Development*, Glencoe: The Free Press, 1952, pp. 61—64.）后来菲力佩·施密特也提出了同样的看法，他说："从本质上说，曼努莱斯库预期的中心论点，甚至是许多特别的要点……后来都成为众所周知的拉美经委会主义。"（P. C. Schmitter, "Still the Century of Corporatism?", *The Review of Politics,* Vol. 36, No. 1, January 1974, p. 119.）

　　③ 江时学：《拉美发展模式研究》，北京：经济管理出版社 1996 年版，第 37 页。

家。①另一方面，普雷维什在吸收各种理论流派思想的基础上，还不断地在世界经济的客观现实中寻求其"中心-外围"理论的依据。1945 年 7 月，由国际联盟出版的《工业化和对外贸易》，以及 1949 年 2 月，由联合国经济事务署发布的《不发达国家出口品和进口品的相对价格：战后不发达国家与工业化国家之间贸易条件研究》等文件，提供了大量的数据，证明了他的基本理论。这样，在进入拉美经委会前夕，普雷维什已经初步形成了"中心-外围"理论体系。

普雷维什后来回顾他形成"中心-外围"概念的过程时，尽管说得有点含糊，但也大致反映了上述脉络。他说："谈谈这个理论的由来或许有点意思。从我开始成为经济学家的时候起，我就强烈地感到被经济的周期运动所吸引。我脑子里塞满了形形色色的理论，却弄不明白阿根廷经济的种种现象。后来，当从世界大萧条的时候起我不得不在同样的现实中采取行动时，我感到无所适从。更有甚者，我常常感到，过去学的东西不但不能解释那种现象，而且还妨碍我去考察它。由此我终于确信，不论是关于工业国的周期的解释，还是为缓和周期运动并纠正其后果的措施，对于初级产品的外围和刚刚开始的工业化都是不适用的。……于是就产生了中心的概念。"②

第二节 "中心-外围论"的主要内容

1948 年 2 月 25 日，联合国经济和社会理事会（以下简称经社理事会）通过第 106 号决议，决定成立联合国拉美经委会。这里应强调的是，与联合国的其他地区经济委员会相比，拉美经委会的成立并不是一帆风顺的。联合国宪章第 68 条规定，联合国经社理事会被授权成立经济和社会领域的各种理事会。根据这一规定，1946 年 12 月召开的第一届联合国全体大会就要求经社理事会迅速成立欧洲经济委员会（ECE）以及亚洲和远东经济委员会

① Raúl Prebisch, "Apuntos de economía política (Dinámica económica)", [class notes], 1948, pp. 96—97, mimeo. Located at Facultad de Ciencias Economicas, Universitaria de Buenos Aires. 转引自 Joseph L. Love, "Raúl Prebisch and the Origins of the Doctrine of Unequal Exchange", *Latin American Research Review*, Vol. XV, No. 3, 1980, p. 55.

② ［阿根廷］劳尔·普雷维什：《外围资本主义：危机与改造》，苏振兴、袁兴昌译，北京：商务印书馆 1991 年版，第 26—27 页。

（ECAFF），以帮助"被战争破坏地区的经济重建"。1947年3月，这两个机构正式成立。对此，拉美各国的代表非常不满，认为他们的地区受到了忽视，因而要求建立他们自己的地区委员会。然而，他们的要求遭到了许多国家的反对。苏联认为成立这样一个委员会只会混淆联合国经社理事会的结构，造成拉美对该机构中的"帝国主义"成员国的经济依赖。一些西方发达国家认为，联合国经社理事会应该根据职能，而不是地理上的办法来解决战后经济和社会发展的问题，因此也反对建立拉美经委会。其中，美国的反对尤为强烈，美国担心成立拉美经委会，一来会增加美国在联合国行政预算中的摊派额（当时美国占该预算的40%）；二来认为拉美经委会将与美洲国家组织的职能发生重叠，削弱美国在该地区的影响。但在拉美国家的强烈要求下，美国等国作出了让步，决定同意成立一个临时性的拉美经委会，试验期3年。因此，直到1951年，拉美经委会才成为联合国的一个永久性的机构。在这样的背景下，普雷维什在拉美经委会成立之初，曾经谢绝了由他担任执行秘书的邀请，就不难理解了。不过，他还是答应担任该机构的经济顾问，并积极地投身于拉美经委会委托的经济研究工作中。

　　1949年5月，普雷维什向拉美经委会递交了他那份被誉为"拉美经委会宣言"的报告——《拉丁美洲的经济发展及其主要问题》，系统而完整地阐述了他的"中心-外围"理论。在这份报告中，普雷维什开宗明义地讲道："在拉美，现实正在削弱陈旧的国际分工格局，这种格局在19世纪获得了很大的重要性，而且作为一种理论概念，直到最近仍继续发挥着相当大的影响。在这种格局下，落到拉美这个世界经济体系的外围部分的专门任务是为大的工业中心生产粮食和原材料。"①也就是说，在传统的国际分工下，世界经济被分成了两个部分：一个部分是"大的工业中心"，另一个部分则是"为大的工业中心生产粮食和原材料的"外围。在这一"中心-外围"的关系中，"工业品"与"初级产品"之间的分工并不像古典或新古典主义经济学家所说的那样是互利的；恰恰相反，由于技术进步及其传播机制在"中心"和"外围"之间的不同表现和不同影响，这两个体系之间的关系是不对称的。对此，普雷维什在10年后发表的《欠发达国家的贸易政策》一文中指出："从历史上说，技术进步的传播一直是不平等的，这有助于使

---

　　① Raúl Prebisch, "The Economic Development of Latin America and Its Principal Problems", *Economic Bulletin for Latin America*, Vol. 7, No. 1, February 1962, p. 1.

世界经济因为收入增长结果的不同而划分成中心和从事初级产品生产的外围。"①

正是循着上述思路，普雷维什提出、发展和完善了他的"中心-外围"理论。通过对普雷维什在担任拉美经委会执行秘书期间的主要论著的研究，我认为，他的"中心-外围"理论可以概括为三个方面的内容：（1）"中心-外围"体系是一个统一的和动态的体系，该体系具有整体性；（2）"中心-外围"之间在生产结构上存在很大的差异性；（3）"中心-外围"之间的关系是不平等的。

对于所谓的整体性，普雷维什强调，无论是中心还是外围，它们都是整个资本主义世界经济体系的一部分，而不是两个不同的经济体系。普雷维什认为，现存的世界经济体系是资产阶级工业革命以后，伴随着资本主义生产技术和生产关系在整个世界的传播而形成的，维系这一体系运转的是在"19世纪获得了很大重要性的"国际分工。根据这种国际分工，首先发生技术进步的国家就成为了世界经济体系的中心，而在生产、技术和组织等方面处于落后地位的部分则沦落为这一体系的外围。中心和外围的形成是一种历史的必然，是由技术进步在资本主义世界经济体系中发生和传播的不平衡性所决定的。不过，对于"中心-外围"体系的整体性，普雷维什本人着墨并不多，他将这一特性看成是"中心-外围"理论的一个必然的假设前提，是"既定的"事实。当然，这也正是其"中心-外围"理论遭到批判的一个重要"证据"。尽管如此，"中心-外围"体系的"整体性"，应该是普雷维什这一理论的一个主要方面。如果忽视了这一点，该理论的其他部分就会成为"无本之木"。

对于"中心-外围"体系的差异性，普雷维什强调二者在经济结构上的巨大不同。他认为，技术进步首先发生在中心，并且迅速而均衡地传播到它的整个经济体系，因而中心的经济结构具有同质性和多样性。所谓的"同质性"，是指现代化的生产技术贯穿于中心国家的整个经济；而其经济结构的"多样性"表明，中心国家的生产覆盖了资本品、中间品和最终消费品在内的相对广泛的领域。外围部分的经济结构则完全不同：一方面，外围国家和地区的经济结构是单一专业化的，绝大部分的生产资源被用来不断地扩大初

① Raúl Prebisch, "Commercial Policy in the Underdeveloped Countries", *American Economic Review: Papers and Proceedings*, Vol. 49, No. 2, May 1959, p. 251.

级产品生产部门，而对工业制成品和服务的需求大多需要依靠进口来满足。另一方面，"外围"部分的经济结构还是异质性的，即生产技术落后、劳动生产率极低的经济（如生计型农业）与使用现代化生产技术，具有较高劳动生产率的部门同时存在的。造成中心和外围之间经济结构巨大差异的主要根源是中心资本主义在这个世界经济体系中的扩张。

"中心-外围"体系的"不平等性"，是普雷维什这一理论的关键和最终落脚点。普雷维什认为，从"中心-外围"体系的起源、运转和发展趋势上看，中心与外围之间的关系是不对称的和不平等的。首先，从起源上说，"中心-外围"体系从一开始就决定了中心和外围分别处在了发展进程的不同起点上，外围地区远远落在了中心的后面。根据普雷维什的观点，在资本主义世界经济体系的"中心-外围"关系形成以前，现存的中心和外围都处在基本相同的发展水平上，彼此之间的差距是非常有限的。随着资本主义生产方式在西欧，特别是在英国的逐步确立，这种状况开始发生变化，尤其是这些国家开始向世界其他地区扩张以后，旧有的世界便出现了剧烈的变化。但是，在英国工业革命开始以前，世界在本质上还是旧式的，没有根本性的变化。然而，随着资本主义生产关系的深入发展和工业革命在英国的爆发，英国以工业品与世界其他国家和地区的初级产品之间逐步形成了国际分工，在这种国际分工下才形成了一个"整体性"的资本主义世界经济体系，即"中心-外围"体系。在这种体系形成的过程中，英国作为"中心"首先享受到技术进步的好处，从一开始就处于有利的地位。而广大的"外围"地区则被迫参与以英国为"中心"的国际分工，承担着初级产品生产和出口的任务，从一开始就处于在不利的地位。正是在这种意义上，拉美学者奥克塔维奥·罗德里格斯对普雷维什的"中心-外围"概念作出这样的解释，他说："这一概念中暗含的观点是，发展进程从一开始就是不平等的：资本主义生产技术首先渗透的经济被认为是'中心'，而那些从一开始就在生产技术上和组织上落后的经济则构成了'外围'。"[1]

其次，初级产品贸易条件的长期恶化趋势加深了"中心"与"外围"之间的不平等。在技术进步及其传播机制的作用下，"中心"与"外围"之间形成了不平等的国际分工，中心国家主要以生产和出口工业品为主，而

---

[1]　Octavio Rodríguez, "On the Conception of the Centre-Periphery System", *CEPAL Review*, First Half of 1979, p. 198.

"外围"部分则以生产和出口初级产品为主。然而，初级产品的贸易条件与工业品相比存在长期恶化的趋势，这又进一步加深了中心与外围之间的不平等。普雷维什认为，造成初级产品贸易条件长期恶化趋势的因素主要有：（1）技术进步的利益在中心与外围之间的不平等分配，是造成后者贸易条件长期恶化的重要机制。（2）贸易周期运动对中心与外围的不同影响，也是外围国家贸易条件长期恶化的重要原因。（3）初级产品的需求收入弹性远远小于制成品，则使它们的价格不但呈现周期性的下降，而且还出现结构性下降。

最后，资本主义世界经济体系"动力中心"的转移，进一步加深了"中心"与"外围"之间的不平等。普雷维什指出，在"中心-外围"体系形成初期，该体系的"动力中心"是英国，它所奉行的政策使"外围"国家和地区能够在"中心-外围"体系下获得一定发展的可能性。一方面，英国严格遵循自由贸易的原则，不对其进口的外围国家初级产品设置高额的关税或非关税壁垒。[①]对此，普雷维什说："英国中心严格地遵守货币政策和对外贸易领域中的游戏规则。"[②]另一方面，英国一直保持着较高的进口系数，这样能够通过更多地进口初级产品，而将发展的动力传播给外围国家和地区。普雷维什估计，英国在19世纪的进口系数一直保持着30%—35%的较高水平，这样它就牺牲了自己的大部分初级产品生产部门，从而通过进口外围国家的初级产品使其技术进步的部分利益也转移到了外围国家。然而，在世界经济体系的"动力中心"转移到了美国以后，外围国家和地区就处在了一个更加不利的地位上。造成这种结果的一个主要原因就是美国的进口系数非常低。普雷维什指出："因为自然资源丰富和实施保护主义政策，美国历

---

① 当然，英国也通过各种手段（包括武力）迫使外围国家像它一样奉行自由贸易的政策，这种做法实际上也对外围国家和地区造成了伤害。事实上，在拿破仑战争结束后，英国开始奉行所谓的"无形帝国政策"，不以扩大版图和殖民地为主要目标，而以向其他国家推行自由贸易为首要目标，先后与葡属巴西、阿根廷、大哥伦比亚、墨西哥、智利等拉美国家签订了所谓的《自由、友好、航海条例》，兜售它以自由贸易、自由放任为核心的自由主义。从19世纪中期开始，英国开始奉行炮舰外交，它凭借海军的绝对优势控制世界海洋，强制推行"自由贸易"，迫使全世界为英国的商品打开大门。关于英国外交政策在19世纪的上述变化，可参阅刘成、胡传胜、陆伟芳、傅新球：《英国通史》（第五卷 光辉岁月——19世纪英国），南京：江苏人民出版社2016年版。

② Raúl Prebisch, "The Economic Development of Latin America and Its Principal Problems", *Economic Bulletin for Latin America*, Vol. 7, No. 1, February 1962, p. 7.

来就是一个进口系数较低的国家。而且，这一系数还在不断地下降。"①美国进口系数的低下对体系的其他部分产生了非常不利的影响，而且 20 世纪 30 年代的经济大萧条更加剧了这种影响。对此，普雷维什进一步指出："这个进程随着世界大萧条而陷入了危机。美国进口系数的进一步压缩和经济增长率的长期停滞对世界贸易和经济产生了相当大的影响。世界在适应新的动力中心的这些情况方面遭受了很大的困难。"②普雷维什举例说明了美国进口系数下降给其他国家带来的不利影响。他说："1948 年美国的总进口达到 69 亿美元，进口系数仅为 3%。如果进口系数像 1929 年一样达到 5%的话，其进口将达到 115 亿美元。这些数据说明了进口系数下降所产生影响的程度。"③

具体说来，美国奉行的这种低进口系数的政策对外围国家产生了两种不利的影响：（1）美国的低进口系数意味着从外围国家进口数量的相对较小，使外围国家的初级产品出口部门失去了发展的动力。普雷维什指出，在英国为世界经济体系的"动力中心"时，其不断上升的进口系数为外围国家的初级产品出口部门提供了发展的动力，因此，"在 19 世纪，在联合王国为世界的主要动力中心的保护下，世界贸易获得了非常迅速的发展"。④（2）美国的低进口系数进一步减小了初级产品的需求收入弹性，使初级产品的贸易条件日趋恶化。普雷维什强调说，在 19 世纪，"主要中心的进口系数在几乎整个世纪都在不断地提高，这在外围国家中就抵消了对它们的初级产品更小的需求收入弹性的影响"，因而也就部分地补偿了初级产品贸易条件恶化带给外围国家的不利影响。然而，美国的低进口系数便使这种部分补偿消失了，其结果当然是初级产品贸易条件的进一步恶化。

总之，在资本主义的"中心-外围"体系下，"中心"与"外围"之间必然会存在严重的不平等，外围国家始终会处于不利的地位，这是由这种体系的基本特征所决定的。那么，外围国家要摆脱这种不利的地位，其出路何

---

① Raúl Prebisch, "Commercial Policy in the Underdeveloped Countries", *American Economic Review: Papers and Proceedings*, Vol. 49, No. 2, May 1959, pp. 266—267.

② Raúl Prebisch, "Commercial Policy in the Underdeveloped Countries", *American Economic Review: Papers and Proceedings*, Vol. 49, No. 2, May 1959, p. 267.

③ Raúl Prebisch, "The Economic Development of Latin America and Its Principal Problems", *Economic Bulletin for Latin America*, Vol. 7, No. 1, February 1962, p. 12.

④ Raúl Prebisch, "Commercial Policy in the Underdeveloped Countries", *American Economic Review: Papers and Proceedings*, Vol. 49, No. 2, May 1959, p. 266.

在呢？对此，普雷维什提出了实行进口替代工业化的设想。[①]

第三节 "中心-外围"概念的广泛应用

正是由于普雷维什的贡献，"中心-外围"的概念才在战后得到了迅速的传播，被许多流派的经济学家、社会学家、历史学家、政治学家等学者们广泛使用，同时也成为与正统学派相对立的激进学派的标志之一。正是在这种意义上，普雷维什被各派学者奉为"中心-外围"概念的真正"鼻祖"。

在经济学界，受普雷维什的"中心-外围"理论影响最大的莫过于"依附论"学派。"依附论"是 20 世纪 60 年代由拉美经济学家们在对拉美和第三世界不发达问题的探讨和辩论中形成的一种理论。该理论包括众多的流派，其中较有影响的流派有以安德烈·冈德·弗兰克和萨米尔·阿明为代表的"不发达理论"，以奥斯瓦尔多·松克尔和塞尔索·富尔塔多为代表的"结构主义依附理论"，以鲁伊·毛罗·马里尼、特奥托尼奥·多斯桑托斯为代表的"马克思主义依附理论"以及介于后二者之间的、以社会学者为主体的依附理论流派，该流派的代表人物有阿尼瓦尔·基哈诺、费尔南多·卡尔多索、奥克塔维奥·伊安尼等。[②]

依附理论的上述流派在各种关于"依附性"问题的论著中，提出了一些不同的概念、分析方法和观点，在具体的政策主张上也存在着不同的看法，因而形成了各自不同的理论体系。因此，有学者就认为并不存在一个统一的"依附论"流派。例如，美国学者罗纳德·H. 奇尔科特就断言，"肯定

---

① 关于普雷维什的进口替代工业化理论，将在本书的第六章进行深入的研究和评论，这里不再赘言。而且，在外围国家奉行了进口替代工业化政策以后，"中心-外围"体系的特征并没有随之改变或消失，相反却出现了一些新的情况。对此，普雷维什又进一步发展了他的"中心-外围"概念，提出了"中心的霸权和外围的依附"以及"中心的创新和外围的模仿"等新概念，充实了他的"中心-外围"理论。这方面的内容将在本书第八章作专门的研究。

② 关于"依附论"学者的流派划分问题，学术界历来就莫衷一是，这里仅仅是笔者的一家之言。对于这一问题，概括得比较详细的是中国学者高铦所著的《第三世界发展理论探讨》（北京：社会科学文献出版社 1992 年版，第 41—53 页）一书，介绍了 8 种划分依附理论流派的方法。另外，阿吉里·伊曼纽尔的"不平等交换理论"和伊曼纽尔·沃勒斯坦的"世界体系论"也多被视为与"依附论"联系较为密切的理论。

没有一个称之为依附论的统一思想体系"。①不过，在一些重要的问题上，大多数"依附论"学者们一般都持有相同或相似的观点。这些观点也就构成了"依附论"的主要内容：

1. 外围国家与中心国家之间的关系是依附与支配的关系。"依附论"学者普遍认为，外围国家普遍具有"依附性"，即"一些国家的经济以它们所从属的其他国家的发展和扩张为条件的一种状况。两个或更多国家的经济之间相互依存的关系，或者这些国家与世界贸易体制之间的相互依存的关系，将成为一种依附性关系：某些居统治地位的国家能够扩张并能够自力发展，而其他处于依附地位的国家，其发展只能是前者扩张的一种反映，……依附性的基本情况将使这些国家处于落后的和受剥削的地位"。②

2. "发达"与"不发达"都是资本主义制度的产物，是一个铜板的两面，是相互联系和同时发生的现象。中心国家的"发达"是剥削和掠夺外围国家的结果，是以外围国家的"不发达"为代价实现的。对此，多斯桑托斯说："拉美的不发达，不是资本主义以前的一种落后状况（即未发达、未开发），而是资本主义发展的后果，并且是资本主义发展的一种特殊形式。"③弗兰克也说过："不发达并不是由于孤立于世界历史主流之外的那些地区中古老体制的存在和缺乏资本的原因所造成的。恰恰相反，不论过去或现在，造成不发达状态的正是造成经济发达（资本主义本身的发展）的同一个历史进程。"④

3. 在当代的国际条件下，发展中国家的现代化是根本不可能实现的，因为发展中国家现代化所面临的问题与西方发达国家在现代化过程中曾遇到的问题迥然相异。在当代世界体系中，发展中国家与发达国家之间存在着并存而又依附的关系，或者说是"外围–中心"的关系。外围不发达的根本原因在于其经济资源和"剩余"（即随着劳动生产率的提高所导致的生产增长

---

① ［美］R. H. 奇尔科特：《比较政治学理论——新范式的探索》，高铦、潘世强译，北京：社会科学文献出版社 1998 年版，第 312 页。

② Theotonio Dos Santos, "The Crisis of Development Theory and the Problems of Dependence in Latin America", in H. Bernstein, ed., *Underdevelopment and Development: The Third World Today,* Harmondsworth: Penguin Books, 1973, p. 76.

③ 转引自肖枫编著：《西方发展学和拉美的发展理论》，北京：世界知识出版社 1990 年版，第 153 页。

④ Andre Gunder Frank, "The Development of Underdevelopment", in James D. Cockcroft, Andre G. Frank and Dale L. Johnson, eds., *Dependence and Underdevelopment: Latin America's Political Economy*, New York: Doubleday & Company, Inc., 1972, pp. 8—9.

带来的经济剩余）被中心的发达国家攫取了。只要外围国家不脱离世界资本主义体系，它对中心的依附关系就不可能出现根本性的变化，发展中国家实现现代化的目标也就无从谈起。

在"依附论"的上述观点中，一个非常突出的解释工具就是直接从普雷维什那里借用的"中心-外围"概念。有学者认为，"依附论者在抨击西方中心主义时沿用了发展主义理论关于世界资本主义体系的'中心''外围'概念，并以此探讨和研究了发展中国家在世界资本主义体系中对发达资本主义国家的依附地位，分析和考察了中心资本主义在经济上掠夺外围国家经济资源和经济剩余的强盗行径，从而充分地论证了发展中国家成为不发达'外围'和依附性国家，经济上贫穷，政治上落后的现实。"①事实上，绝大部分依附论学者直接沿用了普雷维什的"中心-外围"概念，例如萨米尔·阿明，他在普雷维什理论的基础上提出了"外围资本主义"论。这种理论认为，"不发达"实际上是资本主义发展中的一种特殊结构，即"外围资本主义"，它的产生是有其深刻的历史根源的：一是殖民地贸易，它造成前资本主义农业关系的畸形和手工业的破产；二是外国投资，它在外围国家中造就了大量用于出口的现代部门，但其劳动力报酬十分低下，从而形成了不平等交换的条件；三是进口替代工业化，导致了畸形的国内市场；四是跨国公司内部的国际分工，外围国家提供初级产品，而中心国家提供设备和软件，这种格局使外围国家丧失了自身发展的主动性。由于上述四个方面因素的综合作用，导致了世界资本主义发展中"外围资本主义"结构的产生，"不发达"现象正是世界资本积累中"外围型"资本积累的必然结果。②

弗兰克则稍有不同，他提出了所谓的"宗主国-卫星国"概念来作为其理论的主要分析工具。他认为，在资本主义的世界经济体系中，形成了不平等的"两极"："宗主国"中心和"卫星国"外围，而且"宗主国剥夺并占有卫星国的经济剩余用于自己的经济发展。卫星国由于不能获得自己的剩余，由于两极分化的原因和宗主国在卫星国内部经济结构中引进并保持剥削关系

---

① 张雷声：《寻求独立、平等与发展：发展中国家社会经济发展理论研究》，北京：中国人民大学出版社1998年版，第97页。

② [埃及] 萨米尔·阿明：《不平等的发展——论外围资本主义的社会形态》，高铦译，北京：商务印书馆1990年版，第171—180页。

而处于不发达状态"。①也就是说,"卫星国"的不发达是由于"宗主国"扩张的结果。不过,弗兰克的"宗主国-卫星国"概念同样也是普雷维什的"中心-外围"概念的一种翻版而已。对于这一点中国学者袁兴昌指出:"这一概念的直接来源则是普雷维什和拉美经委会提出的'中心-外围'概念。'宗主国-卫星国'的概念实际上是'中心-外围'概念的变异,它的提出首先经过'宗主国与外围''宗主国中心-外围卫星国'的过渡过程,最后简化为'宗主国-卫星国'。"②奇尔科特也以为:"弗兰克肯定受到了拉美经委会结构主义观点及其对正统派发展观的反应的影响,……弗兰克关于宗主和卫星的二分法是和拉美经委会的中心与外围格式相一致的。"③

费尔南多·卡尔多索和恩佐·法莱托在他们合著的《拉美的依附与发展》一书中,在一定程度上丰富和发展了对普雷维什的"中心-外围"理论。他们提出,"依附"与"发展"并不是绝对对立的,是有可能相互联系的。如果这样的话就形成了一种"联系性依附发展",其根源就在于外围国家的社会经济中形成了外国资本、国家资本和私人资本的"联盟"。当然,外围国家这种"联系性依附发展"模式的形成,并未消除"中心-外围"之间的不平等。不过,随着一些外围国家"联系性依附发展"模式的形成,"中心-外围"的结构在层次上会发生一些变化,确立了这种模式的国家尽管并不能够完全摆脱其"外围"的依附地位,但会相对地提高在世界经济体系中的地位,因而也是一种发展。④对于"依附论"学者们对其"中心-外围"概念应用和发展,普雷维什给予了积极的评价,并且还曾经专门提到了卡尔多索和法莱托的这部著作。他说:"社会学家、政治学家和经济学家们以有价值的贡献丰富了中心-外围概念,他们竭力指出了外围地区存在依附关系加强的内在现象。这里应该特别提及的是费尔南多·卡尔多索和恩佐·法莱托在拉美经委会的支持下撰写的一部著作。"⑤

---

① Andre G. Frank, *Development and Underdevelopment in Latin America,* New York: Monthly Review Press, 1968, p. 20.

② 袁兴昌:《评弗兰克"不发达的发展"论》,《拉丁美洲研究》1992 年第 4 期,第 51—52 页。

③ [美] R. H. 奇尔科特:《比较政治学理论——新范式的探索》,高铦、潘世强译,北京:社会科学文献出版社 1997 年版,第 330 页。

④ Fernando H. Cardoso and Enzo Faletto, *Dependency and Development in Latin America,* London: University of California Press, 1979.

⑤ Raúl Prebisch, "Dependence, Interdependence and Development", *CEPAL Review,* No. 34, April 1988, p. 197.

如果说"依附论"学者对普雷维什的"中心-外围"概念的应用和发展只是沿用了其基本含义的话,"世界体系论"的学者们则不仅改进了"中心-外围"的概念,甚至还进一步发展了普雷维什的"中心-外围"理论。"世界体系论"的创始人和主要代表人物是伊曼纽尔·沃勒斯坦,他以世界整体的发展与变化为视角,运用系统分析的方法,从整体发展过程审视了世界资本主义体系,分析了发达与不发达的关系问题。沃勒斯坦认为,"世界体系"是其理论的最基本概念,它是一个由许多不同"要素"组成的社会体系,是一个整体性的经济单位,有其整体发展与变化的规律,并支配和制约着各个国家和地区的局部的发展与变化。在分析其世界体系理论的过程中,沃勒斯坦借用了普雷维什的"中心-外围"概念,对此他说:"也许我们可以使用一对词汇,即'中心'与'外围',来解释世界体系的观点。这对词汇已经使用了 25 年左右,是联合国拉丁美洲经济委员会在 40 年代末期和 50 年代初期开始使用的。"①不过,沃勒斯坦认为仅仅使用"中心"和"外围"概念已经不足以解释世界体系的发展。因此,他在此基础上提出了"半外围"的概念。他认为,在资本主义的世界体系中,除了存在普雷维什所界定的"中心"与"外围"以外,还存在一个介于二者之间的国家,即"半外围"国家,它们就是那些既受中心国家控制,同时又可以部分地控制外围国家的国家。在沃勒斯坦看来,"半外围"国家的存在"既不是某种统计学上的划分手段,也不是一种残余类型",而是"一个世界经济体系中不可缺少的结构性要素"。②所以,"半外围"的概念在沃勒斯坦的世界体系中具有非常重要的作用:(1)在世界贸易中,"半外围"的贸易对象是双方面的,既可以向中心国家出口初级产品,又可以向外围国家出口制成品,这样就使世界体系的经济大致上趋于平衡;(2)在世界体系中,"半外围"的存在是对"中心"和"外围"之间矛盾的一种"缓冲",如果没有"半外围",世界体系就会两极分化,"中心"与"外围"的对抗就会激化,"半外围"国家在世界体系中起着"安全阀"的作用;(3)在世界体系中,"半外围"国家的位置会不断发生变化,可能会上升为中心国家,也可能沦落为外围国家,相反,一

---

① [美]伊曼纽尔·沃勒斯坦:《世界体系分析:理论与诠释的问题》,载萧新煌编:《低度发展与发展:发展社会学选读》,台北:巨流图书公司 1986 年版,第 319 页。原文中将 periphery 翻译为"边缘",为了与本文的表述相一致,此处引文将之改成了"外围"。

② [美]伊曼纽尔·沃勒斯坦:《现代世界体系》(第一卷),尤来寅等译,北京:高等教育出版社 1998 年版,第 463 页。

些过去的中心国家现在可能下降为"半外围"国家，而某些外围国家也困难上升为"半外围"。①这样，通过对"半外围"国家的界定，沃勒斯坦给许多"外围"和"半外围"国家提供了一个上升为"中心"国家的可能前景，因而肯定了后进国家追赶先进国家的可能性。

关于沃勒斯坦对普雷维什"中心-外围"概念和理论的发展，不同流派的学者给予了不同的评价。法国左派学者雅克·阿达认为，普雷维什提出的"中心-外围"的划分标准没有考虑到一些外围国家在战后迅速发展的事实，"远东地区、巴西或墨西哥……因为工业飞速发展，在全球工业制成品市场上初露锋芒使它们摆脱了处于全球经济外围的境遇"，因此，"沃勒斯坦使用的半外围概念有效地补充了联合国拉美经济委员会提出的划分标准，并使之更灵活、更有活力"。②而彼特·伊文斯则评论说："我们如何评价这一系列有关半外围国家的本质和角色的论断呢？的确很难。有些地方颇有道理，也有启发性；有些地方则似乎不太正确。验证这些说法所需的证据数量可能多到相当惊人。除了证据以外，这些论述所用的文辞华而不实，想进一步确定其意义或反驳其论点也不容易。……沃勒斯坦的理论缺乏明确的界定，和其他研究人员相比，更显示出他在这方面的缺点。"③而克里奥特更是直截了当地否定了沃勒斯坦"外围"和"半外围"概念的意义，他说："只有少数国家能符合古老的和纯粹的'外围'定义，而这两种非中心国家之间的区别已经变得模糊不清，外围和半外围的名词已经过时了，若要应用到当今世界就必须特别小心。"④

除了上述激进经济学家们沿用和发展了普雷维什的"中心-外围"概念和理论以外，西方国家的一些正统经济学家也充分肯定了这一对概念的有效性。美国著名经济学家、1979 年诺贝尔经济学奖获得者威廉·阿瑟·刘易斯在 1978 年出版的《增长与波动》一书中便借用普雷维什的"中心"和"外围"的概念，分析了 1870—1913 年"中心国家"与"外围国家"的经

---

① ［美］伊曼纽尔·沃勒斯坦：《世界体系分析：理论与诠释的问题》，载萧新煌编：《低度发展与发展：发展社会学选读》，台北：巨流图书公司 1986 年版，第 319 页。

② ［法］雅克·阿达：《经济全球化》，何竟、周晓幸译，北京：中央编译出版社 2000 年版，第 196—197 页。

③ ［美］彼特·伊文斯：《超越中心与外围：评世界体系理论》，载萧新煌编：《低度发展与发展：发展社会学选读》，台北：巨流图书公司 1986 年版，第 428—429 页。

④ Daniel Chriot, *Social Change in the Twentieth Century,* New York: Harcourt Brace Jovanovich, 1977, p. 179.

济发展情况，以及它们之间的相互关系。他说："我们把我们现在所用的词归功于丹尼斯·罗伯逊和劳尔·普雷维什。罗伯逊在 1938 年写文章，把国际贸易作为'增长的发动机'，而普雷维什在十二年后写文章提到了工业世界与'外围国'之间的关系。这些学者有他们自己的定义。"①刘易斯认为，英国、法国、德国和美国这四个国家构成了世界经济的"中心"，世界上的其他国家就是"外围"。在这一体系中，中心国家的工业部门充当了外围国家经济发展的发动机，是一种向外围国家提出的挑战，而外围国家的经济发展就是对中心国家这一挑战的应战。在这一"挑战-应战"的过程中，中心国家的技术、资源和市场对外围国家的经济发展起到了积极的促进作用。

由此可见，尽管刘易斯沿用了普雷维什的"中心-外围"概念，但含义却是完全不同的。一方面，刘易斯划分"中心"与"外围"的方法与普雷维什的方法不尽相同。刘易斯认为，1870—1913 年的"中心"只包括上述四个国家，其余国家都属于"外围"；而普雷维什则没有具体地规定哪个国家属于"中心"，仅认为英国是当时的"动力中心"，即那些以出口制成品为主的"中心"国家的"中心"。另一方面，两位经济学家在对"中心-外围"体系运转过程和结果的理解上更是大相径庭。刘易斯充分肯定了中心国家对外围国家经济发展的促进作用，而普雷维什（和其他激进经济学家）则反复强调"中心-外围"体系的不平等，以及由此导致的对外围国家经济发展的制约。

在对普雷维什的"中心-外围"概念和理论的应用上，中国学者郭寿玉所著的《南北经济关系新论——马克思主义中心外围论》一书可谓是独具见解。她在书中利用普雷维什所提出和发展的"中心-外围"概念和理论，系统地研究和评述了马克思主义关于资本主义国际经济制度的理论，提出了独到的见解。对于该书的创造性，中国著名经济学家陈岱孙先生评价说："本书作者致力于研究《资本论》及'手稿'中有关国际性资本主义经济制度的观点，概括之为马克思主义的中心外围观，……作者从中心外围观这一总观点出发，系统地分析资本主义经济制度的内在机制以显示西方经济大国资本主义工业化道路的实质和特点，进而论证历史上和今日南北世界经济关系的

---

① ［美］威廉·阿瑟·刘易斯：《增长与波动》，梁小民译，北京：华夏出版社 1987 年版，第 4 页。

道路和本质，发前人所未发，成一家之言，有其学术价值。"①

在该书中，郭寿玉提出了一系列的证据来论证马克思和恩格斯是"中心外围观的创始人"。这些论据主要包括：（1）马克思认为资本主义经济制度"具有国际的性质"，从而提出了它是世界性剥削方式的思想；（2）马克思、恩格斯第一个研究了资本主义中心外围式的国际分工，并把它作为中心外围式国际性资本主义经济制度的基础；（3）《资本论》手稿对国际资本主义经济体系内中心区与外围区两部分资本主义生产关系的内在联系，作了清楚的说明；（4）马克思对中心区剥削外围区的"经济渠道"作了深刻的分析。随后作者得出结论说："以上四点说明马克思、恩格斯已经提出了研究具体的、中心外围式国际性资本主义经济制度萌芽期和确立期的基本观点和方法，为在理论上复制出这一具体的（而不是抽象的）国际性经济制度，搭设出理论框架，并因而成为中心外围观的创始人。"②

第四节　经济全球化背景下的"中心-外围"理论

总的看来，普雷维什的"中心-外围"概念和理论不仅得到激进经济学流派的认同，而且还得到一些正统经济学家和马克思主义经济学家的肯定，这充分证明了其理论的有效性和合理性。当然，以上对"中心-外围"概念和理论加以应用的情况，都是针对 21 世纪以前的世界经济体系而言的，是适合于那些时代的理论。在经济全球化不断加速的 21 世纪，普雷维什的"中心-外围"理论是会继续有效，还是会最终退出历史舞台呢？我认为，回答这个问题的关键首先要弄清楚两个层次的问题：一个层次的问题是，普雷维什的"中心-外围"理论得以成立的基本条件有哪些？第二个层次的问题则是，这些基本条件在 21 世纪经济全球化飞速发展的形势下还会继续有效吗？也就是说，经济全球化的加速发展是否会使世界经济体系的基本特征发生质变呢？

从经济学的角度说，普雷维什的"中心-外围"概念和理论得以成立的

---

① 郭寿玉：《资本主义南北经济关系新论——马克思主义中心外围论》，北京：首都师范大学出版社 1993 年版，"序"。

② 郭寿玉：《资本主义南北经济关系新论——马克思主义中心外围论》，北京：首都师范大学出版社 1993 年版，第 3—11 页。

基本要件实际上就是"中心-外围"体系的三个基本特征：整体性、差异性和不平等性。首先，它要求世界经济体系成为了一个统一的和动态的整体，"中心"和"外围"是同一个体系中的两极。其次，在这种体系中，中心国家和外围国家之间在经济结构上具有差异性。最后，由于技术进步及其成果在中心国家和外围国家之间的不平等分配，在它们之间形成了工业品与初级产品（或者说是高附加值产品与低附加值产品）的国际分工，初级产品贸易条件长期恶化的趋势必然使这一体系具有很大的不平等性。以下，我将分析经济全球化是否会使上述条件发生质变。

在进行分析以前，我们先要恰当地界定经济全球化的含义，及其将给世界经济体系带来的影响。所谓的经济全球化，我认为实质上就是资本主义发展的一种进程，是伴随着资本主义生产关系的确立和对外扩张而开始和演化的一个历史进程。对于经济全球化的这一特点，美国著名的激进派经济学家保罗·斯威齐概括得比较恰当，他说："全球化不是某种条件或现象，而是一种已经持续了很长时间的进程。自四五百年前资本主义作为一种活生生的社会形态在世界上出现以来，这一过程就开始了。"①不过，从 20 世纪 90 年代起，这一进程出现了加速发展的势头，并日益成为了一种不可逆转的历史潮流。对此，著名经济学家约翰·H. 邓宁说："除非有天灾人祸，经济活动的全球化不可逆转。这是技术进步的结果，而技术进步的趋势本身不可逆转。"②所以，可以预料的是，21 世纪的经济全球化将不仅是一种进程，而且还将成为一种客观存在的现实。在这种现实下的世界经济体系将呈现出一些鲜明的特征：（1）商品、资本和技术等生产要素的国际性流动规模和形式都空前增加；（2）跨国公司的发展十分迅猛，日益成为经济全球化的载体和动力之源；（3）真正意义上的世界性分工逐步形成，生产活动将实现全球化；（4）随着技术进步的不断加速，将出现一个知识经济居于主导地位的时代；（5）世界市场经济体系不断扩大，全球经济贸易规则将日趋统一。

那么，具有这些特征的世界经济体系与普雷维什的"中心-外围"理论得以成立的世界经济体系之间是否有本质上的不同呢？首先，如前文所述，经济全球化是一个早已开始的历史进程，在普雷维什提出其"中心-外围"理论的时代里，它就已经出现了。而且，根据普雷维什的看法，资本主义的

---

① Paul M. Sweezy, "More (or Less) on Globalization", *Monthly Review*, September 1997.

② ［英］约翰·H. 邓宁，《全球化经济若干反论之调和》，《国际贸易问题》1996 年第 3 期，第 17 页。

世界经济体系在 19 世纪就已经确立它的整体性，是一个由"中心"和"外围"构成的整体。如今，随着经济全球化的加速发展，普雷维什的"中心-外围"理论中所假定的"整体性"特征只会更加凸现。与此同时，世界各国在应对经济全球化加速发展的挑战时，并不是处在同一条起跑线上的，因此某些起步较晚的国家更有可能被经济全球化的大潮所吞噬，从而使自己在相当长的一段时间内处在"外围"的地位上。当然，也有一些起步也较晚的国家，抓住了经济全球化加速和知识经济的机遇，获得了经济的飞速发展，从而逐步摆脱了"外围"地位，成为世界经济体系的"半外围"，乃至"中心"。因此，这种整体性仍然会是动态的。

其次，资本主义世界经济发展不平衡的规律，并不会因为经济全球化的飞速发展而失效，"中心"与"外围"之间在经济结构和生产结构上的差异性仍将继续存在，在某些情况下甚至会随着经济全球化的加速发展而扩大。随着第三次技术革命的深入发展，中心国家的经济结构和生产结构不仅仍呈现出同质性和多样化的特征，而且还出现了知识化和信息化，它们将以生产和出口知识产品为主；而外围国家对新技术革命的应对则是不同的，绝大部分外围国家的经济结构和生产结构仍然将呈现出异质性和专业化的特征。因为随着经济全球化的加速发展，市场经济体制将进一步渗透到几乎所有的外围国家，而市场经济是一种典型的"强者胜"的制度形式，那些处于劣势的外围国家将处于更加不利的地位。它们一方面会努力从经济全球化中获得利益，发展一些技术含量高的产业；但另一方面则受市场机制所迫，不得不更多地从事低技术含量的初级产品或工业品的生产和出口。因此，在它们的经济结构中必然会出现先进技术部门与技术相对落后的经济部门并存的局面，即所谓的异质性。更有甚者，经济全球化所日趋统一的世界经济贸易规则基本上是按照中心国家的利益来确定的，它不仅不利于外围国家改善经济结构的努力，反而会使它们的落后经济结构"永久化"。当然，我们应当承认，也有一些外围国家充分利用经济全球化带来的机遇，抓住知识经济的特点，通过不懈的努力，逐步完善自己的经济结构，从而有可能上升为"半外围"国家或"中心"国家。

最后，经济全球化的加速发展不仅没有消除"中心"与"外围"之间的不平等，反而使二者之间的差距日益扩大。在经济全球化的过程中，中心国家在资金、技术、人才、管理以及贸易、投资、金融等方面都占有绝对的优势，因而成为经济全球化的最大受益者。而外围国家则由于在制定国际经济和贸易规则上的附属地位，由于在市场经济体制下的"弱者"地位，它们能够从经济全球化进程中获得的利益十分有限。这样，一进一出，"中心"与"外围"之间差距的扩大就是不可避免了。联合国开发计划署1998年9月发表的一份报告显示，占世界人口20%的富人占有世界财富的80%，而占世界总人口10%的48个最不发达国家，它们的国内生产总值在世界总产值中的比重却不足1%，对外贸易额更只占世界贸易的0.4%。①而且，随着经济全球化的加速发展，这种差距还会进一步扩大，这是由"中心-外围"之间的不平等性所决定的。

一方面，经济全球化的加速发展不仅没有改变技术进步及其成果不平衡分配的状况，反而会使外围国家在分享技术进步成果方面处于更加不利的地位。因为随着经济全球化的深入，中心国家会不断利用产品生产的技术梯度差异，将过时的技术和产品生产向外围国家转移，造成外围国家对中心国家技术依附的进一步加深；与此同时，中心国家对一些先进的技术和产品拥有垄断的优势，为了保持这种优势，它们转让给外围国家的技术不可能是最先进的，因此在技术发展方面，中心国家与外围国家之间始终都会存在一个梯度差距。而且，经济全球化的加速发展，意味着中心国家的技术进步将呈现出日益加速的趋势，先进技术的升级换代周期日益缩短。这样，将会使在技术进步进程中本来就已经落后的外围国家，与中心国家的差距日益扩大。以信息技术为例，1998年全球因特网用户有1.3亿人，其中发达国家用户占92.2%，达1.2亿人，而发展中国家只有1000多万用户，仅占其中的7.8%。如果再考虑到发展中国家的用户大部分都集中在一些经济相对发达的"半外围"国家这一事实，"中心-外围"之间的差距之大便可想而知了。例如，在美国，每15名居民就拥有一台计算机，在因特网发展最快的发展中地区拉美，每1120人才有一台计算机，而在除南非以外的非洲地区，平均25127人才拥有一台计算机。②

另一方面，经济全球化的加速发展，在短时期内并不会消除外围国家贸易条件长期恶化的趋势。根据普雷维什的观点，中心国家与外围国家之间形成了工业品与初级产品的国际分工，由于技术进步及其成果的不平衡分配，

①童有好：《略论经济全球化中的新问题——兼谈经济全球化呼唤国际规则》，《桂海论丛》1999年第3期，第41页。

②唐任伍：《论21世纪前期世界经济发展的基本特点》，《世界经济与政治》1999年第9期，第53页。

经济周期运动对中心国家与外围国家的不同影响，以及两种产品的需求收入弹性上的差别，外围国家及其初级产品的贸易条件必然会呈现出长期恶化的趋势。随着经济全球化的不断深入，国际分工的内容发生了变化，在"中心"与"外围"之间将形成新的国际分工格局。在这种格局下，"中心"国家将主要生产和出口技术含量和附加价值高的知识产品，而"外围"国家中，有些将继续从事初级产品的专业化生产和出口，有些则会转向劳动密集型工业产品或者初级知识产品的生产和出口，它们的技术含量和附加值相对较低。这样，在中心国家与外围国家之间的贸易中，前者将一如既往地获得技术进步的绝大部分利益，外围国家的贸易条件当然就会趋于恶化了。关于知识经济的发展将给外围国家贸易条件带来的影响，本书的第五章将进行更加深入的探讨，本章不再展开。①

综上所述，笔者认为，随着经济全球化的飞速发展，普雷维什的"中心-外围"理论将仍然是一个有效的分析工具，其理论的核心部分仍然将发挥其效用。也就是说，在全球化飞速发展的世界上，只要中心国家与外围国家之间的国际分工继续不利于后者，只要技术进步及其成果继续在它们之间不平等地分配，资本主义经济发展不平衡的规律就必然会使早已确立的"中心-外围"格局继续存在下去。不过，我们应该肯定的是，包含在这种"中心-外围"体系中的国家，会随着它们对经济全球化的不同应对而发生分化：有些中心国家就可能沦落为"外围"或"半外围"国家，而有些"外围"或"半外围"国家则可能上升为"中心"国家。我们当然不能因为这样的分化，就完全否定普雷维什的"中心-外围"理论；也不能因为"中心-外围"体系的继续存在，就完全肯定和照搬他的"中心-外围"理论。总之，我们应当以发展的和客观的眼光来看待普雷维什的"中心-外围"理论，根据发展中国家经济发展和经济全球化的客观历史进程来分析和研究这一理论，使之在新的时期真正能够为外围国家的经济发展作出贡献。

当然，在经济全球化加速发展的今天，普雷维什的"中心-外围"理论最大的贡献，可能并不是充当外围国家经济发展的理论指导，而在于给人类一种启示，为我们敲敲警钟。根据这种理论的逻辑，我们必须正视中心国家与外围国家之间的差距，在经济全球化的进程中必须考虑到外围国家的劣势地位，因而在制订相关的国际经济和贸易规则时必须充分考虑外围国家的利

---

① 参阅董国辉：《21 世纪的贸易条件问题初探》，《拉丁美洲研究》2000 年第 4 期。

益，而不能像现行的国际经济秩序那样，主要以中心国家的眼前利益为主。在制订具体的经济发展战略时，同样要考虑到外围国家的弱势地位，而不能一味地放任市场机制那只"无形的手"的任意妄为。不过，对于每一个国家（尤其是外围国家）而言，经济全球化加速发展和"中心-外围"格局继续存在的现实，都只是外部条件而已，任何一个国家的经济发展归根到底还是要依靠国内的经济政策和发展战略。对于广大的外围国家来说，现在的问题在于如何使这些政策和战略既能够抓住经济全球化加速发展所带来的机遇，同时又克服"中心-外围"格局导致的不利影响。

第五章　贸易条件恶化论

贸易条件历来是学术界所关注的重要问题，而对初级产品贸易条件长期趋势的研究也是由来已久，甚至可以追溯到亚当·斯密的《国富论》，但将之与发展中国家的经济发展联系起来并给予突出地位则是从普雷维什开始的。对此，中国著名的经济学家谭崇台评价说："普雷维什是深入考察贸易条件的重要意义以及它对经济增长和国际收支平衡的影响和作用的第一位发展经济学家。"[①]普雷维什所创立的"贸易条件恶化论"是其经济发展思想的核心内容和理论基础之一，是他在拉美历史传统的基础上，结合各种有关理论进行再创造的产物。同时，它也是普雷维什发展思想中较容易引起争议的部分。本章主要侧重于分析贸易条件恶化理论产生的历史背景和主要内容，以及这种理论在战后数十年间引起广泛争议的历史概况，力求从中总结出规律性的结论或启示。

第一节　贸易条件恶化论的提出

所谓贸易条件，实际上就是一种交换关系，是一个国家以出口交换进口的条件。在贸易条件所表示的交换关系背后是贸易利益的分配。当贸易条件均等时，贸易双方的利益在两国之间公平分配；而当出口能够交换到更多进口时，贸易条件就改善了；反之，贸易条件就恶化了。在不同的理论背景下或不同的研究场合下，贸易条件具有不同的经济含义。因此，各国学者对贸易条件作出了含义非常不同的定义。综合看来，主要有如下几种不同的贸易条件概念：

---

① 谭崇台主编：《发展经济学》，上海：上海人民出版社 1989 年，第 409 页。

（1）净实物贸易条件（英文缩写为 NBTT），这一概念最早是由美国经济学家弗兰克·W. 陶西格提出来的，是指在实际交易中商品交换数量的比值。可以用公式表达为：$N = Px/Pm$，其中 N 表示净实物贸易条件，Px 和 Pm 分别代表出口和进口商品数量的价格指数。N 值的变化就反映了商品贸易条件的变化，它的上升意味着为换取一单位进口商品所需要出口的商品数量减少了，贸易条件就得到了改善；反之，贸易条件就恶化了。

（2）收入贸易条件（英文缩写 ITT），它是指进口价格指数除以出口价格的指数，它所反映的是一国的购买力，也就是该国通过对外贸易满足消费需求和经济增长的能力。可以用公式表达为：$I = N·Qx$，其中 I 是收入贸易条件，N 是净实物贸易条件，Qx 表示出口数量指数。[1]该公式包含了出口商品价格指数、进口商品价格指数和实际出口价值，而三者的运动方向对 I 值的影响并不一定相同。当一国的净实物贸易条件恶化时，它的收入贸易条件却有可能得到了改善。例如，当进口商品的价格 Pm 上涨，但涨幅小于 Qx 值的增长时，虽然净实物贸易条件在恶化，但收入贸易条件却得到改善，进口商品的数量仍然呈上升趋势。

（3）要素贸易条件（FTT），是指劳动生产率的变化对贸易条件的影响情况，它又可以分为单要素贸易条件（SFTT）和双要素贸易条件（DFTT）。SETT 只考虑了出口国劳动生产率指数对贸易条件的影响，可以用公式表达为：$S = N·Zx$，其中 S 表示单要素贸易条件，Zx 是出口国劳动生产率的指数。DFTT 则说明了出口国和进口国双方面劳动生产率指数对贸易条件的影响，它的公式则是：$D = N·Zx/Zm$，其中 D 代表双要素贸易条件，Zm 表示进口商品劳动生产率的指数。S 值的上升是由于出口国劳动生产率的提高所致，它表示贸易条件的改善，因为用于生产出口商品的每单位生产要素投入量能够换取更多数量的进口商品。D 值的变动表明不但出口商品劳动生产率的变化可能会影响贸易条件，而且进口商品劳动生产率的变化也会影响贸易条件。

此外，还可以将贸易条件的概念区分成效用贸易条件、商品量贸易条

---

① 收入贸易条件还可以表达为 $\dfrac{Pxi/Pxo}{Pmi/Pmo} · \dfrac{Qxi}{Qxo}$，其中 P 是价格，Q 是数量，x 代表出口，m 代表进口，i 表示给定的年份，o 表示基准年。参阅 Theodore Morgan, "Trends in Terms of Trade, and Their Repercussions on Primary Products", in Roy Harrod and Douglas Hague, eds., *International Trade Theory in the Developing World,* New York: Stockton Press, 1963, p. 53.

件、总交易贸易条件和实际成本贸易条件等等。正是由于存在上述不同的贸易条件概念，才使得对贸易条件的变动情况，尤其是发展中国家初级产品贸易条件的变化情况的研究，出现了非常大的分歧，引起了广泛的争论。尽管如此，持有各种观点的学者几乎毫无例外地承认，对初级产品贸易条件的研究具有很大的重要性。[①]例如，以提出"贸易是经济增长的发动机"这一说法而闻名的经济学家 D. H. 罗伯逊早在 1915 年就将贸易条件的趋势说成"也许是当今世界最为重要的经济事实"。[②]因此，在这种背景下，初级产品的贸易条件很早就成为各派经济学家们研究和探讨的重要问题。

从亚当·斯密开始，包括大卫·李嘉图、托马斯·R. 马尔萨斯、阿尔弗雷德·马歇尔、约翰·M. 凯恩斯和科林·克拉克在内的古典和新古典经济学家们均认为，由于初级产品生产部门边际效益递减规律的作用，初级产品相对制成品而言的贸易条件会呈现出上升的趋势，他们的这种观点在 20世纪 40 年代以前的经济学界居于主导地位。例如，凯恩斯在 1912 年发表的一篇论文中估计，由于 1900—1911 年工业品贸易条件的下降，英国损失了 3700 万英镑。他说："上文所显示的英国贸易条件恶化的原因，当然是因为初级产品收益递减规律作用的结果，……一定单位工业品能够购买的初级产品数量在连年减少。贸易中的比较优势是不利于工业国家的。"[③]而科林·克拉克在 1944 年出版的名著《1960 年的经济学》中，预测了 1960 年对农业和工业产品的需求和供给情况，认为从 1925 年到 1960 年，农产品的贸易条件将上升 90%。[④]此后，正统经济学家们大多坚持初级产品贸易条件"改善论"的观点。如对发展中国家经济发展理论作出突出贡献的阿瑟·刘易斯在 1952 年计算出原材料价格与制成品量之间的统计关系，然后他预测，如果在制成品增长 3.9%的同时，食品生产每年上升 2%，那么食品的价格将下降 8%；但是如果制成品增长达到 5%而食品增长每年仅为1.3%，食品价格则将上升 10%。他估计，如果制成品生产的增长率更低的话，1960 年的原材料价格将与 1950 年相同，但是如果制造业增长率更高的

---

① Theodore Morgan, "Trends in Terms of Trade, and Their Repercussions on Primary Products", in Roy Harrod and Douglas Hague, eds., *International Trade Theory in the Developing World*, New York: Stockton Press, 1963, p. 54.

② D. H. Robertson, *A Study of Industrial Fluctuations*, London: King, 1915, p. 169.

③ John M. Keynes, "Return of Estimated Value of Foreign Trade of United Kingdom at Prices of 1900", *Economic Journal*, 1912, p. 630.

④ Colin Clark, *The Economics of 1960*, London: The Macmillan Press, 1944, pp. 49—52.

话，原材料价格则将高出 10%。将食品和原材料的价格放到一起考虑，1950—1960 年，初级产品的贸易条件将在下降 3%的较低水平与上升 10%的更高水平之间运动。①

1943 年，美国经济学家查尔斯·金德尔伯格对上述传统观点提出了挑战，他在同年 3 月号的《美国经济评论》上发表了《对外投资计划》一文，提出初级产品出口国的贸易条件存在恶化趋势的观点。他写道："随着世界生活水平的提高……，并由于恩格尔消费定律的作用，贸易条件的运动对农业和原材料国家非常不利。"②不过，对关于贸易条件的传统观点提出真正挑战的是劳尔·普雷维什和汉斯·辛格，他们在 1949 年和 1950 年分别独立地提出了不发达国家初级产品的贸易条件存在着长期恶化趋势的观点，并进行了系统的论证。因此，所谓的"贸易条件恶化论"也就被普遍称之为"普雷维什命题"或"普雷维什-辛格命题"。③

当然，普雷维什提出贸易条件恶化论，不仅是受到了经济学界对贸易条件问题的上述变化的影响，而且还是拉美历史传统和他本人职业经历的产物。早在 20 世纪初期，拉美的一些有识之士就提出了初级产品在与工业制成品贸易中所面临的不利处境问题。例如，厄瓜多尔中央银行行长维克多·埃米利奥·埃斯特拉达就曾经通过分析 1914—1921 年厄瓜多尔贸易条件的变化情况而"悲观地预料，拉美国家将因出口初级产品而永远面临着贸易条件持续恶化的长期趋势"。他认为，造成这种趋势的一个主要原因在于，厄瓜多尔的主要贸易伙伴美国制造业中劳动力成本的不断上升，而劳动力成本的上升则主要根源于美国工会组织力量的强大。因此，他指出，对于厄瓜多尔来说，摆脱这一不利地位的出路就在于发展自己的工业。④

到 20 世纪 30 年代初期，由于大萧条对初级产品出口的不利影响，以

① William A. Lewis, "World Production, Prices and Trade, 1870—1960", *The Manchester School of Economic and Social Studies,* Vol. XX, 1952, pp. 105—133.

② Charles P. Kingleberger, "Planning for Foreign Investment", *American Economic Review*, Vol. 33, March 1943, p. 349.

③ 关于劳尔·普雷维什和汉斯·辛格两人，究竟是谁更早提出"贸易条件恶化理论"的问题，他们两人有不同的看法。在汉斯·辛格看来，他在 1948 年 12 月提交给联合国的《战后欠发达国家与工业化国家之间的价格关系》研究报告中就已经勾勒出贸易条件恶化理论的雏形。这明显早于普雷维什《拉丁美洲的经济发展及其主要问题》面世的 1949 年 5 月。然而，普雷维什本人回忆说，他早在 1943 年 12 月就完成了《货币与经济活动的节奏》一文，提出了国际经济结构失衡、贸易条件恶化、进口替代工业化和内向发展等问题。

④ 江时学：《拉美发展模式研究》，北京：经济管理出版社 1996 年版，第 33 页。

及曼努莱斯库和桑巴特等人有关理论的传播，拉美国家的一些专家学者进一步认识到初级产品出口模式的缺陷，纷纷从理论上对这些问题加以解释，贸易条件问题就是其中被广泛涉及到的一个方面。如前文所述，早在 1934 年普雷维什就在一篇题为《经院哲学式的通货膨胀和阿根廷的货币》的论文中指出，由于"农业价格的下降幅度远远大于制成品价格的下降幅度"，1933 年与大萧条以前的时期相比，为了获得了相同数量的制成品进口，阿根廷必须多出口 73% 的初级产品。与此同时，阿根廷在 1933 年必须支付两倍的黄金才能履行与 1928 年一样的固定外债义务，这必然对该国的贸易条件产生了不利影响。[①]这篇文章已经包含着普雷维什的"贸易条件恶化论"的基本内容。在后来的实际工作和理论研究中，普雷维什进一步坚定了其初级产品贸易条件存在长期恶化趋势的观点，并在理论上和实践中找到了有力的证据。1945 年 7 月，国际联盟发表了一份题为《工业化和对外贸易》的研究报告，援引大量数据论证贸易条件对初级产品不利的事实。[②] 1949 年 2 月 23 日，联合国经济事务署发布了一份题为《不发达国家出口品和进口品的相对价格：战后不发达国家与工业化国家之间贸易条件研究》的文件，考察了 1876—1938 年初级产品与制成品之间的价格比率的变化情况，以有说服力的数据论证了普雷维什的贸易条件恶化论。正是在这种意义上，约瑟夫·洛夫才认为，"联合国的研究仅仅是支持了他早已得出的结论而已"。[③]

第二节　贸易条件恶化论的主要内容

当然，普雷维什对贸易条件问题的关注，除了其早期对阿根廷贸易条件变化的历史观察以外，在某种程度上还受到了拉美经委会研究偏好的影响。1948 年 6 月，拉美经委会在智利首都圣地亚哥召开了成立以来的第一次大会，大会决议除了强调拉美国家进行工业化的重要性以外，还特别号召

---

　　① Raúl Prebisch, "La inflación escolástica y la moneda argentina", *Revista de Economia Argentina,* año 17, No. 193—194 (July-August 1934), pp. 11—12, in Gregorio Weinberg, et al., *Raúl Prebisch: Obras 1919—1948 (Tomo II),* Buenos Aires: Fundación Raúl Prebisch, 1991, pp. 341—342.

　　② League of Nations, *Industrialization and Foreign Trade*, New York: Columbia University Press, 1945, p. 157, Table VIII.

　　③ Joseph L. Love, "Raúl Prebisch and the Origins of the Doctrine of Unequal Exchange", *Latin American Research Review*, Vol. XV, No. 3, 1980, p. 58.

与会各国的学者考察拉美的贸易条件问题。正是在这样的背景下，普雷维什于次年 5 月正式提出了所谓的"贸易条件恶化论"。在提交给拉美经委会的那份著名报告——《拉丁美洲的经济发展及其主要问题》中，普雷维什利用《不发达国家进口品和出口品的相对价格》所提供的数据（参见表 5-1），考察了 1876—1938 年英国进出口产品的平均价格指数。

表 5-1 初级产品与制成品的价格比率（1876—1880=100）

时　期	一定数量初级产品可以获得的制成品数量
1876—1880	100.0
1881—1885	102.4
1886—1890	96.3
1891—1895	90.1
1896—1900	87.1
1901—1905	84.6
1906—1910	85.8
1911—1913	85.8
—　　—	—
1921—1925	67.3
1926—1930	73.3
1931—1935	62.0
1936—1938	64.1
—　　—	—
1946—1947	68.7

资料来源：United Nations, *Post War Price Relations in Trade between Under-developed and Industrialized Countries*, February 23, 1949.转引自 Raúl Prebisch, "The Economic Development of Latin America and Its Principal Problems", p. 4.

在普雷维什看来，英国作为世界经济的中心，它进口的主要是初级产品，出口的多为制成品，所以它的进口和出口可以分别代表这一时期初级产品和工业制成品的世界价格。他以 1876—1880 年的价格指数为 100，计算出以后各年的原材料价格与制成品价格之比，即为发展中国家初级产品的贸易条件。计算的结果表明，除了 1881—1885 年的价格比例有略微的上升（102.4）以外，其余年份的价格比例均呈下降趋势，到 1936—1938 年已降至 64.1。也就是说，一定量的原材料在 19 世纪 70 年代所能购买到的制成品，到 20 世纪 30 年代只能买到其中的 64.1%了。[1]普雷维什由此得出结论说：发展中国家初级产品的贸易条件存在长期恶化的趋势。

普雷维什认为，发展中国家贸易条件的这种不利趋势，是殖民时代遗留下来的国际分工的必然结果。如前文所述，由这种国际分工所形成的"中心-外围"体系，从一开始就存在着巨大的差异性和不平等性，滋生了诸多不利于外围国家初级产品贸易条件的内在因素。

第一，技术进步的利益在中心与外围之间的不平等分配，是造成后者贸易条件长期恶化的重要机制。普雷维什认为，传统的国际贸易和国际分工理论虽然从逻辑上说是正确的，但其前提条件与现实状况相去甚远，因而只能适用于中心国家之间，而不适用于中心与外围之间。他说："真实的情况是，关于国际分工经济优势的推论从理论上说是正确的，但是人们常常遗忘的是，它是建立在错误的假定基础上的。根据这种假定，技术进步的好处趋向于在整个社会同样地分布。""这种假定中的缺陷是将特例一般化了。如果'社会'仅仅是指大的工业化国家，那么技术进步的好处逐渐地在所有的社会集团和阶级中分配的说法就确实是正确的。然而，如果社会的概念被扩大到包括世界经济的外围，在这种一般化中的严重错误就是不言而喻的了。"[2]因为在"中心-外围"体系中，中心首先发生技术进步，是技术创新者和发展的动力，它以向外围出售工业制成品为主；外围则是经济和技术落后的地区，其经济结构具有异质性和专业化的特点，它通过出口初级产品而与世界经济体系产生了联系。普雷维什认为，一般说来，相对于初级产品生产部门而言，工业部门更容易吸收新技术，因而技术水平高。工业技术进步会提高工业生产率，使工业的要素收入增加，并使制成品价格较高。而初级产品部门技术落后，劳动生产率低，投入要素的边际收益递减，从而使初级产品的价格较低。这样造成外围国家初级产品在国际市场上价格相对制成品而言呈现出下降趋势，因而在双方的交易中，产生了技术进步利益分配的不平等：一方面，中心国家保留着自己技术进步的全部利益；另一方面，外围国家则将它们自己技术进步的部分成果通过出口价格的下降而转移到了中心。对此，普雷维什进一步指出，"在最近的例子中，对出口价格的压力和

---

① Raúl Prebisch, "The Economic Development of Latin America and Its Principal Problems", *Economic Bulletin for Latin America*, Vol. 7, No. 1, February 1962, p. 4.

② Raúl Prebisch, "The Economic Development of Latin America and Its Principal Problems", *Economic Bulletin for Latin America*, Vol. 7, No. 1, February 1962, p. 1.

外围增长过程中随之而来的贸易条件恶化的趋势，都是需求收入弹性上的不同和技术进步在世界经济中不平等传播的结果"。①

第二，贸易周期运动对中心与外围的不同影响，也是外围国家贸易条件长期恶化的重要原因。普雷维什指出，考察资本主义经济的周期运动是理解初级产品贸易条件长期恶化现象的一个重要途径，他说："如果不对有关贸易周期及其在中心与外围中发生的途径进行考察，这种现象就是不可能被理解的，因为周期是资本主义经济增长的特有形式，生产率的提高是其中主要的增长要素之一。"②普雷维什认为，在贸易周期的上升阶段，制成品和初级产品的价格都会上涨，而且"初级产品价格的上升要快于工业品价格的上升"；但在贸易周期的下降阶段，由于制成品市场具有垄断性质，初级产品价格下跌的程度要比制成品严重得多。这样，贸易周期的反复出现，就意味着初级产品与制成品之间价格差距的不断拉大，从而使外围国家的贸易条件趋于恶化。另一方面，在贸易周期的上升阶段，由于企业家之间的竞争和工会的压力，工业中心的工资上涨，部分利润用来支付工资的增加。到危机期间，由于工会力量的强大，上涨的工资并不因为利润的减少而下调。而外围国家的情况则不同，虽然在经济繁荣时期，外围国家的工资也会有适当的上涨，但当贸易周期的下降阶段来临时，由于初级产品部门工人缺乏工会组织，没有谈判工资的能力，再加之存在大量剩余劳动力的竞争，所以外围国家的工资和收入水平被压低。普雷维什说："原因很简单。在周期的上升阶段，部分利润被工资上涨所吸收，这是由企业家与工会压力之间的竞争所导致的。当利润在周期的下降阶段减少时，由工资上涨所吸收的部分就失去了它的流动性，在中心是由于众所周知的降低工资的阻力。……初级生产中的雇佣工人缺乏组织的特征阻碍他们获得可与工业国家相比的工资增长，也阻碍了他们维持同样程度的增长。收入的减少——无论是利润或工资——因此在外围的难度就小些。"③这样，在工资成本上，贸易周期的不断运动使制成品的价格相对上升，而初级产品价格则相对下降了，有时甚至是绝对下降

---

① Raúl Prebisch, "Commercial Policy in the Underdeveloped Countries", *American Economic Review: Papers and Proceedings*, Vol. 49, No. 2, May 1959, p. 261.

② Raúl Prebisch, "The Economic Development of Latin America and Its Principal Problems", *Economic Bulletin for Latin America*, Vol. 7, No. 1, February 1962, p. 6.

③ Raúl Prebisch, "The Economic Development of Latin America and Its Principal Problems", *Economic Bulletin for Latin America*, Vol. 7, No. 1, February 1962, p. 6.

了。外围国家贸易条件的不断恶化当然就不可避免了。

第三，初级产品不利的需求条件，则是外围国家贸易条件长期恶化的更为重要的原因。根据恩格尔定律在国际贸易中的应用，随着一国收入的增长，总收入中分配给初级产品部门的比重将下降，分配给制成品生产部门的部分会上升。假如初级产品和制成品的需求收入弹性一致，那么初级产品与制成品的生产、供求和贸易将趋于平衡。然而，普雷维什指出，初级产品的需求收入弹性远远小于制成品。这样，实际收入的增加就会引起制成品需求更大程度地增加；但同样由于恩格尔定律的作用，收入的这种增加对于食物和原材料等初级产品的需求来说不会产生同样的效果。再者，由于初级产品的需求不像制成品那样能够自动地扩大，而它们的需求收入弹性又比较小，因此它们的价格不但呈现周期性的下降，而且还出现结构性下降。[①]此外，制造业的技术进步往往会减少单位产品的原材料消耗量，这样所形成的节约就抑制了对相应初级产品的需求；而大量合成产品的出现，更是直接替代了对天然原材料的需求。最后，美国，这个世界经济的动力中心的低进口系数，同样要对初级产品需求条件的恶化负责。如前文所述，普雷维什认为，19 世纪以英国为动力中心时，其进口系数很高，而且在整个 19 世纪几乎都在提高，因此外围国家就能够抵消其初级产品较小收入弹性的不利影响；但从 19 世纪后期起，美国逐步成为世界的动力中心，它不断下降的进口系数，再加上其丰富的自然资源和保护主义政策，因而对外围国家的初级产品生产带来了极为不利的影响，既直接压低了对外围国家初级产品的需求，又使初级产品需求收入弹性小的劣势更显突出。[②]

在论述了外围国家初级产品贸易条件长期恶化的主要原因以后，普雷维什又进一步指出，发展中国家贸易条件的恶化不仅是一种历史事实的真实反映，而且还反映了一种历史趋势，这种趋势必然会继续下去。这是由资本主义的"中心-外围"体系的特点所决定的，因为在这种体系中，技术进步的

---

① Raúl Prebisch, "Commercial Policy in the Underdeveloped Countries", *American Economic Review*: *Papers and Proceedings*, Vol. 49, No. 2, May 1959, pp. 261—262; Hans W. Singer, "The Distribution of Gains between Investing and Borrowing Countries", *American Economic Review: Papers and Proceedings*, Vol. 40, No. 2, May 1950, p. 479.

② Raúl Prebisch, "Commercial Policy in the Underdeveloped Countries", *American Economic Review*: *Papers and Proceedings*, Vol. 49, No. 2, May 1959, pp. 266—268; "The Economic Development of Latin America and Its Principal Problems", *Economic Bulletin for Latin America*, Vol. 7, No. 1, February 1962, pp. 6—8.

利益主要集中于中心国家，而没有使世界体系中的外围国家获得相应的利益。只要"中心-外围"体系的现存特点不加以克服，那么外围国家贸易条件长期恶化的趋势就是不可能逆转的。战后数十年的历史也证明了普雷维什的这一论断。1994年10月，国际货币基金组织——这个在经济理论指导思想上与普雷维什的发展思想相对立的机构——在一份题为《调整，而非对抗，应付初级产品低价格的关键》的报告中指出："除了能源以外的初级产品的价格在本世纪接近了它们的最低实际水平。假设价格在过去95年时间里一直趋于下降，那么非能源初级产品出口国就应该学会如何适应价格的变动，而不是如何与之对抗……绝大部分初级产品的价格一直都是持久下降的，并没有什么周期性，而且为了便于制定政策，甚至可以假定是永远下降的。"随后，该机构指出，在1957—1987年原材料的贸易条件平均每年下降了0.78%，而1968—1987年更是每年平均恶化了1.52%。[①]

著名发展经济学家迈克尔·托达罗也为普雷维什的贸易条件恶化论在80年代以来的有效性提出了有说服力的证据。他说："从历史上看，相对于制成品而言，初级产品的价格下降了。因此，就一般情况来讲，发展中国家的非石油出口的贸易条件在不断恶化，而发达国家的贸易条件却表现为得到了相对改善。例如，近来的经验性研究表明，自1990年以来，初级产品实际价格以年率0.6%在下降，在1977—1992年的15年中，非石油产品的价格相对那些出口制成品下降了几乎60%，这样，到1992年达到了90年来的最低点。……一种估计表明，在过去的10年中，发展中国家由于贸易条件恶化，每年要支付25亿美元的额外代价。其结果是第三世界商品贸易余额在20世纪80年代和90年代初期的不断恶化，从1981年的588亿美元的余额变成了1994年429亿美元的赤字。"[②]

那么，外围国家贸易条件的长期恶化趋势如何加以纠正？外围国家在这种不利的条件下怎样获得经济发展？普雷维什所指出的一个主要解决办法就是通过进口替代工业化，发展外围国家自身的工业部门，从而扭转初级产品贸易条件恶化的不利影响。到20世纪60年代，普雷维什进一步指出，发展中国家的进口替代还必须结合对制成品出口的鼓励，为此发达的中心国家

---

① IMF, "Adjustment, Not Resistance, the Key to Dealing with Low Commodity Prices", *IMF Survey*, Vol. 23, October 31, 1994, pp. 350—352.

② ［美］迈克尔·P. 托达罗：《经济发展》（第6版），黄卫平、彭刚译，北京：中国经济出版社1999年版，第423页。

就必须给外围国家的工业品出口提供普遍优惠制。从 70 年代以后，普雷维什对这一问题的看法有了较大的变化，开始更多地注意外围国家内部的结构问题，并得出结论：外围国家贸易条件长期恶化所导致的收入转移，除了是因为不平等的世界经济体系以外，外围国家本身在经济结构上的缺陷则是更加重要的原因。因此要扭转外围国家贸易条件长期恶化的趋势，外围国家就必须改造自己的社会经济结构，建立起新的发展模式。

第三节　关于贸易条件恶化论的争论

以强调发展中国家贸易条件长期恶化为主要内容的"普雷维什命题"一问世，立即就引起了学术界的广泛争议，形成了历经数十载的"贸易条件之争"。一般说来，发展中国家的学者和西方国家的激进经济学流派的某些学者多支持这一学说。例如一位中国学者认为："这一理论是发展中国家外贸理论的出发点，它正确地抓住了发展中国家在国际贸易中的主要问题，提醒发展中国家，不应单纯重数量型的外贸发展，而应考虑如何改善贸易条件、克服发展外贸中的不利因素。"[1]拉美学者阿曼多·迪·菲力波指出："世界银行、国际货币基金组织、联合国贸发会议等等各种来源的资料都提供了明确的证据，证明初级产品的实际价格在整个 20 世纪都呈现出下降的趋势。的确，到 1986 年为止，这些价格下降到甚至比 30 年代大萧条时期还低的水平。"[2]印度学者 P. 沙卡评论说："我们的研究……清楚地表明，相对制成品而言，初级产品的贸易条件一直就存在长期的恶化；而且这种恶化的趋势甚至在战后都继续着。……与此同时，相对发达地区来说，发展中国家的贸易条件也在恶化。"[3]

与上述学者评价形成鲜明对照的是，西方主流经济学家们从不同方面对

---

① 薛进军：《发展中国家的国际贸易理论及其对我国的启示》，《经济研究》1989 年第 7 期，第 61 页。

② Armando Di Filippo, "Prebisch's Ideas on the World Economy", *CEPAL Review*, No. 34, April 1988, p. 157.

③ Prabirjit Sarkar, "The Singer-Prebisch Hypothesis: A Statistical Evaluation", *Cambridge Journal of Economics*, Vol. 10, No. 1, October 1986, p. 369.

"普雷维什命题"进行了猛烈的批判。①美国经济学家雅各布·瓦伊纳可以说是这场批判的开路先锋。1950 年七八月间，他在巴西国立大学的一系列讲座中指出，"普雷维什命题"中所暗含的把农业和矿业等初级产品等同于贫困的推论是没有根据的，他说："贫困国家的实际问题并不是农业，或缺乏制造业，而在于贫穷与落后，贫穷的农业，或者贫穷的农业和贫穷的制造业。"②也就是说，农业并不等于贫困，工业也不等于富裕。一个国家在国际分工体系中的地位取决于其在工业或农矿业中的比较优势状况，而不是取决于它所从事的产业部门的特性。同时，瓦伊纳还指出，"普雷维什命题"中初级产品与制成品之间贸易条件的比较，没有考虑二者在质量上的变化，因而是有偏差的。他认为，在 1876—1938 年，制成品的质量往往都有很大的提高，而初级产品的"绝大部分在质量上不是更优越了，……在某些情况下甚至更低劣了"。③

在 1956 年夏季号的《泛美经济事务》杂志上刊登了一篇题为《初级产品生产国与工业化国家之间的贸易条件》的论文，系统地批评了"普雷维什命题"。该文作者 P. T. 艾斯沃斯指出，1876—1933 年，初级产品的贸易条件相对工业品而言的确下降了 46%，但这种下降并不象普雷维什所说的那样，是持续不断的，而是包括了三个特别的阶段：第一阶段（1876—1905年）的下降主要是由于运输费用降低所致；第二阶段（1913—1929 年）的下降主要在于回应了由于战争而导致初级产品价格过高的状况；只有在第三阶段（1929—1933 年），初级产品贸易条件恶化的特点才"部分地证实了普雷维什博士的解释"。④艾斯沃斯认为，由于普雷维什所使用的是来自英国海关的统计材料，发展中国家出口使用的价格指数是进口到英国市场的到岸价，而它们进口使用的价格指数则是英国出口的离岸价，所以"初级产品价格的相对下降就受到运费明显降低的严重影响"。以黄麻、羊毛和大米为

---

① 当然，并不是所有的西方学者都抨击"普雷维什命题"，例如美国经济学家查尔斯·P. 金德尔伯格就在经过研究之后说："辛格和普雷维什有关不发达国家贸易条件的观点从一个更加彻底的统计研究中得到了证实。"（Charles P. Kindleberger, "The Terms of Trade and Economic Development", *The Review of Economics and Statistics,* Vol. 40, February 1958, p. 85.）

② Jacob Viner, *International Trade and Economic Development*, Glencoe: The Free Press, 1952, p. 71.

③ Jacob Viner, *International Trade and Economic Development*, Glencoe: The Free Press, 1952, p. 143.

④ P. T. Ellsworth, "The Terms of Trade between Primary-Producing and Industrial Countries", *Inter-American Economic Affairs,* Summer 1956, pp. 47—65, reprinted in Ian Livingston, ed., *Development Economics and Policy: Readings*, London: George Allen & Unwin, 1981, p. 135.

例，1884—1903 年，运费在它们的价格下降中分别占 143%、100% 和 202%。而普雷维什在考察发展中国家初级产品贸易条件时，根本就没有考虑这些因素，所以说他使用这些数据所得出的结论出现了很大的误差。①

美国经济学家西奥多·摩根在 1959 年 10 月号的《经济发展与文化变迁》杂志上发表《农产品与制成品之间长期的贸易条件》一文，认为普雷维什提出的发展中国家及其初级产品的贸易条件存在长期恶化趋势的论点是站不住脚的，以英国在 1876—1939 年贸易条件变化的情况来概括出整个发展中国家和它们的初级产品的贸易条件走势，显然是"以偏概全"。为此，摩根在验证了一系列的经验数据后指出："本文的数据表明，应该将重点集中在价格的不同经历上，放在不同商品、不同国家和不同时代中，放在特别供给的影响和特别需求的变化上，这些是历史的真实写照。"②后来，他又发表另外一篇论文《贸易条件的变化趋势及其对初级产品的影响》，在概括了各种流派的学者对贸易条件问题的具体看法和对普雷维什命题提出批评的不同方面以后，再次强调了自己对初级产品贸易条件走势的看法。③

不过，对"普雷维什命题"进行的最全面、最彻底、最激烈的批判，则来自哈佛大学的戈特弗里特·哈伯勒教授。他声称："贸易条件在欠发达国家显示出长期恶化趋势的理论已经变得很普遍了。……在我看来，这些所谓的历史事实缺乏证据，它们的解释是错误的，推断是草率的。政策结论则是不负责任的。"④因此，哈伯勒从多个方面对"普雷维什命题"进行了批判：首先，哈伯勒反对普雷维什把国际分工体系看作是发展中国家经济落后的主要根源的观点。他认为，"比较成本说"同样也适用于发展中国家，以该理论为基础的国际分工同样也会给发展中国家带来利益。他说："国际分工与国际贸易，由于它们能够使每一个国家都专门从事其成本较低的商品的

---

① P. T. Ellsworth, "The Terms of Trade between Primary-Producing and Industrial Countries", *Inter-American Economic Affairs,* Summer 1956, pp. 47—65, reprinted in Ian Livingston, ed., *Development Economics and Policy: Readings*, London: George Allen & Unwin, 1981, p. 132.

② Theodore Morgen, "The Long-Run Terms of Trade between Agriculture and Manufacturing", *Economic Development and Cultural Change*, October 1959, p. 20 and p. 250.

③ Theodore Morgan, "Trends in Terms of Trade, and Their Repercussions on Primary Products", in Roy Harrod and Douglas Hague, eds., *International Trade Theory in the Developing World*, New York: Stockton Press, p. 66.

④ Gottfried Haberler, "Critical Observations on Some Current Notions in the Theory of Economic Development", *L'industira*, No. 2, 1957, p. 8. 转引自 Benjamin Higgins, *Economic Development: Principles, Problems and Policies*, New York: W. W. Norton & Company, Inc., 1959, p. 373.

生产，并以之交换到他国能以较低成本供应的其他商品，过去与现在都是增进每个国家经济福利及提高其国民收入的基本因素之一。……贸易既能提高收入水平，也就能促进经济发展。所有这些对于高度发达的国家与不发达国家同样适用。"①其次，哈伯勒认为"普雷维什命题"所用统计材料是不全面的。他指出，普雷维什得出发展中国家贸易条件长期恶化结论所适用的统计数据均来自联合国 1949 年发布的题为《不发达国家出口与进口的相对价格》的文件，该文件完全是以英国进出口贸易的每年指数为基础的，它并不具有代表性，因而不能得出"发展中国家贸易条件长期恶化"的一般性结论。②再次，哈伯勒指出，并不能完全地用制成品与初级产品来分别代表中心和外围各自的出口品，因为"即使在整个世界都实现了工业化的时候，……许多国家仍然会保留其在农业上的比较优势，因而继续充当农产品出口国。美国、澳大利亚、丹麦和荷兰就是引人注目的例证。"③最后，哈伯勒指出，普雷维什用来解释贸易条件恶化的两条主要理由——工业国家对技术进步的垄断和恩格尔定律的作用——同样是不成立的。他说道："在 19世纪初期，特别是在经济自由主义和自由贸易崛起以前，确实存在阻止机械设备和技术知识出口的企图。……但现在，在资本品制造者之间存在的竞争要比 100 年前大得多，因为现在有许多国家供应资本品、机械设备和技术知识，而 100 年前却只有英国才有此能力。"至于普雷维什的第二条理由，哈伯勒则明确地指出："恩格尔定律只适用于对食品的需求，而不是对所有原材料的需求。"④综上所述，哈伯勒得出结论说："有足够的证据……表明，不发达国家贸易条件长期恶化的理由是完全没有根据的，建立在其基础之上的政策建议则缺乏任何有效的基础。"⑤

面对西方正统经济学家们对"普雷维什命题"连篇累牍的攻击，普雷维

① Gottfried Haberler, *International Trade and Economic Development,* Cairo: National Bank of Egypt, 1959, p. 11. 转引自任烈：《贸易保护理论与政策》，上海：立信会计出版社 1997 年版，第 92 页。

② Gottfried Haberler, "Terms of Trade and Economic Development", in Howard S. Ellis and Henry C. Wallich, eds., *Economic Development for Latin America,* New York: Stockton Press, 1961, p. 281.

③ Gottfried Haberler, "Terms of Trade and Economic Development", in Howard S. Ellis and Henry C. Wallich, eds., *Economic Development for Latin America,* New York: Stockton Press, 1961, p. 288.

④ Gottfried Haberler, "Terms of Trade and Economic Development", in Howard S. Ellis and Henry C. Wallich, eds., *Economic Development for Latin America,* New York: Stockton Press, 1961, p. 284.

⑤ Gottfried Haberler, "Critical Observations on Some Current Notions in the Theory of Economic Development", *L'industira,* No. 2, 1957, p. 9. 转引自 Benjamin Higgins, *Economic Development: Principles, Problems and Policies*, New York: W. W. Norton & Company, Inc., 1959, p. 373.

什给予了有力的还击，从理论上和实践上论证了外围国家贸易条件存在长期恶化的历史事实。在 1959 年 5 月出版的《美国经济评论》上，普雷维什发表了一篇题为《欠发达国家的贸易政策》的论文，进一步论证了他的理论。他说："贸易条件恶化的趋势都是需求的收入弹性差异和技术进步向世界经济传播的不平等方式所造成的结果。"[1]普雷维什指出，假定存在两个国家，甲国以工业生产和出口为主，乙国从事初级产品的生产和出口。假设两国的工资率相同，贸易则在两国的边际生产率相等的那一点上达到均衡，那么在这个边际上的生产率之比为 1.0。甲国工业的生产率是乙国的 3 倍；而乙国初级产品的生产率也是甲国的 3 倍。因此，两国在技术密集度和产品的需求收入弹性上没有任何差异，初级产品的贸易条件就不会恶化了。然而，如果假定工业产品需求的收入弹性大于初级产品，而其他的假定都不变，那么在乙国，劳动力就会从初级产品生产向工业生产部门转移。由于乙国工业部门生产率低于初级产品生产部门，因而对剩余劳动力的压力将迫使就业低于生产率曲线，从 1.00 到 0.80，而工资率也相应地下降到一个新的竞争性均衡点上。在工资率调整到 0.80 的过程中，出口价格将下降，从而转移收入到甲国，乙国的贸易条件由此恶化了。普雷维什进一步指出，如果除了弹性上的差异以外，再加上技术密集度上也存在差异，贸易条件恶化的趋势将更加严重。所以，"就贸易条件而言，收入弹性和技术密集度上的差异相结合就使外围与中心相比处在一个更加软弱的地位上了"[2]。在 1963 年向拉美经委会提交的一份题为《拉美迈向有活力的发展政策》的报告中，普雷维什更加坚定地宣布："现在，我们正在成功地与那些不愿意承认贸易条件恶化论具有其重要性的人作斗争。""贸易条件恶化是由发展缺乏动力所导致的，发展动力的缺乏妨碍了对剩余劳动力的吸收，这是因为初级产品活动需求增长缓慢而工业制成品生产率在提高。……只要发展中国家不能医治它们的动力缺陷，贸易条件恶化的问题是不可能自动地解决的。"[3]

　　1964 年，在第一届联合国贸发会议上，普雷维什作了题为《迈向发展

---

① Raúl Prebisch, "Commercial Policy in the Underdeveloped Countries", *American Economic Review*: *Papers and Proceedings*, Vol. 49, No. 2, May 1959, p. 261.

② Raúl Prebisch, "Commercial Policy in the Underdeveloped Countries", *American Economic Review*: *Papers and Proceedings*, Vol. 49, No. 2, May 1959, p. 262.

③ United Nations, *Towards a Dynamic Development Policy for Latin America,* New York, 1963, p. 17 and pp. 79—80. 这份文件的单行本是以联合国的名义出版的，但实际作者是当时任拉美经委会执行秘书的普雷维什。

的新贸易政策》的报告，不仅重申了贸易条件恶化论的主要观点，而且还用事实说明了贸易条件恶化对外围国家的恶劣影响。他说："1950 年到 1961 年，主要由于制成品价格的上升，初级产品相对制成品而言的贸易条件下降了 26%。……发展中国家的资金净流入累计为 474 亿美元。如果扣除同期的利息和利润汇回，这一数值就会下降为 265 亿美元。据估计发展中国家由于贸易条件恶化而导致其出口的购买力下降了约 131 亿美元，这就意味着在除去债务偿还的成本以后，这种资金流入的大约一半由于贸易条件恶化的影响而化为乌有。"[①]因此，普雷维什在会上还提出了普遍优惠制、签订商品协定等具体措施，要求发达国家拿出切实的行动来弥补发展中国家由于贸易条件恶化所导致的损失。从第一届联合国贸发会议召开起，普雷维什的理论在发展中国家得到了进一步的扩散，他的贸易条件恶化论思想也成为发展中国家后来争取建立国际经济新秩序斗争的重要理论武器。

进入 20 世纪 60 年代以后，随着普雷维什和拉美经委会所倡导的发展战略在拉美开始出现困难的局面，随着普雷维什发展思想开始向拉美以外的发展中地区传播，对其"贸易条件恶化论"的批判也呈现出新的局面：一方面，它开始遭到来自左翼的批判，主要是"依附论"学者的批判；另一方面，西方学者开始转变批判的方向，将重点放到强调贸易条件恶化论缺乏经验证据和不同贸易条件概念的不同影响上。

从左翼方面来看，尽管绝大部分依附论经济学家接受了普雷维什的"中心-外围"理论，但在是否同意他的"贸易条件恶化论"方面则出现了较大的分歧。某些依附论学者接受了这种论点，但另外一些学者则批判了普雷维什的"贸易条件恶化论"。弗兰克是这样评价的："对自由贸易政策以及对比较利益法则的挑战，强调了以初级产品出口为主的不发达国家的贸易条件长期恶化（这一挑战是和普雷维什、辛格和缪达尔有关的），因此是具有重大局限的。这种局限主要不是右翼资产阶级批评者所说的经验问题，他们声称统计数字并不表明初级产品生产国的贸易条件在过去世纪中出现无可争辩的恶化。……十九世纪的国际分工在世界上大部分地方帮助了不发达的发展，不论贸易条件朝这个方向或那个方向发展。而且，……在二十世纪，大多数'第三世界'国家的工业增长加速了，这正值大萧条期间它们的贸易条件恶

---

① Raúl Prebisch, *Towards a New Trade Policy for Development* (Report by the Secretary-General of UNCTAD), United Nations, 1964, pp. 18—19.

化最严重的时候，而且恰逢大战期间战争阻碍了它们赚得的外汇流入国内。"①弗兰克这里强调的观点是，并不像普雷维什所说的那样，是外围国家贸易条件的长期恶化导致了它们的不发达，而是资本主义的扩张以及由于这种扩张所形成的国际分工造成了它们的"不发达的发展"。在这种国际分工中，无论发展中国家的贸易条件是否恶化，它们都将处在不发达的地位上。②

"依附论"的另外一个代表人物，埃及学者萨米尔·阿明也从几个方面批判了普雷维什的贸易条件恶化论。阿明认为：第一，普雷维什命题涉及的仅仅是净实物贸易条件（NBTT），不能精确地反映实际情况，因而他提出应该用双要素贸易条件（DFTT）指数来分析问题。因为 DFTT 值的变动会更加精确地表明，不仅出口商品劳动生产率的变化可能会影响贸易条件，而且进口商品劳动生产率的变化也会有相同的作用。第二，普雷维什对贸易条件恶化的原因说明得不够全面和准确。阿明指出，当普雷维什在解释技术进步在中心和外围的不同影响时，他忽视了一个"大约在 1880 年出现的"新因素，那就是："中心国家的资本主义变成了垄断资本的面貌，这一发展使经济体系抵制价格下跌。这正是为什么在整个十九世纪期间技术进步导致价格下跌，而在 1880—1890 年以后我们见到进步所反映的却是价格持续上升和收入（工资和利润）更快增加。……因此不发达国家的贸易比价恶化是从垄断资本、帝国主义和'劳工贵族'的兴起而开始的。"③

另一方面，西方正统经济学家们也加大了对普雷维什理论批判的力度。美国普渡大学的经济学家 M. 琼·弗兰德斯在 1964 年 6 月号的《经济学杂志》上撰文，专门针对普雷维什在《欠发达国家的贸易政策》一文中对贸易条件恶化论的解释进行了批评。他认为，普雷维什对甲国和乙国工资率、劳动生产率和技术密集度等方面的假定是"错误的和天真的"。他说："这个论点似乎是以要素-价格相等的定理为基础的，但是它是错误的和天真的解

---

①［德］安德烈·G. 弗兰克：《依附性积累与不发达》，高铦、高戈译，南京：译林出版社 1999 年版，第 108 页。

② 还可参阅 Andre G. Frank, "The Development of Underdevelopment", in James D. Cockcroft, Andre G. Frank and Dale L. Johnson, eds., *Dependence and Underdevelopment: Latin America's Political Economy*, New York: Doubleday & Company, Inc., 1972, pp. 8—9; Andre G. Frank, *Lumpenbourgeoisie: Lumpendevelopment: Dependence, Class, and Politics in Latin America*, New York: Monthly Review Press, 1972.

③［埃及］萨米尔·阿明：《不平等的发展——论外围资本主义的社会形态》，高铦译，北京：商务印书馆 1990 年版，第 141 页。

释……它包括了对该定理结果的错误应用。他似乎将工资等同于个人收入了，也就是说，他假定世界上只有一种生产要素，即劳动力。"①美国经济学家哈里·约翰逊在评价普雷维什在第一届联合国贸发会议的报告时，更是直截了当地指出："贸易条件的长期运动趋势不利于初级产品，这种说法是与经验证据不一致的。经验证据表明，存在一连串短期的和中期的上升和下降趋势，而这两方面均没有明显的长期运动；支持这种说法的理论解释在逻辑上也不是令人满意的。""普雷维什博士的理论解释是不能令人满意的。许多关于贸易和增长问题的著作揭示了其理论的不足之处。他在《迈向发展的新贸易政策》报告中对初级产品相对价格恶化趋势的解释是混乱的和模糊的。"②

法国经济史学家保罗·贝罗奇在对普雷维什命题进行抽丝剥茧的批判后，提出了与普雷维什截然相反的论点。贝罗奇认为，普雷维什证明其命题的过程至少出现了几个方面的错误：（1）比较初级产品与制成品的相对价格时做选择的最后期限不当。贝罗奇指出，根据国际联盟提供的数据，1876/1880—1936/1938 年初级产品的相对价格恶化了 43%，而 1876/1880—1931/1935 年则下降了 59%。但是，如果仅将时间计算到 1926/1929 年，初级产品的贸易条件只恶化了 7%。1896/1900—1926/1929 年更是上升了 3%。③（2）使用英国工业品的出口价格指数来代表整个世界工业品出口的价格指数同样是不恰当的。贝罗奇比较了施洛特、刘易斯和金德尔伯格等人计算的1872—1928 年出口工业品价格指数，得出了差别极大的结果。施洛特使用的是英国进出口价格指数的平均数，上升了 33%；刘易斯则将英国与美国的指数平均起来，仅上升了 26%；而金德尔伯格考虑的欧洲工业指数却实际下降了 13%。因此，贝罗奇强调说："完全需要一个制成品出口的世界价格指数，国际联盟的数据显然被大大地扭曲了。"④（3）普雷维什没有考虑制成品与初级产品计价方法上的不同，没有考虑运输成本对双方的不同影响。贝罗奇提出，如果将各种要素都考虑进来的话，就会得出一个与普雷维

---

① F. June Flanders, "Prebisch on Protectionism: An Evaluation", *The Economic Journal*, June 1964, p. 310.

② Harry G. Johnson, *Economic Policies toward Less Developed Countries,* New York: Frederick A. Praeger Publishers, 1967, p. 28.

③ Paul Bairoch, *The Economic Development of the Third World since 1900*, Berkeley: University of California Press, 1975, p. 113.

④ Paul Bairoch, *The Economic Development of the Third World since 1900*, Berkeley: University of California Press, 1975, p. 114.

什命题相反的结论：1872—1928 年，初级产品的价格指数上升了 10%—12%，而制成品的价格指数基本上是稳中微降。因此，初级产品的贸易条件呈现出上升的趋势。[①]

从 60 年代末期起，"贸易条件之争"的重点又发生了变化。杰拉尔德·迈耶是这种变化的始作俑者，他在 1968 年出版的《发展的国际经济学：原理和政策》一书中提出，普雷维什所论及的净实物贸易条件（NBTT）并不适用于发展中国家，只有收入贸易条件（ITT）和要素贸易条件（FTT）才确切地反映了这些国家的贸易状况。迈耶认为，如果简单地采用净实物贸易条件的指数，就可能掩盖了其他贸易条件所反映的经济和贸易利益的损益情况；NBTT 的恶化并不一定意味着 ITT 或 FTT 的恶化。而且，贸易条件的福利效应是不确定的，贸易条件的改善并不一定就等于是贸易收益的增加；相反，贸易条件的恶化也不一定等于贸易收益的减少。如果贸易条件的改善不足以弥补出口增长率的下降，其福利效应就是负的；相反，如果出口数量增长超过了出口产品价格下降的幅度，即使 NBTT 恶化了，实际的国民收入仍然会实现正增长。因此，普雷维什的贸易条件恶化论所宣扬的"出口悲观主义"是没有理论依据的，在实践上也是找不到经验证据的。[②]迈耶的上述观点很快就得到相当多西方学者的附和，成为 70 年代和 80 年代对普雷维什命题进行批判的主要依据。

面对各派学者的抨击，普雷维什的态度应当说是坚决而坦然的。一方面，他坚持认为他所提出的"贸易条件恶化论"是正确的和有说服力的。在 1981 年出版的《外围资本主义：危机与改造》一书中，普雷维什坚持认为："这个论点的逻辑性是无懈可击的。"他认为西方学者对这一理论的批判是另有企图的，他说："中心国家一直反对比价恶化的论点。我猜想，它们

---

① Paul Bairoch, *The Economic Development of the Third World since 1900*, Berkeley: University of California Press, 1975, pp. 115—116.

② Gerald M. Meier, *The International Economics of Development: Theory and Policy*, London: Harper and Row, 1968, Chapter 3. 事实上，最早对 NBTT 指数的有效性提出质疑，并建议考虑 ITT 和 FTT 指数的学者是鲍尔德温和哈伯勒，而迈耶本人在 1963 年出版的《国际贸易与发展》一书中，也提出了这一问题。具体内容可参阅 R. S. Baldwin, "Secular Movements in the Terms of Trade", *American Economic Review: Papers and Proceedings,* Vol. 45, May 1955, pp. 259—269；G. Haberler, "Terms of Trade and Economic Development", in Howard S. Ellis and Henry C. Wallich, eds., *Economic Development for Latin America*, New York: Stockton Press, 1961, pp. 276—279；Gerald M. Meier, *International Trade and Development*, London: Harper and Row, 1963, pp. 41—63. 只是在迈耶的《发展的国际经济学》一书在 1968 年出版以后，这方面的内容才开始成为"贸易条件之争"的重点。

反对的主要不是这个论点本身，而是因为接受这种论点，它就会成为纠正初级产品生产先天性弱点而采取国际合作措施的很有力的证据。"对此，普雷维什质问道："在美国农产品价格与工业品价格之间行之已久的平价政策意味着什么？如果不是由于农业技术进步而发生比价恶化的趋势，这种政策有必要吗？"[①]另一方面，普雷维什非但不以为各派学者们的批评是坏事，相反却将这些批评看作完善其理论的动力。他在 70 年代后期发表的一篇论文中论及外围国家的贸易条件问题时说："由于在某种程度上是以简化的方式提出来的，这一命题引起了广泛的批评，这些批评有时是有助于该命题本身的完善的。"[②]也正是在这种思想的指导下，普雷维什根据外围国家发展的实际情况，不断地对贸易条件恶化论进行补充，使之更加完善。

第四节　贸易条件恶化论的新发展

在普雷维什完善和补充其贸易条件恶化论思想的同时，这一命题的另外一个先驱者、著名的发展经济学家汉斯·辛格也根据发展中国家经济发展的实际情况，开始扩展"普雷维什命题"的应用领域。他注意到发展中国家越来越多地出口制成品的事实，因此从 1971 年底起就开始"重新修改"他的论点，"把重点更多地放在不同类型的国家之间的关系上，而不是放在不同类型的商品上以及技术力量的性质和分配上"。[③]经过这样的转变，辛格进一步将贸易条件恶化论的内容拓宽为以下三个方面的内容：（1）发展中国家初级产品贸易条件的恶化比例高于发达国家初级产品贸易条件的恶化比例；（2）发展中国家出口制成品的价格比发达国家出口制成品的价格下降得更快；（3）初级产品占发展中国家出口产品的较高比重意味着初级产品贸易条件恶化对它们的影响更甚于发达国家。

这样，辛格改变了"普雷维什命题"过去对第三点的侧重，而更多地强

---

① ［阿根廷］劳尔·普雷维什：《外围资本主义：危机与改造》，苏振兴、袁兴昌译，北京：商务印书馆 1991 年版，第 190、191 页。

② Raúl Prebisch, "Socio-Economic Structure and Crisis of Peripheral Capitalism", *CEPAL Review*, Second Half of 1978, p. 226.

③ ［英］汉斯·W. 辛格：《贸易条件的争论及软贷款的发展：联合国的早年》，载［英］杰拉尔德·迈耶和［英］达德利·西尔斯编：《发展经济学的先驱》，谭崇台等译，北京：经济科学出版社 1988 年版，第 307—308 页。

调前两点，并由此得出结论说，发展中国家以出口劳动密集型制成品替代出口初级产品，实行出口导向发展战略，其结果只能是转换了贸易条件恶化的内容，而不能从根本上解决发展中国家贸易条件长期恶化的问题。[①]

笔者认为，贸易条件恶化论的这种新发展是非常重要的，正是这一理论的生命力之所在。这种发展是这一理论将历史与现实密切结合的必然结果，它给我们带来了一个重要的启示——当发达国家与发展中国家之间的贸易主要以制成品和初级产品来分工时，该命题强调的是初级产品贸易条件的恶化；当中心国家与外围国家之间的贸易分别由资本或技术密集型产品与劳动密集型制成品来进行时，该命题则敏锐地提出了后者贸易条件恶化的必然趋势；那么，在 21 世纪"知识经济"和人工智能时代悄然而至之时，发展中国家与发达国家之间的贸易条件会不会继续不利于前者呢？

众所周知，如果以产业结构来划分的话，迄今为止的人类社会大体上经历了原始游猎和采集经济、农业经济、工业经济等几个经济时代。原始游猎和采集经济时代，是人类社会的原始阶段，这一阶段的经济极端原始和落后，构成现代经济理论和实践的许多要素尚未形成，因而还不能称其为真正意义上的经济时代。当人类摆脱了对大自然的完全依赖，进而能够通过自己的创造来超越自然的时候，也就迈入了文明社会。人类文明诞生后的第一种经济形式是农业经济，它跨越了从奴隶制社会和封建制社会的漫长历史时期。这一时期的主要特点是生产力水平低下，农业和畜牧业在经济中具有压倒性优势，对大自然的依赖程度依然很高，世界各国彼此分隔，几乎没有什么贸易往来。从 15 世纪末期的地理大发现起，随着人类对自然界和社会本身的认识不断地深入和拓展，各种发明和创新在自然科学和社会科学领域层出不穷，从而大大地推动了工业经济时代的到来、发展和成熟。应该说，到目前为止的人类社会仍然处在工业经济时代，世界上绝大多数国家仍然以获得工业部门的增长和发展为目标。

然而，从 20 世纪末期起，人类又开始悄然步入知识经济的新时代：1996 年，经合组织发表了一份题为《1996 年科学、技术和产业展望》的报告，系统地提出了"以知识为基础的经济"的概念和相关指标。而世界银行1998—1999 年度的世界发展报告更是以《知识与发展》为题，认为"知识

---

① Hans W. Singer, "Terms of Trade and Economic Development", in John Eatwell, et al., eds., *The New Palgrave: A Dictionary of Economics*, London: The Macmillan Press, 1987, Vol. III, p. 628.

对于发展是至关重要的，因为我们所做的一切事情都依赖于知识。……今天，技术最为发达的国家和地区其经济确实都是以知识为基础的"，它们的国内生产总值有 50%以上是属于知识密集型的。①

　　所谓的"知识经济"，是指建立在知识和信息的生产、分配和消费之上的经济，它主要由知识创新体系、知识传播体系和知识应用体系组成。在这种经济中，知识取代了农业经济中的土地和工业经济中的传统资本而在经济活动中扮演着主要角色，知识被认为是提高生产率和实现经济增长的驱动器。"知识经济"时代的主要特征可以概括如下：（1）经济资源的可再生性。在"知识经济"时代，知识成为最主要的经济资源和生产力发展最重要的生产要素。知识作为经济资源，具有非消耗性、共享性、非稀缺性和易操作性，因而是一种可再生性资源，它很少受时间或空间的限制，可低成本复制，且易于传播处理。（2）经济增长的良性化。这主要体现在两个方面，一方面是经济周期的弱化，即经济增长的波动性减弱，增长周期延长，衰退期缩短；另一方面，经济增长方式发生改变。有学者认为，美国"新经济"的"一增两低"（即经济持续增长伴随着低失业和低通胀的独特现象）便体现了知识经济的特点。（3）经济发展的可持续性。与上述两个特征紧密联系在一起的，则是经济发展的可持续性。发展观念因之发生了巨大的转变，它更多地注重经济增长的效益、可持续性和生活质量，更加强调人口资源和环境的可持续发展。（4）经济全球化的步伐明显加快。在工业经济时代后期开始加速的经济全球化进程，在"知识经济"时代呈现出加速发展的势头。作为知识经济重要内容的信息技术和全球网络系统大大改变了世界市场的存在方式，加速了全球贸易自由化和金融一体化，加快了跨国界的要素流动。这一切都加快了经济全球化的步伐。

　　到目前为止，只有美国和较小程度上的欧盟国家和日本等发达国家才开始进入了"知识经济"时代，广大的发展中国家至今仍被排斥在"知识经济"时代的大门之外。不过，21 世纪成为知识经济的时代，这一点是毋庸置疑的。也就是说，"知识经济"时代的到来是历史的必然，发展中国家没有理由说只是发达国家进入了"知识经济"时代，它们就可以置身事外；如果发展中国家不去积极了解知识经济的运行规律和法则，不去认真总结迎接

① 世界银行：《1998/99 年世界发展报告：知识与发展》，北京：中国财政经济出版社 1999 年版，第 16、24 页。

"知识经济"时代的机遇和挑战，那么它们将永远无法摆脱"发展中国家"的身份——原因很简单，发达国家不断使知识的前沿迅速向前推进和知识本身的乘数效应，意味着发展中国家不得不追赶"一个移动的目标"。

不过，应当承认的客观事实是，发展中国家确实落在了后头。犹如当年工业经济时代到来之际，广大落后地区被排斥在工业经济之外的情形一样，现如今它们又被排斥在知识经济的大门之外。世界银行在 1998—1999 年度的报告中就指出了这一点，该报告称："穷国和富国以及穷人与富人之间的差别不仅在于穷国和穷人获得的资本较少，而且也在于他们获得的知识较少。创造知识往往成本较高，绝大多数知识都是由工业国创造出来的，其原因就在于此。"①因此，知识经济的大潮并没有对旧有的国际分工格局产生本质性的冲击，它所改变的主要是国际分工的内容而已。如果说工业经济时代后期的国际分工主要是中心国家与外围国家之间工业制成品与初级产品、技术密集型或资本密集型工业品与劳动密集型工业品的分工的话，那么，知识经济时代的国际分工将会更加复杂一些。除了工业经济时代的几种国际分工形式将继续存在以外，还会出现几种新的国际分工内容：外围国家工业品与中心国家知识产品之间的分工、外围国家初级产品与中心国家知识产品之间的分工、外围国家初级知识产品与中心国家成熟知识产品之间的分工等。

这样，普雷维什和汉斯·辛格所提出和发展的贸易条件恶化论得以成立的基本要素依然存在，因此这一理论将不会由于各派学者的批判而失去作用，也没有因为知识经济大潮的冲击而归于失效。恰恰相反，它的核心内涵保留下来了。正如保罗·斯特里顿所说的那样，"当许多人对初级产品生产国的贸易条件持续恶化的理论的批判愈演愈烈的时候，这个理论的内核很可能在这场猛烈的攻击中得以保存下来。这个内核就是：在世界经济当中，存在着导致从对外贸易和广泛的经济进步过程中产生的收益分配不平衡地发生作用的各种力量，以至于最好最大的份额归于强国，弱国则在分配过程中自相侵吞"。②知识经济时代何尝不是如此呢？因此，笔者认为，贸易条件恶化论不仅没有被推翻而失去现实意义，反而将获得进一步的发展，体现出新的内容来。贸易条件恶化论在知识经济时代还会继续有效，但有可能变得更加复杂，包含更多的内容。具体说来，它可能包含以下几个方面的内容：

---

① 世界银行：《1998/99 年世界发展报告：知识与发展》，北京：中国财政经济出版社 1999 年版，第 24 页。

② Paul Streeten, *Development Perspectives,* London: The Macmillan Press Ltd., 1981, p. 217.

（1）外围国家初级产品的贸易条件相对中心国家的工业制成品而言，呈现出长期恶化的趋势。这一点得到了有关学者和机构的证实。D. 沙普斯福德指出，1900—1982 年，初级产品的贸易条件每年都下降 1.29%。[1]而国际货币基金组织在 1994 年的一份报告中同样证明了初级产品贸易条件的恶化趋势，它指出 1968—1987 年初级产品的贸易条件每年都下降 1.52%。[2]

（2）外围国家的初级产品相对中心国家的初级产品来说，其贸易条件同样也在恶化。辛格指出，1954—1972 年，发达国家的初级产品单位价格每年平均下降 0.73%，而同期发展中国家的初级产品价格则年均下降了 1.82%。[3]联合国在 2000 年 1 月发布的统计材料中指出，1980—1999 年第一季度，发达国家和发展中国家的初级产品出口价格指数分别下降了 25% 和 58%。[4]

（3）外围国家的劳动密集型制成品与中心国家的资本或技术密集型的工业制成品之间的贸易条件也在下降。汉斯和沙卡等人的研究为该论点提供了有力的证据：他们通过对 29 个发展中国家和地区 1965—1985 年出口制成品贸易条件的变化情况进行的统计分析表明，这 29 个国家和地区出口制成品的价格指数年均下降 0.65%。[5]

（4）相对于中心国家而言，外围国家的贸易条件存在着长期恶化的趋势。世界银行在《1997 年世界发展指标》中指出，1980—1995 年，低收入国家的商品贸易条件（NBTT）和收入贸易条件（ITT）都呈下降趋势：如果以 1987 年为 100，那么这两项指标分别从 121 和 105 下降至 91 和 89。[6]

以上内容可以说是贸易条件恶化论在工业经济时代的几种表现，它们是工业经济时代国际分工的产物。到知识经济时代以后，除了上述四个层次的内容继续有效以外，还极有可能增加下述几个层次的内容：

---

[1] David Sapsford, "The Statistical Debate on the Net Barter Terms of Trade: A Comment and Some Additional Evidence", *Economic Journal*, September 1985, p. 786.

[2] IMF, "Adjustment, Not Resistance, the Key to Dealing with Low Commodity Prices", *IMF Survey*, Vol. 23, October 1994, pp. 350—352.

[3] Hans W. Singer, "Terms of Trade and Economic Development", in John Eatwell, et al., eds., *The New Palgrave: A Dictionary of Economics,* London: The Macmillan Press, 1987, Vol. III, p. 628.

[4] United Nations, *Monthly Bulletin of Statistics,* Vol. LIV, No. 1, January 2000, p. 176.

[5] Prabirjit Sarkar and Hans W. Singer, "Manufactured Exports of Developing Countries and Their Terms of Trade Since 1965", *World Development*, Vol. 19, No. 4, pp. 337—338.

[6] The World Bank, *World Development Indicators 1997,* Washington D. C., 1997, p. 156.

（5）外围国家工业制成品与中心国家知识产品之间的贸易条件不断恶化。

（6）外围国家的初级产品与中心国家的知识产品之间的贸易条件长期恶化。

（7）外围国家的初级知识产品与中心国家的成熟知识产品之间的贸易条件不断恶化。

贸易条件恶化论的上述发展仅仅是理论上的一种推测，它还有待实践的验证。不过，发展中国家贸易条件存在的这些可能趋势，一方面，说明发展中国家应当正视"知识经济"的挑战，付出比发达国家更多的努力，因为我们背负着更多的历史包袱——"贸易条件恶化"只是其中之一而已；另一方面，则要求发达国家在"知识经济"时代里，更多地考虑发展中国家的利益，在制定国际经贸规则时更多地听听落后国家的声音，因为它们有责任来偿还发展中国家"贸易条件恶化"这笔历史债。

第六章　进口替代工业化理论

　　进口替代工业化在拉美的出现并不是某种理论的产物，而是由于客观条件的驱动使然。拉美结构主义发展理论的贡献在于将拉美历史上所出现的客观事实与相关的经济理论结合起来，将进口替代工业化的实践上升到理论形态，并在实践中不断充实和完善，使之成为一种指导拉美国家和其他发展中国家的重要理论，对它们的工业化和经济发展进程产生了重要而深远的影响。进口替代战略在拉美的实践有成功的一面，也有失败的地方，对它的评价构成了战后发展经济学最为纷繁复杂的方面之一。其中尤其是普雷维什本人后来的一些言论，很容易使人产生误解，认为他完全放弃了进口替代工业化理论。然而，事实并非如此，他仅仅是根据外围国家经济发展的实际情况，对进口替代战略进行了调整，但始终坚持着这一战略的核心。①本章主要从理论和实践这两方面来评述拉美结构主义发展理论之中的进口替代工业化理论。

第一节　进口替代工业化理论出现的历史背景

　　在 20 世纪 30 年代的大萧条以前，盛行于拉美各国的经济发展模式是初级产品出口战略，也就是拉美结构主义发展理论所说的"外向型发展"模式。这种模式早在西班牙和葡萄牙殖民统治时期就已经形成，并在 19 世纪

---

　　① 就在普雷维什逝世前 5 天，他在拉美经委会第 21 届大会上发表演讲时还重申了对进口替代战略的支持。他说："我们的国家应该继续将进口替代与工业品出口结合起来，……如果中心的增长率仍然低于过去，且保护主义措施继续扩散的话，对进口替代的需要就会比它们对发展中国家的制成品和初级产品出口实行开放政策时更大。"（CEPAL, *Raúl Prebisch: un aporte al estudio de su pensamiento*, Santiago de Chile: Naciones Unidas, 1987, p. 35.）

初期拉美各国获得独立后得到巩固和强化。19 世纪 70 年代以后，这种模式在拉美得到迅速发展。

初级产品出口模式是一种外向型发展模式，它的主要指导思想是古典国际贸易理论。这种理论产生于对重商主义贸易思想的批判，其创始人是英国的古典经济学家亚当·斯密。斯密从分工提高劳动生产率的学说出发，说明国际分工能够使贸易双方的产出增加，从而产生出贸易利益。他认为，国内生产部门的内部和部门之间的分工促进了劳动生产力的提高，国际上的不同地域之间同样存在分工，因而贸易自由"放任"到国际领域，就如同在一个国家内部一样合乎自然，同样也能促进各国劳动生产力的提高。世界各国只要本着自由贸易的原则，充分发挥本国在自然资源和生产要素上的优势，都按照劳动费用最低的原则参与国际分工，并相互交换，这样贸易双方的生产成本都得到了节省，交换所得的产品数量也就增加了。因此，实现国际贸易利益的前提是放弃重商主义的贸易保护政策，代之以自由竞争的贸易政策。这就是所谓的以"绝对成本说"为基础的国际贸易理论。在这种理论的基础上，英国经济学家大卫·李嘉图进一步提出了"比较优势"学说。他认为，决定国际贸易流向和利益分配的并不是斯密所说的绝对成本的低廉，而是相对成本的低廉。一个国家并不一定要在某种产品的生产成本上具有绝对优势时才可以从贸易中获得利益；恰恰相反，一个国家的经济无论处在何种发展水平上，它都可以确立自己的相对优势，如果它根据自己的相对优势安排生产和进行贸易，那么它就可以获得贸易利益。这种"比较优势"学说成为了国际贸易理论的基石，也是形成于 18—19 世纪的经济自由主义思想的理论基础。

独立后的拉美国家之所以选择初级产品出口战略，除了受经济自由主义思想的影响外，还与拉美历史上形成的经济结构特征息息相关。早在西班牙和葡萄牙殖民统治期间，拉美各国就已经形成了为宗主国生产农矿产品的经济结构，日常所需的消费品和工业品完全依靠从外部输入。19 世纪初期的独立运动，不仅没有改变这种经济结构，而且由于欧洲经济自由主义思想的传播，使这种经济结构得到了进一步的加强。在经济自由主义在拉美的传播中，英国发挥了非常重要的作用，肖夏娜·B. 坦塞对此评论说："有意思的是，三个独立运动的中心——墨西哥、加拉加斯和布宜诺斯艾利斯——都曾经受到英国的影响。……对许多人来说，自由贸易应当同新近取得的政治主权齐头并进。英国的迅速发展与商业优势地位被认为是同自由放任主义有关联的。人们认为，效法英国的经济制度将会取得类似的成果。"①在这种经济自由主义的影响下，新兴的拉美国家继续强化发展它们认为具有"比较优势"的初级产品生产部门，进口它们不具有比较优势的工业品。这样，到19世纪中叶，形成了一种国际分工的格局，在这种格局中，拉美国家主要从事初级产品的专业化生产，而英国则为它们提供工业品和消费品。拉美国家的初级产品出口模式也就日趋定型了，逐渐形成了三种类型的初级产品出口国：（1）温带农牧产品出口国，包括阿根廷和乌拉圭，主要出口小麦、玉米、苜蓿、羊毛、牛肉等农牧产品；（2）热带农产品出口国，主要有巴西、哥伦比亚、厄瓜多尔，以及中美洲和加勒比各国，它们主要出口蔗糖、烟草、咖啡、可可、香蕉等热带农产品；（3）矿产品出口国，主要包括墨西哥、智利、秘鲁和玻利维亚，它们主要出口贵金属、铜、锡等矿产品。

从19世纪70年代起，拉美国家的初级产品出口活动获得了前所未有的迅速发展。据统计，1870—1914年，拉美国家年均出口增长率持续走高，其中多米尼加共和国达到8.8%，阿根廷亦高达6.3%，洪都拉斯、哥伦比亚、墨西哥、智利分别达到5.8%、5.4%、3.9%和3.6%。②得益于初级产品出口的高速增长，拉美逐步成为世界贸易的重要组成部分和工业化国家的重要原料供应基地之一。例如，到1913年，拉美国家的粮食出口量在世界粮食出口总量中占17.9%，畜产品占11.5%，咖啡、可可、茶占62.1%，糖占37.6%，水果与蔬菜占14.2%，植物纤维占6.3%，橡胶、毛皮与皮革占25.1%。③与此同时，拉美国家初级产品出口的集中程度也达到了前所未有的高度。表6-1显示，到第一次世界大战爆发前夕，拉美国家无一例外地成为了初级产品出口国，而且出口产品主要集中在少数初级产品。集中程度最高的是萨尔瓦多、古巴、危地马拉和哥斯达黎加等中美洲和加勒比国家，两种最重要的出口产品均是初级产品，占出口总值的比重超过了86%，其中萨尔瓦多甚至超过了95%；相形之下，表现较为优异的少数几个国家，如秘鲁、墨西哥、阿根廷和巴拉圭，尽管同样以出口原材料为主，但两种最

①［美］肖夏娜·B. 坦塞：《拉丁美洲的经济民族主义——对经济独立的探求》，涂光楠等译，北京：商务印书馆1980年版，第18页。

②［乌拉圭］路易斯·贝尔托拉和［哥伦比亚］何塞·安东尼奥·奥坎波：《拉丁美洲独立后的经济发展》，石发林译，上海：上海译文出版社2017年版，第114页。

③［巴西］塞尔索·富尔塔多：《拉丁美洲经济的发展：从西班牙征服到古巴革命》，徐世澄译，上海：上海译文出版社1981年版，第42页。

重要出口产品的集中率均在 50% 以下；其他拉美国家两种最重要出口产品占出口总值的比重均在 50% 至 80%。

表 6-1　1913 年前后拉美国家出口商品的集中率

国　别	第一产品	比重(%)	第二产品	比重(%)	总计
阿根廷	玉米	22.5	小麦	20.7	43.2
玻利维亚	锡	72.3	银	4.3	76.6
巴西	咖啡	62.3	橡胶	15.9	78.2
智利	硝酸盐	71.3	铜	7.0	78.3
哥伦比亚	咖啡	37.2	黄金	20.4	57.6
哥斯达黎加	香蕉	50.9	咖啡	35.2	86.1
古巴	蔗糖	72.0	烟草	19.5	91.5
多米尼加共和国	可可	39.2	蔗糖	34.8	74.0
厄瓜多尔	可可	64.1	咖啡	5.4	69.5
萨尔瓦多	咖啡	79.6	贵金属	15.9	95.5
危地马拉	咖啡	84.8	香蕉	5.7	90.5
海地	咖啡	64.0	可可	6.8	70.8
洪都拉斯	香蕉	50.1	贵金属	25.9	76.0
墨西哥	银	30.3	铜	10.3	40.6
尼加拉瓜	咖啡	64.9	贵金属	13.8	78.7
巴拿马	香蕉	65.0	椰子	7.0	72.0
巴拉圭	巴拉圭茶	32.1	烟草	15.8	47.9
秘鲁	铜	22.0	蔗糖	15.4	37.4
波多黎各	蔗糖	47.0	咖啡	19.0	66.0
乌拉圭	羊毛	42.0	肉类	24.0	66.0
委内瑞拉	咖啡	52.0	可可	21.4	73.4

资料来源：Victor Bulmer-Thomas, *The Economic History of Latin America since Independence, 2nd Edition*, Cambridge: Cambridge University Press, 2003, p. 58.

然而，从第一次世界大战起，拉美国家初级产品出口模式顺利发展所倚赖的国际分工体系开始发生了根本性的变化。一方面，拉美国家经济的外部动力出现不足。战争本身对依赖原材料出口的拉美国家产生了很大影响，由于出口市场受战争所累出现暂时中断，这些国家的工业品进口也暂时受阻，国内工业消费品和原材料价格猛涨，通货膨胀居高不下，失业率陡然上升。另一方面，第一次世界大战爆发前后，资本、劳动力和土地等生产要素出现了暂时的中断或衰减，一些拉美国家的内部发展动力也发生了变化。

到 20 世纪 30 年代的经济大萧条爆发时，这种发展模式的理论和现实基础就土崩瓦解了。关于大萧条对外围国家的危害，普雷维什评论说："由于 20 世纪 30 年代的世界大萧条，美国取代联合王国成为居于领导地位的动力中心。这不仅仅是霸权的变化；它对世界其他地区有着深远的影响。……美国的进口系数稳步下降，1929 年的大萧条前夕，进口系数为总收入的 5%，到 1939 年第二次世界大战爆发时，下降到 3.2%。这对世界其他地区的影响是非常严重的。……被第一次世界大战严重动摇的旧秩序现在瓦解了。农业自给自足的趋势在很大的程度上在工业国家中得到鼓励，这些国家正在努力削减进口来应付迅速收缩的出口。双边主义和歧视作为一种缓解这一现象的手段而出现。这场运动传遍全世界，迫使许多发展中国家采取甚至更加剧烈的限制措施，因为初级产品出口价值的下降要比工业品剧烈得多。"[1]面对这种不利的局面，一些拉美国家逐步放弃了初级产品出口模式，转而开始进口替代的工业化努力。

所谓的进口替代就是通过建立和发展本国的工业，替代过去从国外进口的工业品，以带动经济增长，实现国家工业化的努力或实践。一些较大的拉美国家很早就开始了这样的努力。如前文所述，早在 19 世纪 70 年代，阿根廷的洛佩斯-佩列格里尼学派就曾经提出发展工业的必要性，并开始对某些本国可以生产的工业品予以保护。这可以说是拉美较早通过关税保护来发展工业的努力，带有一定程度的进口替代性质。乌拉圭是借助关税保护来发展本国工业的另一个例子。1875 年，乌拉圭政府通过新的《海关法》，规定对国内能够生产的产品征收新的关税，而对国内生产所需要的原材料进口则减少或免除关税。[2]该法一经颁布，就引起了自由贸易者和保护主义者之间的激烈争论，但最终还是后者占据了上风。到 1912 年，乌拉圭政府又颁布了著名的《十月十二日法律》，规定："（1）免除国内工业使用原材料的关税；（2）对乌拉圭工业所使用的进口制成品减少 5%到 25%的关税。"[3]该法律到 1931 年和 1935 年又先后加以扩大，逐步形成了一套比较完备的、对

---

[1] Raúl Prebisch, *Towards a New Trade Policy for Development,* New York: United Nations, 1964, pp. 7—8.

[2] Pedro C. M. Teichert, *Economic Policy Revolution and Industrialization in Latin America,* University of Mississippi Bureau of Business Research, 1959, p. 49.

[3] Pedro C. M. Teichert, *Economic Policy Revolution and Industrialization in Latin America,* University of Mississippi Bureau of Business Research, 1959, p. 52.

本国工业的替代活动予以保护的关税法律体系。

　　20 世纪 30 年代的大萧条是拉美国家工业化进程的一个重要分水岭，如果说在此之前的工业化努力还多少是初级产品出口扩张推动所致的话，那么从大萧条起，一些拉美国家的工业化进程则更多地带有进口替代的性质了。[①]因为此后的工业化努力"主要是由出口部门的衰退或增长不足而引起的结构问题诱发的"。也就是说，这些国家不得不采取工业化措施来弥补由于初级产品出口收缩而导致的进口工业消费品的减少，用国内生产的相关产品来替代过去依靠进口的产品。在工业化性质的这种转变中，巴西的纺织工业是一个突出的部门实例。早在第一次世界大战爆发以前，巴西的纺织工业就已经得到迅速发展，并由于其他初级产品出口部门的急剧扩张而获得了进一步发展的动力。1915—1929 年，纱锭的数量从 150 万个增加到 270 万个，织布机从 5.1 万台增加到 8 万台。但由于在此期间并不强调对纺织业产品的进口替代，就造成了这些生产能力的大量闲置。到大萧条爆发以后，由于初级产品出口收入的锐减，巴西无法获得原先依靠进口的纺织品。这样原先大量闲置的生产能力很快就用来替代生产原先依靠进口的纺织品，以供应国内市场，从而使该部门得了更加迅速的发展。1929—1939 年，该部门的产量增加了近 70%。对此，巴西经济学家富尔塔多评论说："这种迅速增长的原因在于，过去由进口商品——主要是高档商品——供应的某些市场部门，现由国内供应得到了满足。同时，由于总需求水平的提高，工业发展本身扩大了原有的市场。这就是进口替代进程的两个方面。"[②]

　　就国别实例而言，巴西、阿根廷、墨西哥、智利等较大的国家则在工业化进程从"初级产品出口推动"向"进口替代"的转变中具有典型性。例如，在大萧条爆发以前，巴西就已经建立了一定的工业基础。据 1920 年的工业调查，巴西有工业企业 13336 家，资本额为 181.5 万康托斯，就业人数

---

　　① 有学者认为，"拉美历史学家通常认为工业化只是在 20 世纪 30 年代经济大萧条之后，即在主要资本主义工业经济经受了一场严重的经济危机时期之后才能实现"。因此，"无论是依附论者还是结构主义者，都倾向于不是无视便是贬低 1930 年以前制造业的全面发展。上述态度也无法对 19 世纪和 20 世纪初试图发展多种经营采取的各种早期措施给以正确的评价"。参阅［美］科林·M. 刘易斯：《1930 年以前的拉丁美洲工业》，载［英］莱斯利·贝瑟尔主编：《剑桥拉丁美洲史》（第四卷），中国社会科学院拉丁美洲研究所译，北京：社会科学文献出版社 1991 年版，第 266、267 页。

　　②［巴西］塞尔索·富尔塔多：《拉丁美洲经济的发展：从西班牙征服到古巴革命》，徐世澄译，上海：上海译文出版社 1981 年版，第 99 页。

275512 人。①巴西当时的工业部门具有两个显著特点：（1）主要以轻纺和食品等消费品生产为主；（2）工业生产能力的扩大依赖出口收入的增加，特别是咖啡出口收入的增加。因此，这一时期的工业化活动基本上属于"初级产品出口推动"型。然而，大萧条戏剧性地改变了工业化进程的这一性质。危机期间，巴西咖啡业出口价格下降了 62%，出口收入由 1928 年的 4.74 亿美元减少为 1933 年的 1.8 亿美元。出口收入锐减的后果就是进口能力的下降、国内市场工业消费品的严重匮乏。为了满足国内市场的需要，一些早期的工业企业开始转向为国内市场生产工业品和消费品。与此同时，1930 年上台的代表新兴工商业资产阶级利益的瓦加斯政权还有意识地采取了一系列措施来鼓励这种替代进口的活动。主要的措施包括建立国家管理外汇的制度，实行"外汇充公"的政策；取消各州之间的关税壁垒，统一国内市场；提高关税率，并颁布法令"禁止一切被认为处于生产过剩状态的工业部门的设备进口"，等等。正是在这些措施的引导下，巴西国内出现了进口替代型工业活动的第一次高潮。1933—1939 年工业生产的年均增长率为 11.2%，进口系数从 1929 年的 11.3%下降到 1937 年的 6.9%。1937—1938 年与1919—1923 年相比，在其进口构成中，消费品进口比重从 20%下降到13.3%，资本品进口从 11.5%上升到 23.7%。②进口系数和进口构成的上述变化趋势表明，巴西这一时期的工业化活动具有很强的进口替代性质。

阿根廷、墨西哥和智利等较大的拉美国家也在这一时期开始了类似的进口替代活动。不过，拉美国家这一时期的进口替代活动基本上还是一种自发的行为，是对世界经济大萧条和第二次世界大战以及它们对初级产品出口活动的严重影响做出的本能反应。对此，罗伯特·J. 亚历山大评论说："无论如何，拉美国家是为世界经济形势所迫而走上进口替代道路的。或者是因为战时对贸易的干预，或者是因为对其出口的需求减少而引起的外汇短缺，拉美各国不得不为自己而进行生产。"③因此，它们的早期进口替代活动还没有上升到成为一种经济发展战略的高度，更谈不上是某种进口替代工业化理

　① 苏振兴、徐文渊主编：《拉丁美洲国家经济发展战略研究》，北京：北京大学出版社 1987 年版，第 81 页。

　② 苏振兴、徐文渊主编：《拉丁美洲国家经济发展战略研究》，北京：北京大学出版社 1987 年版，第 84 页。

　③ Robert J. Alexander, "Import Substitution in Latin America in Retrospect", in James L. Dietz and Dilmus D. James, eds., *Progress toward Development in Latin America: From Prebisch to Technological Autonomy*, Boulder: Lynne Rienner Publishers, 1990, p. 16.

论的产物。将这种进口替代的实际行动上升到理论高度的正是劳尔·普雷维什。对此，有学者认为："被迫进行的进口替代工业化在两次世界大战之间的危机期间就开始了，但只是到第二次世界大战以后，在（普雷维什的）结构主义启发下，进口替代工业化才发展成为一种长期的发展战略。"[1]在这种意义上说，普雷维什的进口替代工业化理论是对拉美国家早期进口替代工业活动的一种理论总结和高度概括；他的理论，在战后相当长的时期内又反过来影响着拉美各国的工业化和经济发展进程。

第二节　进口替代工业化理论的主要内容

如果从实践上说，普雷维什的进口替代工业化理论是他对拉美国家早期实践活动的理论总结，那么从理论上说，他的进口替代工业化理论则是其"中心-外围"理论和贸易条件恶化论的必然结论。实际上，拉美结构主义发展理论中的"中心-外围"理论、贸易条件恶化论和进口替代工业化理论是一个联系非常紧密的有机整体，是一种发展理论的三个不同方面。"中心-外围"理论是普雷维什发展理论的重要分析工具，贸易条件恶化论则是其发展思想的理论基础，而进口替代工业化则是打破"中心-外围"体系和摆脱贸易条件恶化掣肘的必然出路，是"普雷维什理论的必然结论"。[2]

首先，普雷维什提出，外围国家必须改变那种以初级产品出口为核心的外向型发展模式，转而发展以增加本国工业生产为基础的发展道路，并通过进口替代活动来实现工业化。具体说来，外围国家实行进口替代工业化战略的必要性和紧迫性主要表现在以下几个方面：

（1）在"中心-外围"体系下，外围国家专门从事初级产品的生产和出口，而工业中心则生产和出口工业制成品。外围国家的经济增长主要取决于中心国家对初级产品需求量的大小和出口初级产品所获进口能力的大小。当外围国家的初级产品生产因为外部需求的收缩而下降时，就意味着其出口收

---

① Dilmus D. James and James L. Dietz, "Trends in Development Theory in Latin America: From Prebisch to the Present", in James L. Dietz and Dilmus D. James, eds., *Progress toward Development in Latin America: From Prebisch to Technological Autonomy*, Boulder: Lynne Rienner Publishers, 1990, p. 7.

② Charles A. Frankenhoff, "The Prebisch Thesis: A Theory of Industrialism for Latin America", *Journal of Inter-American Studies*, Vol. IV, No. 2, April 1962, p. 195.

入的减少和进口能力的部分丧失，其结果就是经济增长的停滞甚至倒退。因此，在"中心-外围"体系下，外围国家本身缺乏经济增长的动力，往往容易受到中心国家经济波动的影响。外围国家要实现经济增长就必须克服这种对外依附性，一个有效的办法就是改变它们的进口结构，由国内生产来替代某些需要进口的产品。对此，普雷维什在《经济增长的理论与实践》中指出，"如果没有替代，没有进口结构的变化，那么也就不会有经济增长"。[①]

（2）由于初级产品与工业品之间在需求收入弹性上的差别，以及不断出现人工合成材料取代天然初级产品的事实，中心国家对初级产品需求的增长率明显低于外围国家对工业品需求的增长率。[②]因此，中心国家和外围国家在国民收入的增长率上自然就会存在很大的差距。再加之初级产品贸易条件的长期恶化，外围国家经济增长的速度就更加低于中心国家。要改变这种局面，外围国家就必须通过进口替代过程来发展自身的工业。在这种意义上说，"进口替代……是修正对外贸易弹性的差异对外围增长影响的唯一办法"。[③]

（3）在外围国家，由于技术进步的影响和人口的迅速增长，以及劳动生产率低下的前资本主义部门的普遍存在，不断产生出大量的剩余劳动力。由于初级产品出口部门受中心国家需求的限制，依靠它们来吸收剩余劳动力显然是不现实的，它们只会在"周期上升阶段吸收劳动力，却在下降阶段排除劳动力"。[④]所以，要为剩余劳动力找到出路，唯一的途径是发展有吸收能力的工业部门。普雷维什这样说过："工业化的一个重要动力作用是随着技术进步向农业和其他经济部门的渗透而吸收它们所释放出来的劳动力。"[⑤]

（4）在"中心-外围"体系中，19世纪期间的动力中心是英国，它的进

---

① Raúl Prebisch, *Problemas teóricos y prácticos del crecimiento economic,* México, D. F.: CEPAL, 1951. 转引自肖枫编著：《西方发展学和拉美的发展理论》，北京：世界知识出版社1990年版，第133页。

② 对于初级产品和制成品之间需求收入弹性上的差别，普雷维什举出了很有说服力的例子，他说："对初级产品需求的增长要慢于对工业品需求的增长。拉美最近的经历表明，总需求每增长1%，农业需求仅增长0.5%，而工业需求则增长大约1.4%。"（United Nations, *Towards a Dynamic Development Policy for Latin America,* New York, 1963, p. 24.）

③ Raúl Prebisch, "Commercial Policy in the Underdeveloped Countries", *American Economic Review: Papers and Proceedings*, Vol. 49, No. 2, May 1959, p. 253.

④ Raúl Prebisch, "The Economic Development of Latin America and Its Principal Problems", *Economic Bulletin for Latin America*, Vol. 7, No. 1, February 1962, p. 22.

⑤ Raúl Prebisch, "Economic Aspects of the Alliance for Progress", in John C. Dreier, ed., *The Alliance for Progress: Problems and Perspectives*, Baltimore: The Johns Hopkins Univ. Press, 1962, p. 28.

口系数通常保持在 30%—35%的高水平，因此能够将经济增长的动力通过进口更多初级产品的方式传播给外围国家。在这种情况下，外围国家依靠发展初级产品出口部门就有可能获得经济发展。进入 20 世纪以后，世界经济体系的动力中心转移到了美国，它的进口系数不仅很低，而且还呈现出不断下降的趋势。这样，它就不可能通过扩大对外围国家初级产品的进口来将经济增长的动力传播到这些国家，从而限制了外围国家出口能力的提高。在这样的背景下，外围国家如果继续奉行以初级产品出口部门为核心的发展模式将会是前景暗淡，对此，普雷维什这样认为："一个国家如要使增长率高于出口的低增长率，就目前而言，它除了用本国生产来替代大部分进口以外，别无其他选择。"①

总之，在"中心-外围"体系下，由于长期奉行初级产品出口战略，外围国家形成了不同于中心国家的异质性经济结构，其本身缺乏经济增长的动力；初级产品贸易条件存在的长期恶化趋势，使外围国家的处境更是雪上加霜。外围国家如果还继续发展初级产品出口战略的话，不仅不能分享工业部门技术进步的成果，而且还将由于贸易条件的长期恶化而将初级产品部门技术进步的成果转移到中心国家，使自己处于更加不利的地位。因此，外围国家要摆脱由于初级产品出口战略所导致的不发达状态，要改造其落后的异质性经济结构，就必须通过进口替代活动来发展自己的工业。正是在这种意义上说，外围国家的发展实质上就是工业化的过程。

在论证了进口替代工业化的必要性和紧迫性以后，普雷维什进一步指出了外围国家实施进口替代工业化战略的一些具体政策措施。

第一，采取有节制的和选择性的保护主义政策，对外围国家的幼稚工业进行必要的保护。普雷维什强调，外围国家可以通过关税保护，或者进口限额、多重汇率等非关税保护来促进进口替代工业化的顺利进行。他在《拉丁美洲的经济发展及其主要问题》中提出："因为国内生产成本更高，进口的国内替代生产通常就需要提高关税。从这个观点来说，将会有实际收入上的损失，但是，另一方面，由于就业的周期性波动而产生的收入损失通常也是非常大的。极有可能的是，在多数情况下来自就业稳定的集体收益要比更高国内生产成本所导致的损失更大。"②也就是说，虽然从理论上说，外围国

---

① 转引自江时学：《拉美发展模式研究》，北京：经济管理出版社 1996 年版，第 43 页。

② Raúl Prebisch, "The Economic Development of Latin America and Its Principal Problems", *Economic Bulletin for Latin America*, Vol. 7, No. 1, February 1962, p. 20.

家采取保护性关税的措施会由于国内生产成本高于国际水平而导致其实际收益方面的损失，但是通过这种措施而开展的进口替代活动在创造稳定就业方面的积极作用大大超过了由于成本差异而造成的损失。因此，从整个国家的经济和社会发展的角度来看，实施保护性关税是经济的，能够发挥积极作用。

后来，普雷维什进一步发展了这种观点，他在《欠发达国家的贸易政策》一文中指出："保护（或者补贴）似乎是更为直接和简单的解决办法，因为它主要是针对那些新的工业部门。为了获得同样的结果，借助货币贬值，势必对整个价格体系造成不利影响。一项贬值政策仅仅是修正汇率高估的工具而已，而不能影响经济的结构变化。因此，有选择的保护政策是一项更为可取的工具……如果循序渐进地实施的话，更高的进口价格就能够被生产率的普遍提高所吸收，而不会影响整个经济的价格水平。当然，其前提是保护政策没有被过分地用来作为低效率的保护伞。"①在这里，普雷维什更加强调"有选择性的保护政策"，认为保护政策在发展中国家加以实践的前提是不能使之成为"低效率的保护伞"。

在 1963 年出版的《拉丁美洲迈向有活力的发展政策》一书中，普雷维什仍然坚持认为，"保护在拉美国家中是必要的"，但是，这种保护政策"并没有被适度地加以使用，也没有制定一种合理的政策，更没有预见到缓解收支危机的必要性"。同时，"由于过分的关税和非关税保护，难以形成国内的良性竞争，从而危害了有效的生产"。②因此，拉美国家在实施保护政策时，必须注意以下几个方面的问题：（1）必须制定合理的保护政策和适度的保护水平，使之在不压低经济效率的范围内，以保证国民经济的协调发展；（2）必须根据工业化进程的发展不断下调保护水平，"以便使工业不断受到外来竞争的刺激"；③（3）"主要的工业中心降低或消除关税"，是使外围国家逐步消除保护政策的"一个必要补充"。④

直到 20 世纪 80 年代，普雷维什还反复强调，只要不对称的"中心-外围"关系仍然存在，外围国家就有必要采取适度的保护政策。他曾经这样

---

① Raúl Prebisch, "Commercial Policy in the Underdeveloped Countries", *American Economic Review: Papers and Proceedings*, Vol. 49, No. 2, May 1959, p. 257.

② United Nations, *Towards a Dynamic Development Policy for Latin America*, New York, 1963, p. 71.

③ United Nations, *Towards a Dynamic Development Policy for Latin America*, New York, 1963, p. 89.

④ United Nations, *Towards a Dynamic Development Policy for Latin America*, New York, 1963, p. 72.

说："由于外围发展的延误，中心的技术、经济优势不断加强，说明有必要对替代性工业化实行保护并对工业品出口给予补贴。""中心国家一味地反对保护和补贴，而不是鼓励合理地运用这些手段。……它们不懂得为了发展并克服外部瓶颈趋势，外围需要出口制成品或新的农工产品，以满足其日益增长的进口需要。在无法这样做的情况下，就不可避免地需要通过适当的保护继续其替代进口。中心国家越是对来自外围的进口放宽限制，外围就越不需要对新的替代性工业实行保护。对原有的替代性工业来说，取消保护将意味着走回头路，会加剧外部瓶颈趋势，不利于劳动力就业。"①在另一个场合，普雷维什直截了当地说："由有节制、有选择的保护政策刺激起来的进口替代，是取得令人满意的效果、经济上明智稳妥的好办法。"②

　　第二，加强国家在经济增长活动中的作用。普雷维什认为，在"中心-外围"体系中，由于外围国家经济结构上的异质性，市场机制在外围国家的经济发展中只能发挥部分的作用，如果要求外围国家像中心国家那样采取完全的市场经济体制，听任市场力量自由地发挥作用，只会对外围国家的经济发展造成危害。因此，国家对经济活动的适当干预，是外围国家实现经济发展的必要条件之一。普雷维什对国家干预作用所强调的一个重要方面是，他对国家在制订经济发展计划方面的重要作用。早在 1953 年，普雷维什就提出在进口替代工业化过程中，国家应该通过制定发展规划，采取经济和行政手段，对市场力量和经济运行起到一定的调节作用。③而且，正是由于普雷维什在强调经济计划方面的贡献，有学者这样评价说："普雷维什是……我们时代最为杰出的计划者之一。"④后来，普雷维什还更加明确地指出，计划与市场、国家的适当干预与私人资本的创造性是可以共存的。他说："我坚持认为，把计划与一种合适的激励机制结合起来，是充分利用私人创造性

---

① ［阿根廷］劳尔·普雷维什：《外围资本主义：危机与改造》，苏振兴、袁兴昌译，北京：商务印书馆 1991 年版，第 182—183 页。

② Raúl Prebisch, "Cinco etapas de mi pensamiento sobre el desarrollo", CEPAL, *Raúl Prebisch: un aporte al estudio de su pensamiento,* Santiago de Chile: Naciones Unidos, 1987, p. 17.

③ 在 1953 年 4 月于巴西里约热内卢举行的拉美经委会第 5 届会议上，普雷维什做了题为《过去 25 年拉美经验中的一些普遍计划》的报告，后来收录在拉美经委会于次年出版的《经济发展的规划技术的初步研究》一书中。

④ Luis E. Di Marco, "The Evolution of Prebisch's Economic Thought", in Luis E. Di Marco, ed., *International Economics and Development: Essays in Honor of Raúl Prebisch,* New York: Academic Press, 1972, p. 4.

的巨大潜力，并使之充满活力的唯一有效手段。"①可以这样说，强调经济计划工作的重要性贯穿于普雷维什经济思想的历程。晚年的普雷维什还坚持认为："指导国家调节行动的准则应当通过民主的计划途径来确定。计划意味着集体的合理性。"②

　　另一方面，普雷维什还特别强调国家对经济活动的适当干预是外围国家进口替代工业化的必然要求。他在《欠发达国家的贸易政策》一文中说："我担心，如果市场力量不加限制的话，找到最优解决办法是不可能的。让市场力量自由发挥作用的古典机制没有带来这种最优解决办法，无论是调整工资还是调整价格，都无力做到这一点。恰恰相反，在外围生产率提高的成果中，转移到外部世界的部分要比市场力量受到一定限制——要么通过关税保护，要么是另外的干涉形式——时更大。"③换句话说，由于外围国家与中心国家之间在经济结构上存在巨大差异，如果它们像中心国家那样听任市场力量不受限制地发挥作用，必然会使生产率提高的成果流入中心国家，从而对外围国家的经济发展造成严重的危害。

　　此外，普雷维什还从外围国家社会部门发展的角度，提出了国家适度干预经济活动的必要性。普雷维什认为："拉美必须加速它的经济发展的增长率，做出有利于广大人民群众的收入再分配。这一目标的实现不能无限制地推迟，也不应该期望首先会发生经济发展，然后再是社会发展的自然过程。这两方面的发展必须逐步地实现。这就需要合理的和深思熟虑的国家行动来影响发展的力量；就像先进国家的资本主义发展过程一样，市场力量的自发作用在这里是不够的。"而且，即使是在"先进的国家中，经济发展基本上是一个自发的现象，但是社会发展则不同，它大部分依靠深思熟虑的政策措施才能形成"。④因此，普雷维什坚持认为："从集体的观点来看，市场不是经济的最高调节者，因为它既不解决积累问题，也不解决收入分配问题。市场运转的好坏取决于它赖以依靠的社会结构以及从这种变化不定的结构中产生的权力关系的作用。体系的根本缺陷就在这里。体系的这些缺陷必须通过

---

　　① Raúl Prebisch, "Economic Aspects of the Alliance for Progress", in John C. Dreier, ed., *The Alliance for Progress: Problems and Perspectives,* Baltimore: The Johns Hopkins Univ. Press, 1962, p. 58.

　　②［阿根廷］劳尔·普雷维什：《外围资本主义：危机与改造》，苏振兴、袁兴昌译，北京：商务印书馆 1991 年版，第 43 页。

　　③ Raúl Prebisch, "Commercial Policy in the Underdeveloped Countries", *American Economic Review: Papers and Proceedings*, Vol. 49, No. 2, May 1959, pp. 255—256.

　　④ United Nations, *Towards a Dynamic Development Policy for Latin America,* New York, 1963, pp. 10—11.

市场以外的集体决策来纠正，而个人的生产和消费则必须在市场范围内来实现。"①

第三，以增加国内储蓄为主，吸收外国资金为辅，大力提高外围国家的投资率。西方经济学的传统观点认为，资本积累是经济增长的动力。普雷维什也非常强调资本积累在经济发展中的重要作用。他认为，"生产率问题归根到底是投资问题，不增加资本量就不能持续地提高生产率"。②在普雷维什看来，中心国家由于实现了资本积累和技术进步之间的良性循环，所以它们的经济得以迅速地发展。而在外围国家，普遍存在着拉格纳·纳克斯所提出的"贫困恶性循环"现象，即"低生产率—低收入水平—低储蓄率—低投资率—低生产率"的"恶性循环"。③因此，外围国家要实现进口替代工业化的目标，首要的任务就是要打破这种"恶性循环"。普雷维什提出，外围国家打破上述"恶性循环"的主要途径有：一是要以提高国内储蓄率和资本形成能力为主，提高国内的投资率；二是要以适当吸收外国资本为辅，弥补外围国家国内资金的不足。

在提高国内储蓄方面，普雷维什认为，外围国家的一个普遍特征是储蓄率十分低下，限制了资本形成能力的提高。提高国内储蓄率的途径主要有：（1）压缩国内的消费水平来增加资本积累；（2）采取通货膨胀的方法来扩大资本形成的能力；（3）采取适当措施使储蓄能够真正被用作投资；（4）实施收入再分配以提高中下阶层的收入，从而提高群众的储蓄率。普雷维什认为，在第一种办法中，由于广大人民群众的生活水平非常低下，限制了他们提高储蓄率的可能性，因而只能寄希望于高收入阶层增加储蓄。他说："高收入阶层的消费必须受到限制，以便经济和社会的投资能够得到提高。"④关于第二种途径，尽管普雷维什承认"通货膨胀是自愿储蓄明显不足时国家强制资本化的一个不可避免的手段"，但这种方法将带来高昂的社会代价。至于第三条途径，普雷维什认为，"在整个拉美，缺乏储蓄的特征不仅是因

---

① ［阿根廷］劳尔·普雷维什：《外围资本主义：危机与改造》，苏振兴、袁兴昌译，北京：商务印书馆1991年版，第269页。

② 转引自肖枫编著：《西方发展学和拉美的发展理论》，北京：世界知识出版社1990年版，第135页。

③ Ragnar Nurkse, *Problems of Capital Formation in Underdeveloped Countries,* Oxford: Basil Blackwell, 1953, p. 13.

④ Raúl Prebisch, "Economic Aspects of the Alliance for Progress", in John C. Dreier, ed., *The Alliance for Progress: Problems and Perspectives,* Baltimore: The Johns Hopkins Univ. Press, 1962, p. 46.

为这种狭窄的储蓄边际，而且在许多情况下是因为储蓄的不当使用"。[①]因此，国家必须运用财政手段，对非生产性活动进行限制以抑制消费，增加资本积累，提高投资率。对于最后一种办法，普雷维什最初并没有给予很好的评价，他说："如果认为一项重新分配的政策能够被用来直接地和即刻地提高大众的消费水平而不牺牲一些投资的话，其后果将是难以想象的。"[②]

在合理利用外国资本方面，普雷维什反复强调外资在外围国家经济发展中的重要补充作用。在《拉丁美洲的经济发展及其主要问题》一文中，普雷维什指出："虽然一些拉美国家达到的生产率水平使它们能够减少补充国内储蓄到适中比例所需的外国资本的量，但是在绝大多数国家中外国资本明显是不可或缺的。……在不降低目前已经非常低的大众消费水平的情况下，要想打破生产率与资本积累之间的恶性循环，外国资本的帮助暂时还是必要的。如果这些资本被非常有效地加以使用，生产率的提高将会允许储蓄积累到能够在新的技术进步和人口增长所需的新投资中替代外国资本。"[③]也就是说，外国资本在外围国家经济发展中所起的作用，只能是"暂时性的"，将随着外围国家收入水平的提高和国内储蓄的增加，逐渐为国内资金所取代。此外，普雷维什不仅认识到外国资本在增加外围国家投资率上的重要作用，而且还充分肯定了它在训练本国技术人员，促进技术转让方面的作用。他说："鼓励外资之所以必要，不但由于它带来资金，而且带来了技术援助，并推广了拉美各国十分需要的技术知识。"[④]后来，普雷维什还专门强调了外国资本只能在外围国家中起到辅助作用，国家必须对它加以适当的管理。他说："拉美国家应当明确划定外国和私人企业活动的领域，以利于本国经济的发展和平衡国际收支。必须实行有选择性的政策，凡拉美人业已掌握生产技术的部门不要建立外资企业，只在那些拉美人尚未掌握先进技术或需要吸收国外先进经验的部门建立外资企业。在任何情况下，外资政策应符

① Raúl Prebisch, "The Economic Development of Latin America and Its Principal Problems", *Economic Bulletin for Latin America*, Vol. 7, No. 1, February 1962, p. 14.

② Raúl Prebisch, "Economic Aspects of the Alliance for Progress", in John C. Dreier, ed., *The Alliance for Progress: Problems and Perspectives,* Baltimore: The Johns Hopkins Univ. Press, 1962, p. 46.

③ Raúl Prebisch, "The Economic Development of Latin America and Its Principal Problems", *Economic Bulletin for Latin America*, Vol. 7, No. 1, February 1962, pp. 13—14.

④ Raúl Prebisch, *Problemas teóricos y prácticos del crecimiento económico,* México, D. F.: CEPAL, 1951. 转引自高铦：《第三世界发展理论探讨》，北京：社会科学文献出版社 1992 年版，第 33 页。

合本国自主权的基本原则。"①

第四，加强外围国家之间的经济合作，适当扩大市场规模，为进口替代部门提供更大的活动空间。普雷维什认为，外围国家在单个的"防水舱"中进行工业化的努力，必然会面临着市场狭小的限制，使进口替代过程难以为继。要摆脱这种掣肘，唯一有效的途径是加强拉美国家之间的经济合作。在1954 年主持撰写的《拉丁美洲发展政策中的国际合作》中，普雷维什就比较系统地提出了加强拉美国家经济合作的思想。而到 1959 年发表的题为《拉丁美洲共同市场》的报告中，普雷维什的这种思想更加成熟，他系统地阐明了建立拉美经济一体化组织，为进口替代工业部门扩大市场的构想。1964年，普雷维什在第一届联合国贸易和发展会议上做了题为《迈向发展的新贸易政策》的报告，进一步提出了外围国家团结合作，共同发展的思想。

总的看来，普雷维什的进口替代工业化理论是从他的"中心-外围"理论和贸易条件恶化论所推演出来的、合乎逻辑的结论。他的这一理论来源于拉美国家的历史实践，也在拉美国家经济发展的实践中不断得到补充和完善。

第三节　拉美国家进口替代战略实践

拉美国家实施进口替代战略的历程大致可以划分为这样几个阶段：（1）第二次世界大战以前的进口替代早期阶段；（2）第二次世界大战结束后到 50年代是进口替代顺利发展的阶段；（3）60 年代拉美国家开始进入进口替代的"困难"阶段；（4）从 70 年代起，奉行进口替代的拉美国家开始出现分化；（5）80 年代以后是进口替代战略退出历史舞台的时期。

除了巴西以外，拉美早期进口替代工业化的另一个典型是阿根廷。19世纪后期，在洛佩斯-佩列格里尼学派的影响下，阿根廷很早就开始了发展工业的初步尝试，到 20 世纪初期以后，尤其是第一次世界大战期间，这种带有"进口替代"性质的工业活动在阿根廷变得更加普遍，因此工业部门获得了比较迅速的发展。以 1950 年的基数为 100，阿根廷的工业生产在 1914

---

① Raúl Prebisch, *Change and Development: Latin America's Great Task*, Washington, D. C.: Inter-American Development Bank, 1970. 转引自高铦：《第三世界发展理论探讨》，北京：社会科学文献出版社1992 年版，第 33 页。

年为 20.3，1918 年为 22.1，而到 1929 年就迅速上升到 45.6。[①]不过，工业部门的上述发展也并未从根本上动摇初级产品出口模式在阿根廷经济中的主导地位，其高达 25%的进口系数表明，仍然有大量的工业消费品依靠进口。

在 20 世纪 30 年代的经济大萧条以后，阿根廷经济的这种格局才开始出现根本性的变化。1930 年 9 月 6 日，以何塞·菲利克斯·乌里武鲁和奥古斯廷·胡斯托等军人和文人贵族组成的联盟发动政变推翻了伊波利托·伊里戈延政府，成立了政治上倾向于保守的政府。不过，这个保守派政府却在 30 年代推行了一系列带有明显进口替代性质的政策措施。[②]而且值得特别指出的是，阿根廷政府这一时期的许多政策措施是与普雷维什密切相关的。对于这种相关性，美国经济学家约翰·威廉逊指出："普雷维什在指导 20 世纪 30 年代阿根廷中央银行实行的相当成功的非正统政策中发挥过主要作用，所以，他对进口替代的成功范例极为熟悉。"[③]拉美学者费利佩·帕索斯更是明确地指出，"1930—1935 年间，劳尔·普雷维什担任阿根廷政府的财政部副部长和政府的主要的经济顾问。从中央银行成立的 1935 年起，他就担任了中央银行的行长、首席经济学家和重要的决策人物。在 1930—1943 年间，阿根廷的经济政策大多是在他的指导下制定和实施的，这也正是他应该得到成功赞誉的地方"。[④]

从第二次世界大战结束到 50 年代末期，是拉美国家实施进口替代工业化战略最为顺利的时期。在普雷维什和拉美经委会的积极努力下，大部分拉美国家开始进入"有意识的进口替代"阶段。也就是说，这时的进口替代已经改变了第二次世界大战前的"自发性"，变成一种由各国政府有意识推行的经济发展战略。综合起来，到 50 年代初期，阿根廷、巴西、智利、哥伦比亚、墨西哥和乌拉圭等拉美的几个经济大国，奉行的是完全进口替代战略，并且开始进入耐用消费品、中间品和资本品的高级进口替代阶段；秘

---

① [美] 戴维·罗克：《阿根廷从第一次世界大战到 1930 年革命》，载 [英] 莱斯利·贝瑟尔主编：《剑桥拉丁美洲史》（第五卷），中国社会科学院拉丁美洲研究所译，北京：社会科学文献出版社 1992 年版，第 432 页。

② 阿根廷这一时期的经济发展情况，可参阅 [英] 莱斯利·贝瑟尔主编：《剑桥拉丁美洲史》（第八卷），中国社会科学院拉丁美洲研究所译，北京：当代世界出版社 1998 年版。

③ [美] 约翰·威廉逊：《开放经济与世界经济》，厉伟等译，北京：北京大学出版社 1991 年版，第 283 页。

④ Felipe Pazos, "Raúl Prebisch, Central Banker", *CEPAL Review*, No. 34, April 1988, p. 180.

鲁、玻利维亚和中美洲诸国奉行进口替代与初级产品出口相结合的政策，仍然处在替代生产非耐用消费品的初级进口替代阶段；而委内瑞拉和加勒比群岛的许多国家则倚赖丰富的自然资源，继续推行初级产品出口战略，不过同样也开始出现了带有进口替代性质的工业活动。[①]因此，完全可以如一些学者所断言的那样，"这个阶段的主要特点是替代进口的工业化已超出拉美一部分国家的范围，成为一个地区性的进程"。[②]

概括起来，拉美国家在这一时期主要采取这样一些经济政策来推行它们的进口替代工业化战略：第一，强调国家在经济发展中的重要作用。根据普雷维什和拉美经委会的理论，国家不仅是经济发展的调节者，而且还可以成为大量商品和劳务的直接生产者和供应者，因此在经济发展中发挥着至关重要的作用。所以，拉美各国普遍重视国家在下述几个方面的重要作用：（1）通过制订全国经济发展计划、地区和部门经济计划来推动国民经济的发展；（2）通过税收、金融、物价、外资管理等政策来促进本国工业的发展；（3）通过人力资源的开发来促进国民经济的长远发展；（4）在实行外资企业国有化的基础上建立了大批国营企业，直接承担经济生产者和供应者的角色。

第二，普遍采取关税与非关税保护措施，保护各国的"幼稚工业"。拉美国家利用高关税来保护本国工业的情况在 50 年代是非常普遍的，表 6-2 反映的就是一些拉美国家所规定的关税对其国内经济的名义保护率。[③]这些

---

① 这三类国家的划分并不是绝对的。有些国家在奉行进口替代战略的同时，也发展传统的初级产品出口部门，但进口替代部门在国民经济中居于主导地位，因而也可以称为"完全进口替代国"。另外一些国家尽管也发展了进口替代工业，但并未因此改变初级产品出口部门在国民经济中的重要地位，因此只是"部分进口替代国"。它们中的有些国家后来逐步发展为"完全进口替代国"，也有些又重新成为"初级产品出口国"。至于像委内瑞拉这样的国家，同样也发展了进口替代，但与其居于主导地位的石油出口部门相比显得微乎其微，因此它就被划分为"非进口替代国"或"初级产品出口国"。不过从 50 年代后期起，委内瑞拉等国开始加强进口替代工业化活动，尤其是与石油加工业有关的进口替代活动，因此也就逐渐演变成"部分进口替代国"。

② 李春辉、苏振兴、徐世澄主编：《拉丁美洲史稿》（第三卷），北京：商务印书馆 1993 年版，第 14 页。

③ 名义保护率是指以百分比形式表示进口商品的国内价格超过没有关税限制时价格的程度。名义保护率所反映的是一定关税率在不考虑其他任何要素情况下对国内经济的保护程度。与这一衡量尺度相对的是所谓的"有效保护率"，它是指国内工业中某一特定生产阶段中附加价值超过没有关税保护时的附加价值的程度。有效保护率所反映的是国内企业在保护下能够支付的工资、利息、利润和折旧补贴的总和超过这些企业面对国外同类企业在没有关税保护的竞争条件下能够支付的上述总和的百分比。参阅[美]迈克尔·P. 托达罗：《经济发展》（第 6 版），黄卫平、彭刚译，北京：中国经济出版社 1999 年版，第 462—464 页。

数据表明，与发达的欧共体国家相比，一些拉美国家的关税定得非常高，这样就使原先依靠进口的工业品在国内市场上变得非常昂贵，从而限制了它们的国内需求，达到国内替代生产的目的。除了使用关税保护的手段外，拉美国家还普遍采取了进口限额、进口许可证，以及多重汇率或汇率高估等非关税保护形式。表 6-2 中墨西哥和乌拉圭相对较低的名义保护率，并不是说这两个国家对国内工业的保护程度低，而是说明它们利用关税保护的程度相对较低，而使用非关税手段保护的比重更大。

表 6-2　一些拉美国家的关税名义保护率（1960 年）　　单位：百分比

国家	非耐用消费品	耐用消费品	半制成品	工业原材料	资本品	总的平均水平
阿根廷	176	266	95	55	98	131
巴西	260	328	80	106	84	168
智利	328	90	98	111	45	138
哥伦比亚	247	108	28	57	18	112
墨西哥	114	147	28	38	14	61
乌拉圭	23	24	23	14	27	21
欧共体	17	19	7	1	13	13

资料来源：Victor Bulmer-Thomas, *The Economic History of Latin America since Independence,* New York: Cambridge University Press, 1994, p. 280.

　　第三，积极利用外国资本来弥补国内资金的不足，提高资本形成的能力和投资率，从而推动国民经济的迅速发展。普雷维什和拉美经委会的经济学家们认为，资金不足是拉美经济发展面临的首要问题。资金不足造成投资率低下，劳动生产率提高缓慢和经济增长水平受到极大的限制，从而制约了资本形成的能力，国民经济难以实现良性循环。为了解决这一问题，国家不仅需要利用其力量动员国内的资本形成潜力，提高国内储蓄率，而且还必须充分利用外国资本的有效补充作用。在 50 年代，拉美各国几乎都制定或修改了《外国投资法》，强调引进外国资本的重要性，而且拉美也是美国在这一时期对外投资的首要地区，占美国对发展中国家私人直接投资的 70% 以上。1950 年，美国的跨国公司在世界各地投资建立的子公司有 7417 家，其中 2061 家分布在拉美，占总数的 27.8%。[1]

---

① 陈芝芸等：《拉丁美洲对外经济关系》，北京：世界知识出版社 1991 年版，第 16、53 页。

通过第二次世界大战后十多年的发展，到 50 年代末期，拉美国家的进口替代工业化取得了引人注目的成就。在经济增长方面，1950—1960 年，拉美地区的国内生产总值年均增长率为 5.1%，而工业部门的年均增长率更是高达 6.9%，均高于同期其他发展中国家和发达国家的水平。在体现进口替代工业化成就的指标——制造业在国内生产总值中的比重方面，拉美各国也取得了显著的增长，其中巴西的增幅最大，由 1950 年的 16.5% 上升到 1960 年的 23.4%（以上数据均见表 6-3）。与此同时，拉美各国在新生儿死亡率、平均预期寿命、医疗卫生设施和教育等社会条件方面也取得了较大的发展。因此，到 60 年代初期，经济学家们普遍认为，"拉美的进口替代实现了它预定的大部分目标"。[①]

表 6-3　一些拉美国家有关经济指标（1950—1960）　　　单位：百分比

国家	GDP 年均增长率	工业年均增长率	制造业在 GDP 中的比重	
			1950 年	1960 年
阿根廷	2.8	4.1	28.9	31.4
巴西	6.8	9.1	16.5	23.4
智利	4.0	4.7	16.7	18.7
哥伦比亚	4.6	6.5	14.2	17.0
墨西哥	6.1	6.2	20.6	23.0
秘鲁	5.5	—	14.6	17.7
委内瑞拉	8.0	—	9.6	10.7
拉丁美洲	5.1	6.9	20.0	22.0

资料来源：Victor Bulmer-Thomas, *The Economic History of Latin America since Independence,* New York: Cambridge University Press, 1994, p. 309; Patricio Meller, ed., *The Latin American Development Debate: Neostructuralism, Neomonetarism and Adjustment Processes,* Boulder: Westview Press, 1991, p. 10 and p. 13; [巴西] 塞尔索·富尔塔多：《拉丁美洲经济的发展》，上海：上海译文出版社 1981 年版，第 122—123 页；陈芝芸等：《拉丁美洲对外经济关系》，北京：世界知识出版社 1991 年版，第 17 页。

尽管取得了上述引人注目的成就，但是拉美各国奉行的进口替代战略还是出现了一些问题，其中有些问题反映了进口替代战略本身的内在缺陷，而有些问题则是各国政策失误的结果。综合起来，进口替代在 60 年代初期出现的问题主要体现三个"失衡"上：一是造成了严重的部门失衡。一方面，

[①] Robert J. Alexander, "Import Substitution in Latin America in Retrospect", in James L. Dietz and Dilmus D. James, eds., *Progress toward Development in Latin America: From Prebisch to Technological Autonomy,* Boulder: Lynne Rienner Publishers, 1990, p. 21.

进口替代战略存在一种歧视农业的内在倾向。该战略对工业的保护使工业替代品价格高于农业替代品价格，因而提高了作为农业生产投入物的工业品价格，这相当于在暗中对农业征税。同时，为了维持城市地区的较低粮食价格，对粮食进口不予限制，这又相当于在暗中对进口粮食提供了补贴，使国内粮食生产更加困难。另一方面，在工业部门中，由于采取有利于中间品和资本品的多重汇率和区别关税的政策，使中间品和资本品进口得到直接或间接的补贴，刺激了生产者采用资本或技术密集的企业形式，从而使该战略在创造就业方面作用甚微，加剧了贫困化问题。[1]二是导致了更大的外部失衡。汇率高估是进口替代战略的主要政策工具之一，它有一种歧视出口、鼓励进口的倾向。因为汇率高估使中间品和资本品进口的成本价格低于国内生产价格，所以国内生产商往往更愿意通过进口这些产品来维持正常生产，从而加剧了国际收支的失衡和外汇短缺的问题。与此同时，进口替代对国内工业的保护使工业部门缺乏国际竞争力，资本积累机制难以形成，工业化所需的资金多需进口，因而导致了更大的外部失衡。三是出现了严重的财政失衡。随着进口替代战略的深入发展，在基础设施建设、中间品和资本品进口补贴等方面的公共开支日益增加，同时，该战略歧视出口的倾向使政府收入的增长潜力受到限制，于是经济发展便越来越多地依赖国家的干预和补贴，这必然造成严重的财政失衡。[2]正是基于上述问题，有学者断言："60 年代预示着拉美危机的到来。脱胎于 1929 年以后的工业化政策的经济战略在经济上和政治上都已开始陷入严重的困境。在经济方面，这些问题在一定程度上起因于进口替代工业化发展本身的性质。"[3]

事实上，进口替代战略的上述缺陷是许多奉行该战略的发展中国家和地区在 60 年代初期所面临的共同挑战。面对这种挑战，东亚的一些国家和地区，如韩国和中国的台湾地区，直接由进口替代初级阶段转向出口替代阶段。然而，拉美各国不仅没有实现经济转轨，而且还进一步强化了进口替代战略。从 60 年代初期起，不仅阿根廷、巴西等"完全进口替代国"继续推

[1]　Joan B. Anderson, *Economic Policy Alternatives for the Latin American Crisis,* New York: Taylor & Francis New York Inc., 1990, p. 10.

[2]　N. Lustig, "From Structuralism to Neostructuralism: The Search for a Heterodox Paradigm", in Patricio Meller, ed., *The Latin American Development Debate: Neostructuralism, Neomonetarism and Adjustment Processes,* Boulder: Westview Press, 1991, p. 32.

[3]　［美］托马斯·E. 斯基德莫尔和［美］彼得·H. 史密斯：《现代拉丁美洲》，江时学译，北京：世界知识出版社 1996 年版，第 66—67 页。

行进口替代进程，而且秘鲁、玻利维亚等"部分进口替代国"也开始变成
"完全进口替代国"，诸如委内瑞拉等初级产品出口国也开始视进口替代战略
为其经济发展的圭臬，正式加入进口替代国家的行列。正是在这种意义上
说，只是到 60 年代以后，进口替代工业化战略才真正成为整个拉美的"一
项地区性事业"。

不过，拉美的进口替代进程还是根据所出现的问题进行了调整，发生了
一些重要的变化。首先，拉美各国开始寻求建立经济一体化机制，为替代进
口的国内工业寻找市场。到 50 年代末期，以普雷维什为代表的拉美经委会
经济学家们认识到，进口替代进程发展到耐用消费品、中间品和资本品的高
级阶段时，拉美各国必然面临工业制成品的市场销路问题。一方面，拉美各
国的国内市场狭小，日益制约着经济发展；另一方面，进口替代战略对国内
工业的保护，使拉美国家生产的工业品缺乏国际竞争力。面对这种二难困
境，唯一的出路就在于通过加强拉美国家之间的经济合作，建立相应的经济
一体化组织，为进口替代产品解决市场出路问题。只有这样才能够为进口替
代工业化向纵深发展开辟道路，实现经济的进一步发展。对此，普雷维什评
论说："容易替代的阶段已经过去。……我们现在正在走向中间品或耐用消
费品或资本品的进口替代阶段，这些产品除了很难制造以外，还需要比单个
拉美国家更大的市场。"①

以上述思想为指导，拉美国家在 60 年代掀起了推进经济一体化的高
潮。1960 年 2 月，阿根廷、巴拉圭、巴西、秘鲁、玻利维亚、厄瓜多尔、
哥伦比亚、墨西哥、委内瑞拉、乌拉圭和智利等 11 个国家签署了《蒙得维
的亚条约》，建立了拉美自由贸易协会。同年 12 月，危地马拉、洪都拉
斯、萨尔瓦多和尼加拉瓜四国签署了《中美洲经济一体化总条约》，开始筹
建中美洲共同市场。1962 年 7 月，哥斯达黎加加入该条约。同年 8 月，中
美洲共同市场正式成立。1969 年，一些拉美国家又在拉美自由贸易协会的
范围内组建了安第斯条约组织和拉普拉塔河流域组织等经济一体化机构。

其次，某些国家在实行进口替代的同时，开始采取一些出口替代战略的
政策措施。如前文所述，拉美国家实行进口替代工业化过程中的一个主要问
题是其工业品缺乏国际竞争力，无法实现出口，因而很难达到为资本积累做

---

① United Nations, *Towards a Dynamic Development Policy for Latin America,* New York, 1963, pp. 69—
70.

出贡献的预期目的。因此，从 60 年代初期起，普雷维什和拉美经委会开始提出将进口替代与鼓励工业品出口结合起来。普雷维什说："制成品出口应该是外围经济工业化的自然的补充。"[①]然而，拉美国家实现出口制成品的目标，还面临着两方面的障碍：一方面，由于拉美国家在奉行进口替代过程中，"国内市场的相对狭小通常使工业成本过高，需要求助于非常高昂的保护性关税；后者反过来又对工业结构造成了不利的影响，因为它鼓励建立大量缺乏竞争力的小工厂，削弱了对引进现代技术的刺激，延缓了生产率的提高。这样，对于制成品出口而言，就形成了一种实际上的恶性循环。制成品出口遇到很大的困难是因为国内成本很高，而国内成本很高则是因为缺乏能够扩大市场的出口"[②]；另一方面，发达国家给外围国家的制成品出口设置了重重障碍，"工业国家给发展中国家制成品出口所设置的障碍由来已久，最近在某些情况下的障碍甚至更大。这些障碍中应该特别提及的是区别关税，它严重阻碍了发展中国家的原材料加工工业，因为按照规定，关税根据加工程度有比例地提高"[③]。因此，外围国家要实现出口制成品的目标，不仅需要自身的积极努力，更需要中心国家做出相应调整，消除对发展中国家制成品出口的歧视性政策。

在拉美各国中，巴西、阿根廷、墨西哥等国把进口替代与制成品出口结合得比较好。其中，墨西哥最具有代表性。从 1965 年起，墨西哥政府开始在与美国接壤的北部边境地区发展具有出口导向性质的出口加工工业，即墨西哥和加勒比地区所谓的"客户工业"。面临由于进口替代战略的缺陷引起的困难，墨西哥在 60 年代并未实施全面的经济转轨，而是继续向进口替代的高级阶段过渡。不过，由于该战略的深化而带来的外汇短缺、失业严重等问题，困扰着墨西哥政府。1964 年，墨西哥工业和贸易部部长奥克塔维亚诺·坎波斯·萨拉斯的远东之行，为解决上述问题找到了一种权宜之计——发展出口加工工业。在这次访问期间，萨拉斯特地参观了中国台湾地区的高雄出口加工区，切身体会了出口加工工业为当地经济带来的巨大好处，特别

---

① Raúl Prebisch, *Towards a New Trade Policy for Development*, Report by the Secretary-General of UNCTAD, United Nations, 1964, p. 20.

② Raúl Prebisch, *Towards a New Trade Policy for Development*, Report by the Secretary-General of UNCTAD, United Nations, 1964, p. 22.

③ Raúl Prebisch, *Towards a New Trade Policy for Development*, Report by the Secretary-General of UNCTAD, United Nations, 1964, p. 23.

是在制成品出口和创造就业这两方面的实绩给他留下了深刻印象。在萨拉斯远东之行后不久，墨西哥政府就决定在北部边境地区设立客户工业区。因此，有学者才认为，萨拉斯的远东之行是促成墨西哥设立客户工业区的主要"起因"。[①]当然，墨西哥政府设立客户工业区的真正原因是进口替代战略内在缺陷的显露以及墨西哥政府为解决这些问题而进行的努力，萨拉斯的远东之行只是为之找到了一种有效的解决办法而已。也就是说，墨西哥政府试图通过设立客户工业区，发展有"出口替代"性质的出口加工工业来扩大制成品出口和创造更多的就业，进而达到增加进口替代战略继续推行所需的外汇和解决剩余劳动力问题的双重目的。

其他拉美国家也采取了种种措施来鼓励制成品出口。例如，智利政府在1965年建立了"小幅度调整汇率"，以稳定国内外产品的价格关系，尤其是保护那些对实际汇率水平和稳定性更加敏感的制成品出口部门。而巴西在60年代初期就提出了"出口即出路"的口号，推行以增加工业品出口为主要内容的出口多样化政策。总之，尽管进口替代战略出现了一些困难，但是拉美各国在60年代仍然取得了显著的成就，特别是在增加制成品出口方面。1960—1970年间，拉美地区的国内生产总值和工业产值的年均增长率分别达到5.7%和6.9%，均高于过去十年的水平。[②]在制成品出口方面，1960—1973年间每年增长11.3%，比50年代的年均增长率水平（3.8%）高7.5个百分点。[③]而巴西更是在1968—1974年间创造了令世人仰慕的"巴西经济奇迹"：国内生产总值年均增长高达10.1%，工业产值年均增长11.9%。[④]

然而，应该强调的是，拉美国家在60年代进行的调整是小幅度的，其主导思想仍然是为了继续维持进口替代工业化战略。普雷维什的说法也正是这些国家的具体写照。他说："对工业出口的强调并不意味着应该放弃进口

---

① Manuel Martinez del Campo, "Ventajas e inconvenientes de la actividad maquiladora en México: Algunos aspectos de la subcontratación internacional", *Comercio Exterior*, Vol. 33, Núm. 2, febrero de 1983, p. 147.

② Ricardo Ffrench-Davis and Oscar Muñoz, "Latin American Economic Development and the International Environment", in Patricio Meller, ed., *The Latin American Development Debate: Neostructuralism, Neomonetarism and Adjustment Processes,* Boulder: Westview Press, 1991, p. 10 and p. 13.

③ ［英］莱斯利·贝瑟尔主编：《剑桥拉丁美洲史》［第六卷（上）］，中国社会科学院拉丁美洲研究所译，北京：当代世界出版社2000年版，第206页。

④ 苏振兴、徐文渊主编：《拉丁美洲国家经济发展战略研究》，北京：北京大学出版社1987年版，第102页。

替代政策。恰恰相反，应该坚持进口替代。……仍然有进口替代的余地，尽管在工业化进展更多的外围国家中已经大大地收缩了。如果要实施替代的话，这种余地还会显著地拓宽，不是在单个国家的国内市场中，而是在国家集团中，这样能够更加容易地获得竞争、专业化和规模经济的利益。"[①]而且，拉美各国在 60 年代的调整并没有从根本上消除进口替代战略本身存在的缺陷，还由于一些国家所采取的政策，使这些缺陷表现得更加明显了。因此，到 70 年代以后，拉美的"进口替代事业"就开始出现了分化——以智利、阿根廷和乌拉圭为代表的国家，开始全面抛弃进口替代发展模式，转而奉行所谓的货币主义战略；而其他主要的拉美国家则利用国际金融市场的有利形势，通过举债来继续强化进口替代战略。[②]到 80 年代的债务危机和经济危机全面爆发以后，随着新自由主义经济理论在拉美的广泛传播，进口替代工业化活动才开始退出历史舞台。

第四节　对进口替代工业化理论和实践的评价

拉美结构主义的进口替代工业化理论一经出现，就立即引起了学术界的极大反响，引起了很大的争议；随着进口替代战略在拉美国家等发展中国家的实施和推广，这一战略的实际效果就又成为学术界和经济决策层争论的焦点。总的说来，进口替代战略在理论上和实践上都是非常容易引起争议的问题。就像持续数十年的"贸易条件之争"一样，围绕进口替代理论和实践的争论中，基本上也分成了两个阵营：以西方发达国家的某些学者为一方，从一开始就对进口替代战略进行了严厉的批判；以拉美学者为代表的另一方，则为这一战略进行辩护。但与"贸易条件之争"不同的是，一方面，拉美结构主义的创始人普雷维什本人也在根据拉美国家和其他发展中国家在实施进口替代工业化战略过程中出现的问题，而不断地调整自己的进口替代工业化

---

① Raúl Prebisch, *Towards a New Trade Policy for Development*, Report by the Secretary-General of UNCTAD, United Nations, 1964, p. 25.

② 关于在 70 年代后仍继续实行进口替代战略的国家，可参阅苏振兴、徐文渊主编：《拉丁美洲国家经济发展战略研究》的有关章节；关于智利和阿根廷等国实行货币主义改革的情况，可参阅［美］基思·格里芬：《可供选择的经济发展战略》，倪吉祥等译，北京：经济科学出版社 1992 年版，第 68—89 页。

理论。因此，有些学者便误认为普雷维什本人都开始放弃进口替代战略了。另一方面，在拉美国家等发展中国家于 80 年代陷入债务危机之后，包括拉美学者在内的各派经济学家几乎一致地宣布了"进口替代失败论"。

事实上，早在拉美结构主义的进口替代工业化理论产生世界性影响以前，西方国家的某些经济学家就对发展中国家进行的工业化努力提出了质疑。他们认为，根据传统的国际贸易理论，发展中国家只需要发展它们占有比较优势的初级产品生产和出口部门，就能够获得贸易上的利益，从而推动其经济的发展。例如，世界银行在 1949 年 5 月 14 日给联合国经济与就业委员会的一份备忘录中就指出："为了工业的缘故而过分强调工业，特别是重工业，这样可能使一个不发达国家具有发展的外表而没有发展的实质。……资本应该用于能够获得最大收益的地方。"[①]著名的保守派经济学家瓦伊纳也提出，不发达国家只需要像美国的加利福尼亚、内布拉斯加和艾奥瓦州那样，专门从事农业或矿产业的生产和出口，同样能够获得比较利益，实现经济发展。因此，他极力反对不发达国家的工业化努力。在普雷维什的进口替代工业化理论问世并成为拉美经济发展的指导思想以后，这种战略更是成为了正统经济学家们批判的焦点。对于这一点，有学者这样说道："正统的经济学家们从一开始就批判进口替代工业化战略，认为随着这一战略的形成，其各种各样的缺陷会变得明显起来。"[②]不过，在 60 年代以前，由于拉美国家进口替代工业化活动取得了引人注目的成就，他们的批判在拉美也就无市场可言了。[③]

到 50 年代末期，普雷维什本人也开始对拉美国家在前一阶段实施进口替代战略的一些情况给予了批评，并根据实际情况提出了相应的修正。在《欠发达国家的贸易政策》一文中，普雷维什指出了拉美国家在实施进口替代过程中出现的两个严重问题：一是在单个国家中进行进口替代面临着市场狭小限制的问题，为此他提出了建立拉丁美洲共同市场的设想；二是过分的保护导致了经济上的低效率，为此他提出了"有选择的保护政策"。普雷维什提出，"拉美的保护主义和优惠，如果限于一个共同市场中的合理限度

---

① 转引自世界银行：《1987 年世界发展报告》，北京：中国财政经济出版社 1987 年版，第 2 页。

② D. D. James and J. L. Dietz, "Trends in Development Theory in Latin America: From Prebisch to the Present", in James L. Dietz and Dilmus D. James, eds., *Progress toward Development in Latin America: From Prebisch to Technological Autonomy,* Boulder: Lynne Rienner Publishers, 1990, p. 7.

③ 当然还有一个原因是他们将对普雷维什批判的主要矛头都对准"贸易条件恶化论"了。

内，将不会阻碍世界贸易"。[①]到 60 年代初期，普雷维什更是明确地指出，由于拉美国家在执行进口替代工业化战略时的失误，所以"在我们的国家中还没有一项合理的工业化政策"，在已经进行的工业化政策中存在着三个基本缺陷——"（1）所有的工业化活动都是面向国内市场的；（2）对工业部门的选择更多的是考虑应付一时之需，很少考虑其经济性；（3）工业化没有能够克服拉美国家的对外脆弱性"。[②]到 1964 年，普雷维什在《迈向发展的新贸易政策》报告中对拉美国家实施的进口替代工业化政策提出了更加严厉的批评，指出了它们存在的五个方面的问题：（1）进口替代的容易阶段在一些国家中已经发展到了极限，开始进入技术上更加复杂的高级进口替代阶段，它们通常需要大量的资本和庞大的市场，并增加了进口压力，恶化了国际收支。（2）狭小的国内市场使工业成本过高，往往求助于过高的保护，这反过来又对工业结构造成不利的影响，削弱了对引进现代技术的刺激，延缓了生产率的提高。这样，对于制成品出口而言，实际上就形成了一种恶性循环。（3）工业化通常并不是计划的结果，而是由不利的外部条件导致的，因此通常不考虑其经济性。（4）进口替代工业化仍然存在对初级产品出口很大的依赖性，而且随着进口替代层次的提高，其依赖性就越大。（5）过分的保护主义使国内市场脱离了外部竞争，削弱了对提高产品质量和降低生产成本所必要的刺激。[③]

　　针对上述缺陷或问题，普雷维什提出了对进口替代工业化战略的补充和修正。首先，他十分强调外围国家应该将进口替代战略与鼓励制成品出口的政策结合起来。他说："以进口替代为基础的工业化当然有助于发展中国家收入的增长，但是这种增长幅度要小于通过一项合理的政策明智地把进口替代与工业品出口结合起来所能取得的收入增长。"不过，"对工业出口的强调并不意味着应该放弃进口替代政策。恰恰相反，应该坚持推行进口替代战略"。[④]其次，普雷维什还十分强调进口替代战略与外围国家的经济一体化

① Raúl Prebisch, "Commercial Policy in the Underdeveloped Countries", *American Economic Review: Papers and Proceedings*, Vol. 49, No. 2, May 1959, p. 268.

② Raúl Prebisch, "Economic Aspects of the Alliance for Progress", in John C. Dreier, ed., *The Alliance for Progress: Problems and Perspectives,* Baltimore: The Johns Hopkins Univ. Press, 1962, p. 31.

③ Raúl Prebisch, *Towards a New Trade Policy for Development,* Report by the Secretary-General of UNCTAD, United Nations, 1964, pp. 21—22.

④ Raúl Prebisch, *Towards a New Trade Policy for Development,* Report by the Secretary-General of UNCTAD, United Nations, 1964, p. 21 and p. 25.

的有机结合。他说："进口替代政策，如果由一个大的发展中国家集团来实施的话，当然能够进一步推动这一进程，并保证有比目前更大的经济可行性。"①因此，外围国家必须加快它们的经济一体化步伐，在实现区域性共同市场的情况下发展进口替代工业化和制成品出口都将取得较好的效果。最后，外围国家的战略调整需要发达国家的配合。普雷维什认为，在拉美国家实施进口替代工业化战略时，"工业过分地面向国内市场既是拉美国家执行的发展政策的结果，也是该地区工业产品出口缺乏国际刺激的结果"。②因此，不仅需要拉美国家适当调整它们的工业化政策，将进口替代与工业品出口结合起来，而且还需要发达国家消除它们对外围国家制成品出口设置的保护主义。

这里需要特别指出的是，普雷维什对拉美国家实施进口替代战略时所出现的问题提出的上述批评和修正，并不像某些学者所说的那样，是针对进口替代工业化理论的，他的批判和修正更多地侧重于进口替代的实践方面，侧重于对拉美国家实施这种发展理论的实际政策方面。普雷维什并没有因为进口替代战略在一些国家出现了这样或那样的问题，就否定了它，放弃了它。恰恰相反，他所提出的一系列政策主张和理论修正，都是以强调外围国家继续实行进口替代战略为前提的。在这一点上，普雷维什的批评与某些西方学者对进口替代理论和实践的批判有着本质上的不同。

不过，普雷维什本人对进口替代工业化战略的自我批评和反省，却在客观上推动了其他学者对这种战略及其理论的批判。因此，从 60 年代起，各国学术界掀起了一场批判进口替代工业化理论及其实践的高潮。1966 年，约翰·H. 鲍尔在《菲律宾经济杂志》第 2 期上发表《作为一种工业化战略的进口替代》一文，指出了进口替代战略的几个局限性。鲍尔认为，"在超越了进口替代的第一阶段以后，发展中国家必须生产中间品、资本品和原材料；或者扩大它们的出口；或者将二者结合起来。……但是，我认为，在进口替代的第一阶段确立的保护政策及其所鼓励的经济结构将成为随后阶段经

---

① Raúl Prebisch, *Towards a New Trade Policy for Development,* Report by the Secretary-General of UNCTAD, United Nations, 1964, p. 25.

② Raúl Prebisch, "Economic Aspects of the Alliance for Progress", in John C. Dreier, ed., *The Alliance for Progress: Problems and Perspectives*, Baltimore: The Johns Hopkins Univ. Press, 1962, p. 31.

济增长的主要障碍"。①随后，他提出了进口替代战略的三个主要缺陷：（1）经济上的低效率，即进口替代导致了资源配置失调；（2）技术上的低效率，进口替代难以降低生产成本；（3）储蓄缺口的形成，即进口替代难以充分增加国内储蓄。②

1970 年，经济合作与发展组织的发展中心公布了一份研究报告，对阿根廷、巴西、墨西哥、印度、巴基斯坦、菲律宾和中国台湾的工业发展情况进行了比较研究，认为进口替代工业化必然会带来下述问题：（1）过多的政府干预产生了官僚主义、腐败和不稳定，限制了私人的创造精神；（2）对进口的限制导致了汇率高估，从而对出口存在歧视；（3）对工业的保护和汇率高估产生了对农业的歧视；（4）由于对进口资本品的优惠，导致工业规模的过大，设备利用率极低；（5）资本密集型工业的建立，造成了大量的失业；（6）对进口资本品和中间品的依赖日益严重，带来了严重的外汇危机。基于这些问题，该报告的结论部分指出："研究表明，这些国家（和地区）现在达到了这一阶段，促进进口替代遵循的政策证明对它们的经济发展是有害的。由高水平保护庇荫的工业化，导致产生高成本的企业；这些企业生产最昂贵的产品，其中许多是由有限的中等阶级使用的，因此生产迅速达到了国内市场的极限。"③

与此同时，一些拉美经济学家也对进口替代工业化战略提出了多方面的批评。巴西经济学家 M. D. 塔瓦雷斯在 1964 年 3 月号的《拉美经济公报》上发表《进口替代在巴西的盛衰》一文，全面考察了进口替代进程所出现的问题。她认为，"进口替代战略的主要矛盾之处在于，它不仅没有实现缓解外汇瓶颈的预期目标，反而却使外汇瓶颈问题更加突出，从而限制了经济的进一步增长。……此外，进口替代工业化在吸收劳动力和改善收入分配方面

---

① John H. Power, "Import Substitution as an Industrialization Strategy", *The Philippine Economic Journal*, Vol. 5, No. 2, 1966, reprinted in G. M. Meier, ed., *Leading Issues in Economic Development: Studies in International Poverty, 2nd Edition*, Oxford: Oxford University Press, 1970, pp. 520—521.

② John H. Power, "Import Substitution as an Industrialization Strategy", *The Philippine Economic Journal*, Vol. 5, No. 2, 1966, reprinted in G. M. Meier, ed., *Leading Issues in Economic Development: Studies in International Poverty, 2nd Edition*, Oxford: Oxford University Press, 1970, pp. 521—527.

③ I. M. D. Little, T. Scitovsky and M. Scott, *Industry and Trade in Some Developing Countries: A Comparative Study*, London: Oxford University Press for OECD, 1970, p. XVIII.

也失败了，因此加剧了'结构二元性'的现象"。[①]在同一期《拉美经济公报》上，圣地亚哥·马卡里奥发表了《保护主义和拉美的工业化》一文，也对进口替代战略提出了批评。他说："虽然进口替代在不发达国家和拉美国家的经济发展中发挥了重要的作用，而且无疑将继续发挥这种作用，但是替代进程的实施并没有特别注意所使用资源的成本问题，所建立的工业是低效率和高成本的。"[②]在依附论学派于 60 年代异军突起之后，他们对进口替代战略进行了严厉的批判。他们的论点主要集中在以下几个方面：（1）进口替代工业化战略鼓励了外部势力对外围国家的渗透，大量西方国家跨国公司的建立导致了外围国家工业结构的垄断和本国生产商的消失；（2）进口替代工业化引进了大量不符合外围国家国情的技术，导致了资金的大量外流；（3）进口替代工业化加强了本国资产阶级与国际资本的联盟；（4）进口替代工业化在鼓励国与国之间一体化的同时，却造成了外围国家国内经济和社会的分裂。[③]因此，他们认为，"作为一项发展政策，进口替代已经失败；作为一项发展进程的分析，它对主要因素（帝国主义和阶级结构）不加考虑。……很清楚，进口替代并不是进步工业家与政府的开明政策，而是资产阶级（包括以前依赖原料出口的那部分资产阶级）对于在大战期间和国际资本主义大萧条危机期间不能继续生产、投资和赚取利润的反应"。[④]

　　到 80 年代，在长期奉行进口替代战略的拉美国家陷入严重的债务危机和经济危机之后，这种战略的失败便成为了几乎所有各派经济学家们的一致看法，对进口替代理论和实践的批判一时成为时代潮流。综合看来，这一时期对进口替代战略的批判主要集中在以下几个方面：（1）进口替代战略往往借助于关税或非关税保护，造成工业部门缺乏国际竞争力和普遍的低效率，同时又培养了大量"懒惰的"企业家，他们主要依靠垄断地位或得到进口许

　　① M. da C. Tavares, "The Growth and Decline of Import Substitution in Brazil", *Economic Bulletin for Latin America*, Vol. IX, No. 1, 1964. 转引自 Cristóbal Kay, *Latin American Theories of Development and Underdevelopment,* London: Routledge, 1989, p. 41.

　　② Santiago Macario, "Protectionism and Industrialization in Latin America", *Economic Bulletin for Latin America*, Vol. IX, No. 1, March 1964, p. 78, reprinted in G. M. Meier, ed., *Leading Issues in Economic Development: Studies in International Poverty, 2nd Edition*, Oxford: Oxford University Press, 1970, p. 528.

　　③ Hubert Schmitz, "Industrialisation Strategies in Less Developed Countries: Some Lessons of Historical Experience", *Journal of Development Studies*, Vol. 21, No. 1, October 1984, p. 4.

　　④［德］安德烈·冈德·弗兰克：《依附性积累与不发达》，高铦、高戈译，南京：译林出版社 1999 年版，第 135—136 页。

可证来获得利润。（2）进口替代战略所要求的汇率高估抑制了出口，包括进口替代工业部门和传统的初级产品部门的出口，从而使外汇收益难以增长；同时随着进口替代战略的深化而对原材料和中间品进口产生了更大的依赖，导致了对国际收支的巨大压力。（3）进口替代战略并没有通过形成对其他经济部门的前向或后向联系而建立起可持续的工业化进程，相反却抑制了其他部门，特别是农业部门的发展。（4）进口替代战略普遍存在宏观经济政策失误，形成了严重的通货膨胀倾向。（5）进口替代战略影响到整个国民经济中的要素比例，造成生产能力过剩和对劳动力的节约，因而导致了大量失业；同时这种战略还改变了收入在各生产要素之间的分配，加剧了收入分配的不平等。（6）在进口替代工业化战略实施过程中，国家过分的干预导致了官僚主义和腐败行为的盛行，大大挫伤了私人企业的积极性。[①]因此，"多数评论者都同意，许多发展中国家，特别是拉美国家的进口替代工业化战略，在很大程度上并未获成功"。[②]

总的看来，上述批评中的一些方面确实击中了进口替代战略的要害，指出了这一战略的主要缺陷，因而在某种程度上说还是比较客观的。不过，在进入 90 年代以后，围绕进口替代工业化战略及其理论问题进行的争论开始平息下来，因为在各派学者看来，进口替代的失败已经是一个不争的事实。不仅如此，有些学者甚至将拉美国家在 80 年代出现的债务危机和经济危机都归咎于它们所奉行的进口替代战略；将拉美国家与东亚国家和地区发展差距的扩大说成是进口替代工业化与出口导向战略所产生的不同结果；还有人更是声称，拉美国家对进口替代工业化战略的选择是一个历史性的错误，即便是进口替代战略在拉美和其他发展中国家历史上曾经发挥过积极作用这一事实，也被否定了，因为有学者认为，如果这些国家当时选择了外向型发展战略的话，有可能取得更大的成就。一句话，进口替代工业化战略及其理论早应该扔到历史的垃圾箱里去了。

---

① 以上这些批评的内容可参阅［美］安妮·克鲁格：《发展中国家的贸易与就业》，李实、刘小玄译，上海：上海三联书店 1995 年版，第 10—12 页；［美］基思·格里芬：《可供选择的经济发展战略》，倪吉祥等译，北京：经济科学出版社 1992 年版，第 143—145 页；David Felix, "Import Substitution and Late Industrialization: Latin America and Asia Compared", *World Development,* Vol. 17, No. 9, 1989；［美］M. P. 托达罗：《第三世界的经济发展》（下），于同申等译，北京：中国人民大学出版社 1991 年版，第 63—65 页。

② ［美］M. P. 托达罗：《第三世界的经济发展》（下），于同申等译，北京：中国人民大学出版社 1991 年版，第 63 页。

事实果真如此吗？笔者以为，如果把进口替代战略置于特定的历史条件下分析，上述说法就显得有些失之偏颇了。对进口替代战略的全盘否定显然并不符合历史史实。所以说，研究和评价进口替代工业化战略的成败得失，必须有客观的态度和科学、严谨的精神，必须结合拉美和其他发展中国家的历史经历和客观现实，只有这样才能够真正科学地评价这种发展战略及其理论的历史地位和现实意义。

首先，进口替代活动是每一个后发国家由落后向发达转变所必须经历的一个阶段。纵观世界近代史，除了工业革命的摇篮——英国没有经历过进口替代阶段以外，其他西方发达国家在获得经济发展的过程中都或长或短地经过了一个进口替代的时期。对于这一点，许多学者都给予了肯定。中国学者江时学指出：“世界经济发展史表明，继英国之后实现工业化的国家，基本上都是通过进口替代达到这一目标的。”[①]马尔科姆·吉利斯等学者也这样说：“进口替代是通往工业化的一条老路。大部分目前已实现工业化的国家在 19 世纪跟着开路先锋英国进入工业革命时，走的就是这条道路。”[②]美国经济学家阿瑟·刘易斯则说得更加具体：“许多外围国在它们开始发展时工业很少。随着它们的出口扩大，它们对制成品的需求也在增加。这就提供了一个我们现在称之为进口替代的机会。这个特点对工业革命以来任何一个国家的历史都是共同的。在 19 世纪初期，法国、德国和美国通过日益增加的进口而受到英国工业革命的影响；到 19 世纪 50 年代以前，它们用自己的纺织品取代了进口纺织品；到 80 年代之前，用自己的铁取代了进口的铁。从那以后，世界上每一个发展中国家都采取了进口替代。任何一个国家工业化的第一步都是既要加工出口的原料，又要进行进口替代。”[③]

其次，拉美国家选择进口替代工业化战略是历史趋势使然，符合历史发展的客观规律。一个国家选择什么样的经济发展战略，是由它所面临的客观历史条件来决定的，而不完全是由某些理论的影响所致。在拉美，绝大多数国家选择实施进口替代工业化战略，并不是普雷维什和拉美经委会的理论引导和说教的结果，而是由这些国家所面临的客观历史条件所决定的。阿根

---

① 江时学：《拉美发展模式研究》，北京：经济管理出版社 1996 年版，第 83 页。

② ［美］马尔科姆·吉利斯、［美］德怀特·H. 帕金斯、［美］迈克尔·罗默和 ［美］唐纳德·R. 斯诺德格拉斯：《发展经济学》，李荣昌等译，北京：经济科学出版社 1989 年版，第 562 页。

③ ［美］威廉·阿瑟·刘易斯：《增长与波动》，梁小民译，北京：华夏出版社 1987 年版，第 26 页。

廷、巴西、墨西哥等国家早在普雷维什的进口替代工业化理论诞生以前就开始了各自进口替代的进程，这充分证明了这一点。与此同时，当进口替代战略在 20 世纪 60 年代出现问题后，东亚国家和地区转而开始实施出口导向的发展战略，并取得了引人注目的成就，而拉美国家却在面临同样问题的情况下没有进行类似的经济转轨，这同样是由它们所面临的客观历史条件不同所决定的。在拉美国家，由于它们拥有丰富的自然资源，即使在进口替代工业化时期，它们的初级产品出口部门也获得了很大程度的发展，在一定程度上承担了为进口替代部门提供必要外汇的任务。当拉美国家的进口替代进程出现困难时，它们的自然反应当然不会是实施经济转轨，而是借助于初级产品出口部门来为进口替代部门注入更多的资金，使之得以继续发展。而东亚国家和地区则不同，由于它们普遍缺乏自然资源，当进口替代陷入困境以后，继续进口替代进程所需要的资金便不可能依靠出口初级产品来获得，它们只有转而求助于它们自身的优势——大量的廉价劳动力，利用他们来发展出口加工工业，并由此转向出口导向工业化战略。①由此可见，拉美国家选择和发展进口替代工业化战略完全是客观的历史和现实条件所导致的，是符合拉美历史发展客观规律的。

再次，许多学者在对这种理论和实践进行批判的时候，往往忽略了一个重要问题，即在推行进口替代战略的过程中所出现的诸多问题，到底有哪些是这种战略本身造成的，又有哪些是因为政策失误所导致的。客观地说，发展中国家在推行进口替代战略的过程中，确实出现了这样或那样的问题，其中有些问题是这种战略所内生的，是进口替代战略的必然产物。例如，进口替代战略必然要求一定程度的保护，因而非常容易导致低效率。正因为如此，普雷维什反复强调保护政策必须是"有选择的和适度的"。但困难在于，发展中国家往往不知道如何把握这个"度"，因而造成对保护政策的滥用。所以说，在进口替代战略所导致的问题中，部分是这种战略本身的缺陷所致，但更多则是政策扭曲的结果。对此，吉利斯等人宣称："导致许多发展中国家的制造业令人沮丧的结果的东西，与其说是进口替代，不如说是伴随进口替代而出现并推进了进口替代变形的政策。比较温和的市场导向的价格政策推动的、较少教条主义色彩的进口替代型式，可能会成为未来的一种

---

① James E. Mahon, Jr., "Was Latin America Too Rich to Prosper? Structural and Political Obstacles to Export-Led Industrial Growth", *Journal of Development Studies*, Vol. 28, No. 2, 1992, pp. 241—260.

成功的发展模式。"①

　　最后，从理论上说，进口替代工业化战略确实不是发展中国家获得经济发展的最优解，而只是在特定历史条件下的一种次优解。根据普雷维什的理论，外围国家之所以选择进口替代战略，并不是它们本身希望如此，而是由客观的历史条件所决定的。他认为，在不平等的"中心-外围"体系下，外围国家的经济结构与中心国家有着巨大的差异，其贸易条件必然会存在长期恶化的趋势，那种依靠市场机制自由发挥作用而获得发展的所谓"最优解"显然是不利于外围国家的。所以，外围国家不得已只有寻求一种次优解，借助一些从理论上说将会导致不利后果的政策工具（如保护政策和汇率高估等），希望以一种暂时的牺牲来换取经济发展上的更大收益，逐步消除与中心之间在经济结构上的差异，努力摆脱贸易条件长期恶化的制约，并最终打破不平等的"中心-外围"体系。只有当中心国家与外围国家之间的不平等性和差异性完全消失以后，这种次优解才会最终完成其历史使命。既然是一种次优解，进口替代战略当然就会存在一些缺陷。从这种意义上说，许多学者对进口替代战略的批判是合理的和客观的。但问题的关键并不在于批判本身，而是在于如何避免这些缺陷所带来的不利影响，最大限度地使这种战略的优势发挥出来。

　　进口替代战略的这种特征，至少具有两个方面的重要意义。一方面，它表明，在"中心-外围"体系下，进口替代战略这种次优解实际上就是一种最优解，因为理论上的最优解并没有考虑外围国家与中心国家之间的差异性和不平等性，不利于外围国家的经济发展。从这一点上说，进口替代战略在历史上的巨大贡献是不容抹杀的。即便是那些对进口替代战略持有批评观点的学者也大多肯定了这种贡献。例如，拉美学者 J. 拉莫斯指出："进口替代并非从一开始就是一个巨大的错误。事实上，在 30 年代期间，它的作用是十分明显的。当时，大萧条导致的世界贸易的萎缩几乎使拉美国家无法出口，因此国家不得不寻求一些刺激私人部门的方法。进口替代的作用至少在50 年代后期以前一直是明显的，因为第二次世界大战使拉美国家无法进口制成品；而在欧洲和日本重建时期，由于这些市场基本上关闭了，拉美国家无法向它们大量出口制成品。"②

---

　　① ［美］马尔科姆·吉利斯、［美］德怀特·H. 帕金斯、［美］迈克尔·罗默和［美］唐纳德·R. 斯诺德格拉斯：《发展经济学》，李荣昌等译，北京：经济科学出版社 1989 年版，第 589 页。

　　② 转引自江时学：《拉美发展模式研究》，北京：经济管理出版社 1996 年版，第 84 页。

另一方面，进口替代战略的这种特征暗示，只要不平等的"中心-外围"体系继续存在，那么这种战略就会有其存在的必要性。如前文所述，经济全球化和知识经济的发展，并没有从根本上改变世界经济体系中的"中心-外围"格局，同样也没有消除外围国家贸易条件长期恶化的趋势。在这样的情况下，外围国家仍然可以借助于进口替代战略。只不过，在经济全球化和知识经济时代的进口替代战略将会呈现出几个不同的特征：（1）替代生产的重点不是工业品，而是知识产品，因而这种战略或许可以称之为"进口替代知识化"。（2）进口替代活动必须与经济开放联系起来。也就是说，新的进口替代战略必须摒弃那种过分内向的特征，只能在经济开放的大前提下对某些需要重点发展的部门采取适度的保护。（3）进口替代活动不必成为整个国民经济的指导性战略，它应该成为促进某些部门或行业国内发展的一种政策手段。总之，在经济全球化和知识经济时代，进口替代战略作为一种选择，仍然具有其存在的现实意义。对于进口替代的历史地位和现实意义，中国学者曾昭耀做出了比较客观的评价。他说："'进口替代'战略的实质，并不是这种战略实施过程中所出现的那些缺点，譬如'保护过度''忽视出口'，等等，而是这种战略的工业化目标，是这种战略所体现的民族自主、自立和自强的精神。所谓'进口替代'工业化战略，就是发展中国家优先发展某些工业来替代进口，并以这些工业的优先发展来推动整个现代化进程的一种发展战略；大至现代化的起飞，小至某项先进技术的应用或某项高精产品的投产，都会体现这种战略，都有一个'进口替代'过程。因此，'进口替代'战略不但在发展中国家的现代化历史上享有不容否定的地位，而且，就是到现在，也具有重大的现实意义。"①

---

① 曾昭耀：《关于进口替代工业化战略的再思考》，《拉丁美洲研究》1996 年第 6 期，第 7 页。

第七章　依附论的形成及其影响

依附论是 20 世纪 60 年代由拉美经济学家们在对本地区和第三世界不发达问题的探讨和辩论中形成的一种理论体系。从历史背景上看，大量新兴国家诞生、拉美国家经济发展开始出现困难以及古巴革命的胜利、中华人民共和国的蓬勃发展等历史事件都直接或间接地触发了依附论的形成。从理论渊源上说，依附论最早可以溯源到马克思和恩格斯对落后国家资本主义发展的分析，但保罗·巴兰的新马克思主义政治经济学和拉美结构主义发展理论才是其直接的思想灵感来源。①另一方面，依附论从来不存在一个统一的理论体系，而是存在众多的理论流派。这些理论流派之间既有共同的或相似的观点，也存在不同的概念、分析方法和观点，在具体的政策主张上也存在着不同的看法，他们对拉美国家（乃至整个发展中世界）产生的影响也不尽相同。但无论是依附论的哪个理论流派，它们都程度不同地与马克思主义理论的传播有着千丝万缕的联系。

第一节　依附论形成的历史背景

20 世纪 50 年代末到 60 年代初期，作为一个理论群体的依附论开始登上历史舞台，并迅速成为学术界用以解读落后地区或不发达国家发展问题的重要理论工具。那么，为什么依附论会出现在这样一个时代？为什么依附论

---

① 关于依附论的起源问题，可参阅的文献非常多，这里仅举几例：Joseph L. Love, "The Origins of Dependency Analysis", *Journal of Latin American Studies*, Vol. 22, No. 1, February 1990, pp. 143—168；袁兴昌：《对依附理论的再认识——依附理论的起源》，《拉丁美洲研究》1990 年第 4 期，第 8—17 页；［巴西］特奥托尼奥·多斯桑托斯：《帝国主义与依附》，毛金里等译，北京：社会科学文献出版社 1992 年版，第 341—365 页。

主要是由来自拉丁美洲地区或研究拉丁美洲问题的学者提出和发展的呢？一言以蔽之，依附论是在怎样的历史背景下形成和发展的呢？

首先，第二次世界大战后，随着西方国际殖民体系的土崩瓦解，在亚非拉地区诞生了许多新兴的国家。依附论实际上就是为了解决这些国家的发展问题应运而生的。

殖民主义统治是人类文明史上的黑暗一页，它是随着资本主义的出现而产生的一种"集体型"剥削方式，它的主要特点在于剥夺其他民族的发展自由和机会来为殖民者谋取利益。非殖民化运动就是反对殖民主义，摆脱殖民统治，争取国家解放和民族独立的运动，它反映了人类文明的整体进步。第二次世界大战以前，非殖民化运动仅在部分地区取得了成效，并未对整个殖民主义体系造成全面的冲击。

第二次世界大战以后，非殖民化运动在亚非拉地区空前蓬勃地开展起来，前后共经历了两次大的浪潮。第一次浪潮发生在 40 年代中期至 50 年代末期，运动的中心地区是亚洲和北非一带。这一时期，先后宣布独立的国家主要有：黎巴嫩（1944 年 6 月）、印度尼西亚（1945 年 8 月）、越南（1945 年 2 月）、老挝（1945 年 10 月）、叙利亚（1946 年 4 月）、约旦（1946 年 5 月）、菲律宾（1947 年 7 月）、巴基斯坦（1947 年 8 月）、印度（1947 年 8 月）、缅甸（1948 年 1 月）、斯里兰卡（1948 年 2 月）、以色列（1948 年 5 月）、韩国（1948 年 8 月）、朝鲜（1948 年 9 月）、阿曼（1951 年 12 月）、利比亚（1952 年 12 月）、柬埔寨（1953 年 11 月）、苏丹（1956 年 1 月）、摩洛哥（1956 年 3 月）、突尼斯（1956 年 3 月）、加纳（1957 年 3 月）、马来西亚（1957 年 8 月，当时称作马来亚）和几内亚（1958 年 10 月）。

战后非殖民化运动的第二次浪潮发生在 60 年代初到 80 年代初，非洲是这一浪潮的最大赢家。仅 1960 年就有 17 个非洲国家取得政治独立，因而被联合国称为"非洲年"。其中 14 个国家是法属殖民地或托管地。它们分别是：喀麦隆、塞内加尔、多哥、马达加斯加、达荷美（现名贝宁）、尼日尔、上沃尔特（现名布基纳法索）、象牙海岸（现名科特迪瓦）、乍得、乌班吉沙立（现名中非）、刚果、加蓬、马里和毛里塔尼亚。其余三国是扎伊尔、尼日利亚和索马里，它们分别是比利时、英国和意大利的殖民地。1960 年以后，先后取得独立的国家有：塞拉利昂（1961 年 4 月）、坦桑尼亚（由 1961 年独立的坦噶尼喀和 1963 年独立的桑给巴尔在 1964 年联合成立）、布隆迪（1962 年 7 月）、卢旺达（1962 年 7 月）、阿尔及利亚（1962 年 7 月）、乌干达（1962 年 10 月）、肯尼亚（1963 年 12 月）、马拉维（1964 年 7 月）、赞比亚（1964 年 10 月）、冈比亚（1965 年 2 月）、莱索托（1966 年 10 月）、毛里求斯（1968 年 3 月）、斯威士兰（1968 年 9 月）、赤道几内亚（1968 年 10 月）、几内亚比绍（1973 年 9 月）、莫桑比克（1975 年 6 月）、佛得角（1975 年 7 月）、圣多美和普林西比（1975 年 7 月）、科摩罗群岛（1975 年 7 月）、安哥拉（1975 年 11 月）、塞舌尔（1976 年 6 月）、吉布提（1977 年 6 月）、津巴布韦（1980 年 4 月）和纳米比亚（1990 年 3 月）。同期，亚洲地区先后赢得独立的国家有：塞浦路斯（1960 年 8 月）、科威特（1961 年 7 月）、马尔代夫（1965 年 7 月）、新加坡（1965 年 8 月）、巴林（1971 年 8 月）、卡塔尔（1971 年 9 月）、阿联酋（1971 年 12 月）、文莱（1984 年 11 月）、巴勒斯坦（1988 年 11 月）。美洲宣布独立的国家有：牙买加（1962 年 8 月）、特立尼达和多巴哥（1962 年 8 月）、圭亚那（1966 年 5 月）、格林纳达（1974 年 2 月）、苏里南（1975 年 11 月）、多米尼加联邦（1978 年 11 月）、圣卢西亚（1979 年 2 月）、圣文森特和格林纳丁斯（1979 年 10 月）、伯利兹（1981 年 9 月）及圣基茨和尼维斯（1983 年 9 月）。大洋洲宣布独立的有：西萨摩亚（1962 年 1 月）、瑙鲁（1968 年 1 月）、汤加（1970 年 6 月）、斐济（1970 年 10 月）、巴布亚新几内亚（1975 年 9 月）、所罗门群岛（1978 年 7 月）、图瓦卢（1978 年 10 月）、瓦努阿图（1980 年 7 月）、马绍尔联邦共和国（1986 年 10 月）和密克罗尼西亚联邦（1986 年 11 月）。

经过战后非殖民化运动两次浪潮的冲击，西方殖民主义体系全面崩溃，亚非拉人民最终完成了由殖民地、半殖民地走向独立的历史使命。大批新兴国家的诞生大大地改变了国际政治面貌，也为第三世界在国际社会中的崛起奠定了基础。

其次，第三世界国家作为独立于西方世界和社会主义阵营之外的重要力量，在国际政治经济舞台上发挥着越来越重要的作用。

"第三世界"一词最早见于法国学者阿尔弗雷德·索维（Alfred Sauvy）于 1952 年发表的《三个世界，一个星球》一文，指的是独立于自由世界（资本主义国家）和共产主义世界（社会主义国家）之外的各个国家和地区。"第三世界"一词后来逐渐为国际社会所接受，成为"发展中国家"的代名词，人们尤其是在强调发展中国家具有相同的政治经济地位，面临共同目标并采取团结协作的行动时，更多地使用"第三世界"的提法。1955 年召开的亚非会议和 1961 年兴起的不结盟运动是第三世界兴起的两个重要标志。

在印度尼西亚、印度、巴基斯坦、缅甸和锡兰（今斯里兰卡）五国总理的倡议下，1955 年 4 月 18 日至 24 日，29 个国家的 340 名代表云集印度尼西亚的万隆市，召开了举世瞩目的亚非会议。中国代表团在会上提出了"求同存异"的方针，深受代表的欢迎。在与会代表的共同努力下，4 月 28 日的最后一次全体会议一致通过了《亚非会议的最后公报》。这份具有历史意义的文件包括有关经济合作、人权与自治权、附属地问题等七项决议和《关于促进世界和平和合作的宣言》。该宣言承认了中印、中缅在 1954 年提出的和平共处五项原则，并在此基础上提出了各国和平相处友好合作的十项原则。亚非会议的重要性在于，它是历史上第一次没有西方国家参加，而由亚非国家自己处理自己事务的国际会议，标志着亚非国家开始作为一支新兴的政治力量登上了世界舞台。亚非会议及其决议所创造的"万隆精神"，强调在和平共处十项原则的基础上，本着"求同存异"的方针加强亚非国家间的团结与合作。正是在这种意义上说，亚非会议为第三世界的兴起奠定了基础。

亚非会议后，亚非拉地区的非殖民化运动继续蓬勃发展，发展中国家的团结意识得到进一步加强，到 60 年代初最终形成了不结盟运动的浪潮。1961 年 9 月 1 日到 9 月 6 日，25 个国家和政府的首脑云集贝尔格莱德，出席了第一次不结盟国家和政府首脑会议。会议通过了《会议宣言》和《关于战争的危险和呼吁和平的声明》等重要文件，提出了下述政策主张：奉行独立、自主和不结盟的宗旨和原则；支持殖民地人民的正义斗争及各国捍卫主权和发展民族经济的斗争；坚持反对帝国主义、殖民主义、种族主义和霸权主义等。这次会议不仅标志着不结盟运动的发端，更为重要的是，它标志着第三世界作为一个新兴的国家群体正式登上了国际政治舞台。此后，不结盟运动相继设立了四个机构：首脑会议、外长会议、协调局和协调委员会。不结盟国家和政府首脑会议是它最主要的组织形式，到 2012 年已召开了 16 次，其中 1973 年 9 月在阿尔及尔召开的第四次首脑会议通过的《政治宣言》中，第一次正式使用了"第三世界"的概念。从 1961 年到 2012 年底，不结盟运动的成员国由 25 个发展到 120 个，另有 17 个观察员国和 10 个观察员组织，涵盖了绝大部分的发展中国家。因此可以说，不结盟运动的历史就是第三世界不断发展壮大的历史。

第三世界的兴起表明，发展中国家作为一支超越两大阵营、超越国家性质的重要国际力量开始登上世界舞台，在一定程度上开始改变了以美苏两个超级大国为中心的、两极对立的国际关系格局，广大亚非拉新兴国家的发展问题成为当务之急。

再次，在如何解决不发达国家的发展问题上，西方国家开出的处方遭到了质疑。

尽管广大的亚非拉国家摆脱殖民统治而获得了政治上的独立，但是由于长期的殖民或半殖民统治和束缚，普遍呈现出生活水平低下、人口负担过重、失业率居高不下、经济结构落后及对外严重依附等特征。为了走出落后的困境，摆在发展中国家面前的只有一条出路，那就是实现国家的现代化。事实上，从第二次世界大战结束以来，落后地区的发展问题就成为西方发达国家一些学者关心的重要问题，他们提出了所谓的现代化理论。

现代化理论是在西方结构功能主义对社会变迁问题的研究及其互容性原则的研究方法的影响下出现的一种理论思潮。这种理论的着眼点在于总结西方社会在近现代时期的发展历程，建构一种能够普遍适用的现代化范式。诚如该理论的代表人物 S. N. 艾森斯塔特所说的那样："就历史的观点而言，现代化是社会、经济、政治体制向现代类型变迁的过程。它从 17 世纪至 19世纪形成于西欧和北美。而后扩及其他欧洲国家，并在 19 世纪和 20 世纪传入南美、亚洲和非洲大陆。"[①]现代化理论的代表人物，除了艾森斯塔特以外，还有塔尔科特·帕森斯、马里翁·列维、沃尔特·罗斯托等人。他们所提出的理论具有一个共同特点，即从传统社会和现代社会对立的二分法出发，不考虑具体和多样的历史条件，把发展中国家面临的问题和西方发达国家现代化过程中所遇到的问题等而视之。因此，该理论认为，发展中国家实现现代化的过程就要像西方国家那样，实现从传统社会向具有经济富裕、工业发达、政治稳定、社会流动等特征的社会逐步过渡的过程。而实现这样的过渡需要价值观、体制、组织和个人伦理观等方面的变革。一句话，现代化过程就是西方工业文明向全世界扩展的过程。[②]然而，这种现代化理论并没

---

　　① ［以］S. N. 艾森斯塔特：《现代化：抗拒与变迁》，张旅平等译，北京：中国人民大学出版社1988 年版，第 1 页。

　　② 参阅［美］塞缪尔·亨廷顿等：《现代化：理论与历史经验的再探讨》，上海：上海译文出版社1993 年版；［美］西里尔·E. 布莱克主编：《比较现代化》，杨豫、陈祖洲译，上海：上海译文出版社1996 年版；等等。

有考虑到发展中国家面临的是完全不同的国际经济格局，它们在现有国际秩序中的地位与西方国家的过去完全没有可比性。因此，这种理论将亚非拉国家的发展问题看得太过简单了。对此，有学者评价说："现代化理论是一种过于简单的发展理论，它缺乏两点基本内容，一是充分的历史阐释，二是足够的结构分析。从历史角度说，它忽略了大量的历史证据，这些证据说明，经济增长过程不能简单地归结为用现代的价值观念和制度去取代传统的东西；从结构角度说，现代化理论没有揭示诸如引进技术或扩大市场这类经济增长的因素在发挥作用时如何受到现存社会关系的制约。"①

最后，拉美国家在 20 世纪 50 年代后期开始进入经济增长的困难时期，如何认识拉美国家经济发展过程中遇到的问题，如何解决这些问题，成为许多知识分子密切关注的焦点。

拉丁美洲的主要国家早在 19 世纪初即已获得独立。然而，独立初期的拉丁美洲各国由于奉行自由资本主义原则，难以调整殖民统治时期确立的、根深蒂固的初级产品出口型经济结构。这就造成了拉美国家经济对外部市场和进口工业品的严重依赖。第二次世界大战结束后，拉美各国普遍受到拉美结构主义发展理论的影响，奉行内向型的进口替代工业化战略。

大体上说，拉美国家的进口替代工业化战略分成了两个阶段：替代生产非耐用消费品的初级阶段和替代生产耐用消费品、中间品和资本品的高级阶段。从第二次世界大战结束到 20 世纪 50 年代末期，大部分拉美国家处于进口替代工业化战略的初级阶段，仅有阿根廷、巴西、墨西哥、智利等几个大国开始替代生产耐用消费品、中间品和资本品。在此期间，拉美国家的进口替代工业化取得了巨大的成功。20 世纪 50 年代期间，拉美国家的国内生产总值年均增长率达到 5.1%，工业部门的年均增长率更是高达 6.9%，均高于同期其他国家和地区的增长水平。

20 世纪 50 年代末 60 年代初，当绝大部分拉美国家开始进入替代生产耐用消费品、中间品和资本品的高级阶段时，这些拉美国家普遍遭遇到一系列问题。首先，绝大部分拉美国家国内市场狭小、居民购买力低下，从而难以消化面向国内市场生产的工业品，从而造成了严重的生产过剩。其次，拉美国家依靠关税保护和非关税壁垒发展起来的工业部门生产效率普遍低下，所

---

①［英］安德鲁·韦伯斯特：《发展社会学》，陈一筠译，北京：华夏出版社 1987 年版，第 38—39 页。

生产出来的工业品缺乏国际竞争力，加之进口替代工业化向资本品和耐用消费品转型需要更大的资金和技术支持，从而造成了严重的资金短缺。再次，为了解决资金短缺的问题，拉美国家普遍利用自己丰富的自然资源，通过加大初级产品出口的方式来挣取外汇，用于补贴进口替代工业部门的发展，从而引发了初级产品出口部门与工业部门之间的矛盾，进而引发了不同社会群体之间的矛盾和冲突，社会矛盾日趋激化。拉美国家的上述问题表明，拉美结构主义发展理论在某种程度上说已经无力指导拉美国家的经济发展问题，确立一种新的发展理论就成为拉美国家的当务之急。与此同时，1959 年古巴革命的胜利给其他拉美国家带来巨大冲击，向它们显示了在拉美地区发生社会主义革命的可能性。为了缓解进口替代工业化深化所导致的危机和避免出现古巴式社会主义革命，许多拉美国家右翼集团发动军事政变，一时间拉美地区成为官僚威权主义的重灾区。面对如此严峻的形势，拉美左翼知识分子开始从马克思主义理论体系中寻找灵感，同时为了解决拉美国家的经济危机和其他问题，开始对拉美结构主义发展理论进行反思和批判，从而形成了一种新的发展理论，即依附理论。

第二节　依附论的理论渊源

诚如约瑟夫·洛夫所说，"学术界普遍承认的是，依附性分析源自两种经济思想传统，即马克思主义和拉美结构主义，后者与联合国拉丁美洲经济委员会密切相关"①，各种流派的马克思主义理论，尤其是西方马克思主义和新马克思主义经济理论，以及由拉美经委会提出和发展的结构主义理论，是推动依附性分析框架的主要理论渊源。更进一步说，依附论的形成是拉美地区（后来扩展到其他发展中地区）的一些经济学家，不满拉美结构主义理论对拉美不发达根源的探讨，从西方马克思主义理论中获得了更多的灵感，从而形成的一种更加激进的发展理论。对此，中国学者肖枫评价说："'依附论'在拉美是作为'发展主义'的对立面（尽管它采纳了后者的某些观点和概念）出现的，他认为发展主义倡导的在世界资本主义体系范围内谋求独立

---

① Joseph L. Love, "The Origins of Dependency Analysis", *Journal of Latin American Studies*, Vol. 22, No. 1, February 1990, p. 143.

自主发展的方案已经失败，需要寻找新的理论。"因此，"发展主义在实践中出现不少问题，是依附论兴盛起来的触发因素"。①美国学者苏珊·博登海默也做出了同样的评论，她说："对依附论理论家的特殊推动力是他们日益不满拉美经委会的模式，特别是对它不能解释 60 年代拉美经济停滞和社会问题加剧的问题感到不满。"②

从理论渊源上说，依附论是战后非正统经济理论和激进政治经济学蓬勃兴起和发展的自然延续，与这两种经济理论思潮有着共同的理论起源。具体说来，它们的理论渊源最早可以溯源到马克思和恩格斯对落后国家资本主义发展的分析，但保罗·巴兰的新马克思主义政治经济学和普雷维什的结构主义发展理论才是其直接的思想灵感来源。

依附论最核心的"中心-外围"概念就直接起源于拉美结构主义理论。如前所述，从学术层面上说，最早提出"中心"和"外围"概念的是德国经济学家魏尔纳·桑巴特，他在《现代资本主义》一书的 1928 年修订版中首次使用了"中心"和"外围"的概念。他在该书的结论部分写道："我们必须……将一个资本主义的中心——中心的资本主义国家——与大量的从中心角度看为外围的国家区分开来；前者是积极的和居支配地位的，而后者则是消极的和居从属地位的。"③桑巴特认为，在 19 世纪前半期，英国是资本主义的"中心"，世界其他国家和地区则是资本主义的"外围"。到 19 世纪后半期，西欧其他国家也加入"中心"的行列中；到 20 世纪前 20 年，美国的东部地区也成了资本主义的"中心"，而世界其他国家和地区则仍然保持为资本主义的"外围"。在这种"中心-外围"的关系中，"外围"国家和地区对"中心"国家存在着很大的"依附性"。而且，需要特别强调的是，桑巴特甚至还指出外围农民的从属地位部分是由西欧资本主义所造成的，他的这一思想对后来的"依附论"产生了一定的影响。不过，桑巴特的主要贡献仅限于提出了"中心-外围"概念，他并没有将之发展为一种理论。因此，研究拉美结构主义理论的著名学者约瑟夫·洛夫认为，"即使普雷维什受到了桑巴特的间接启发，他也不欠他哪怕是一个段落，因为桑巴特仅仅是在一

---

① 肖枫编著：《西方发展学和拉美的发展理论》，北京：世界知识出版社 1990 年版，第 149、151 页。

② Susan Bodenheimer, "Dependency and Imperialism: The Roots of Latin American Underdevelopment", *NACLA Newsletter*, Vol. IV, May-June 1970, p. 18.

③ 转引自 Joseph L. Love, "Raúl Prebisch and the Origins of the Doctrine of Unequal Exchange", *Latin American Research Review*, Vol. XV, No. 3, 1980, pp. 62—63。

些零散的段落中使用了中心和外围的概念"。①

当然，最终明确地提出"中心-外围"概念，并系统地论证了"中心-外围"理论的则是劳尔·普雷维什，他是拉美结构主义理论的奠基人。正是由于普雷维什的贡献，"中心-外围"的概念才在战后得到了迅速的传播，被许多流派的经济学家、社会学家、历史学家、政治学家等学者广泛使用，同时也成为与正统学派相对立的激进学派的标志之一。在这种意义上，普雷维什被各派学者奉为"中心-外围"概念的真正"鼻祖"。其中，依附论可以说是在批判地继承普雷维什的"中心-外围"理论的基础上逐渐形成的。对此，有学者认为，"依附论者在抨击西方中心主义时沿用了发展主义理论关于世界资本主义体系的'中心''外围'概念，并以此探讨和研究了发展中国家在世界资本主义体系中对发达资本主义国家的依附地位，分析和考察了中心资本主义在经济上掠夺外围国家经济资源和经济剩余的强盗行径，从而充分地论证了发展中国家成为不发达'外围'和依附性国家，经济上贫穷，政治上落后的现实"。②

事实上，绝大部分依附论学者直接沿用了普雷维什的"中心-外围"概念，例如萨米尔·阿明，他在普雷维什理论的基础上提出了"外围资本主义"论。这种理论认为，"不发达"实际上是资本主义发展中的一种特殊结构，即"外围资本主义"，它的产生是有其深刻的历史根源的：一是殖民地贸易，它造成前资本主义农业关系的畸形和手工业的破产；二是外国投资，它在外围国家中造就了大量用于出口的现代部门，但其劳动力报酬十分低下，从而形成了不平等交换的条件；三是进口替代工业化，它导致了畸形的国内市场；四是跨国公司内部的国际分工，外围国家提供初级产品，而中心国家提供设备和软件，这种格局使外围国家丧失了自身发展的主动性。由于上述四个方面因素的综合作用，导致了世界资本主义发展中"外围资本主义"结构的产生，"不发达"现象正是世界资本积累中"外围型"资本积累

---

① Joseph L. Love, "Raúl Prebisch and the Origins of the Doctrine of Unequal Exchange", *Latin American Research Review*, Vol. XV, No. 3, 1980, p. 63. 而且，桑巴特的经济思想也决定了他不可能对他所提出的"中心-外围"概念有所发展。桑巴特经济思想的大致内容可参阅 B. Schefold, "Sombart, Werner (1863—1941)", John Eatwell, et al., eds., *The New Palgrave: A Dictionary of Economics*, London: The Macmillan Press, 1987, Vol. IV, pp. 422—423.

② 张雷声：《寻求独立、平等与发展：发展中国家社会经济发展理论研究》，北京：中国人民大学出版社 1998 年版，第 97 页。

的必然结果。①

弗兰克则稍有不同，他提出了所谓的"宗主国-卫星国"概念来作为其理论的主要分析工具。他认为，在资本主义的世界经济体系中，形成了不平等的"两极"："宗主国"中心和"卫星国"外围，而且"宗主国剥夺并占有卫星国的经济剩余用于自己的经济发展。卫星国由于不能获得自己的剩余，由于两极分化的原因和宗主国在卫星国内部经济结构中引进并保持剥削关系而处于不发达状态"。②也就是说，"卫星国"的不发达是"宗主国"扩张的结果。不过，弗兰克的"宗主国-卫星国"概念同样也是普雷维什的"中心-外围"概念的一种翻版而已。对于这一点中国学者袁兴昌指出："这一概念的直接来源则是普雷维什和拉美经委会提出的'中心-外围'概念。'宗主国-卫星国'的概念实际上是'中心-外围'概念的变异，它的提出首先经过'宗主国与外围''宗主国中心-外围卫星国'的过渡过程，最后简化为'宗主国-卫星国'。"③奇尔科特也认为，"弗兰克肯定受到了拉美经委会结构主义观点及其对正统派发展观的反应的影响……弗兰克关于宗主和卫星的二分法是和拉美经委会的中心与外围格式相一致的"。④

费尔南多·卡尔多索和恩佐·法莱托在他们合著的《拉美的依附与发展》一书中，在一定程度上丰富和发展了普雷维什的"中心-外围"理论。他们提出，"依附"与"发展"并不是绝对对立的，是有可能相互联系的。如果这样的话就形成了一种"联系性依附发展"，其根源就在于外围国家的社会经济中形成了外国资本、国家资本和私人资本的"联盟"。当然，外围国家这种"联系性依附发展"模式的形成，并未消除"中心-外围"之间的不平等。不过，随着一些外围国家"联系性依附发展"模式的形成，"中心-外围"的结构在层次上会发生一些变化，确立了这种模式的国家尽管并不能够完全摆脱其"外围"的依附地位，但会相对地提高在世界经济体系中的地

---

① [埃及] 萨米尔·阿明：《不平等的发展——论外围资本主义的社会形态》，高铦译，北京：商务印书馆1990年版，第171—180页。

② Andre G. Frank, *Development and Underdevelopment in Latin America*, New York: Monthly Review Press, 1968, p. 20.

③ 袁兴昌：《评弗兰克"不发达的发展"论》，《拉丁美洲研究》1992年第4期，第51—52页。

④ [美] R. H. 奇尔科特：《比较政治学理论——新范式的探索》，高铦、潘世强译，北京：社会科学文献出版社1998年版，第330页。

位，因而也是一种发展。①对于依附论学者对其"中心-外围"概念的应用和发展，普雷维什给予了积极的评价，并且还曾经专门提到了卡尔多索和法莱托的这部著作。他说："社会学家、政治学家和经济学家们以有价值的贡献丰富了'中心-外围'概念，他们竭力指出了外围地区存在依附关系加强的内在现象。这里应该特别提及的是费尔南多·卡尔多索和恩佐·法莱托在拉美经委会的支持下撰写的一部著作。"②

其次，依附论认为在中心国家与外围国家之间存在不平等交换的理论，同样源自拉美结构主义的贸易条件恶化论。当然，依附论者认为，拉美结构主义提出的贸易条件恶化论只是资本主义在不断扩张过程中所形成的不平等国际分工的一种表象而已；问题的核心是，在这种不平等的国际分工条件下，无论贸易条件是否存在恶化的趋势，外围国家都会处于"不发达的发展"。对此，弗兰克强调说："对自由贸易政策以及对比较利益法则的挑战，强调了初级产品出口的不发达国家的贸易条件长期恶化（这一挑战是和普雷维什、辛格和缪达尔有关的），因此是具有重大局限的。这种局限主要不是右翼资产阶级批评者所说的经验问题，他们声称统计数字并不表明初级产品生产国的贸易条件在过去世纪中出现无可争辩的恶化。……19世纪的国际分工在世界上大部分地方帮助了不发达的发展，不论贸易条件朝这个方向或那个方向发展。而且……在20世纪，大多数'第三世界'国家的工业增长加速了，这正值大萧条期间它们的贸易条件恶化最严重的时候，而且恰逢大战期间战争阻碍了它们赚得的外汇流入国内。"③

依附论的另外一个代表人物——埃及学者萨米尔·阿明也从几个方面批判了普雷维什的贸易条件恶化论。阿明认为：第一，普雷维什命题涉及的仅仅是净实物贸易条件（NBTT），不能精确地反映实际情况，因而他提出应该用双要素贸易条件（DFTT）指数来分析问题。因为DFTT值的变动会更加精确地表明，不仅出口商品劳动生产率的变化可能会影响贸易条件，而且进口商品劳动生产率的变化也会有相同的作用。第二，普雷维什对贸易条件

---

① F. H. Cardoso & Enzo Faletto, *Dependency and Development in Latin America,* London: University of California Press, 1979.

② Raúl Prebisch, "Dependence, Interdependence and Development", *CEPAL Review*, No. 34, April 1988, p. 197.

③ ［德］安德烈·G. 弗兰克：《依附性积累与不发达》，高戈等译，南京：译林出版社1999年版，第108页。

恶化的原因说明得不够全面和准确。阿明指出，当普雷维什在解释技术进步在中心和外围的不同影响时，他忽视了一个"大约在 1880 年出现的"新因素，那就是"中心国家的资本主义变成了垄断资本的面貌，这一发展是经济体系抵制价格下跌。这正是为什么在整个 19 世纪期间技术进步导致价格下跌，而在 1880—1890 年以后我们见到进步所反映的却是价格持续上升和收入（工资和利润）更快增加。……因此不发达国家的贸易比价恶化是从垄断资本、帝国主义和'劳工贵族'的兴起而开始的"。①

由上观之，依附论学者实际上与拉美结构主义经济学家们选择了同样的研究视角，他们都看到了国际经济体系是存在"中心"和"外围"的二元体系，都观察到两者之间的不平等关系。但是，依附论学者认为，拉美结构主义理论家们在分析国家经济二元体系本身以及造成这种不平等国际分工的原因时，明显对资本主义国际经济体系还存有幻想，因此还发展出所谓的进口替代工业化理论，期望在现有的国际分工体系中谋求外围国家的发展。这种判断显然是错误的，原因在于：（1）进口替代工业化战略鼓励了外部势力对外围国家的渗透，大量西方国家跨国公司的建立导致了外围国家工业结构的垄断和本国生产商的消失；（2）进口替代工业化引进了大量不符合外围国家国情的技术，导致了资金的大量外流；（3）进口替代工业化加强了本国资产阶级与国际资本的联盟；（4）进口替代工业化在鼓励国与国之间一体化的同时，却造成了外围国家国内经济和社会的分裂。②因此，他们认为，"作为一项发展政策，进口替代已经失败；作为一项发展进程的分析，它对主要因素（帝国主义和阶级结构）不加考虑。……很清楚，进口替代并不是进步工业家与政府的开明政策，而是资产阶级（包括以前依赖原料出口的那部分资产阶级）对于在大战期间和国际资本主义大萧条危机期间不能继续生产、投资和赚取利润的反应"。③

在依附论者看来，拉美结构主义理论之所以存在上述问题，归根结蒂在于，他们仍然希望在资本主义国际经济体系里寻求改良之策，这显然是行不

---

①［埃及］萨米尔·阿明：《不平等的发展——论外围资本主义的社会形态》，高铦译，北京：商务印书馆 1990 年版，第 141 页。

② Hubert Schmitz, "Industrialisation Strategies in Less Developed Countries: Some Lessons of Historical Experience", *Journal of Development Studies*, Vol. 21, No. 1, October 1984, p. 4.

③［德］安德烈·G. 弗兰克：《依附性积累与不发达》，高戈等译，南京：译林出版社 1999 年版，第 135—136 页。

通的。为此，依附论学者从马克思主义理论中找到了解释外围国家为什么处于不发达状态的根本原因，也尝试着为外围国家找到摆脱不发达发展的出路。

事实上，拉美结构主义的"中心-外围"概念最早可以溯源到马克思主义关于资本主义国际分工的理论上。马克思在《资本论》中指出："一种和机器生产中心相适应的新的国际分工产生了，它使地球的一部分成为主要从事农业的生产地区，以服务于另一部分主要从事工业的生产地区。"①在这段引文中，马克思虽然没有明确地提出"中心-外围"的概念，但却包含了"中心-外围"思想的几个基本内涵：（1）随着工业革命的开展，资本主义世界经济体系分化为两个部分，一个是从事工业生产的地区，一个是从事农业生产的地区；（2）这种国际分工是不平等的，因为它是与工业生产"相适应的"，从事农业生产的地区则要"服务于"从事工业生产的地区。在此之前，恩格斯在《英国工人阶级的状况》德文版中提出过类似的看法，他说："英国是农业世界的伟大的工业中心，是工业太阳，日益增多的生产谷物和棉花的卫星都围着它运转。"②他这里的"中心-卫星"概念实际上就是"中心-外围"概念的另一种提法而已。后来，列宁在《帝国主义是资本主义的最高阶段》中指出，"全世界资本主义经济"实际上是"极少数'先进'国对世界上大多数居民施行殖民压迫和金融遏制的世界体系"，它被划分成了两极：一极是帝国主义国家，另一极则是殖民地和附属国。③列宁的"两极"实际上就是资本主义世界经济的"中心"和"外围"。马克思主义的上述论断对于依附论学者形成他们的理论应该说是有一定影响的。对此，有学者这样说道："第一次在观察国际性资本主义经济制度时运用中心外围观点的是马克思和恩格斯。尽管他们没有把自己考察具体的（不是抽象的）国际性资本主义经济制度的观点集中阐述并概括为中心外围观，但在马克思主义思想史上他们对于中心外围学说所做的贡献及其历史地位是不应抹杀或忽视的。"④因此，在某种意义上说，依附论在"中心-外围"概念上既吸收了拉

①［德］马克思：《资本论》（第一卷），中共中央马克思恩格斯列宁斯大林著作编译局译，北京：人民出版社1975年版，第494—495页。

② 中共中央马克思恩格斯列宁斯大林著作编译局编：《马克思恩格斯选集》（第四卷），北京：人民出版社1972年版，第279页。

③［苏联］列宁：《帝国主义是资本主义的最高阶段》，北京：人民出版社1964年版，第75页。

④ 郭寿玉：《资本主义南北经济关系新论——马克思主义中心外围论》，北京：首都师范大学出版社1993年版，第1页。

美结构主义的理论，也从马克思主义理论中获得了灵感。

在依附论最核心的"依附"概念上，马克思主义理论的影响则更加明显。在《共产党宣言》中，马克思和恩格斯在分析由发现美洲而逐渐形成的世界市场和资产阶级由于生产工具的迅速改进，交通的迅速发展，把一切民族甚至最野蛮的民族都卷入文明中来之后，指出"正像它使乡村从属于城市一样，它使未开化和半开化的国家从属于文明国家，使农民的民族从属于资产阶级的民族，使东方从属于西方"。①这里，"从属"的概念实际上就是"依附"，在英文中都是"dependence"一词，在西班牙文中均是"dependencia"一词。后来，列宁在《俄国资本主义的发展》中，专门研究了资本主义体系中相对落后的俄国发展的问题，提出了落后资本主义国家对发达资本主义国家存在一定从属关系的问题，认为这也是这些国家"发展缓慢的根源"。②对于马克思列宁主义如何影响依附论中的"依附"概念，中国学者袁兴昌明确指出："马克思恩斯格对落后经济的上述分析是依附概念的雏形。他们的一些基本论点，如世界市场的形成使落后国家从属于先进国家，使前者成为后者的原料供应地和工业品销售市场，西欧资本主义的发展迫使一切民族采用资产阶级的生产方式，工业较发达的国家向工业较不发达国家所显示的，只是后者未来的景象，落后国家不仅苦于资本主义生产的发展，而且苦于资本主义的不发展以及马克思晚年有关各国历史条件特殊性的观点等……为后来依附理论者在研究各国的具体情况和寻找解决办法时提供了方法论基础。""同马克思恩格斯关于依附问题的基本观点相联系，列宁主义的观点是对马克思恩格斯依附观点的继承和发展。这些分析和观点构成了后来依附理论形成的重要理论基础。"③美国学者利斯也强调说："列宁读过阿尔伯特·B. 哈特的《门罗主义》（1916）一书，提高了他对'保护国'的发展和美国在拉丁美洲的作用的认识。他提到过拉丁美洲的共和国是一些'附属国；它们在政治上、形式上是独立的，其实在财政和外交方面却处处依赖他国'。他的观点成了60年代后期和70年代拉丁美洲的一些马克思主义和非

① 中共中央马克思恩格斯列宁斯大林著作编译局编：《马克思恩格斯全集》（第四卷），北京：人民出版社1958年版，第470页。

② 中共中央马克思恩格斯列宁斯大林著作编译局编：《列宁全集》（第三卷），北京：人民出版社1984年第2版，第552页。

③ 袁兴昌：《对依附理论的再认识——依附理论的起源》，《拉丁美洲研究》1990年第4期，第10、11页。

马克思主义学者普遍接受的依附性问题的立论依据。"①依附理论的著名学者特奥托尼奥·多斯桑多斯则承认，"依附"的概念产生离不开"毛泽东对不发达和依附理论做出的决定性贡献"。②

此外，依附论学者非常强调辩证法在其理论体系中的重要性。根据马克思主义理论，辩证法是关于自然、社会和思维发展的最一般规律的科学，是科学的世界观和方法论。19 世纪中叶，马克思恩格斯在概括革命实践经验和自然科学新成果的基础上，批判地继承了黑格尔的唯心主义辩证法，创立了唯物辩证法。唯物辩证法认为世界存在的基本特征有两个：一个是世界是普遍联系的，另一个是世界是永恒发展的。一方面，唯物辩证法用普遍联系的观点看待世界和历史，认为世界是一个有机的整体，认为世界上的一切事物都处于相互影响、相互作用、相互制约之中，反对以片面或孤立的观点看问题。另一方面，唯物辩证法认为，发展是指事物由简单到复杂、由低级到高级的变化趋势，其实质是新事物的产生和旧事物的灭亡，世界也可以被看作永恒发展的"过程"的集合体。与此同时，唯物辩证法认为，一切存在的事物都由既相互对立又相互统一的一对矛盾组合而成，矛盾的双方既对立又统一，从而推动着事物的发展。因此，对立统一规律揭示了事物发展的源泉和动力。

马克思主义唯物辩证法的上述内容，对依附论学者产生了重要影响。他们从唯物辩证法中找到了解读拉美国家和其他外围国家在西方资本主义扩张的过程中逐渐沦为不发达地区的根源的方法，看到了资本主义国家的发达与外围国家的不发达实际上是对立统一的，是一个历史进程的产物。对于辩证法在依附论分析中的重要影响，卡尔多索和法莱托明确说："我们运用辩证法来研究社会及其结构的变化历程。……在辩证的方法中，模糊的陈述是不能接受的。辩证分析的基本方法论步骤要求努力地说明研究差异和多样性中的每一种新形势，努力说明它们与旧的依附形式之间的联系，甚至在必要时说明它的矛盾性及其影响。"③弗兰克本人也强调说："辩证分析方法是出发

---

①［美］谢尔顿·B. 利斯著：《拉丁美洲的马克思主义思潮》，林爱丽译，北京：东方出版社 1990 年版，第 36—37 页。

②［巴西］特奥托尼奥·多斯桑多斯：《帝国主义与依附》，毛金里等译，北京：社会科学文献出版社 1999 年版，第 350 页。

③ Fernando H. Cardoso and Enzo Faletto, *Dependency and Development in Latin America*, tr. by Marjory Mattingly Urquidi, London: University of California Press, 1979, pp. i—ii.

点，其重要的意义在于'运动'，在于阶级斗争。……结构被认为是矛盾的关系，因此也是动态的关系。"①鲁伊·毛罗·马里尼甚至还著有《依附的辩证法》一书，塞尔索·富尔塔多则出版了《发展的辩证法》一书。②

尤为重要的是，依附论理论体系中的一个重要概念"剩余"，同样也来源于经典马克思主义理论和新马克思主义理论。从理论渊源上说，依附论的"剩余"概念直接来源于新马克思主义的代表人物保罗·巴兰；而巴兰的剩余概念则受到马克思主义"剩余价值"学说的影响。

巴兰是美国经济学家，被西方经济学界认为是马克思主义新左派经济学的代表人物之一，同时也被公认是发展经济学中激进学派和依附理论的创始人。他在 1957 年出版的《增长的政治经济学》一书中首次提出"经济剩余"的概念，对后世产生巨大影响的主要是实际经济剩余和潜在经济剩余这两个概念。所谓的实际经济剩余，是指"社会当前的实际产量与社会当前的实际消费之间的差额，它等于当前的储蓄或积累"。③实际经济剩余在所有的社会经济形态中都会产生，只是它的数量和结构会随着发展阶段的不同而出现较大的差别。所谓的潜在经济剩余，是指"在一定的自然条件和技术条件下，借助于可利用的生产资源所可能生产的产量和可能作为基本消费之间的差额"④，它是指那些由于自然或人为因素而损失的产量。

正是在研究和分析"经济剩余"概念的基础上，巴兰提出了一个影响深远的观点——正是由于这个观点的提出，巴兰被誉为"依附论"的开山鼻祖。他认为，非西方国家的不发达是西方扩张主义在帝国主义、殖民主义和新殖民主义的形式下造成的一个历史过程。这些国家由前资本主义生产方式向资本主义生产方式"自然过渡"的过程被西方扩张主义者的入侵所打断，并且在长期的殖民统治和新殖民主义奴役的过程中培育出了一个依附性的贵族阶级，这个阶级缺乏资本主义发展所需要的激励机制和效率。因为经济剩余要么被该阶级挥霍了，要么以不平等交换的方式流向了西方国家，所以这些国家发展所需要的潜在资金来源得不到实现，也就不可避免地陷入了不发

① Andre Gunder Frank, "Dependence is Dead, Long Live Dependence and the Class Struggle: An Answer to Critics", *World Development*, Vol. 5, No. 4, 1977, pp. 355—356.

② Ruy Mauro Marini, *Dialéctica de la dependencia*, Barcelona: Editorial Anagrama, 1973; Celso Furtado, *Dialéctica del desarrollo,* Ciudad de México: Fondo de Cultura Económica, 1965.

③ Paul A. Baran, *The Political Economy of Growth,* New York: Monthly Review Press, 1968, pp. 22—23.

④ Paul A. Baran, *The Political Economy of Growth,* New York: Monthly Review Press, 1968, p. 23.

达的状态之中。基于上述分析，巴兰得出结论说："社会主义革命是消灭没有效率的贵族阶级和打破依附枷锁，获得经济发展的必要条件。"①巴兰的上述理论后来被依附论学者所继承，并得到进一步的发展。

除此之外，马克思主义在中国的胜利和由此形成的对马克思主义理论的继承与发展，以及古巴革命的胜利及其对马克思主义的选择，也深深地鼓舞着拉美的知识界，使他们感受到马克思主义理论对于解决落后地区发展问题的巨大可能性。这一切都极大地推动了马克思主义理论在拉美地区的传播，从而推动了依附理论的形成和发展。对于马克思主义对依附论形成所产生的影响，袁兴昌评价说："依附理论……是马克思主义理论同拉美自身的理论斗争与实际斗争相结合的产物。这种结合使依附理论的形成与发展具有以下特点：（1）依附理论是拉美经济思想同马克思主义依附概念相结合的产物；（2）依附理论不是对马克思主义依附论点的全面继承，而是有选择地吸收了马克思主义的某些观点，在依附理论形成和发展的不同阶段，不同思想流派对马克思主义依附论点的吸收程度不完全相同；（3）依附理论的科学价值不在于依附概念同马克思主义的联系，而在于它运用马克思主义的某些方法对原有理论进行改造的能力。"②

第三节　依附理论的主要内容

正是在马克思主义理论的影响下，在对拉美结构主义理论的质疑过程中，一批拉美学者和研究拉美问题的学者在 20 世纪 60 年代正式形成了依附理论，并在探讨不发达国家的发展问题过程中，逐渐产生了一些思想观点上的差异。结果，在依附论的理论体系中形成了种种不同的理论流派，其中较有影响的流派有以安德烈·冈德·弗兰克和萨米尔·阿明为代表的"不发达理论"，以奥斯瓦尔多·松克尔和塞尔索·富尔塔多为代表的"结构主义依附理论"，以鲁伊·毛罗·马里尼、特奥托尼奥·多斯桑托斯为代表的"马克思主义依附理论"以及介于后二者之间的、以社会学者为主体的依附

---

① Victor D. Lippit, "The Concept of the Surplus in Economic Development", in Lippit, ed., *Radical Political Economy: Explorations in Alternative Economic Analysis*, New York: M. E. Sharpe, Inc., 1996, p. 267.

② 袁兴昌：《对依附理论的再认识——依附理论的起源》，《拉丁美洲研究》1990 年第 4 期，第 14 页。

理论流派，该流派的代表人物有阿尼瓦尔·基哈诺、费尔南多·卡尔多索、奥克塔维奥·伊安尼等。

依附理论的上述流派在各种关于"依附性"问题的论著中，提出了一些不同的概念、分析方法和观点，在具体的政策主张上也存在着不同的看法，因而形成了各自不同的理论体系。因此，有学者就认为并不存在一个统一的"依附论"流派。例如，美国学者罗纳德·H. 奇尔科特就断言，"肯定没有一个称之为依附论的统一思想体系"。①不过，在一些重要的问题上，大多数"依附论"学者们一般都持有相同或相似的观点。这些观点也就构成了"依附论"的主要内容：

第一，资本主义扩张是异质性的，而不是同质性的，它给西方发达国家带来了经济增长和快速发展，但并没有给外围地区带来同样的结果。恰恰相反，资本主义扩张带给外围地区的是不发达状态或"不发达的发展"。这是依附理论对资本主义扩张与经济发展关系的基本判断。关于资本主义的全球扩张对不发达外围地区的影响，保罗·巴兰在 1952 年发表的《论落后的政治经济学》一文中指出，"如果说资本主义不能改善大部分落后地区全体居民的物质条件的话，那么，它却带来了深刻影响不发达国家社会和政治条件的某种因素。它以惊人的速度把资本主义秩序中固有的一切经济和社会的紧张关系传入这些国家。……它把这些国家的经济命运同变化无常的世界市场联系起来并使它们的命运和热病般忽上忽下的国际价格运动连在一起"。因此，"按照进步资本主义的方针来解决不发达国家现有经济和政治僵局的可能性已经完全消失"。②应当说，保罗·巴兰的这一观点实际上与拉美结构主义对资本主义扩张所导致的"中心-外围"二元结构的分析如出一辙，两者都揭示了资本主义扩张进程中，由于技术进步及其主要成果在西方发达国家与广大殖民地、半殖民地和其他外围地区之间的不均衡分布，必然导致这种"异质性"，即中心的发展和外围的不发达。

保罗·巴兰的上述观点对随后形成的依附理论群体产生了深远的影响，这一观点也成为依附理论的重要立论基础。被誉为依附理论激进学派重要代表人物的安德烈·冈德·弗兰克在提出他的"不发达的发展"理论后承认保

①［美］R. H. 奇尔科特：《比较政治学理论——新范式的探索》，高铦、潘世强译，北京：社会科学文献出版社 1998 年版，第 312 页。

② Paul A. Baran, "On the Political Economy of Backwardness", *The Manchester School*, Vol. 20, Issue 1, January 1952, p. 66.

罗·巴兰对其的影响。他说："和保罗·巴兰一样，我相信资本主义既是世界性的，也是民族性的，它在过去造成了不发达，现在仍然在制造不发达。"①对于弗兰克与保罗·巴兰之间的这种紧密联系，有学者评论说："弗兰克的理论研究是以美国经济学家保罗·巴兰的理论为基础的。……弗兰克充分发挥了巴兰的思想，并以'不发达的发展'论点生动地表达了巴兰的基本思想。"②偏重于对依附问题进行社会学研究的卡尔多索和法莱托也曾经说道："欠发展状况在历史上产生于商业资本主义及以后的工业资本主义的扩张时期。在这期间，这些资本主义通过市场将不同的经济体联系到一起，这些经济体不仅表现出不同水平的产业体系，在全球资本主义体系中也占据着不同的位置。这样一来，发达经济和欠发展经济的不同不仅表现为一种简单的发展阶段或生产体系上的差异，也表现为在统一的生产和分配的国际经济体系中的作用和位置有所不同。这就注定了一种支配与被支配的关系体系。"③"马克思主义依附论"的重要代表人物多斯桑托斯也认同资本主义扩张导致"异质性"的基本判断，并将之运用到对跨国资本的研究之中，指出跨国公司并没有改变资本追逐利润的本质以及其为获得高额利润不惜使用各种手段的惯常做法，发达国家的跨国公司借此不仅控制着向不发达国家输出的技术，而且利用各种媒体影响着当地的消费取向和消费方式，加剧了当地社会内部的利益分化。

巴西学者瓦尼亚·班比拉同样强调："拉美资本主义是在世界资本主义扩张和演变的条件下发展起来的，在不否定体系运动一般规律的前提下，形成了依附性资本主义的特殊类型，其性质和运行方式与中心国家资本主义的历史动力有密切联系。"④另外一名巴西学者鲁伊·马里尼则在保罗·巴兰的上述观点基础上提出了"超级剥削理论"。他认为，资本主义扩张的"异质性"就体现在中心国家对外围国家直接投资的不断增长，使外围国家的生产体系与中心国家结合成一体，加剧了外围对中心的技术依附，而中心国家则"以对外围国家劳动力的超级剥削为基础的，其剥削程度随着生产力的发展

---

① Andre G. Frank, *Capitalism and Underdevelopment in Latin America: Historical Studies of Chile and Brazil,* New York: Monthly Review Press, 1967, p. 1.

② 张雷声：《弗兰克及其"依附理论"》，《世界经济》1989年第8期，第90页。

③ [巴西]费尔南多·恩里克·卡多佐和[巴西]恩佐·法勒托：《拉美的依附性及发展》，单楚译，北京：世界知识出版社2002年版，第22页。

④ Vania Bambirra, *Capitalismo dependiente latinoamericano,* Mexico: Siglo Veintiuno Editores, 1974, p. 3.

而加剧"，其结果就是广大外围国家日益严重的依附性和"劳动群众的贫困化"。①

第二，"发达"与"不发达"都是资本主义制度的产物，是一个铜板的两面，是相互联系和同时发生的现象。中心国家的"发达"是剥削和掠夺外围国家的结果，是以外围国家的"不发达"为代价实现的。这是依附理论的另一个重要的立论基础。巴西经济学家、"结构主义依附论"的重要代表人物塞尔索•富尔塔多是第一个提出这一观点的依附论学者。对此，中国学者韩琦明确指出："早在 1958 年他（指富尔塔多——引者注）作为巴黎索尔波恩大学教授候选人提交的论文中，就提出了这样的思想，即发展和欠发达是两个在工业资本主义演变的过程中同时出现的相互交织的现象。"②富尔塔多提出的上述观点，很快得到依附理论各个流派的认同。同为"结构主义依附论"学者的奥斯瓦尔多•松克尔附和说："发达与不发达……是同时发生的进程：是资本主义历史演进的两面。"③更加激进的弗兰克也强调说："不发达并不是由于孤立于世界历史主流之外的那些地区中古老体制的存在和缺乏资本的原因所造成的。恰恰相反，不论过去或现在，造成不发达状态的正是造成经济发达（资本主义本身的发展）的同一个历史进程。"④"马克思主义依附论"的重要代表人物特奥托尼奥•多斯桑托斯也认同说："拉美的不发达，不是资本主义以前的一种落后状况（即未发达、未开发），而是资本主义发展的后果，并且是资本主义发展的一种特殊形式。"⑤

依附论学者提出上述观点，主要是针对经典现代化理论中的"线性发展学说"而言的。根据经典现代化理论的观点，所谓的现代化就是从传统社会向现代社会转变的过程，不发达国家只要按照西方发达国家过去所走的路径，自然可以实现从相对落后的"传统社会"向高度发达的"现代社会"的转变。关于经典现代化理论的著述非常多，本书前面亦有所介绍，这里仅就

---

① Ruy Mauro Marini, "Dialéctica de la dependencia: la economía exportadora", *Tres ensayos sobre América Latina*, Barcelona: Editorial Anagrama, 1973, pp. 91—135.

② 韩琦：《塞尔索•富尔塔多及其经济发展思想研究》，《拉丁美洲研究》2007 年第 3 期，第 47 页。

③ Osvaldo Sunkel, "Big Business and 'Dependencia': A Latin American View", *Foreign Affairs*, Vol. 50, No. 3, 1972, p. 520.

④ Andre Gunder Frank, "The Development of Underdevelopment", in James D. Cockcroft, Andre G. Frank and Dale L. Johnson, eds., *Dependence and Underdevelopment: Latin America's Political Economy*, New York: Doubleday & Company, Inc., 1972, pp. 8—9.

⑤ 转引自肖枫编著：《西方发展学和拉美的发展理论》，北京：世界知识出版社 1990 年版，第 153 页。

罗斯托的"经济发展阶段论"与依附论上述观点的关系稍作分析。沃尔特·惠特曼·罗斯托是美国著名的经济学家，也是美国政府的重要经济智囊人物，被誉为发展经济学的先驱之一。罗斯托提出了"经济发展阶段论"，将人类社会发展分成六个阶段，即传统社会阶段、起飞准备阶段、起飞阶段、成熟阶段、高额群众消费阶段和追求生活质量阶段。由此他认为，所谓的现代化进程就是按照上述一连串的阶段亦步亦趋地前进的过程，每一个国家都必须经过这些过程。就世界范围而言，英国是第一个经历一系列阶段而实现现代化的国家。后来的欧美发达国家都经历了类似的历程，战后诞生的大量不发达国家只要按照发达国家在历史上经历过的各个阶段，就能实现"起飞"，完成从传统社会向现代社会的转变。

　　对于经典现代化理论，拉美结构主义已经做出了批判，认为它没有考虑资本主义扩张后所形成的"中心-外围"的二元结构体系，因而没有考虑不发达国家的历史遗产和现实问题。对于这种理论，还有学者批判说："显然，这是一种机械论的非历史的发展观，带有强烈的'西方中心论'色彩，忽视了非西方社会不发达的原因，割裂了西方与非西方之间的密切联系。实际上为西方开脱了对非西方社会落后负责的责任。"还有学者批评说："现代化理论是一种过于简单的发展理论，它缺乏两点基本内容，一是充分的历史阐释，二是足够的结构分析。"[①]而对经典现代化理论所进行的更加彻底的批判则来自于依附论学者。对这个论点进行总结性阐述的是弗兰克。他说："一般认为，经济发展出现于一系列的资本主义阶段，而今天的不发达国家则仍然处于现在的发达国家早已经历过的原始历史阶段。然而，甚至稍有一点历史知识就可以看出，不发达状况既不是原始的也不是传统的，而不发达国家的过去或现在同目前发达国家的过去也并无任何重大类似之处。目前的发达国家过去虽然可能经历了未发展状态，但是绝没有经历过不发达状态。""不发达不是由第三世界的特殊的社会、经济、政治、文化等特点或结构所造成的，而是不发达的卫星国和发达的宗主国之间过去和当前经济等关系的历史产物。"[②]也就是说，发达和不发达是同一硬币的两面，同一过程

---

①［英］安德鲁·韦伯斯特：《发展社会学》，陈一筠译，北京：华夏出版社1987年版，第38—39页。

② Andre Gunder Frank, "The Development of Underdevelopment", in James D. Cockcroft, Andre G. Frank and Dale L. Johnson, eds., *Dependence and Underdevelopment: Latin America's Political Economy*, New York: Doubleday & Company, Inc., 1972, pp. 8—9.

的两极，造成不发达状态的正是造成经济发达资本主义本身发展的同一个历史过程。

第三，在资本主义扩张过程中导致的"异质性"正是形成不平等的"中心-外围"结构的根源，也是产生中心国家的发展和外围国家"不发达状态"的根源。因此，依附理论在形成的过程中将"中心-外围"概念发展为其理论体系的一个重要分析工具。

如前所述，"中心-外围"理论是拉美结构主义发展理论最早系统提出来的、揭示世界资本主义经济体系基本特征的一种理论范式，它揭示了在资本主义扩张进程中，由于技术进步及其成果在"中心"和"外围"的不平等分配，资本主义世界经济体系便形成了不平等的"中心"和"外围"的结构。该理论强调，资本主义的"中心-外围"体系是一个统一的和动态的体系，该体系具有整体性；"中心"和"外围"之间在生产结构上存在很大的差异性；"中心"和"外围"之间的关系是不平等的。所谓的整体性，指的是"中心"与"外围"都是整个资本主义世界经济体系的一部分，而不是两个不同的经济体系。在资本主义扩张的过程中，技术进步首先发生在中心，并且迅速而均衡地传播到它的整个经济体系，因而中心的经济结构具有同质性和多样性；而"外围"部分的经济结构还是异质性的，即生产技术落后、劳动生产率极低的经济与使用现代化生产技术，具有较高劳动生产率的部门同时存在。以出口工业品为主的"中心"与出口初级产品为主的"外围"之间存在着贸易条件上的巨大差异，而且贸易条件始终是不利于初级产品和"外围"国家的，因此"中心"和"外围"之间必然存在不平等。对此，拉美结构主义理论强调，为了消除贸易条件恶化对外围国家的不利影响，从而消除国际经济体系中"中心-外围"的二元体系，外围国家必须实施进口替代工业化，认为这是发展中国家摆脱不发达状态的唯一出路。

依附论学者在批判拉美结构主义发展理论的过程中，吸收了其"中心-外围"的理论范式，并将之作了进一步的发展。保罗·巴兰从"经济剩余"概念出发系统分析了"外围"国家不发达的原因。他认为虽然"外围"不发达国家的生产水平较低，个体提供的绝对数量少，但由于消费水平同样低下，所以"剩余"的相对量反而较大。本来这些"剩余"有利于"外围"地区的发展，但是由于在国际经济体系的"中心-外围"结构中，"中心"的资本控制了"外围"国家的国内市场，使"外围"国家处于一种依附性的状态，其国内存在与外国资本密切联系的特权消费阶层，将大部分"剩余"消费掉了。另一方面，由于"中心"与"外围"之间的不平等交易，"外围"国家的大部分"剩余"又被"中心"国家剥夺了，因此"外围"地区剩余无法实现生产性资金的转化，因此也无法推动本国的经济增长。

弗兰克则在拉美结构主义发展理论的基础上提出了"宗主国-卫星国"的概念，用以解释资本主义世界经济体系的二元结构。对此，弗兰克强调说："宗主国剥夺并占有卫星国的经济剩余用于自己的经济发展。卫星国由于不能获得自己的剩余，由于两极分化的原因和宗主国在卫星国内部经济结构中引进并保持剥削关系而处于不发达状态。"[1]也就是说，外围国家的不发达正是由于中心国家的扩张所造成的。以此观点为基础，弗兰克进一步提出了"宗主国-卫星国"结构（即"中心-外围"结构）演进过程中的三个基本观点：（1）"卫星国"的发展受到"宗主国"发展的限制；（2）"卫星国"与"宗主国"之间的联系处于最微弱状况的时期，则是"卫星国"在经济发展上最为顺利的时期；（3）当今最不发达的"卫星国"地区，恰恰是过去与"宗主国"中心联系最密切的地区。由此，弗兰克强调，在由"宗主国"控制的现行世界经济体系内，"卫星国"的发展是不可能实现的，其唯一的出路就是"脱钩"，即离开现行的世界经济体系。

塞尔索·富尔塔多则对拉美结构主义理论的"中心-外围"概念给予了高度评价，并将之作为自己理论体系的重要分析工具之一。他说："在对发展的研究中，可能没有什么概念要比劳尔·普雷维什的中心-外围结构的概念更加重要了。虽然普雷维什的主要概念是商业周期的国际传播——出口初级产品的经济与出口工业品经济相比行为的多样性——这一概念的基础是对资本主义体系的总体考察，为一种结构多样性的观点开辟了道路，一种对于理解不发达的特殊性至关重要的知识。由普雷维什本人和拉美经委会的一群社会科学家——这一集团即众所周知的拉丁美洲结构主义学派——所创造的这一概念产生了一个具有极大影响的思想潮流。"[2]以拉美结构主义的"中心-外围"理论为出发点，富尔塔多提出了"二元结构主义"理论，认为"资本主义体系建立在中心-外围、发达-欠发达、支配-依附的两极之上"，它使"中心的积累甚至更为快速，进一步扩大中心-外围缺口"。与此同时，

---

① Andre G. Frank, *Development and Underdevelopment in Latin America,* New York: Monthly Review Press, 1968, p. 20.

② Celso Furtado, "Development: Theoretical and Conceptual Considerations", in J. Pajestka and C. H. Feinstein, eds., *The Relevance of Economic Theories*, London: Macmillan, 1980, pp. 211—212.

在外围经济中，经济发展的动力并不是内生的，而是由外部引起的，"整个体系的推动力来自中心的投资和相关的技术进步"，"人们所谓的欠发达表现为需求蓬勃发展与生产体系积累滞后之间的不一致"。①

尤其有意思的是，一些依附论学者不仅将"中心-外围"范式运用于国际经济领域，还将之作为分析外围国家内部"异质性"问题的理论工具。例如，墨西哥学者冈萨雷斯·卡萨诺瓦和鲁道夫·斯塔芬哈根提出的"内部殖民主义"理论就强调，"殖民主义不仅被看作是一种国际现象，而且还是一种国家内的现象。……拉丁美洲的社会科学家们认为，二元主义的关系、城乡关系、阶级关系、阶层关系、种族关系和民族关系等现存的概念不足以解释统治和剥削的内部形式，因此就形成了内部殖民主义的概念。他们认为，内部殖民主义现象是那些曾经被帝国主义国家占领的国家所特有的，是世界经济体系形成过程的一个组成部分"。②这种理论认为，伴随西班牙和葡萄牙殖民征服而来的是拉美国家社会的分裂，形成了两个（甚至更多）对立的社会、文化和种族集团，从而形成了异质性的社会。这两种对立的社会集团分别是居于统治地位的伊比利亚人（包括莫斯提索人）和被剥削的印第安人等。这样的社会结构并没有随着殖民统治的结束而消失，相反它一直持续到现在，成为许多拉美国家社会结构的基本特征。在上述观点的基础上，冈萨雷斯·卡萨诺瓦给出了内部殖民主义的定义。他说："内部殖民主义指的是一种社会关系结构，它是建立在文化上异质性集团之间的统治与剥削基础上的。……文化异质性是一些民族征服其他民族的历史造成的。正是这种征服使我们不仅要谈论到城市与农村人口之间，以及社会各阶级之间存在的文化差异，而且还要谈到文明之间的差异。"③斯塔芬哈根则提出："毫无疑问，被历史超越的生产方式遗产仍然存在着，尤其是在农村地区；同样明显的是，居统治地位的生产方式（也就是说，依附性的或外围的资本主义）对其他生产方式施以霸权。这种现象也就是我们所说的内部殖民主义，即一些生产方式和各种前资本主义的积累服从于居统治地位的生产方式，这就使一些

①［英］杰拉尔德·M. 迈耶主编：《发展经济学的先驱理论》，谭崇台等译，昆明：云南人民出版社 1995 年版，第 249—253 页。

② Cristóbal Kay, *Latin American Theories of Development and Underdevelopment,* London: Routledge, 1989, p. 59.

③ Pablo Gonzalez Casanova, "Internal Colonialism and National Development", *Studies in Comparative International Development*, Vol. 1, No. 4, 1965, p. 33.

经济和社会部门，以及来自一定地域的一部分人口服从于其他部门和人口，并受他们的剥削。内部殖民主义是一种结构关系，它的特征是在全球范围的依附性资本主义和不发达状态下，不同历史时期生产方式均同时存在。"①还有学者强调说，所谓的"内部殖民地就是那些为城市中心生产初级产品的人口，他们是由城市中心控制的企业所需廉价劳动力的源泉，是中心产品和服务的市场，他们被排除在统治社会的政治、文化和其他机构之外"。②也就是说，外围国家不仅本身从属于中心国家，在国家内部同样也存居于外围或边缘的社会部门从属于居统治地位的社会部门，前者实际上是后者的"内部殖民地"。当然，需要强调的是，"内部殖民主义"理论中依附论群体并不占主流，它遭到了其他依附论流派学者的批判，认为它过度地"关注于榨取和占用由土著印第安人和莫斯提索人生产的剩余，它夸大了它们在资本积累进程中的重要性，特别是在资本原始积累的历史阶段结束以后的重要性"。③不过，也有其他流派的依附论者同意"内部殖民主义"理论的观点。例如，鲁伊·马里尼认为，由于国际不平等的交换关系，造成了国内劳动力被过度剥削，这阻碍了绝对剩余价值向相对剩余价值的转化以及国内资本的积累，其中就包括了外围国家内部"特权中心"对"社会下层边缘"的剥削。秘鲁学者阿尼瓦尔·基哈诺等人则提出了边缘化理论，以此来探讨随着人口过剩问题导致的外围国家的边缘化问题，他们同样也非常关注外围国家内部的"异质性"问题。④

第四，在"中心"与"外围"并存的资本主义世界经济体系中，外围国家与中心国家之间的关系是依附与支配的关系。"依附性"既是外围国家不发达状态的表现形式，同时也是产生不发达的根本原因。这是得到绝大部分依附论流派学者认同的基本观点。

---

① Rodolfo Stavenhagen, "Comentario", in R. Benítez Zenteno, ed., *Las clases socials en América Latina*, Ciudad de México: Siglo Veintiuno Editores, 1973, pp. 280—281.

② Dale L. Johnson, "On Opressed Classes", in J. D. Cockcroft, A. G. Frank and D. L. Johnson, eds., *Dependence and Underdevelopment: Latin America's Political Economy*, New York: Doubleday & Company, Inc., 1972, p. 277.

③ J. Graciarena and R. Franco, "Social Formations and Power Structures in Latin America", *Current Sociology*, Vol. 26, No. 1, 1978, p. 11.

④ 关于边缘化理论可以参阅 Cristóbal Kay, *Latin American Theories of Development and Underdevelopment*, London: Routledge, 1989, pp. 88—124 和袁兴昌：《对依附理论的再认识——依附理论的主要组成部分》（上），《拉丁美洲研究》1990 年第 5 期，第 8—10 页。

那么，什么是"依附性"呢？对于这个问题，不同流派的依附论者给出了略有差别的答案，但大多能接受由"马克思主义依附论"代表人物、巴西经济学家多斯桑托斯所提出的依附性概念。他说："一些国家的经济以它们所从属的其他国家的发展和扩张为条件的一种状况（原文即为斜体——引者注）。两个或更多国家的经济之间相互依存的关系，或者这些国家与世界贸易体制之间的相互依存的关系，将成为一种依附性关系：某些居统治地位的国家能够扩张并能够自力发展，而其他处于依附地位的国家，其发展只能是前者扩张的一种反映，……依附性的基本情况将使这些国家处于落后的和受剥削的地位。"①"结构主义依附论"流派的代表人物、智利经济学家松克尔则强调，所谓依附性，实际上就是依附性的国家缺乏自动或自主增长能力的"一种状态"，"因此，发达和不发达可以理解成部分的结构，但相互依赖则会形成一个单一结构。区别两种结构的主要特征是发达国家在很大的程度上说依靠其内生的增长能力获得发展，因此居于主导地位；而不发达国家由于缺乏这种内在动力，所以处于依附性的地位"。②通过比较上述两派依附论者对"依附性"概念的定义，我们发现两者之间基本上表达了相同的观点，发达国家的发展源自其内在的推动力，而外围国家的增长动力则来自"外部动力"，其缺乏促进发展的"内在动力"，因而导致了对发达国家的"依附"。

在此基础上，绝大部分依附论者强调，"依附性"不仅仅是一个概念，它更是一种历史现象，是一种历史进程。"依附性"的历史形态取决于三个因素：（1）世界经济的主要形式及其发展规律；（2）资本主义"中心"国家之间的关系及其向外扩张的形式；（3）各"外围"国家的经济关系及其如何"依附"于资本主义扩张后的国际经济体系的进程。正是基于上述因素，多斯桑托斯将不发达国家的依附形态划分成三个阶段：首先是"殖民地依附"（Colonial Dependency），典型地表现出贸易出口上的垄断。"通过贸易垄断，同时伴随着对殖民地土地、矿产和人力的殖民化垄断，与殖民地国家结盟的商业和金融资本主导着欧洲与殖民地之间的经济关系。"其次是19世

① Thotonio Dos Santos, "The Crisis of Development Theory and the Problems of Dependence in Latin America", in H. Bernstein, ed., *Underdevelopment and Development: The Third World Today*, Harmondsworth: Penguin Books, 1973, p. 76.

② Osvaldo Sunkel, *Capitalismo transnacional y desintegración nacional en América Latina*, Buenos Aires: Ediciones Nueva Visión, 1972, p. 17.

纪末得以巩固的"金融-工业依附"（Financial-industrial dependency）。在这一阶段中，依附受制于"中心国的大资本及其海外扩张，他们通过投资原材料和农产品的生产以满足中心国的消费"，外围国家的外向型经济也是由于这个原因而得以产生的。最后是第二次世界大战后形成的一种新的依附形式，即"技术-工业依附"（Technological-industrial dependency）。这种新的依附"主要根植于跨国公司，他们开始向那些瞄准了不发达国家内部市场的工业进行投资"。①

多斯桑托斯强调说，在新的依附形式下，外围国家的工业发展受到国际商品和资本市场的种种制约。工业发展所需要的新投资主要依赖初级产品出口部门挣取外汇的能力，而初级产品出口部门的发展动力来自国际市场的需求状况，这是由外围国家的"依附性"所决定的。由于初级产品贸易条件的不断恶化，外围国家的国际收支状况也不断恶化，工业发展所需要的资金和技术由此受到极大的影响。这样，外围国家对中心国家的"技术-工业依附"便日趋严重。因此，外围国家所建立的生产体系受到上述依附结构的严重影响，它不得不保留传统的出口部门，建立一个符合跨国公司利益而不是国内发展需要的生产结构和技术结构。在这种生产结构和技术结构中，外围国家听任跨国公司引进技术密集和资金密集型工业部门，引起了高度不平衡的生产结构、收入的高度集中、设备能力利用不足、传统部门与现代部门的并存，以及对劳动力吸收能力不足等问题。这些问题对外围国家的发展带来了双重影响：一方面，这种生产结构和技术结构提高了剥削程度，压低了工资水平，限制了购买力的增长；另一方面，它无力创造与人口增长相一致的就业机会，限制了新的收入来源，从而严重影响了外围国家国内消费市场的扩大。

与此同时，正在形成的依附性生产体系和社会经济结构是世界经济体系的组成部分，而世界经济体系是以大资本的垄断性控制、某些经济金融中心对另一些国家的控制，以及对高新技术的垄断为基础的。因此，我们只有在世界经济体系的总体范围内才能看出"依附性"的生产和再生产过程，才能理解不发达国家社会经济结构的变化。依附性生产体系的"依附性"在于，它形成了一个自身发展受到世界经济体系制约的生产体系。在外围国家对中

---

① Theotonio Dos Santos, "The Structure of Dependency", *American Economic Review*, Vol. 60, No. 21, 1970, pp. 231—236.

心国家的"依附性"关系下，外围国家的生产体系只能发展某些经济部门，只能在不平等的条件下进行交换，只能在自己国家内部同国际资本在不平等的条件下进行竞争，只能强制推行对劳动力的超级剥削关系，只能听任"经济剩余"流入国内权贵阶层和跨国公司的手中。其结果只能是外围国家陷入"依附性资本主义"而不能自拔，因而难以解决不发达的问题。正是从这个意义上说，"依附性"既是外围国家不发达状态的表现形式，同时也是产生不发达的根本原因。

第五，外围国家如何摆脱"依附性"和"不发达状态"，如何探寻出一条可行的发展道路，这是各依附理论流派的最终目标。在这个问题上，不同流派依附论学者之间的分歧较大。我们可以根据前述依附论流派的划分方法大致地分成三种解决出路。

"结构主义依附论"学者强调，在资本主义世界经济体系中，外围国家确实处境非常艰难，但并不是没有摆脱"依附性"和"不发达状态"而实现发展的出路。普雷维什本人在 20 世纪 60 年代提出的"争取建立国际经济新秩序"的设想和在 70 年代中后期提出的"体制变革论"，便是这一理论流派对外围国家探索发展道路的最好概括。它一方面强调，资本主义世界经济体系中"中心"与"外围"之间的不平等，既是"中心"国家历史上的殖民主义扩张的产物，同时也与现行的国际经济秩序的不合理密切相关，因此顺应广大发展中国家的要求，改革以布雷顿森林体系为核心的国际经济秩序，便是帮助外围国家获得发展的一个重要工作。另一方面，"结构主义依附论"学者强调，外围国家的不发达问题也与本国国内的政治、经济、文化等因素密切相关，因而需要对外围国家内部的"体制"进行改造，尤其是需要进行土地改革，加强政府在经济中的作用，实行国家资本主义，形成推进国家发展的内在动力，最终建立社会主义与自由主义相结合的社会体制。除了普雷维什以外，富尔塔多、松克尔、阿尼瓦尔·平托等人也提出了类似的观点。例如，富尔塔多一方面呼吁发达国家向外围国家开放工业品出口市场，形成一种新的国际分工体系，使外围国家在吸收较少技术进步成果的情况下也能向中心国家出口工业制成品；另一方面，富尔塔多强调政府在经济发展中的重要作用，既要避免由于技术进步造成的财富过于集中，又要扩大市场，满足国内广大民众的需求，扩大国内市场，从内部推动国家的发展。

"马克思主义依附论"的学者强调，在资本主义体系里，外围国家几乎没有获得发展，摆脱依附性地位的可能性，唯一的出路就是进行社会主义革命。在《帝国主义与依附》一书中，多斯桑托斯认为拉美的经济发展可以有四种选择，即民族的、自主的资本主义发展；跨国公司和它代表的国际关系体系（新的国际分工）；这一国际关系体系内的国家资本主义（讨价还价的依附）；独立的民众运动（社会主义革命）。然而，首先来看第一种，"拉美经济发展的新模式应当以接受下述事实为出发点：民族的和自主的资本主义发展已成为我们历史上一个过去了的阶段，它是一种胎死腹中的选择，是同世界资本主义体系结构性趋势相抵触的一种经济选择"，因此第一种选择已经不可能了。接着看第二种，"体系的扩张性同实行技术垄断所造成的市场局限性发生矛盾；另一方面，重要工业部门转移到依附国可能造成技术上自力更生发展的可能性，但这包含着同社会政治关系中日益加强的依附性之间的深刻矛盾"，这表明第二种选择对于依附性国家来说也不现实。而第三种方案——国家资本主义，多斯桑托斯指出，正是由于前述矛盾，中心国倾向于与依附国的文武官僚阶层相互依靠、各取所需，"但它一旦坚持资本主义的道路，便趋于最终成为大资本的一名普通职员"。也就是说，这种策略实质上仍然承认或接受依附地位，只是在这一框架下谋求相对独立的发展。如此一来，多斯桑托斯更倾向于第四种方案，即社会主义革命的模式。①这一流派的其他学者的基本思路是一致的，即在现有的资本主义世界经济体系中，外围国家摆脱依附、获得发展的出路是不可能的。因为在现有的"中心-外围"体系中，外围国家的"经济剩余"会源源不断地流入中心国家，这是由资本主义世界经济体系的基本特征所决定的。那么，"要阻止对经济剩余的剥削，唯一的办法是打碎转移这种剩余价值的依附链条。而能够起来打碎这链条的，便是第三世界的工人阶级；唯一强有力的武器，则是社会主义革命"。②

　　介于上述两派之间的依附论学者，如费尔南多·卡尔多索和恩佐·法莱托等人则在依附性和发展的问题上持有不同于上述两种流派的观点，在探索外围国家的发展出路时也提出了不同的主张。例如，他们在二人合著的《拉丁美洲的依附与发展》一书中提出，"依附"与"发展"并不是绝对对立的，是有可能相互联系的，可能会产生一种"联系性依附发展"，其根源就

---

　　①［巴西］特奥托尼奥·多斯桑托斯：《帝国主义与依附》，毛金里等译，北京：社会科学文献出版社 1999 年版，第 460、464 页。

　　②［英］安德鲁·韦伯斯特：《发展社会学》，陈一筠译，北京：华夏出版社 1987 年版，第 56—57 页。

在于外围国家的社会经济中形成了外国资本、国家资本和私人资本的"联盟"。尽管外围国家这种"联系性依附发展"模式的形成不会消除"中心-外围"之间的不平等，但是随着一些外围国家"联系性依附发展"模式的形成，"中心-外围"的结构本身也会发生一些变化，从而使确立"联系性依附发展"模式的国家实现一定程度的发展。也就是说，"依附性"与"发展"是可以同时存在的，外围国家既不需要像"马克思主义依附论"学者主张的那样进行社会主义革命，也不必像"结构主义依附论"流派强调的必须首先改造国际经济秩序，再进行国内的体制变革。在此基础上，卡尔多索和法莱托等人提出，外围国家应该着眼于在现有的"中心-外围"体系，通过加强国家在经济中的作用，依靠逐步提高自主性、社会凝聚力和加强对外国资本的管理等手段，实现在依附性条件下的发展。当然，外围国家在加强自身发展的前提下，还需要与中心国家合作，积极争取改造不平等的国际经济秩序。

由此可见，对于外围国家如何摆脱"依附性"和"不发达状态"，依附理论上述三大流派均提出了各自的解决办法，尽管三者之间存在着较大的差异，但在以下三个方面却是保持着高度一致：（1）对现存的不平等国际经济体系进行改革，改善外围国家发展的外部环境。这是各派依附论学者共同的心声，也是依附论被指责为"外因论"的主要依据。然而，不同流派的依附论者对改革国际经济体系的看法是有所不同的，"马克思主义依附论"流派认为这是外围国家摆脱"依附性"的唯一出路，如不行则进行革命，从现行的世界经济体系中分离出去，即"脱钩论"（De-link）。而"结构主义依附论"学者则强调变革国际经济秩序是外围国家获得发展的充分必要条件，是其国内变革成败的关键。介于上述流派之间的学者则强调，在无力改革现有国际经济秩序的情况下，首先要做好国内改革的事情，在获得一定发展的情况下，与中心国家合作来改革国际经济秩序。（2）进行国内结构性改革，动员大众力量，减少不平等，使发展成为人人都参与和获益的过程。依附论各流派均强调，外围国家的"依附性"源自西方资本主义扩张导致的"异质性"结构，外围国家的国内政治、经济、社会和文化结构等都是扭曲的，因而需要对之进行改革。（3）充分发挥国家的作用。依附理论从根本上说是属于非正统的理论流派，它与正统自由主义流派之间最大的不同就是强调国家在发展中的作用，认为国家应该在经济和社会发展中充分发挥作用，只有这样才能变革国内的"异质性"结构，争取建立国际经济新秩序。

第四节　对依附论的评价问题

依附论自诞生之日起就引起了学术界的广泛讨论，对它的评价也众说纷纭，莫衷一是。尤为关键的是，依附理论虽然最早是由一批拉丁美洲或研究拉丁美洲问题的学者提出和发展的，但是其影响并没有局限在拉美地区，而是成为了具有世界性影响的一种理论范式。因此，对依附理论的评价也变得更加复杂。为了使复杂问题简单化，笔者将对依附论的评价大致分成三类来加以介绍：第一种是能相对客观评价依附论的观点；第二种是大体赞成依附论的评价；第三种是对该理论持有批评或反对立场的评价。最后，在此基础上，笔者将提出一些个人对于依附理论的粗浅看法。

在国内外学术界，有相当一批学者能够较为客观地评价依附理论及其成败得失。中国知名学者李安山评论说："依附论虽支派繁多，但在主要理论问题上存在共识，从而形成了一个有影响力的学派，这一学派对拉美以及第三世界历史和现状的解释有其独到之处，为国际社会科学做出了卓越贡献。"同时，他还强调说："作为一种发展理论，依附学说在分析殖民地的历史与现状关联上有独到之处，但其局限性是十分明显的。这主要表现在强调贸易关系而忽略生产关系；强调地区之间的剥削而忽略阶级之间的对立；强调经济因素而忽略对社会结构的分析。而它最重要的理论缺陷是一味强调外来因素而忽略了本国内素。从而蒙上了一层决定论的色彩。"①李安山的上述评价相对还是比较客观的，既肯定了依附理论对国际社会科学的贡献，同时也指出了其存在的局限性。中国学者孙若彦也对依附理论持有较为客观的看法。一方面，她强调说"依附论以分析不发达国家不发达问题为自己的唯一使命，站在不发达国家的角度对国际政治经济学中政治与经济的互动关系进行了独特阐释，成为国际关系理论中超越现实主义和自由主义两大发展脉络的'第三种声音'，成为引发国际政治学界关注不发达问题的主要理论动因"；另一方面，她也承认"依附论在强调不发达的外因时同样走到了极致"。②美国学者戴维·雷伊在肯定依附理论是"一种重要而有用的理论"

---

① 李安山：《依附理论与历史研究》，《历史研究》1992 年第 6 期，第 139、149 页。

② 孙若彦：《依附论与拉美国际关系研究》，《拉丁美洲研究》2006 年第 3 期，第 51、55 页。

后明确指出了该理论存在"一些基本的谬误"。他说："必须承认，依附理论包含了大量的事实。也应该承认最近的依附性模式为美国社会科学界对拉丁美洲的研究做出了重要的、让人耳目一新的贡献。……依附论学者还指出了任何忽视国际因素来研究拉丁美洲问题是不可行的。最重要的是，它挑战了那种认为拉丁美洲的经济发展必然与美国的经济利益保持一致的荒谬假定。"然而，依附理论"在逻辑和经验上至少存在三个方面的谬误"，这些谬误分别是"这种模式宣称，依附性是由资本主义经济学造成的，……这显然是肤浅和不合逻辑的"，"这种模式断言外国私人投资必然具有剥削性，必然有害于拉丁美洲的发展。这种断言过于简单化，忽视了现实的复杂性"，"这种模式不停地强调依附性/非依附性是一个二分变量，……忽视了其他可以缓解依附性的变量"。[①]

除了上述较为客观的评价以外，国内外学术界对依附理论给予充分肯定的学者也非常多。例如，智利学者恩里格斯高度评价了依附论的贡献，他说："依附论认为拉丁美洲内部结构和国际结构之间的相互作用是了解拉丁美洲发展进程的关键出发点，这个基本论点是极为重要的。""随着货币主义模式在拉丁美洲的失败，人们有可能对依附论观点的理论贡献和政策意义进行重新评价产生新的兴趣。"[②]还有学者肯定地说："依附发展理论既肯定'依附'与'发展'的并存，又提出'依附发展'只是一种在依附中求发展，在一定条件下，利用不发达国家对发达国家的依附关系，使不发达国家得到发展的权宜之计。其合理之处在于，通过对不发达国家内部各种条件的分析，预示了不发达国家社会经济发展前景，从维护不发达国家民族利益角度出发，改变了那种不发达国家社会经济只具有依附性质的笼统提法，为不发达国家在世界资本主义体系范围内寻求自身发展提供了一条思路。"[③]还有学者肯定依附理论对于全球化背景下的现实的指导意义，"依附发展理论……的指导意义就在于，它不仅为不发达国家提供了一种积极、乐观的情绪，而且还为它们正确认识世界、正确认识自己、努力发展、奋起追赶发达国家提供了一种理论上的依据。这也许就是依附发展理论对我们今天最大的

---

① David Ray, "The Dependency Model of Latin American Underdevelopment: Three Basic Fallacies", *Journal of Interamerican Studies and World Affairs*, Vol. 15, No. 1, February 1973, pp. 6—7.

②［智利］P. 恩里格斯：《关于依附论及其发展》，高铦、李和译，《国外社会科学》1984 年第 3 期，第 26 页。

③ 江莹：《试析依附发展理论的比较优势》，《齐鲁学刊》2003 年第 3 期，第 37 页。

贡献，也是它强劲生命力的体现"。①

　　当然，依附理论从诞生之时起就成为学术界批判的对象，特别是在欧美主流学术界。例如，对依附论持批评意见的学者则指出"依附概念是为了解释欠发达国家经济失败的一种辩解"。②戴维·兰德斯则直截了当地批判说："一些好冷嘲热讽的人甚至可能说依附论一直是拉丁美洲最成功的出口产品。然而它对人们的主观努力和士气来说是消极的。它培养光责备别人的不健康的倾向，加剧经济上的无能。即使它是有理的，也最好是把它收藏起来。"③还有学者批评说，依附学者在"研究依附时，不是将其作为一种国际社会关系，也不是将其视为剩余价值在世界秩序竞争框架中不同的民族资本之间的转移，而是通过特定的形式或仅仅在一些次要的方面进行考察。因此，他们混淆了本质和现象。另外，他们没有对依附这一概念进行详细阐述，也没有首先抽象地、逻辑性地、实质性地确定必要的范畴，而只是对依附的发展过程做了一种混乱的、不科学的、奇事趣谈式的描绘"。④

　　在国内学术界，对依附理论的批判也是早已有之。早在 20 世纪 80 年代，有中国学者评价说："依附论的错误在于它对资本主义世界经济体系中经济活动规律抱有一种损益相抵（zero-sum）的看法，即一国的得利必然是另一国的损失这种'重商主义的信念'。这种带有片面性的观点贯彻于他们对一切经济活动的评价之中。如他们坚持认为，富国和穷国之间的贸易，仅仅是一种有利于前者的单向关系，因而忽视了这样的可能，即在一定条件下，贸易也可使穷国获得利益"，"依附论关于欠发达国家只有脱离资本主义世界体系，脱离与发达国家的任何经济联系才有可能发展的主张在理论是不妥当的，在实践中则是不可能的，而且是有害的。按照依附论的逻辑，发展似乎是意味着闭关自守。"⑤还有学者批评说："依附理论者认为，'不发

---

　　① 陈建兰：《浅析卡多佐的依附发展理论——读〈拉美的依附性及发展〉》，《理论界》2007 年第 1 期，第 161 页。

　　② [巴西] 弗朗西斯科·洛佩斯·塞格雷拉主编：《全球化与世界体系——庆贺特奥托尼奥·多斯桑托斯 60 华诞论文集》，白凤森等译，北京：社会科学文献出版社 2003 年版，第 681 页。

　　③ [美] 戴维·兰德斯：《国富国穷》，门洪华等译，北京：新华出版社 2001 年版，第 458—459 页。

　　④ [墨] 恩里克·迪塞尔：《马克思〈1861—1863 年经济学手稿〉与依附"概念"》，载 [美] 罗纳德·奇尔科特、江时学主编：《替代拉美的新自由主义——〈拉美透视〉专辑》，江心学译，北京：社会科学文献出版社 2004 年版，第 92 页。

　　⑤ 钟晓敏：《评现代化理论和依附派理论》，《浙江财经学院学报》1988 年第 3/4 期，第 71—73 页。

达’和‘依附’之间存在着必然的联系。把拉丁美洲等国家（外围）的不发达完全归咎于西方发达国家（中心国家）的外部剥削，而忽视了不发达国家内部的因素。激进的依附理论者甚至提出要断开与国际资本主义的联系，走独立自主的发展道路。……依附理论的思想体系是很单调贫乏的。……依附理论不仅缺乏详察现实的根基，也没有学术传统的依托。"①

当然，国内外学术界关于依附理论的评价可谓是汗牛充栋，笔者仅介绍以上三种类型的评价。而且，需要注意的是，这三种类型的划分仅仅是简化问题的权宜之策，本身并不完全合理。但通过分析这种简单划分后的评价，我们足以体会到依附理论在国内外学术界引起的争议之巨大，也足以体会到依附理论在国内外学术界的影响力之巨大。以下，笔者拟在梳理依附理论的主要内容和学术界对其的评价基础上，谈一谈自己对这一理论的粗浅看法。

第一，依附理论是在战后非殖民化运动蓬勃发展，亚非拉地区诞生了许多新兴的"外围国家"的背景下产生和发展的。当时，这些相对落后的发展中国家面临严峻的形势，从国内层面看，这些国家经济都处于不发达的落后状态，国内政治、经济、社会和文化发展在很大程度上与原先的宗主国之间有着千丝万缕的联系。与此同时，较早获得独立的拉丁美洲国家在 20 世纪五六十年代也在经济上陷入了进口替代工业化从简单阶段向高级阶段过渡的"困难"时期。而正统的发展理论不仅无力提供解决办法，帮助亚非拉国家摆脱困境，而且要求这些国家按照发达国家的标准，按照经典现代化理论的处方，解决各自国内的经济结构、政治民主等问题。面对这种局面，一些研究拉丁美洲问题的知识分子和来自拉丁美洲的知识分子从批判正统现代化理论和拉美结构主义理论入手，吸收马克思主义的一些基本概念和理论，形成了解释拉丁美洲和其他亚非国家（即外围国家）为什么陷入"依附性"和"不发达状态"的理论，并孜孜以求地探索帮助这些国家摆脱"依附性"的发展道路。可以说，依附理论是完全定位于解决"外围国家"发展问题的理论，它一举扭转了西方主流理论不关心发展中国家发展问题的趋向，使第三世界的发展问题真正成为了全球关注的焦点。从这个意义上说，依附理论对于发展中国家的发展和进步，对于整个人类社会的进步，都具有重要的理论价值和现实意义。

第二，依附理论在西方主流理论一味关注发展中国家内部因素的背景

---

① 关艳红：《依附理论及其局限性的评述》，《高校社科信息》2004 年第 3 期，第 32 页。

下，吸收了拉美结构主义理论中的"中心-外围"概念，强调造成外围国家不发达状态的是伴随地理大发现后资本主义扩张所形成的世界经济体系，正是这种体系的形成造就了西方国家的"发达"和外围国家的"不发达"。因此，依附理论提出了改革现有的资本主义世界经济体系、建立国际经济新秩序的主张。在某种程度上说，依附理论使西方主流学术界真正意识到殖民主义历史对于广大发展中国家不发达状态的影响，真正意识到外围国家的发展是与中心国家在历史上经历的外部环境是不一样的，因此西方发达国家在20世纪60年代开始更加关注发展中国家的问题，承诺对发展中国家的原材料出口和工业发展给予"适当的优惠"，也从那个时候起发达国家开始坐下来与广大发展中国家进行对话，商谈建立国际经济新秩序的问题。从这个意义上说，依附理论开拓了人类探索发展问题的视野，推进了世界各国共同解决不发达问题的进程。

第三，依附理论以拉丁美洲和其他外围国家的发展为理论的依据和落脚点，在经济学、社会学、政治学、国际关系等领域都提出了自己独特的理论体系，挑战了以"西方中心论"为核心的现代化理论，否定了西方发展模式可以被不发达国家模仿的假设，提出不发达国家如何根据自己的国情探索不同于西方国家发展道路的宏大理论。依附理论最初主要以拉丁美洲为研究对象，很快传播到亚非国家和西方学术界，在经济学、社会学、政治学、民族学、国家关系学等领域均出现了依附理论的研究视角，成为具有世界影响力的理论流派，它大大推进了战后国际社会科学的发展和繁荣。

第四，依附理论的产生和发展还得益于马克思主义在拉美地区的传播和影响，是一些左翼激进的知识分子在吸收马克思主义，尤其是新马克思主义和西方马克思主义的一些观点和理论后形成的理论体系。反过来，随着依附理论的广泛传播，加之20世纪六七十年代西方新左派运动、广大发展中国家社会主义运动，以及国际共产主义运动的蓬勃开展，马克思主义在外围国家的传播和影响也日益突出。在拉丁美洲，依附理论和古巴社会主义建设可以说是推动马克思主义在该地区广泛传播，并产生较大影响的两个重要因素。

总之，依附理论的形成和发展对于拉丁美洲和其他广大外围国家来说，具有重要的积极意义。然而，由于种种原因，依附理论的缺陷也表现得非常突出。概括地说，依附理论的主要缺陷和不足在于：（1）依附理论是一个庞杂的理论群体，各理论流派之间的分歧也很大。因此，依附理论的一些基本概念往往也是众说纷纭，各说各话。这种情况大大影响了该理论的严密性，削弱了整个理论的逻辑性和说服力；（2）依附理论对外围国家不发达问题的探讨过度关注于西方资本主义扩张所带来的种种影响，过分关注这些国家发展进程中的外部因素，因而容易让外围国家忽视国内结构性问题的解决；（3）依附理论提出了解释外围国家"依附性"和"不发达"原因的理论，但在如何解决这些问题，寻求一条切实可行的发展道路上，明显缺乏行之有效的政策主张。

第八章　拉美结构主义激进化

如前文所述，20 世纪 50 年代末 60 年代初，拉美国家的进口替代工业化战略陷入了困境。为了应对经济发展中的困难，除了拉美国家采取一系列措施外，联合国拉美经委会也逐步调整了他们的经济发展策略。尤其是在受到来自左右两个方面的批判以后，拉美经委会的经济学家们比较自然地选择了在理论渊源上与自己更加接近的依附理论，拉美结构主义理论也吸收了激进的左翼思想，呈现出激进化的趋势。到 20 世纪六七十年代，拉美结构主义与依附论之间日益趋同，它们共同成为影响发展中国家争取建立国际经济新秩序的理论指导。相应地，拉美结构主义发展理论的激进化在拉美各国中产生了巨大的影响，经济民族主义在拉美地区日益高涨，使这些国家在内向型发展的道路上越陷越深，为 20 世纪 80 年代债务危机的爆发埋下了伏笔。

第一节　拉美经委会调整发展策略

随着进口替代工业化战略的不断深入，特别是开始进入替代生产耐用消费品、资本品和中间品的进口替代工业化的高级阶段时，拉美国家经济开始陷入空前困难。以普雷维什为核心的拉美经委会经济学家们敏锐地注意到拉美国家面临的问题，开始调整其发展策略。拉美经委会的策略调整主要从两个方面进行：

一方面，拉美经委会开始调整进口替代工业化战略中过度保护导致的低效率问题，提出了"有选择的保护政策"。①在 20 世纪 60 年代初期，普雷维什明确地指出，由于拉美国家在执行进口替代工业化战略时的失误，所以"在我们的国家中还没有一项合理的工业化政策"，在已经进行的工业化政策中存在着三个基本缺陷："（1）所有的工业化活动都是面向国内市场的；（2）对工业部门的选择更多的是考虑应付一时之需，很少考虑其经济性；（3）工业化没有能够克服拉美国家的对外脆弱性。"②到 60 年代中期，拉美经委会进一步指出了进口替代工业化政策存在的五个问题：（1）进口替代的容易阶段在一些国家中已经发展到了极限，开始进入技术上更加复杂的高级进口替代阶段，它们通常需要大量的资本和庞大的市场，并增加了进口压力，恶化了国际收支。（2）狭小的国内市场使工业成本过高，往往求助于过高的保护，这反过来又对工业结构造成不利的影响，削弱了对引进现代技术的刺激，延缓了生产率的提高。这样，对于制成品出口而言，实际上就形成了一种恶性循环。（3）工业化通常并不是计划的结果，而是由不利的外部条件导致的，因此通常不考虑其经济性。（4）进口替代工业化仍然存在对初级产品出口很大的依赖性，而且随着进口替代层次的提高，其依赖性就越大。（5）过分的保护主义使国内市场脱离了外部竞争，削弱了对提高产品质量和降低生产成本所必要的刺激。③

　　针对上述缺陷或问题，拉美经委会提出了对进口替代工业化战略的补充和修正。以普雷维什为代表的拉美经委会经济学家们十分强调外围国家应该将进口替代战略与鼓励制成品出口的政策结合起来。普雷维什说："以进口替代为基础的工业化当然有助于发展中国家收入的增长，但是这种增长幅度要小于通过一项合理的政策明智地把进口替代与工业品出口结合起来所能取得的收入增长。"不过，"对工业出口的强调并不意味着应该放弃进口替代政策。恰恰相反，应该坚持推行进口替代战略"。④阿尼瓦尔·平托等人则提出了转变发展"方式"的观点，强调在继续推进进口替代工业化的基础上，

---

① Raúl Prebisch, "Commercial Policy in the Underdeveloped Countries", *American Economic Review,* Vol. 49, May 1959, p. 268.

② Raúl Prebisch, "Economic Aspects of the Alliance for Progress", in John C. Dreier, ed., *The Alliance for Progress: Problems and Perspectives*, Baltimore: The Johns Hopkins Univ. Press, 1962, p. 31.

③ Raúl Prebisch, *Towards a New Trade Policy for Development,* Report by the Secretary-General of UNCTAD, United Nations, 1964, pp. 21—22.

④ Raúl Prebisch, *Towards a New Trade Policy for Development,* Report by the Secretary-General of UNCTAD, United Nations, 1964, p. 21 and p. 25.

更加重视农业改革和社会部门的改革，促进拉美国家的"社会同质化"和"出口多样化"。①事实也确实如此，拉美国家几乎都遵循着这一思路，采取各种措施继续推行进口替代工业化的战略，并在 20 世纪 70 年代达到了工业化水平的巅峰。尤为关键的是，这一时期的进口替代工业化与经济民族主义相结合，最终导致拉美国家普遍采取国有化的战略。

另一方面，拉美经委会开始强调进口替代工业化战略与外围国家的经济一体化的有机结合。对此，普雷维什说："进口替代政策，如果由一个大的发展中国家集团来实施的话，当然能够进一步推动这一进程，并保证有比目前更大的经济可行性。"②因此，外围国家必须加快它们的经济一体化步伐，在实现区域性共同市场的情况下发展进口替代工业化和制成品出口都将取得较好的效果。

事实上，从成立伊始，拉美经委会就非常强调拉美国家必须加强彼此之间的经济合作，并将之看成是获得经济发展必不可少的一个条件。在 1949 年出版的《拉丁美洲的经济发展及其主要问题》中，普雷维什主张通过发展拉美国家之间的经济合作来解决国内市场狭小、经济发展受到限制、在世界市场上抗衡能力低下等问题，他强调说："目前的市场分工，加之所带来的低效率，构成了工业增长的另一个限制，在这种情况下可以通过各国的联合努力，根据它们的地理位置和经济特点来加以克服，这样做符合它们的共同利益。"③不过，拉美经委会此时尚未没有形成一种在拉美建立某种形式经济一体化组织的系统思想，例如，《1949 年拉丁美洲经济概览》就认为，在各国收入水平和生产率水平参差不齐的地区，创设关税同盟等经济一体化组织将是非常困难的。④

进入 20 世纪 50 年代以后，拉美国家经济发展过程中出现的一些内外因素，推动了拉美经委会加强各国经济合作思想的初步发展。从外部看，在

---

① Aníbal Pinto, "Styles of Development in Latin America", *CEPAL Review*, No. 1, First Semester 1976, pp. 99—130; Jorge Graciarena, "Power and Development Styles", *CEPAL Review*, No. 1, First Semester 1976, pp. 172—193.

② Raúl Prebisch, *Towards a New Trade Policy for Development,* Report by the Secretary-General of UNCTAD, United Nations, 1964, p. 25.

③ Raúl Prebisch, "The Economic Development of Latin America and Its Principal Problems", *Economic Bulletin for Latin America*, Vol. 7, No. 1, February 1962, p. 18.

④ Marjorie Woodford Bray, "Trade as an Instrument of Dominance: The Latin American Experience", *Latin American Perspectives*, Vol. 26, No. 5, September 1999, p. 61.

朝鲜战争期间，国际市场对初级产品需求的增加，成为许多拉美国家经济增长的动力根源，它们通过大量出口军需物资而扩大了外贸收入，为进口替代工业化的顺利进行提供了必要的资金保障。朝鲜战争结束后，国际市场对初级产品的需求骤然下降，这些国家的对外贸易迅速收缩，外汇收入急剧减少，进口替代工业化所依赖的资金得不到保障，工业化进程失去了推动力。与此同时，随着对外贸易的减少，大量初级产品生产能力因为出口市场的中断和国内市场的狭小而被迫闲置。从内部因素来看，一些主要国家的进口替代活动到这一时期已经达到较高的层次，替代生产的工业品因为过分的保护而缺乏国际竞争力，但国内需求又因为市场狭小而受到限制。拉美经委会执行秘书劳尔·普雷维什敏锐地注意到了这些问题，并认为解决这些问题的关键是"市场"。基于这种考虑，普雷维什提出，解决拉美国家市场问题的有效途径之一就是加强各国的经济合作，尤其是扩大相互间的贸易往来。这样，一方面可以通过扩大各国之间的贸易而直接扩大各自的出口市场；另一方面则可以通过加强各国之间的经济合作，营造一个更大规模的"国内市场"。因此，普雷维什在 1954 年出版的一份重要文献中系统地阐述了工业化与加强经济合作之间的密切联系，他说："工业化在各国经济严密界限的范围内发展，拉美各国间的工业品贸易极少。当工业化只涉及本国市场容许一定规模的企业来生产的产品时，这种工业孤立的状态尚不引起严重关切。但是，当工业化为了满足发展的需要而扩展到只能靠超越本国市场需求的大规模生产才能经济地生产产品时，组织拉美国家间的互惠贸易就十分重要了。"[①]不过，普雷维什此时主要强调加强各国之间的贸易往来，对于更高形式的经济合作方式没有过多考虑。所以，他在 1964 年回顾说："十年前，拉美出现了一个大好机会来根本性地改变国际合作的政策。但那个机会失去了，由此造成了严重的后果。"[②]

　　从 50 年代中期到 60 年代初期，拉美经委会开始强调建立一个包括所有拉丁美洲国家的共同市场。1956 年 11 月，拉美经委会下设的贸易委员会

　　① Raúl Prebisch, *Cooperación internacional en la política de desarrollo latinoamericano*, Nueva York: Nacionas Unidas, 1954. 转引自高铦：《第三世界发展理论探讨》，北京：社会科学文献出版社 1992 年版，第 34 页。

　　② Raúl Prebisch, "Statement at the Third Plenary Meeting, Held on 24 March 1964", *Proceedings of the United Nations Conference on Trade and Development, Geneva, 23 March-16 June 1964*, Vol. II, New York: United Nations, 1964, p. 80.

召开第一次会议，普雷维什出席会议并作了题为《拉丁美洲国家之间的贸易与工业化》的报告。在报告中，普雷维什系统地阐述了拉美经委会关于对外贸易的概念、初级产品生产与工业化之间的动态平衡、工业化与对外贸易的关系、关税保护、拉美之间贸易的隔绝与分割及其不利影响等方面的看法，最后提出了建立一个拉丁美洲共同市场的设想。[①]自此以后，建立拉丁美洲共同市场便成为拉美经委会的一个重要议题。1957 年召开的泛美经济会议讨论了共同市场、自由贸易区、次区域集团，甚至西半球一体化等问题，并通过了一项决议，提出"渐进地、有步骤地建立拉丁美洲共同市场"的目标。同年 5 月，在玻利维亚首都拉巴斯举行的第 7 届拉美经委会会议上，普雷维什作了重要的工作报告，再一次系统地阐述了"拉丁美洲区域市场"和"拉丁美洲共同市场"的设想。

1959 年 5 月 11 日，在巴拿马举行的拉美经委会贸易委员会第二次全体会议上，普雷维什作了题为《拉丁美洲共同市场》的工作报告，系统地阐述了关于建立拉丁美洲共同市场的思想[②]，其主要内容包括以下几个方面：

第一，普雷维什论述了拉丁美洲共同市场的性质和建立拉丁美洲共同市场的途径和方式。普雷维什认为所建立的共同市场应该包括所有拉美国家，而不是建立若干个排他性的区域集团。普雷维什指出，如果几个国家成立排他性区域集团的话，那么"开始成立的国家集团将缩回到它的外壳之内，其他非成员国也可能成立类似的排他性集团。这样将不会形成一个巨大的拉丁美洲共同市场，而是在一定的时间以后形成一连串的、彼此之间缺乏联系的次区域集团相互并立的局面"。[③]如果出现这样的局面，显然是有悖于建立

[①] 该报告的全文于 1956 年由拉美经委会以单行本的方式出版发行，同时也刊登在《哥斯达黎加中央银行评论》（第 28 期，1956 年 12 月，第 58—67 页）上。但是国内至今尚无该报告全文的单行本，笔者也没有查到前述刊物。这里引自 CEPAL, *Raúl Prebisch: Un aporte al estudio de su pensamiento,* Santiago de Chile: Naciones Unidos, 1987, p. 65 中的内容提要。

[②] 在 1959 年，普雷维什在很多场合都论述了他的这一思想。例如，在 2 月份举行的第二次拉美区域市场专家会议上，在 4 月份召开的美洲国家组织关于建立新的经济合作机制的特别委员会会议上，在 5 月份举行的委内瑞拉中央大学贸易政策协商会议上，在 9 月到 10 月间在圣地亚哥举行的拉美钢铁工作会议上，普雷维什都反复强调了建立拉丁美洲共同市场和加快拉美经济一体化步伐的思想。同时，他还在一些报刊上撰文，阐述这方面的思想。例如他在阿根廷的《拉普拉塔河评论》上就发表了《南美洲自由贸易区的十年计划》，在哥伦比亚的《阿尔戈》杂志上发表了《拉美经委会与拉丁美洲共同市场》一文。普雷维什在这些演讲或著述中所阐述的思想均体现在当年 7 月以拉美经委会的名义出版发行的《拉丁美洲共同市场》一书中。

[③] CEPAL, *The Latin American Common Market*, Mexico, D.F.: The United Nations, 1959, p. 16.

拉丁美洲共同市场的最初设想的，与建立拉丁美洲共同市场的最终目标也是背道而驰的。因此，普雷维什反复强调，建立一个包括所有拉美国家的共同市场是"最终解决拉美发展问题的有效方法"。[1]但是他又断言，"它只能通过循序渐进的几个阶段而逐步地实现。在第一阶段，必须确定那些可以实现的目标；一种耐心的政策问题必然是建立在现实主义路线和坚定的目标基础上的"，因此，"在这种试验性阶段，需要采取非常灵活的程序，并建立长远的免责条款"。[2]也就是说，在建立拉丁美洲共同市场的第一阶段期间，各国必须根据实际情况制订切合实际的目标，承担符合其实际国情的义务，享受相应的权利，而不能盲目地搞一刀切。

第二，普雷维什系统地阐述了建立拉丁美洲共同市场的必要性和紧迫性。普雷维什认为，建立共同市场是拉美国家解决进口替代工业化战略面临的市场问题的客观需要。绝大多数拉美国家在 50 年代以后都实行了内向型的进口替代工业化战略，随着这种战略的不断深化，国内市场狭小的局限性逐渐就暴露出来，日益成为经济发展的桎梏。与此同时，进口替代工业化所强调的保护政策，使拉美国家生产的工业品缺乏国际竞争力，因而无法进入国际市场。面对这种两难困境，唯一的出路就在于通过加强拉美国家之间的经济合作，建立相应的经济一体化组织，为进口替代产品解决市场出路问题。所以，普雷维什认为，进口替代工业只有不受一国市场的限制，面向本地区的大市场，才有可能实现合理的专业化，提高经济效率。因此，组织共同市场是进口替代的必然要求，只有通过建立共同市场，降低拉美各国之间的关税水平，相互提供优惠待遇，这样才能够为进口替代工业化向纵深发展开辟道路，实现经济的进一步发展。对此，普雷维什评论说："如果拉美国家不能努力地在它们自己的领土内建立资本品工业的话，那么拉美国家……将不能够实施它们的发展计划，甚至不能获得前 10 年所达到的增长率"，而"为了生产这些资本品和发展所需要的中间品工业，……它们需要一个共同市场"。[3]因为，"随着进口替代工业化的进展，必将采取越来越复杂的活动，而从生产率的观点看来，市场规模在其中具有头等重要的意义。这样，如果像目前的进口替代战略那样，仍然在 20 个防水舱中进行生产，那么新

---

[1] Marjorie Woodford Bray, "Trade as an Instrument of Dominance: The Latin American Experience", *Latin American Perspectives*, Vol. 26, No. 5, September 1999, p. 62.

[2] CEPAL, *The Latin American Common Market*, Mexico, D. F.: The United Nations, 1959, p. 5.

[3] CEPAL, *The Latin American Common Market*, Mexico, D. F.: The United Nations, 1959, p. 1.

投资的收益……将继续低于那些拥有较大市场的大工业中心"。①

　　第三，普雷维什认为，在建立拉丁美洲共同市场的过程中，必须以平等互利原则为前提，根据不同国家的发展程度来确定各国在共同市场中相应的权利和义务，对于经济发展水平较低的国家，应当给予适当的优惠待遇。他强调，拉美各国建立共同市场时应当奉行的"互惠"原则不同于常规的"互惠"原则，它必须给予发展水平相对较低的国家以更加优惠的待遇，使之在相互的经济关系中获得与发展水平更高的国家基本上相同的利益，从而实现真正的"互惠"。在这种意义上说，根据不同国家所达到的不同发展水平而给予不同待遇的做法，是真正符合平等互利原则的。普雷维什进一步指出，在建立拉丁美洲共同市场的实践中，解决不同国家的不同待遇问题的途径在于，"更加先进的国家对于处在发展初级阶段国家的关税减免将不扩大到其他所有拉美国家，而只适用于那些较不发达的国家。这样，后者通过扩大在先进国家的市场就能够从中获得利益"。②换言之，发展程度较低的国家可以保持较高的关税水平和较多的非关税壁垒，以维持更高的保护水平。普雷维什和拉美经委会在这里所提出的观点与传统的经济一体化思想不尽相同，实际上是根据实际情况所作的一种理论创新和发展。对此，拉美学者赫尔曼尼科·萨尔加多评论说："这种特殊的减让——例如提供给有关国家的非互惠的特殊待遇等，它们是优惠制度的关键——毫无疑问构成了对当时盛行的经济一体化理论的一种创新。"③后来，普雷维什将这一思想运用到整个发展中国家，成为它们争取建立国际经济新秩序斗争的思想武器之一。

　　第四，普雷维什提出，在市场机制成为共同市场基础的同时，还必须充分发挥国家在其中的调控和管理作用。他认为，拉美国家在建立共同市场的过程中，必须让市场因素和价格机制充分发挥作用，只有这样才能够实现合理的资源配置。对此，他指出："在经过仔细分析以后所达成的特别解决办法是以下述根本概念为基础的：在共同市场内创造有利于私人企业有效活动的条件是各成员国政府义不容辞的责任，……但只有私人企业才最后作出决定，将建立什么样的工业，将在哪个国家设置它们，将实现何种程度的专业

---

　　① CEPAL, *The Latin American Common Market*, Mexico, D. F.: The United Nations, 1959, p. 18.

　　② CEPAL, *The Latin American Common Market*, Mexico, D. F.: The United Nations, 1959, p. 19.

　　③ Germánico Salgado, "The Latin American Regional Market: The Project and the Reality", *CEPAL Review*, No. 7, April 1979, pp. 88—89.

化。"①这里，普雷维什明显地承认市场机制和私人企业在共同市场中的作用。然而，在拉丁美洲共同市场的运行中，国家或政府的作用则是不容忽视的。其一，共同市场的谈判本身就是一个纯粹的政府行为；其二，共同市场内的相互优惠条件的确定，以及根据不同国家的不同情况作出不同优惠待遇决定的行为等，都是典型的政府行为，需要国家在其中发挥主导性的作用。因此，在这样的活动中，必须由国家的调控和管理来补充市场的作用，无论这种行为导致的单个国家市场效率如何。这一点正如普雷维什所说的："如果一个国家从其他拉美国家进口它原先从世界其他地区进口的产品，无论它在总收支平衡中是否存在赤字，它以额外的出口来为进口提供资金的能力则是共同市场顺利运行的一个决定性因素。"②

以上这些关于拉丁美洲共同市场的思想，是拉美经委会在 20 世纪 50 年代末期到 60 年代初期，其进口替代工业化战略出现暂时困难时所关心的主要问题。拉美经委会的拉丁美洲共同市场的设想，也是为了给拉美国家创造更好的发展条件。从这一意义上说，拉美经委会关于加强拉美国家经济合作和建立拉丁美洲共同市场的思想，从一开始就是拉美结构主义发展理论的基本内容之一。需要强调的是，关于建立拉丁美洲共同市场的思想并不仅仅属于普雷维什一个人，它实际上是这一时期拉美经委会主推的一个重要发展目标，许多相关的研究报告和论文也都是拉美经委会组织撰写和编发的。

与此同时，拉美经委会强调，外围国家的战略调整需要发达国家的配合，因为在拉美国家实施进口替代工业化战略时，"工业过分地面向国内市场既是拉美国家执行的发展政策的结果，也是该地区工业产品出口缺乏国际刺激的结果"。③因此，不仅需要拉美国家适当调整它们的工业化政策，将进口替代与工业品出口结合起来，而且还需要发达国家消除它们对外围国家制成品出口设置的保护主义。然而，在现有的国际经济秩序下，发达国家的配合显然是难以实现的。因此，在拉美结构主义和依附理论的指导下，广大的发展中国家掀起了争取建立国际经济新秩序的伟大斗争。

---

① CEPAL, *The Latin American Common Market*, Mexico, D. F.: The United Nations, 1959, p. 21.

② CEPAL, *The Latin American Common Market*, Mexico, D. F.: The United Nations, 1959, p. 21.

③ Raúl Prebisch, "Economic Aspects of the Alliance for Progress", in John C. Dreier, ed., *The Alliance for Progress: Problems and Perspectives*, Baltimore: The Johns Hopkins Univ. Press, 1962, p. 31.

第二节　挑战国际经济旧秩序

战后国际经济秩序的基石是以美国为首的西方国家在第二次世界大战后期开始构建的以世界银行、国际货币基金组织和关贸总协定为三大支柱的布雷顿森林体系。

1944年6月，在美国新罕布什尔州的布雷顿森林召开了有44个同盟国家参加的联合国货币金融会议。经过激烈的辩论和谈判，与会国达成了《布雷顿森林协定》，决定成立国际复兴和开发银行（即世界银行）和国际货币基金组织，共同监督和管理战后的国际金融秩序，并且规定了两个机构各自的工作重点：世界银行主要侧重于促进长期国际投资，通过奖励办法来纠正各国结构性的不平衡，保证国际贸易在各国扩大经济活动的基础上得到稳步发展；国际货币基金组织则通过对暂时的或周期性的国际收支困难给予资金通融的办法，来谋求各国汇率的稳定和防止国内平衡受到破坏。在《布雷顿森林协定》得到各签约国的通过以后，世界银行和国际货币基金组织先后正式成立，由此形成了所谓的"布雷顿森林体系"。但是，这一体系完全是根据发达国家的设想建立起来的，根本就没有考虑到落后地区的经济发展问题。对此，有学者评论说："1944年建立的被认为是设计出了世界经济理想蓝图的布雷顿森林体制，几乎没有把发展中国家放进视野；它所设计的乃是谋求发达资本主义国家经济的恢复、稳定和繁荣的旧国际经济秩序。"①

为了建立与上述两个机构相并列的国际贸易组织，1946年2月召开的联合国经社理事会第一次会议就呼吁召开联合国贸易和就业大会。会后，联合国经社理事会成立了一个由中国、美国、英国等19个国家代表组成的"联合国贸易和就业会议筹备委员会"（以下简称"筹备委员会"）。1946年10月，筹备委员会举行第一次会议，审议美国提交的《国际贸易组织宪章草案》。因各国在建立国际贸易组织的问题上存在较大分歧，与会代表同意在正式成立国际贸易组织之前，各国先围绕削减关税和其他贸易限制等问题进行谈判。1947年4月10日，筹备委员会举行第二次会议，中国、美国、英国等23个国家的代表开始就削减关税等问题进行谈判，并最终达成了123

---

① ［日］小岛清：《对外贸易论》，周宝廉译，天津：南开大学出版社1987年版，第375页。

项削减关税的双边协议。这些双边协议被汇编成一个单一文件，即《关税和贸易总协定》（以下简称"关贸总协定"）。同年 10 月 30 日，23 个国家的代表在日内瓦签署了《临时适用议定书》，约定在正式成立国际贸易组织之前临时实施关贸总协定。1948 年 1 月 1 日，《临时适用议定书》生效，关贸总协定成立。

在此之前的 1947 年 11 月 21 日，联合国举行贸易和就业大会，56 个国家的代表参加会议。会议继续审议和修改由筹备委员会 17 个国家代表草拟的《国际贸易组织宪章草案》，经过激烈的谈判，53 个国家的代表于 1948 年 3 月 24 日签署了《国际贸易组织宪章》，即《哈瓦那宪章》。《宪章》阐述了就业与经济活动、经济发展与振兴、贸易政策、限制性商业惯例、政府间商品协定以及建立国际贸易组织等问题，并且规定即将成立的国际贸易组织将在以下三个方面发挥重要作用：一是进一步实现多边的、非歧视性的和更加自由的贸易；二是维持各国的充分就业；三是帮助不发达国家发展经济。《哈瓦那宪章》将落后地区的经济发展问题提升到非常重要的地位，在一定程度上反映了广大发展中国家的愿望，具有进步意义。但是，由于没有得到全体签约国的批准，《哈瓦那宪章》未能付诸实施，国际贸易组织成为广大发展中国家的一种"理想"而已。

这样，1948 年 1 月生效的"临时性"关贸总协定就成为世界上唯一的多边贸易协定，它实际上发挥着一个多边贸易组织的作用。关贸总协定以"互惠"原则和"非歧视"原则为基础，通过削减关税与减少进口限制，为世界贸易的发展做出了重要的贡献。然而，由于单纯地强调各国之间的"互惠"和"非歧视"，而没有充分考虑发展中国家实际的社会历史条件，关贸总协定的这些贡献，"一般说来，主要使工业化国家受益，发展中国家从这一进程中获得的利益极少"。[1]导致这种局面的主要原因在于，在关贸总协定成立初期，发展中国家的力量相对弱小，尚未形成一种为自己的利益而协调行动的能力。

随着战后非殖民化运动的蓬勃开展和广大发展中国家经济的迅速发展，布雷顿森林体系和关贸总协定偏袒发达国家的性质，遭到了越来越多的批评和谴责。从 20 世纪 50 年代末到 60 年代初，随着发展中国家力量的壮大，

---

[1] Raúl Prebisch, *Towards a New Trade Policy for Development,* Report by the Secretary-General of UNCTAD, United Nations, 1964, p. 37.

它们在联合国的活动中联合苏联、东欧等社会主义国家，要求召开世界贸易大会，创立一个专门的组织，处理发展中国家的贸易和发展问题。但它们的提议起初遭到了以美国为首的西方发达国家的反对。这些国家认为，召开这样的会议并没有必要，因为可以在关贸总协定的框架内讨论和解决发展中国家的贸易和发展问题。而且，如果在联合国的体系内成立一个新的机构，发展中国家和社会主义国家将拥有投票权优势，使西方国家处于劣势地位。所以，西方国家千方百计地进行阻挠。

为了冲破发达国家的阻挠，广大发展中国家先后展开了一系列活动，积极争取召开有关贸易和发展问题的国际会议。拉美经委会也积极投身于这些活动，并在其中发挥着主导作用。1962 年 7 月 18 日，发展中国家经济发展问题国际会议在埃及首都开罗举行，普雷维什作为时任联合国秘书长吴丹的代表出席了会议。这次会议通过了《发展中国家的开罗宣言》，分别涉及发展中国家的国内问题、发展中国家之间的合作、国际贸易问题、地区经济集团、发展的经济援助、国际技术援助和联合国的发展活动等 7 项内容。在承认发展中国家存在内部问题的同时，强调发展中国家之间的经济合作，提出"大会认为国际贸易应当在平等和非歧视的基础上扩张，应该采取必要的行动来将工业化国家的各种经济社会和协会对发展中国家和世界贸易的影响降低到最低程度"，"工业化国家应当采取积极的、持续不断的措施来保证发展中国家对它们市场的出口能够在非歧视的基础上稳步地扩张，使发展中国家能够纠正它们的收支状况"。[1]同年 12 月，联合国经济和社会理事会通过第 917 号决议，决定在 1964 年初召开一次有关贸易和发展问题的国际会议，并成立了由普雷维什领导的、由 32 个成员国代表组成的筹备委员会。1963 年 1 月，时任联合国秘书长吴丹电话通知普雷维什，任命普雷维什为筹备中的联合国贸易和发展会议秘书长，任期到 1964 年 7 月 1 日。[2]

经过多方面的筹备，1964 年 3 月 23 日到 6 月 16 日，第一届联合国贸发会议在日内瓦如期举行。普雷维什以首任秘书长的身份在会上作了题为《迈向发展的新贸易政策》的报告。他在报告中系统地阐述了国际经济合作的思想，并提出了建立国际经济新秩序的具体方案，从而使其国际经济合作

---

[1] Alfred George Moss and Harry N. M. Winton, comp., *A New International Economic Order: Selected Documents 1945—1975,* UNITAR Document, No. 1, New York: The UNITAR, 1977, p. 13.

[2] 关于普雷维什如何加入联合国贸发会议及其在该组织中的巨大作用，可参阅 UNCTAD, *UNCTAD at 50: A History,* Geneva: United Nations, 2014.

的思想在理论上和实践上都有了新的发展。他指出，"为了解决困扰整个世界，特别是困扰发展中国家的贸易和发展问题，迫切需要建立一种新秩序"①，因为旧的国际经济秩序使发展中国家普遍面临着一系列困难：初级产品出口增加缓慢、工业国家对发展中国家制成品出口采取歧视政策、贸易条件恶化趋势继续出现、资本品进口剧增、国际收支严重失衡和外债负担日益加重等。为了克服这些困难，普雷维什提出了下述方案：

第一，中心国家对外围国家的制成品和半制成品出口实行普遍优惠制（以下简称普惠制），促进外围国家的制成品出口，逐步实现新的国际分工。所谓的普惠制，是发达国家给予发展中国家的出口制成品和半制成品一种普遍的、非歧视的、非互惠的关税优惠制度，其目的在于通过发达国家对发展中国家的受惠产品给予减免关税的优惠待遇，使发展中国家增加出口收益，加速工业化和国民经济的发展。这种制度，毫无疑问"最早是由普雷维什提出来的"，是拉美结构主义理论的首创。②首先，普雷维什认为应当修正中心国家与外围国家之间贸易中所使用的常规"互惠"原则的实际含义。他指出，在世界经济体系还分成中心与外围的时代里，常规意义上的"互惠"原则实际上是不平等的，因为在外围国家仍然以出口初级产品为主，其贸易条件继续呈现出长期恶化趋势的情况下，常规的"互惠"原则就必然意味着中心国家与外围国家之间贸易关系的不平等。其次，普雷维什认为，到20世纪50年代后期，广大外围国家的进口替代工业化战略普遍出现了困难，这些困难的出现固然与这些国家的政策息息相关，但是其中一个主要的原因则是中心国家的贸易保护主义，特别是对外围国家工业制成品和半制成品实行的歧视性保护。因此，要使外围国家的工业化战略继续推行下去，摆脱初级产品贸易条件长期恶化的掣肘，一个重要的出路就在于扩大工业品的出口，这就要求中心国家真正奉行"非歧视性"原则，对外围国家的工业制成品和半制成品开放市场。最后，普雷维什还指出，在20世纪30年代的大萧条以后所出现的有利于某些发展中国家的利益，而牺牲其他发展中国家利益的"部分优惠制"，在绝大部分情况下是不利于发展中国家的，尤其是不利于外围国家之间的团结与合作。因此，普雷维什在报告中指出："至于给予发展

---

① Raúl Prebisch, *Towards a New Trade Policy for Development,* Report by the Secretary-General of UNCTAD, United Nations, 1964, p. 3.

② Javed A. Ansari, *The Political Economy of International Economic Organization*, Boulder: Lynne Rienner Publishers, 1986, p. 209.

中国家的工业品出口的部分优惠制，迄今为止从中获得了很少的利益，消除这些优惠所可能产生的缺陷，远远要小于在工业化国家中实行普惠制所产生的好处。"[1]这样，普雷维什分别从上述几个角度阐述了中心国家应当给予外围国家的"普惠制"，概括起来就是三项基本原则：普遍性原则，即所有发达国家对所有发展中国家出口的制成品和半制成品提供普遍的优惠待遇；非歧视性原则，即应该使所有发展中国家都无歧视地、无例外地享受普惠制待遇；非互惠原则，即非对等的，发达国家应当单方面给予发展中国家特别的关税减让，而不要求发展中国家对发达国家给予同等的待遇。

第二，通过签订基本的商品协议，规定初级产品的最低价格，逐步建立一个有利于初级产品的国际贸易体制。一般说来，所谓的国际商品协定，是在某项初级产品的主要出口国与进口国之间，就双方有关该项产品贸易方面的权利与义务等问题，经过谈判所达成的多边协议的总称。这种协议早在20世纪初期就已经出现了萌芽，到40年代为止，国际社会已经签订有《国际小麦协定》（1933年）和《国际糖协定》（1937年）等国际商品协定。然而，这些协定涉及的发展中国家较少，囊括在其中的初级产品种类非常有限，因此并不能改变其贸易条件长期恶化的趋势。普雷维什指出，发展中国家初级产品贸易条件的长期恶化趋势在战后十多年中不仅没有得到根本性改变，而且还表现为一种不可避免的持续过程，因此发达国家获得了国际贸易中的绝大部分收益。为了改变这种不利于外围国家的局面，必须采取必要的措施，扭转对初级产品贸易条件的不利影响。其中的一个有效办法是扩大国际商品协定，规定更多初级产品的最低价格，使之不至于频繁和大幅度地波动。普雷维什在报告中承认，"关于国际商品协定，第二次世界大战结束以来的经验揭示了许多积极的因素，国际商品贸易的结构正朝着一个更加有利的方向发展"。[2]但是，这方面的进展相对说来仍然较为缓慢。因此，"所需要的是，各国政府应该形成它们在这方面的政策，这样提供一个谈判可以进行的框架；换言之，必须有达成这些协定和切实执行协定的政治愿望。毫无

---

① Raúl Prebisch, *Towards a New Trade Policy for Development*, Report by the Secretary-General of UNCTAD, United Nations, 1964, p. 36.

② Raúl Prebisch, *Towards a New Trade Policy for Development*, Report by the Secretary-General of UNCTAD, United Nations, 1964, p. 55.

疑问，这里的主要障碍是政治上的而不是技术上的"。①具体说来，国际社会应当采取下述措施来扩大商品协定的范围和影响面：（1）应该切实努力来大幅度地增加由各国政府之间的协定所控制的商品数量。（2）商品协定应当更加全面，包括有关商品的国际贸易中的各个方面。总之，确实需要对商品协定在出口国与进口国的生产和贸易政策的作用予以更大的承认，同时还应当进一步探索增加初级产品消费的可能性及其长期的前景。

　　第三，工业化国家为发展中国家提供额外的资金，以补偿贸易条件恶化所遭受的损失。为了解决发展中国家初级产品贸易条件长期恶化所造成的问题，普雷维什除了提出扩大国际商品协定的建议外，还提出工业化国家应当为发展中国家"提供补偿性资金以抵消贸易条件恶化的影响"。②早在 1961年，联合国在第一个发展十年计划中规定，发达国家应当将占它们国民收入1%的资金当作对发展中国家的发展援助资金，帮助解决这些国家的资金短缺问题。普雷维什在报告中指出，发达国家在 1962 年所提供的这些资金仅占它们国民收入的 0.7%，与联合国的目标相去甚远。而且，"贸易条件的长期恶化严重地阻碍了发展中国家进口资本品的能力，因此抵消了可利用国际资源的积极影响，……使向它们提供国际资源的特定目标难以实现"。③就是说，发展中国家贸易条件的恶化使表面上援助给它们的资金又被发达国家"暗中"转移走了。对于这种情况，普雷维什在当年 7 月向联合国秘书长汇报贸发会议的情况时指出："这种资金转移在 1950 年仅占发达国家总收入的 0.3%，1962 年上升到 0.7%。但如果除去发展中国家在这一时期因为贸易条件恶化所遭受的收入损失，它们在 1962 年获得的援助额占发达国家总收入的比例就又回到了 1950 年的 0.3%。"④所以，普雷维什认为："提供补偿性资源来补偿发展中国家由于贸易条件恶化所遭受的损失是非常重要

　　① Raúl Prebisch, *Towards a New Trade Policy for Development,* Report by the Secretary-General of UNCTAD, United Nations, 1964, p. 57.

　　② Raúl Prebisch, *Towards a New Trade Policy for Development*, Report by the Secretary-General of UNCTAD, United Nations, 1964, p. 79.

　　③ Raúl Prebisch, *Towards a New Trade Policy for Development*, Report by the Secretary-General of UNCTAD, United Nations, 1964, pp. 79—80.

　　④ Raúl Prebisch, "The Significance of the United Nations Conference on Trade and Development", *Proceedings of the United Nations Conference on Trade and Development, Geneva, 23 March—16 June 1964*, Vol. II, p. 551.

的。"①

第四，发展中国家应当在其国内进行必要的经济和社会结构变革。上述几个方面是普雷维什所提出的、改善发展中国家外部条件的具体方案，除此之外，他在报告中还特别强调外围国家进行经济和社会结构改革的必要性。普雷维什指出："一般说来，在传播技术进步的过程中，有三个主要的障碍限制了发展中国家生产率的提高和人均收入的增加，它们是：土地所有权制度；有限的社会流动性和对人民大众的忽视；收入的高度集中。"因此，外围国家要获得经济发展，就必须打破这三种障碍的桎梏，使技术进步的成果得以在全社会中均衡地传播。具体地说，外围国家必须从以下几个方面着手，改革国内的经济和社会结构：（1）进行必要的土地改革，改变土地所有权过于集中的状况。普雷维什认为："发展中国家的各种土地所有权制度一般说来是与技术进步不相一致的。当大部分土地集中在少数人手中，而大量的中小地主只占有少部分的耕地时，则尤为如此。所有这一切都使发展遭受挫折。"（2）加强教育和培训工作，扩大教育和培训的范围，使广大人民群众都能够获得这方面的机会。对此，普雷维什说："要使现代技术得以传播，就必须提供教育和培训的机会，并扩大获得这种机会的可能性。"②（3）必须进行必要的社会改革，扭转收入高度集中，社会严重两极分化的局面。普雷维什指出："人们可能认为，这种集中将对资本形成做出积极的贡献，但这仅仅是发生在某些特例之中。更加普遍的情况是，高收入意味着拥有这些收入的人过度奢侈地消费，从而对技术进步所要求的投资造成了危害。"③总之，发展中国家必须清醒地认识到国内政策与国际合作的关系，协调好二者的关系，因为"国际合作仅仅是补充性的；它不可能取代国内的发展政策。如果没有有效的和适时的国际合作，国内政策也是不可能实现其目标的"。④

综上所述，普雷维什在联合国第一届贸发会议上所作的报告中，提出了

---

① Raúl Prebisch, *Towards a New Trade Policy for Development*, Report by the Secretary-General of UNCTAD, United Nations, 1964, p. 80.

② Raúl Prebisch, *Towards a New Trade Policy for Development*, Report by the Secretary-General of UNCTAD, United Nations, 1964, p. 113.

③ Raúl Prebisch, *Towards a New Trade Policy for Development*, Report by the Secretary-General of UNCTAD, United Nations, 1964, p. 114.

④ Raúl Prebisch, *Towards a New Trade Policy for Development*, Report by the Secretary-General of UNCTAD, United Nations, 1964, p. 113.

建立一种有利于外围国家经济发展的贸易新政策，其实质是要对现行的国际贸易体制进行彻底的改革，因而在国际社会中引起了强烈的反响，激起了各界人士的激烈争论。一方面，绝大部分的西方学者和政客对普雷维什的提议持批评态度，认为他的理论和建议不符合市场机制原则和自由贸易原则，尤其是他的贸易条件恶化论更是有悖于实际情况。例如，迈克比恩和斯诺登指出，普雷维什的这种"认为商品的贸易条件不利于初级产品或发展中国家的观点缺乏经验证据上的支持……他所提出的发展中国家贸易条件必然存在恶化趋势的观点在理论上同样是没有说服力的"。①有人甚至对联合国贸发会议是否有存在的必要表示怀疑，对此英国经济史学家佩克评论说："在 1973 年石油涨价以前，联合国贸发会议召开过许多劳而无功的会议，因而颇受非议。有人把它的英文缩写 UNCTAD 拼写成为 'Under No Circumstances Take Any Decision'（意为：在不能作任何决定的环境中），借此表达心中的不满。"②

另一方面，许多学者对普雷维什的报告给予了积极的评价。例如，英国学者马克·威廉斯评价说："作为大会的秘书长，普雷维什作了题为《迈向发展的新贸易政策》的报告，对大会的进程产生了巨大的影响，该报告也成为了发展中国家宣言。……他在报告中明确而深刻批判了西方的贸易和援助政策，提出了改革国际贸易体制的思想。"③中国学者段承璞则认为："普雷维什的发言，代表第三世界首次吹响了要求改革国际经济关系的战斗号角，第三世界要求建立国际经济新秩序的斗争，从此拉开了序幕。"④而且，也正是普雷维什报告的巨大影响，他的理论才得以在整个发展中国家广泛传播，进而真正地成为这些国家后来争取建立国际经济新秩序斗争的理论指导和思想武器。

---

① A. I. MacBean and P. N. Snowden, *International Institutions in Trade and Finance,* London: George Allen & Unwin, 1981, p. 94 and p. 96.

②［英］J. F. 佩克：《国际经济关系——1850 年以来国际经济体系的演变》，卢明华等译，贵阳：贵州人民出版社 1990 年版，第 318 页。

③ Marc Williams, *Third World Cooperation: The Group of 77 in UNCTAD*, London: Pinter Publishers Ltd., 1991, p. 43.

④ 段承璞：《建立国际经济新秩序斗争的回顾和展望》，《世界经济》1983 年第 11 期，第 23 页。

第三节　拉美结构主义与依附论

　　正是在不断挑战西方国家主导的国际经济旧秩序的过程中，拉美结构主义发展理论与依附理论之间日渐趋同，共同成为指导发展中国家争取建立国际经济新秩序斗争的理论武器。

　　如前文所述，从 20 世纪 60 年代中期以后，依附论成为拉美地区影响最大的理论群体之一，它对拉美结构主义的贸易条件恶化论、进口替代工业化理论都进行了严厉的批判。除此之外，依附理论对拉美结构主义的批评还包括以下两点：

　　第一，指责拉美结构主义发展理论单纯地强调经济范畴，对外围国家的政治和社会问题几乎未加考虑，对其外部条件也不够重视。费尔南多·卡尔多索和恩佐·法莱托评价说："拉美经委会的经济学家正在提出一种对发展的批判性观点。他们批判保守的经济学家——这些保守的经济学家认为世界市场上现存的劳动分工是不可避免的，因为它是以'比较利益'为基础的，即一些国家生产原材料更好，而另一些国家生产工业品则具有优势。尽管具有批判性，拉美经委会的经济理论和批判并不是以社会进程的分析为基础的，既没有要求注意各国之间的帝国主义关系，也没有考虑各阶级之间的不对称关系。因此，拉美各国普遍认为拉美经委会的方法过于狭隘。"[1]

　　第二，批判拉美结构主义理论具有资产阶级的狭隘性。卡尔多索说："极左翼的理论家'揭露'了拉美经委会理论的阶级实质。他们认为拉美经委会的理论没有揭示社会经济剥削的机制，这种机制使工人阶级屈从于资产阶级，资产阶级又屈从于帝国主义中心国家。"[2]菲利普·J. 奥布赖恩也评论说："拉美经委会的高薪官僚们，从联合国范围内看不论如何激进，他们仍然要遵从联合国那种温和的分析方式和国际官员的非政治性语言。他们的生活方式完全脱离拉美的贫苦大众，他们通常倾向于寻找一个最低程度大家都可以接受的妥协，而不愿意去激怒任何一方。毫不奇怪，拉美经委会设法

---

　　① Fernando H. Cardoso and Enzo Faletto, *Dependency and Development in Latin America*, Berkeley: University of California Press, 1979, p. viii.

　　② Fernando H. Cardoso, "The Originality of the Copy: CEPAL and the Idea of Development", *CEPAL Review*, Second Half of 1977, p. 56.

避开拉美阶级斗争的现实和美国在这场斗争中的作用。"因此，拉美结构主义理论"是反帝国主义和反马克思主义传统的一种延续，它采用了更加精密和温和的方式，来取代政治上更加强烈和精确的帝国主义，而代之以容易引起误导的'中心–外围关系'"。①

依附理论对拉美结构主义发展理论的批判可以说发挥了双重作用：一方面，依附论学者的批判和拉美发展进程中出现的新问题，让普雷维什和拉美经委会的其他经济学家们不得不反思结构主义理论自身存在的不足；另一方面，依附理论中存在诸多与拉美结构主义相似的理论观点，二者之间原本都属于反对西方正统经济理论的非正统理论范畴，因此普雷维什等人很自然地从依附理论中吸收他们认为合理的成分。

到 20 世纪 70 年代，联合国拉美经委会成为了依附论的重要阵地之一。以普雷维什为首的一批经济学家都不同程度地接受了依附论的主要观点，成为这种激进理论的忠实拥趸。究其原因，古巴革命胜利后，马克思主义思潮在拉美地区广为传播，左翼思想成为拉美各国知识界关注的焦点。特别是对拉美经委会的经济学家而言，他们一方面感受到来自西方发达国家正统经济学界的大力批判，认为其结构主义理论是带有民族主义狭隘性的产物。另一方面，随着依附理论的日益盛行，拉美结构主义者也强烈地感受到来自左翼力量的压力，以至于他们开始自我怀疑。正是在这样的一种背景下，拉美结构主义者在调整具体经济政策的同时，也开始反思自己的理论体系，吸收了更多依附理论的基本观点，最终使两者之间出现了日益趋同的情况。下面，我们以拉美结构主义的两个主要代表人物——塞尔索·富尔塔多和劳尔·普雷维什为例，分析拉美结构主义发展理论与依附理论之间的这种关系。

巴西经济学家塞尔索·富尔塔多是"20 世纪拉丁美洲最有影响力的经济学家之一，与劳尔·普雷维什一起被誉为联合国拉丁美洲和加勒比经济委员会思想的主要创造者"。②富尔塔多于 1920 年 7 月 26 日出生于巴西东北

---

① Philip J. O'Brien, "A Critique of Latin American Theories of Dependency", in Ivar Oxaal, Tony Barnett and David Booth, eds., *Beyond the Sociology of Development: Economy and Society in Latin America and Africa*, London: Routledge & Kegan Paul, 1975, p. 9.

② "Celso Furtado, Brazilian Economist and ECLAC Visionary, Has Died", http://www.cepal.org/cgi-bin/getProd.asp?xml=/prensa/noticias/comunicados/6/20366/P20366.xml&xsl=/prensa/tpl-i/p6f.xsl&base=/prensa/tpl/top-bottom.xslt.

部帕拉伊巴州的庞巴尔镇（Pombal）。他 1944 年毕业于里约热内卢的联邦大学法律系，1948 年在巴黎的索尔波恩大学（La Sorbonne University）获得经济学博士学位。同年返回巴西之后，他接到了普雷维什的邀请，加入拉美经委会，并参加起草了拉美经委会的早期重要著作《1949 年拉丁美洲经济概览》，该书实际上是结构主义理论正式形成的重要标志之一。富尔塔多在 1949—1957 年任职于拉美经委会，并在 1950—1957 年担任经济发展部主任，是"拉美结构主义发展理论的创始人之一"和"主要贡献者之一"。[①]

　　富尔塔多的早期思想主要源自实证主义、马克思主义、凯恩斯主义和结构功能主义社会学理论等。[②]富尔塔多对拉美结构主义理论的最大贡献是将"历史-结构方法"引入普雷维什提出的"中心-外围"理论，用于解释巴西等不发达国家的经济史。"历史-结构方法"来源于马克思主义理论，尤其是列宁的《俄国资本主义的发展》。列宁从分析社会分工入手，研究了一国内部商品经济转化为资本主义经济的历史进程中工业与农业分离的现象，工业中心形成对人口的吸引和对整个农村结构产生的深远影响等问题。富尔塔多把列宁分析的现象称为"不平衡的协调发展"，因为虽然工业和农业的发展是不平衡的，但由于工业的发展会对整个经济结构的改造产生深远影响，这种不平衡发展又是协调的。富尔塔多从中吸收了"历史-结构方法"，即把经济结构和社会结构的变化看作是同一历史进程中发生的现象，并将这种"历史-结构方法"与拉美经委会的"中心-外围"理论相结合，在国际分工的总体范围内分析拉美国家内部经济和社会结构的变化。最初，富尔塔多运用"历史-结构方法"来研究巴西经济史，出版了其成名作《巴西经济的形成》，他后来又把这种"历史-结构方法"应用到了对整个拉美经济史的研究上，完成了《拉丁美洲经济的发展——从西班牙征服到古巴革命》等其他一系列论著，从而创立了分析不发达问题的二元结构主义理论。[③]

　　富尔塔多认为，现代工业的核心形成于 18 世纪下半叶的欧洲，它是发展成世界经济体系的一粒种子。随着工业核心的巩固，出现了一种具有更大

　　① 韩琦：《塞尔索·富尔塔多及其经济发展思想》，《拉丁美洲研究》2007 年第 3 期，第 45、44 页。

　　② 关于其思想渊源，可以参阅 Celso Furtado, "Adventures of a Brazilian Economist", *International Social Science Journal*, Vol. 25, Issue 1/2, 1973.

　　③ 袁兴昌：《对依附理论的再认识——依附理论的主要组成部分》（上），《拉丁美洲研究》1990 年第 5 期，第 3—4 页。

影响的扩张运动。他把这种扩张归纳为三个过程：原始核心的扩展和不断增长的复杂性；对低生产率的温带地区的占领；商业渠道的扩大和国际分工。他认为："资本主义体系建立在中心-外围、发达-欠发达、支配-依附的两极之上。"这种体系的发展，使"中心积累甚至更为快速，进一步扩大了中心-外围缺口"。国际分工创造了剩余，但对剩余的占有方式却表现为多种类型。"整个体系的推动力来自中心的投资和相关技术的进步。"在外围经济中，生产体系的改变由外部引起。"人们所谓的欠发达表现为需求蓬勃发展与生产体系积累滞后之间的不一致。外围参与国际分工的方式说明了何以滞后，中心消费模式的移植说明了需求何以蓬勃发展。"①在此基础上，富尔塔多明确提出了依附理论的一个非常重要的核心观点，即发达与不发达是资本主义扩张同一进程的产物，是"一个铜板的两面"。对此，美国著名学者约瑟夫·洛夫强调说，富尔塔多是第一位"明确提出发达与不发达是国际资本主义经济扩张同一进程组成部分"的依附论经济学家。②

富尔塔多认为，在资本主义扩张和工业革命不断深化的过程中，由于技术进步及其成果在中心和外围之间分配的不均衡，以出口工业品为主的中心国家在国际贸易中获得了更大的收益，而以初级产品出口为主的外围国家则形成了服务于初级产品出口的现代部门和大量传统前资本主义部门并存的"二元结构"。与此同时，外围出口部门生产率增长所创造的剩余，大部分通过国际贸易被中心国家所吸收，留在国内的那部分主要被与初级出口经济相联系的社会阶层所占有，并促进了这一阶层消费方式的多样化和现代化，从而形成"分配结构的二元化"。另一方面，大量前资本主义传统部门的存在，发挥了一种为资本主义部门储备劳动力的作用，从而压低了资本主义部门的工资水平，影响了广大工人购买力的提高，从而限制了有效需求的提高和国内市场的扩大，并最终导致收入的两极分化。收入集中的上升和总需求的降低，必然导致更高的资本产出比和利润率的下降。这种利润率的下降导致了一种储蓄水平的不足，无力为下一阶段进口替代工业化进程提供资金。这样，从替代生产一般消费品和非耐用工业品的进口替代工业化的初级阶段向替代生产耐用消费品、中间品和资本品的高级阶段转变的过程中，严重的

---

①〔英〕杰拉尔德·M.迈耶主编：《发展经济学的先驱理论》，谭崇台等译，昆明：云南人民出版社 1995 年版，第 249—253 页。

② Joseph Love, *Crafting the Third World: Theorizing Underdevelopment in Rumania and Brazil*, Stanford: Stanford University Press, 1996, p. 153.

收入分配不平等实际上导致了有效投资不足，因而无法为工业部门的升级换代提供动力。换言之，进口替代工业化不再能吸收剩余劳动力和改善收入分配，由此加重了"结构二元性"的现象，从而出现了"结构二元性"与"不发达状态"的恶性循环。外围国家的经济结构因而具有明显的"依附性"，这也是它们长期处于不发达状态的根源。

更为要命的是，外围国家的以初级产品出口利益集团为主的高收入阶层，不是将资金用于资本积累和推动技术进步，而是模仿和引入中心发达国家的消费方式和行为模式；而大多数居民的消费水平没有得到明显改善，这样就形成进口的消费方式与传统消费方式并存的二元化现象，因而这些外围国家的发展进程从一开始就带有对中心消费方式和行为方式进行模仿的"文化依附"性质。这种文化依附具有非常大的危害，对此，中国学者韩琦评述说："这种现代化了的消费内容通过使其成为生产结构的一部分把依附带入了技术层面。当一些国家试图通过工业化以国内制成品替代进口货的时候，生产结构就分成了两部分，一部分与有关出口和国内市场的经济活动相联系，另一部分由为现代化消费部门而生产的行业构成。在世界经济中的-外围关系不仅是由技术进步的利益分配不均确定的，而且是由对跨国公司所支配和控制的现代技术的依附所确定的。在这种依附经济中，经济增长意味着外部和内部剥削的加重，由此而使欠发达更趋于严重。"[1]

为了缓解外围国家的上述问题，富尔塔多提出必须放弃古典国际贸易理论所倡导的比较优势理论，加强国家在经济中的重要作用，特别强调引进经济计划化作为政府的指导工具。因此，在1958年离开拉美经委会后，富尔塔多先后担任了巴西经济发展银行主任、巴西东北开发署主任和巴西的第一任计划部部长，他意欲将自己的理论付诸实践，为祖国的经济发展做出贡献。然而，1964年巴西军政府成立后，富尔塔多被迫流亡海外，先后在耶鲁大学、剑桥大学、巴黎大学和索尔波恩大学任教，同时不断发展和完善自己的理论体系。

富尔塔多从拉美经委会的理论家转变成依附理论的代表人物，固然有其身份变化的因素，但其前后时期的理论是非常连贯的，是自然推演的产物。富尔塔多成为依附理论的重要理论家本身就是拉美经委会发展理论激进化的一种体现。尽管1958年以后富尔塔多没有在拉美经委会任职，但是他始终

---

① 韩琦：《塞尔索·富尔塔多及其经济发展思想》，《拉丁美洲研究》2007年第3期，第48页。

与拉美经委会的经济学家们有着非常好的合作与交流，他关心和研究的问题也是与拉美经委会一样，以巴西和其他拉丁美洲国家的不发达为研究对象，所以说 20 世纪六七十年代的富尔塔多本身仍然还是拉美结构主义理论群体中的一员，他从相对温和的结构主义向依附理论的转变就是拉美经委会发展理论逐步激进化的明证。

与富尔塔多相比，拉美结构主义的创始人普雷维什也深受依附理论的影响，他在 20 世纪 70 年代提出了更加激进的新理论。1969 年 3 月，普雷维什辞去联合国贸发会议秘书长的职务，开始专心于发展理论的研究工作，从而"有机会来更新对拉美特别问题的思想"。①1970 年 4 月 17 日，普雷维什在泛美开发银行发表了题为《变革与发展——拉丁美洲的伟大任务》的演讲，针对拉美的经济发展提出了一些新的观点，要求拉美国家实行"加速发展的战略"，并初步提出了"结构改造"的思想。1976 年，普雷维什在《拉美经委会评论》的创刊号上发表了一篇题为《外围资本主义批判》的长文，正式提出了"体制变革论"。这种理论是在发展和完善"中心-外围"理论的基础上，借用依附理论的"剩余"概念，以分析剩余的占有、分配和斗争为出发点，以"剩余的社会化"为出路，改造外围资本主义体制的一种发展理论，它的核心是如何使剩余转化为资本积累，进而推动经济发展。可以说，"体制变革论"是普雷维什正视依附理论对拉美结构主义挑战，在接受其批判的基础上提出来的，也是拉美结构主义理论激进化的必然结果。

也就是说，普雷维什等拉美经委会的经济学家批判性地吸收了依附理论的合理成分，并结合拉美发展进程和世界经济体系中出现的新问题，逐渐对拉美结构主义理论进行了改造，进而形成了自己对拉美（乃至整个发展中世界）发展问题的新观点。20 世纪 80 年代，年逾八十的普雷维什在回顾自己这一时期发展思想的历程时说："从一开始，我就对自己提出一些重要的问题，而这些问题至今仍没有令人信服的答案：为什么发展过程会伴随着收入和财富差距的扩大呢？为什么通货膨胀如此顽固，传统的手段对它无能为力？是什么原因使外围国家在发展过程中出现一些不曾在中心出现的突出矛盾呢？为什么外围落后了？这些问题以及其他一些问题萦绕在我的心中，并驱使我做出新的努力来寻求连贯的答案。为此，我以严格自我批评的态度来

---

① James H. Street, "Raúl Prebisch, 1901—1986: An Appreciation", *Journal of Economic Issues*, Vol. XXI, No. 2, June 1987, p. 653.

检查我过去的思想。虽然这些思想存有一些正确的因素，但远不能成为一个理论体系。我得出结论说，为了着手建立一个体系，就必须超出纯经济理论的范围。事实上，经济因素不可能脱离社会结构。这一点是极其重要的，在纯经济理论的狭隘框架中去寻求对上述问题以及其他问题的合适答案，那是毫无希望的。"①

正是基于上述思路，普雷维什开始了其理论创新的伟大工作。其中，对"中心-外围"理论的补充和发展，以及对"剩余"概念的引入，是普雷维什理论创新的关键。在 1981 年出版的《外围资本主义：危机与改造》一书中，普雷维什针对他的"中心-外围"理论说："在最初的论点中突出了'中心-外围'格局。尽管最近这些年中我尽力以批判的态度审查自己的思想，力图更新它，使之符合于实际中已经发生的变化，同时也吸收他人的思想，但是，我未能放弃我最初的理论革新思想所赖以形成的'中心-外围'概念。我认为，这个概念继续有效，尽管需要继续努力来吸收一些新的要素，使它有更大的连贯性，并把一些分散的片段归纳成一种系统的介绍。"②在这里，普雷维什至少表达了两层意思：一是坚持认为"中心-外围"概念仍然行之有效；二是强调要对"中心-外围"概念进行发展和完善。

一方面，普雷维什从外部条件出发，坚持认为"中心-外围"的概念仍然是解释世界经济体系的有效工具，"中心-外围"理论依然具有说服力和生命力。因此，普雷维什在论证其"体制变革论"时，并没有专门论述"中心-外围"理论的有效性，而是将这一理论看作了它的当然前提。

另一方面，普雷维什承认，"中心-外围"理论尚存在许多有待发展和完善的地方。他说："我过去的'中心-外围'概念仍然是正确的，但是必须引进中心霸权主义的一些重要结论，以丰富这个概念的内容。显然，对中心做理论研究并不是我的兴趣所在，但是需要澄清一些事实，以便更好地了解作为另一方面的外围。"③正是在这种思想的引导下，普雷维什对其"中心-外围"理论进行了必要的充实，提出了"中心的霸权和外围的依附""中心的

---

① Raúl Prebisch, "Cinco etapas de mi pensamiento sobre el desarrollo", CEPAL, *Raúl Prebisch: Un Aporte al Estudio de su Pensamiento,* Santiago de Chile: Naciones Unidos, 1987, p. 22.

② [阿根廷] 劳尔·普雷维什：《外围资本主义：危机与改造》，苏振兴、袁兴昌译，北京：商务印书馆 1991 年版，第 26 页。

③ Raúl Prebisch, "Cinco etapas de mi pensamiento sobre el desarrollo", CEPAL, *Raúl Prebisch: Un Aporte al Estudio de su Pensamiento,* Santiago de Chile: Naciones Unidos, 1987, pp. 22—23.

创新和外围的模仿"等新概念。

在普雷维什看来，"中心的霸权"主要表现为"中心国家，特别是已成为资本主义超级大国的主要动力中心的经济、政治和战略霸权"。[①]在两个超级大国尖锐对立和冲突的两极格局下，"为了扩大和捍卫自身的利益，各资本主义的霸权中心采用了各种不同的行动和诱导方式：贸易优惠，通过双边或多边渠道提供资金、军事援助，某些公开或隐蔽地对公众舆论和政府施加影响的手段，甚至惩罚性措施，以至有时导致使用武力"。[②]中心国家通过这些行动和诱导方式，使外围国家在不同程度上服从于它们的决定，或者被迫采取本来不该采取的决定，或者被迫放弃那些哪怕是符合本国利益的决定，因而导致了外围国家对中心国家的"依附现象"。换句话说，导致外围国家对中心国家依附关系的一个主要的原因是，中心国家"存在故意的和系统的扩散行动"。随着中心国家对外围国家扩散和辐射的影响日益扩大，这种影响不仅表现在经济和技术利益的范围，而且还表现为扩大或捍卫某些政治利益或战略利益，特别是资本主义超级大国的政治利益和战略利益。这样，外围国家对中心国家的"依附现象"，就不仅表现为经济依附和技术依附，还表现为文化依附和意识形态依附。

对于上述情况，一些依附论者认为，正是中心国家的"扩散行动"导致了外围国家的"依附地位"和不发达。普雷维什批评了这种观点。一方面，他认为依附论者错误地将"依附性"和不发达混为一谈，他说："我们已经介绍过有关依附关系的见解，为的是防止那些并非不常见的混乱。有人就是这样把所谓不发达归咎于依附，这是混淆了依附和不发达。"事实上，"在外围，依附现象和作为不发达特征的排斥性趋势与冲突性趋势同时存在。……如果第一类现象魔术般地消失了，后一类趋势将依然存在"。因此，那种将外围国家不发达状态的责任归咎于依附关系，将"被排斥在发展之外的广大群众的贫困"归因于"中心国家的行为"的说法，"不论在理论领域还是在实践领域都一无所获"。[③]另一方面，基于上述分析，普雷维什明确宣布，

---

①［阿根廷］劳尔·普雷维什：《外围资本主义：危机与改造》，苏振兴、袁兴昌译，北京：商务印书馆1991年版，第193页。

②［阿根廷］劳尔·普雷维什：《外围资本主义：危机与改造》，苏振兴、袁兴昌译，北京：商务印书馆1991年版，第193页。

③［阿根廷］劳尔·普雷维什：《外围资本主义：危机与改造》，苏振兴、袁兴昌译，北京：商务印书馆1991年版，第197页。

造成外围国家对中心国家"依附关系"的责任是相互的。他说："我们不应该把属于外围本身的责任推给别人。中心的责任是很大的；外围的责任也不小。这是一种共同分担的责任。用另外一种方式考虑问题就缺乏客观态度。"①与此同时，普雷维什还强调说，不应该抹杀中心国家技术进步对外围国家的正面影响，外围国家从中心国家"获得的科学、技术和文化遗产是不可估量的"。外围国家"不是要放弃这种不断扩大和更新的遗产，而是要以创造性地加以改造的态度去利用这种遗产"。②由此可见，普雷维什在外围国家的依附地位和不发达状态的问题上，表现出与依附论截然不同的观点：他不仅承认依附论强调的"外因"具有一定的合理性，而且还更多地强调到外围国家本身去找"内因"，从而使"中心-外围"理论更加充实和完善了。对外围国家依附地位"内因"的强调，也为其提出强调变革外围国家内部体制的"体制变革论"铺平了道路，也是其"体制变革论"的基本内容之一。

与"中心的霸权和外围的依附"相一致的是，普雷维什又提出了"中心的创新和外围的模仿"这一对新概念，进一步丰富了其"中心-外围"理论的内涵。普雷维什指出，在"中心-外围"的体系中，二者的差异不仅仅在于他原先所强调的"出口货物的不同"上，主要还在于技术的创新和模仿的差异上。普雷维什强调说，在"中心-外围"的关系中，中心部分是创新的，"技术进步产生于中心，并倾向于把由此带来的愈来愈高的生产率的成果集中于中心。由于与生产率提高相伴生的日益增加的需求，工业化也集中于中心。工艺技术的不断革新使产品与劳务的生产越来越多样化，从而给工业化以刺激"。③更为重要的是，"中心把它的技术、消费与生活方式、制度、思想和意识形态向外围扩散和辐射"④，这样，"外围部分倾向于按照中心部分所思考和所走过的轨迹，亦步亦趋地模仿前进。因此，我们便形成了一种与中心的创新性资本主义相对应的模仿性资本主义。我们采用同样的

---

① [阿根廷] 劳尔·普雷维什：《外围资本主义：危机与改造》，苏振兴、袁兴昌译，北京：商务印书馆 1991 年版，第 198 页。

② [阿根廷] 劳尔·普雷维什：《外围资本主义：危机与改造》，苏振兴、袁兴昌译，北京：商务印书馆 1991 年版，第 198—199 页。

③ [阿根廷] 劳尔·普雷维什：《外围资本主义：危机与改造》，苏振兴、袁兴昌译，北京：商务印书馆 1991 年版，第 31 页。

④ [阿根廷] 劳尔·普雷维什：《外围资本主义：危机与改造》，苏振兴、袁兴昌译，北京：商务印书馆 1991 年版，第 33 页。

技术，我们模仿中心的消费方式和生活方式，我们复制它们的制度；而它们的文化、思想和意识形态也在我们的国家中长久地扎下了根"。①也就是说，外围国家的模仿，不仅限于技术上的模仿，还在消费模式、生活方式，以及文化、思想、意识形态和社会制度方面都全面模仿。普雷维什承认，模仿本身并不是阻碍外围国家发展的主要原因。就技术模仿而言，尽管外围国家模仿的并不是中心国家最尖端的技术，但对外围国家来说却是革新的技术，同样有利于外围国家的发展。与此相反，外围国家对中心消费模式的模仿则直接阻碍了它们的发展。普雷维什认为，由于外围国家社会结构的异质性，剩余并不是由社会各阶层分享，而是由占有生产资料的少数上层所享有，他们对中心消费模式的模仿——这就在外围国家中形成了一个被普雷维什称为"特权消费社会"的社会结构——就意味着大量的经济剩余被用作了非生产性行为，而没有转化为资本积累，因而直接影响了经济增长的实现和收入分配的改善。对此，普雷维什是这样说的："由于外围社会结构巨大的异质性，技术渗入的成果主要被处于有利地位的阶层所占有。……由于这种占有方式，在外围采用了中心的消费方式。而这种消费方式在中心国家是由于资本积累使得技术日益深入地渗入社会结构……才逐步发展起来的。在外围却正好相反，我们是在积累尚不足以履行吸收劳动力的职能时模仿这些消费形式。由此出现了外围的排斥性。"②

通过上述的理论更新，普雷维什进一步完善了他的"中心-外围"理论。这一理论的要点因而可以重新归纳为以下几个方面：中心资本主义的向心性与外围资本主义的异质性；中心资本主义的统一性与外围资本主义的分割性；中心资本主义的霸权性与外围资本主义的依附性；中心资本主义的创新性与外围资本主义的模仿性。

普雷维什强调说，正是由于中心与外围之间存在上述方面的差异，"我们把外围的发展描绘成来自中心的技术、消费方式及其他文化形式、思想、意识形态和制度的辐射和扩散过程。所有这一切是在一个根本不同的社会结构中发展的。这就是各种矛盾的根源。从这些矛盾中产生出外围资本主义巨

① Raúl Prebisch, "A Critique of Peripheral Capitalism", *CEPAL Review*, First Half of 1976, p. 11.

② ［阿根廷］劳尔·普雷维什：《外围资本主义：危机与改造》，苏振兴、袁兴昌译，北京：商务印书馆1991年版，第203页。

大的内部缺陷"。①而且，更为重要的是，从 20 世纪 70 年代以来，中心资本主义国家开始进入一场"在性质上和表现上甚至要比 30 年代大萧条更加严重"的危机之中。②由于"中心-外围"关系依然存在，中心国家的经济危机对外围国家产生了非常严重的影响，而这种影响又因为外围国家内部的体制问题而愈发突出了。

在丰富和完善"中心-外围"理论的基础上，普雷维什还批判性地吸收了保罗·巴兰和依附理论的"剩余"概念，进而提出了以建立社会主义为目标的"体制变革理论"。关于"剩余"概念的定义，他在不同的场合有不同的表述。在《我的发展思想的五个阶段》一文中，普雷维什的定义是："剩余是指由生产率的持续提高所创造出来的经济成果中相当大比重的那一部分，它主要为生产资料的所有者，特别是集中在高收入社会阶层的生产资料所有者们所占有。"③在《外围资本主义：危机与改造》一书中，普雷维什所下的另一个定义是："剩余指的是生产率增长的一部分。这一部分在没有转移给广大劳动力的情况下，由于社会结构的混杂性，它主要被集中了大量生产资料的、社会结构的上层所占有。"④在另一个场合，普雷维什是这样界定"剩余"概念的："我们把这种被上层社会所占有的，并且由于竞争而没有被下层社会分享的技术进步成果称为'剩余'。"⑤从上述几个定义的内容可以看出，尽管普雷维什多次给"剩余"概念下定义，但却始终如一地坚持这一概念的两个基本要点：一是强调"剩余"是技术进步和生产率提高的产物；二是强调"剩余"为社会上层所占有。由此可见，普雷维什的"剩余"概念既与巴兰的概念不尽相同，同时又有别于古典经济学的"剩余"概念和马克思主义经济学的"剩余价值"概念。

在上述定义的基础上，普雷维什对外围国家剩余的特点、性质、作用和

---

① ［阿根廷］劳尔·普雷维什：《外围资本主义：危机与改造》，苏振兴、袁兴昌译，北京：商务印书馆 1991 年版，第 202 页。

② Raúl Prebisch, "The Global Crisis of Capitalism and Its Theoretical Background", *CEPAL Review*, No. 22, April 1984, p. 159.

③ Raúl Prebisch, "Cinco etapas de mi pensamiento sobre el desarrollo", CEPAL, *Raúl Prebisch: Un Aporte al Estudio de su Pensamiento,* Santiago de Chile: Naciones Unidos, 1987, p. 23.

④ ［阿根廷］劳尔·普雷维什：《外围资本主义：危机与改造》，苏振兴、袁兴昌译，北京：商务印书馆 1991 年版，第 98 页。

⑤ 1984 年 9 月 19 日，劳尔·普雷维什在中国社会科学院的演讲稿《拉丁美洲的发展战略》，载于《拉丁美洲研究》1984 年第 6 期，第 32 页。

分配等方面的问题进行了细致的分析。普雷维什认为，外围国家的剩余是一种结构性现象。他说："我们可以把越来越高的生产率的成果中的下述部分确定为结构性剩余。这部分成果在市场的自发作用中没有被劳动力分享去，而是逐步落到生产资料所有者手里。对生产资料所有者来说，这部分成果不包括在根据他们的能力、创业精神、活力以及他们所冒的风险等因素而获得的企业家劳动报酬之内。"①使剩余成为一种结构性现象的原因何在呢？普雷维什将之归因于外围国家社会结构的异质性，他说："在外围的异质社会结构中，大部分劳动力在生产率非常低下的活动中就业。在资本积累的过程中，这些劳动力逐渐为生产率更高的职业所吸收，但是由于那些仍然在劳动生产率和收入都十分低下的行业中就业的人（或失业者）之间存在消极竞争，他们的报酬并没有随之提高。只有那些顺应了技术进步要求的较少部分劳动力，有能力部分地分享生产率提高的成果。"②因此，普雷维什认为，只要外围国家社会结构的异质性特点不消除，剩余也就必然会呈现结构性的特征。

外围国家的这种结构性剩余在其经济发展中的作用是双重的和矛盾的，普雷维什说："我认为，剩余具有决定性的动力作用。事实上，它是增加就业和提高生产率的再生产性资本的主要源泉。但与此同时，它又是社会上层扩大特权消费的手段，外围的社会上层越来越模仿中心的消费模式。"③也就是说，一方面，剩余的不断增长是外围国家经济发展的动力根源，是提高资本积累，增加就业和提高生产率的主要源泉。"外围体系的动力建立在剩余及其不断增长的基础上。资本积累就取决于它。由资本积累产生越来越高的生产率，而越来越高的生产率又使得积累增加，并导致生产率新的增长。如此循环往复。"④另一方面，剩余的结构性特征又对外围国家的经济发展产生了危害。这是因为，外围国家的结构性剩余主要由享有特权的社会上层所占有和控制，它们在模仿中心国家的先进技术的同时，也刻意模仿中心的

---

① ［阿根廷］劳尔·普雷维什：《外围资本主义批判：危机与改造》，苏振兴、袁兴昌译，北京：商务印书馆1991年版，第48页。

② Raúl Prebisch, "Cinco etapas de mi pensamiento sobre el desarrollo", CEPAL, *Raúl Prebisch: Un Aporte al Estudio de su Pensamiento,* Santiago de Chile: Naciones Unidos, 1987, p. 23.

③ Raúl Prebisch, "Cinco etapas de mi pensamiento sobre el desarrollo", CEPAL, *Raúl Prebisch: Un Aporte al Estudio de su Pensamiento,* Santiago de Chile: Naciones Unidos, 1987, p. 24.

④ ［阿根廷］劳尔·普雷维什：《外围资本主义：危机与改造》，苏振兴、袁兴昌译，北京：商务印书馆1991年版，第98页。

消费模式和生活方式，形成了一种被普雷维什称之为"特权消费社会"的社会结构。这种社会结构对外围国家的经济发展造成了严重的危害：第一，"特权消费社会"对中心国家消费模式和生活方式的模仿，使大量的剩余被用作非生产性的奢侈消费行为，进而减少了既定剩余规模中被用于投资和扩大再生产部分的比例，直接影响了资本积累的提高，从而延缓了经济增长的速度和人均生活水平的提高。第二，"特权消费社会"对剩余的占有和支配，直接引起了不平等的收入分配，影响了占社会人口绝大多数的社会下层收入水平的提高，因此也就抑制了大多数人口购买力水平的提高，造成了国内需求的不足，内需不足必然会影响到经济增长的速度。第三，"特权消费社会"对剩余的占有和支配造成了外围资本主义体系的排斥性。这种排斥性主要表现在不能充分吸收社会结构的下层和剩余劳动力；追求产品的多样化而排斥生产方法的改进；扩大非生产性投资而排斥生产性投资等方面。第四，在这种社会结构中，特权阶层往往与跨国公司有着千丝万缕的联系，造成了剩余的大量流失。对此，普雷维什强调说："中心还特别地通过与特权消费社会有着密切联系的跨国公司，大量地吸收着外围的收入。"[1]

尤为重要的是，剩余的结构性特征还意味着，对剩余的占有和分配是由每个社会阶层对生产资料的占有以及由此获得的权力所决定的；反过来，对剩余的占有和分配又决定了每个社会阶层所拥有的权力。根据这种标准，普雷维什将外围资本主义的权力关系归纳为经济权力、社会权力、工会权力和政治权力。（1）经济权力，是指对生产资料的占有权，它主要集中于上层，也表现于中层，但在社会下层则"变得相对地微不足道"。[2]（2）社会权力主要是指接受教育和技术培训的权力，它主要是"中层特别是中层中收入最高的那一部分"的权力，"受教育的机会"和"利用这些机会的可能性"是形成社会权力的两个基本因素。[3]（3）工会权力主要是指劳动者为增加其对经济发展成果的占有份额而有组织地施加影响的权力。这是社会下层唯一可能享有的权力，但真正能够享有工会权力的，还只是社会下层中的上层，

① Raúl Prebisch, "Cinco etapas de mi pensamiento sobre el desarrollo", CEPAL, *Raúl Prebisch: Un Aporte al Estudio de su Pensamiento*, Santiago de Chile: Naciones Unidos, 1987, p. 24.

② ［阿根廷］劳尔·普雷维什：《外围资本主义：危机与改造》，苏振兴、袁兴昌译，北京：商务印书馆 1991 年版，第 68 页。

③ ［阿根廷］劳尔·普雷维什：《外围资本主义：危机与改造》，苏振兴、袁兴昌译，北京：商务印书馆 1991 年版，第 72 页。

而社会下层中的下层则几乎一无所有。（4）政治权力是指对国家机器施加影响的权力。社会各阶层根据它们对经济权力、社会权力或工会权力的享有，而拥有相应的政治权力，进而影响到它们各自对剩余的占有和支配的份额。

　　由此可见，在外围资本主义的"特权消费社会"结构中，社会上层凭借其对经济权力的掌握和由此获得的政治权力，理所当然地占有剩余；那些拥有社会权力的社会中层则参与分享剩余；而处在社会下层的广大劳动者则被排斥在分享剩余的权力之外。然而，随着外围资本主义的不断发展，外围国家的权力结构也在不断地发生变化，社会各阶层根据权力关系的变化而围绕如何占有和分配剩余展开激烈斗争。在这场斗争中，处于社会下层的劳动者要求分享剩余的压力最为显著。与此同时，国家作为现行权力关系的代表，履行着民事和军事上的职责，也要求留取一部分剩余。这样，便形成了劳动者和国家要求分享剩余的"双重压力"，其结果就是在外围资本主义制度中形成了一种"冲突性"趋势。普雷维什认为，这种冲突性趋势不受任何力量的限制，货币当局的调节机制同样无能为力。如果扩大货币发行量以缓解劳动者和国家要求分享剩余的压力，那么更大的需求就会使物价上涨，物价上涨后又会使劳动者和国家要求进一步扩大剩余的分享量。由此周而复始，引起一种螺旋式上升的结构性通货膨胀；如果不扩大货币发行量，企业就必须让出一部分剩余来缓和劳动者和国家要求分享剩余的压力，这样就要付出压低资本积累和减缓经济增长的代价。总之，在现行的体制下，外围国家各阶层之间分配剩余的斗争，使它们必然面临着恶性的螺旋式通货膨胀或降低经济增长率的两难选择。所以说，外围国家迟早会陷入结构性的危机之中。

　　外围国家如何克服这种结构性危机呢？普雷维什认为，拉美提供了两个失败的选择：一个是采取正统经济学所强调的减少财政赤字和限制货币供应量的措施。这种处方之所以行不通，是因为实行限制信贷的紧缩政策，势必导致经济衰退，从而减少剩余总量，这样只会扩大财政赤字，进一步加剧通货膨胀。另外一个选择是借助于暴力，建立军事专制政权。普雷维什认为，这种选择的主要用意是希望"通过政府干预来控制工资和薪金，使价格维持在'适当的'水平上"，而这"意味着损害劳动力来恢复剩余"。[①]因此，尽管专制政权有可能取得较高的资本积累和增长率，但却会加剧社会的不公

① Raúl Prebisch, "Cinco etapas de mi pensamiento sobre el desarrollo", CEPAL, *Raúl Prebisch: Un Aporte al Estudio de su Pensamiento*, Santiago de Chile: Naciones Unidos, 1987, p. 26.

平，减少大多数劳动者的收入，从而加剧外围体系的排斥性和冲突性。当民主化进程"或迟或早得到恢复"时，新一轮分享剩余的压力将会把这个体系再一次拖入新的危机。在这样的情况下，普雷维什提出了解决外围资本主义危机的"体制变革论"，并指出："除了改造这个体系之外，别无其他解决办法。"①

那么，怎样进行"体制变革"呢？普雷维什设想了两种途径：一个是国家"把赖以产生剩余的生产资料的所有权和经营权掌握在自己手中"；另一个途径则强调国家"按照集体的合理性使用剩余，而不把所有权集中在自己手里"。②普雷维什认为，这是"国家能够采取调节行动的形式"中仅有的两种，外围国家只能二中择一，除此之外别无他法。

普雷维什指出，第一种选择实际上意味着实行"生产资料社会化"，建立以马克思主义为指导的社会主义制度，是一种典型的"国家经营"。这种制度存在着几个明显的缺陷：（1）在这种制度下，国家通过对全部生产资料的掌握而控制了经济生活的方方面面，导致了"令人窒息的国家臃肿症"，因而"没有在私人活动领域内作出自己的努力的选择"。③（2）这种制度完全抹杀了市场机制的重要作用。对此，普雷维什声称："国家享有并经营它掌握的生产资料同市场性质的变化相联系，因为必须生产什么和消费什么最终都取决于中央当局。这样，市场不但失去其政治意义，也失去其经济意义。"④（3）这种制度违背了主要的民主观念和人权观念，它"与过去和现在指导拉美争取建立充分行使人权的代议制和参与制民主的伟大斗争的价值

①［阿根廷］劳尔·普雷维什：《外围资本主义：危机与改造》，苏振兴、袁兴昌译，北京：商务印书馆1991年版，第40页。

②［阿根廷］劳尔·普雷维什：《外围资本主义：危机与改造》，苏振兴、袁兴昌译，北京：商务印书馆1991年版，第42页。还有学者指出，普雷维什事实上设想了四种解决办法，除了上述两种以外，还包括另外两种选择："在现行体制下强制社会上层积累"和"工人参加剩余管理，在工人参加经营、自主管理的条件下求得积累"（肖枫编著：《西方发展学和拉美的发展理论》，北京：世界知识出版社1990年版，第177页；［日］植松忠博：《劳尔·普雷维什的外围资本主义——资本积累和体制改革的新观点》，《世界经济译丛》1983年第11期，第24页）。

③［阿根廷］劳尔·普雷维什：《外围资本主义：危机与改造》，苏振兴、袁兴昌译，北京：商务印书馆1991年版，第272、274页。

④［阿根廷］劳尔·普雷维什：《外围资本主义：危机与改造》，苏振兴、袁兴昌译，北京：商务印书馆1991年版，第275页。

观有着本质的区别"。①因此，普雷维什认为，第一种选择对于外围国家而言是不可取的。

第二种选择，实际上是"私人占有"与"国家积累"的有机结合，即在维持所有权现状的情况下，把剩余的管理权转移到国家手中，由国家掌握有关资源分配和资本积累方面的最终权限。普雷维什将这一选择称为"剩余的社会化"或"剩余的社会使用"②，它实际上是要求在外围国家建立一种"社会主义与自由主义"相结合的新制度。这种新制度，虽然说是社会主义制度，但它既不同于西欧的社会民主主义和社会市场经济，又有别于马克思主义的科学社会主义。对于前者，普雷维什指出，外围国家的社会结构"从根本上不同于那些已经达到高度发达程度的西欧国家"，所以当然不能"乞灵于所谓的社会市场经济"；对于科学社会主义，普雷维什则认为"马克思主义-列宁主义的社会主义建立了一种生产资料国家所有和管理的制度，有悖于民主自由主义精神及其内在价值。……因此，我反对这种制度"。③所以说，普雷维什的所谓"社会主义"是有其独特内涵的，它是指"剩余不再根据个人决策来使用，而是根据集体决策用于提高资本积累速度和逐步纠正收入分配中的结构性差别"。④

同时，普雷维什还特别强调这种新制度中的"经济自由主义"。他认为，"经济自由主义，是指如此再分配的收入可以按照个人的决策自由地在市场上使用，同时，企业可以根据自己的判断和某些刺激决定如何更好地满足开销其收入的人们的需求，以它们认为最合适的方式分配其拥有的资本"。⑤也就是说，这种自由主义强调的是个人或企业在市场机制下的一些基本权利和自由，它是与哲学意义上的政治自由"紧密地结合在一起"的。

---

① ［阿根廷］劳尔·普雷维什：《外围资本主义：危机与改造》，苏振兴、袁兴昌译，北京：商务印书馆1991年版，第273页。

② 事实上，普雷维什认为这两种选择都要求剩余的社会化。他说："无论是生产资料的社会化还是我主张的改造，都是反对私人占有剩余。两者本来都把剩余的社会使用作为共同的出发点，而随后要走的道路是很不相同的。"（［阿根廷］劳尔·普雷维什：《外围资本主义：危机与改造》，苏振兴、袁兴昌译，北京：商务印书馆1991年版，第273页）不过，他又比较一致地将他的改造方案称为"剩余的社会化"，本书也就遵循他的这一表述。

③ Raúl Prebisch, "Towards a Theory of Change", *CEPAL Review*, No. 10, April 1980, p. 161.

④ ［阿根廷］劳尔·普雷维什：《外围资本主义：危机与改造》，苏振兴、袁兴昌译，北京：商务印书馆1991年版，第282页。

⑤ ［阿根廷］劳尔·普雷维什：《外围资本主义：危机与改造》，苏振兴、袁兴昌译，北京：商务印书馆1991年版，第282页。

普雷维什认为，也正是因为对"经济自由主义"的强调，他的"社会主义"才表现出其独到之处，"社会主义与自由主义"相结合的新制度也就体现出一些明显优势：第一，它不需要通过暴力就能够实现。普雷维什指出，他所提出的两种选择都要求在政治权力结构方面进行重大变革，不可避免地会遇到"强有力的、激烈的反抗"。第一种选择必须通过暴力革命才能实现，而他的改造方案则不需要。第二，它能够保证民主制度的建立或恢复。普雷维什说："第二种选择有可能使民主观念在理论与实践上都和发展的活力及公平分配完全相容。"①正是由于存在这些优势，"剩余的社会化"才成为外围国家唯一可行的选择。

普雷维什进一步提出，要顺利地实现"剩余的社会化"，就必须厘清以下几个方面的关系：

一是生产资料的私人占有与剩余的国家管理之间的关系。普雷维什认为，生产资料的私人占有并不是造成外围资本主义体系危机的罪魁祸首，他说："这个体系的重大缺陷并不在于私有制本身，而是在于对剩余的私人占有和生产资料集中的不利后果。"②也就是说，资本主义的私人占有制度本身是有其存在的合理性的，不合理的地方在于，由于这种私人占有关系而导致的剩余的私人占有，以及由于剩余的私人占有而导致的生产资料过分集中在社会上层的现实。正是在这种意义上说，对外围资本主义体系的改造就是要扭转剩余的私人占有及其消极后果，也就是要实行剩余的国家管理。生产资料的私人占有与剩余的国家管理之间是既矛盾又统一的关系：一方面，剩余的国家管理必然要强制一些企业主让渡自己的一部分权力，与其对生产资料的私人占有关系的权力要求相矛盾；另一方面，剩余的国家管理又能够与生产资料的私人占有之间达成统一，既维持生产资料的私有制，同时又能够弥补剩余过分集中所导致的种种弊端。

二是剩余的国家管理与市场机制之间的关系。普雷维什认为，改造外围资本主义体系，一方面要充分尊重市场机制的重大作用，但另一方面还必须加强"国家的调节行动"来弥补市场机制本身的缺陷。他说："我毫不犹豫地断言，市场不仅具有重要的经济意义，而且具有重要的政治意义。但

---

① ［阿根廷］劳尔·普雷维什：《外围资本主义：危机与改造》，苏振兴、袁兴昌译，北京：商务印书馆1991年版，第42页。

② ［阿根廷］劳尔·普雷维什：《外围资本主义：危机与改造》，苏振兴、袁兴昌译，北京：商务印书馆1991年版，第42页。

是，……市场不是经济的最高调节者，因为它既不解决积累问题，也不解决收入分配问题。市场运转的好坏取决于它赖以依靠的社会结构以及从这种变化不定的结构中产生的权力关系的作用。体系的根本缺陷就在这里。体系的这些缺陷必须通过市场以外的集体决策来纠正，而个人的生产和消费决策则必须在市场范围内来实现。"①因此，在普雷维什看来，剩余的国家管理与市场机制之间同样也是既矛盾又统一的关系，完全依靠国家管理或单纯依赖市场机制，都是不可取的，只有将二者有机地结合起来，才会真正有助于"剩余的社会化"。此外，在剩余的国家管理与市场机制的关系中，普雷维什还特别提出了要正确处理市场机制与计划之间的关系。

三是企业的资本积累与资本的社会扩散之间的关系。普雷维什指出，"剩余社会化"的首要目标就是使剩余能够转化为资本积累，提高资本积累的速度。然而企业提高资本积累速度，就有可能造成与劳动力收益上的冲突，这时就必须借助于"再分配"的措施，使资本积累所产生的"新资本中应有越来越大的比例属于劳动力"，此即所谓"资本的社会扩散"。企业的资本积累与资本的社会扩散之间的关系同样是非常重要的，如果过分注重资本积累而忽视了资本的社会扩散，将损害劳动力的收益，造成企业"对劳动力的虚假吸收"；相反，如果过多地强调资本的社会扩散而削弱了企业的资本积累，将会使经济增长失去动力。所以，普雷维什十分重视两者之间的关系，并指出应当根据企业规模的大小来确定两者之间合适的比例。

总之，外围资本主义的改造是"一条漫长而艰难的道路"，它不仅需要妥善处理好上述几个方面的关系，而且还必须借助于一些具体的政策工具。普雷维什前后共提出了下述几种政策工具：（1）计划。普雷维什非常重视制订计划在体制变革中的重要作用，他说："剩余的社会使用并不意味着将剩余转到国家手中，而是根据一项技术上协调的、并以民主方式通过的计划，将剩余合理地用于积累、消费和国家的开支。"②（2）征税制度。普雷维什认为，"剩余的社会化"实际上是在承认作为剩余产生源泉的企业私人占有关系的前提下，由国家对这些企业征收税金，然后利用这些税金来扩大低收入阶层的就业机会，提高他们的收入，扩大国内的有效需求，最终实现经济

---

① ［阿根廷］劳尔·普雷维什：《外围资本主义：危机与改造》，苏振兴、袁兴昌译，北京：商务印书馆1991年版，第269页。

② ［阿根廷］劳尔·普雷维什：《外围资本主义：危机与改造》，苏振兴、袁兴昌译，北京：商务印书馆1991年版，第282页。

增长。所以，他宣称："在剩余的社会使用方面，建立征税制度是至关重要的。如果政府要修改与剩余的社会使用有关的计划的基本规定，就得实行这个征税制度。"①（3）激励机制。普雷维什指出，在体制变革的过程中，"对企业主、领导者、技术人员以及全体劳动力的生产率实行刺激是至关重要的"，因为"没有经济刺激也能有效地运转的经济体系是不存在的"。②

综上所述，我们可以这样说：普雷维什既将"剩余的社会化"看成改造外围资本主义体系的目标，认为这种改造就是要实现剩余分配上的平等，确保剩余能够转化为资本积累，确保经济发展的活力；同时，他又将"剩余的社会化"看作实现外围资本主义体系发展的一个主要途径，认为只有在外围国家实现了剩余的"社会使用"，建立了确保剩余社会化的有效体制，外围国家才能够获得真正意义上的发展。

普雷维什的"体制变革论"问世后，拉美经委会组织了数次讨论，在《拉美经委会评论》上发表了一系列评论文章，对普雷维什的新理论给予了充分肯定。拉美经委会经济学家欧亨尼奥·科萨列夫评价说："'外围资本主义批判'代表了'外围经济'理论发展的一个重要进步，通过采用新的社会-经济方法而提高了拉美发展的分析水平。由拉美经委会和许多著名的拉美经济学家提出的外围经济理论为以'拉美经委会主义'而闻名的拉美发展模式提供了基础；普雷维什博士在理论上的新贡献为这种'拉美经委会主义'的进一步创新开创了新的可能性。"③拉美经委会墨西哥处主任戈特·罗森塔尔则评价说："普雷维什针对新古典主义方法提出批评的主要观点是非常有效的，即便是不考虑他对拉美国家的外围资本主义发展的解释，也是如此。"④拉美经委会经济学家费尔南多·法伊恩兹尔伯也对普雷维什的新理论给予了高度赞誉。他说："在我们看来，普雷维什的几篇论文特别激动人心，其原因在于：（1）他将注意力和重点放在一些重要的内部机制方面，有助于解释拉美经济的活动；（2）他将外围作为资本主义整体的一个组

---

① ［阿根廷］劳尔·普雷维什：《外围资本主义：危机与改造》，苏振兴、袁兴昌译，北京：商务印书馆 1991 年版，第 307 页。

② ［阿根廷］劳尔·普雷维什：《外围资本主义：危机与改造》，苏振兴、袁兴昌译，北京：商务印书馆 1991 年版，第 283、288 页。

③ "On the Article by Raúl Prebisch 'A Critique of Peripheral Capitalism': Comments by Eugenio Kossarev", *CEPAL Review*, No. 4, Second Half of 1977, p. 191.

④ "On the Article by Raúl Prebisch 'Towards a Theory of Change': Comments by Gert Rosenthal", *CEPAL Review*, No. 11, August 1980, p. 156.

成部分来加以分析，并努力在经济事务与政治和社会问题之间建立一种桥梁；
（3）他不仅公开向'本地区流行的一些真理'发出挑战，而且还勇于向自己
原先的理论提出挑战；（4）他寻求从他的解释中得出一些规范性的结
论。"①墨西哥经济学家费利佩·帕索斯评论说："劳尔·普雷维什提出的经
济-社会改革是社会主义和自由主义的完美结合，如果可行的话，就会将两
种制度的正面特点集中起来，并且也许会消除它们的许多不足之处。"②

　　由此可见，普雷维什在 20 世纪 70 年代中后期提出的"体制变革论"
实际上是在吸收了依附理论的一些理论观点之后对拉美结构主义的一种修
正。至此，像普雷维什和富尔塔多这样的拉美结构主义理论家实际上已经转
变成为依附论者，是结构主义依附理论的两个重要的代表人物。相形之下，
以特奥托尼奥·多斯桑托斯为代表的马克思主义依附论流派的观点则更加激
进。尽管如此，他们实际上是在继承拉美结构主义理论框架的基础上来阐述
自己的理论体系的，大多能接受普雷维什提出的"中心-外围"理论，承认
资本主义世界经济体系的二元结构特征，认同中心国家与外围国家之间的国
际分工是不平等的观点，只是在外围国家如何陷入对中心国家的依附性状态
和如何摆脱依附性状态等问题上与拉美结构主义者之间存在不同的看法。

　　更为重要的是，马克思主义依附论者对拉美经委会的结构主义发展理论
的批判，在某种程度上指出了结构主义理论存在的固有问题，也正好与拉美
经委会内一些经济学家希望根据拉美发展的现实调整"发展方式"的愿望相
契合。因此，拉美经委会的一些经济学家们也程度不同地接受了马克思主义
依附论学派的部分观点，或者受到这些激进观点的影响，拉美结构主义理论
本身也在发生着变化，最为显著的特征就是激进化。

第四节　拉美结构主义激进化的影响

　　拉美结构主义激进化在理论和实践层面均产生了重要的影响：在理论层
面，拉美结构主义与依附理论日益趋同，拉美经委会本身也成为依附理论的

---

　　① "On the Article by Raúl Prebisch 'Towards a Theory of Change': Comments by Fernando Fajnzylber",
CEPAL Review, No. 11, p. 162.

　　②［墨］费利佩·帕索斯：《拉丁美洲经济思想 50 年》，《拉美问题译丛》1990 年第 2 期，第 19
页。

一个重要宣传阵地。关于这一点，笔者在前文已有所分析，不再赘述。在实践层面，拉美结构主义理论的激进化至少产生了两个方面的显著影响：一方面，在国际层面上，拉美结构主义与依附论一起成为发展中国家争取建立国际经济学秩序斗争的理论指导，为第三世界国家在 20 世纪 70 年代获得争取建立国际经济新秩序斗争的阶段性胜利做出了重要贡献。另一方面，拉美结构主义理论的激进化对绝大部分拉美国家的经济决策产生了深远的影响，大大推动了拉美国家经济民族主义运动的复兴，国有化进程和国有经济的发展达到了前所未有的高度。

根据依附理论和拉美结构主义理论的基本逻辑，导致外围国家不发达和依附性的关键因素是西方资本主义的扩张和由此形成的世界经济体系；以布雷顿森林体系为基础的国际经济秩序是这种世界经济体系的延续，由于中心与外围之间的不平等，它必然还会继续导致外围国家的不发达和依附性，除非对其进行彻底的改造，建立新的国际经济秩序。

从第一届联合国贸发会议开始，发展中国家迅速展开了争取建立国际经济新秩序的斗争。1964 年 8 月，不结盟运动在开罗召开第二届国家和政府首脑会议，首次正式提出了建立"国际经济新秩序"的口号。1967 年 7 月，七十七国集团部长级会议通过了《阿尔及尔宪章》，明确提出了建立"国际经济新秩序"的重要性，并强调发展中国家自身的努力是发展经济的"先决条件"。在 1968 年 2—3 月召开的第二届联合国贸发会议期间，发展中国家就已经基本上形成了自己的关于建立国际经济新秩序的设想。在这次会议上，普雷维什作了题为《迈向发展的新全球计划》的报告，继续为发展中国家争取国际经济新秩序的斗争提供理论上的指导。然而，由于西方国家在与发展中国家的谈判中设置重重障碍，普雷维什所设想的许多方案并没有取得预期的成功。对此，他在会议报告中"痛苦地"指出："看起来人们以及国家的富足容易形成一种对他人的幸福即使不是漠然也是超然的态度……除了少数的例外，发达国家继续把发展看作是一个无足轻重的问题，可以用少量不足的措施随便应付一下，而不是采取大胆而坚决的行动。"[①]面对这种情况，普雷维什于 1969 年 3 月辞去了联合国贸发会议秘书长的职务，他说："如果我们不能成功地推进有效的和有活力的经济发展，那么结果将是

---

① 转引自［瑞典］冈纳·缪尔达尔：《世界贫困的挑战——世界反贫困大纲》，顾朝阳等译，北京：北京经济学院出版社 1991 年版，第 260—261 页。文字稍有改动。

明确的：贫穷国家日益恶化的形势将导致更大范围的极端主义。"①不过，普雷维什及拉美结构主义发展理论、依附理论则继续影响着发展中国家争取国际经济新秩序的斗争，"并且从中萌发出许多新思想和新方案，成为广大发展中国家反对西方国家经济霸权主义和争取建立国际经济新秩序的有力论据"。②

　　进入 70 年代以后，发展中国家争取建立国际经济新秩序的斗争进一步向纵深发展。1974 年 5 月 1 日，第六届特别联大通过了《关于建立国际经济新秩序的宣言》和《行动纲领》，确立了建立国际经济新秩序的基本目标和实现这些目标的行动纲领，标志着发展中国家争取建立国际经济新秩序的斗争进入了一个新的阶段。从此，在《宣言》和《行动纲领》的指引下，发展中国家主要围绕以下几个方面进行了争取建立国际经济新秩序的斗争：

　　第一，进一步强调建立国际经济新秩序的必要性和性质。《宣言》开篇就指出："我们联合国会员国……铭记着联合国宪章关于促进各国人民的经济发展和社会进步的精神、宗旨和原则，庄严宣布我们一致决心紧急地为建立一种新的国际经济秩序而努力，这种秩序将建立在所有国家的公正、主权平等、互相依靠、共同利益和合作的基础上，而不管它们的经济和社会制度如何，这种秩序将纠正不平等和现存的非正义并且使发达国家与发展中国家之间日益扩大的鸿沟有可能消除，并保证目前一代和将来世代代在和平和正义中稳步地加速经济和社会发展。"③1974 年 12 月，第 29 届联合国大会通过《各国经济权利和义务宪章》，再次宣布："本宪章的基本宗旨之一是在所有国家，不论其经济和社会制度如何，一律在公平、主权平等、互相依存、共同利益和彼此合作的基础上，促进建立国际经济新秩序。"④到 1975年 9 月，第 30 届联合国大会通过的《关于发展与国际经济合作的决议》提出："大会回顾奠定国际经济新秩序基础的《关于建立国际经济新秩序的宣

---

　　① *Newsweek,* April 22, 1968. 转引自 Orlando Letelier and Michael Moffitt, *The International Economic Order,* Washington, D. C.: Transnational Institute, 1977.

　　② 张森根、高铦：《拉丁美洲经济》，北京：人民出版社 1986 年版，第 411 页。

　　③ "Declaration on the Establishment of New International Economic Order", A. G. Moss and H. N. M. Winton, *A New International Economic Order: Selected Documents 1945—1975,* UNITAR Document, No. 1, New York: The UNITAR, 1977, p. 891.

　　④ "Charter of Economic Rights and Duties of States", A. G. Moss and H. N. M. Winton, *A New International Economic Order: Selected Documents 1945—1975,* UNITAR Document, No. 1, New York: The UNITAR, 1977, p. 902.

言》和《行动纲领》以及《各国经济权利和义务宪章》，重申上述文件的根本目的，……特别是纠正发达国家与发展中国家之间经济不平等的迫切需要，……相信国际经济新秩序的总目标是提高发展中国家单个地区和集体的追求发展的能力。"①这样，到 70 年代中后期，发展中国家建立国际经济新秩序的思想已经在国际社会引起极大的反响和共鸣，建立国际经济新秩序的思想已经深入人心，成为国际社会的一个重要问题。

　　第二，积极开展维护国家主权，谋求经济自立的斗争。发展中国家在这方面的斗争主要从以下几个领域进行：一是维护自然资源主权，实行国有化政策。《关于建立国际经济新秩序的宣言》指出："每一个国家对自己的自然资源和一切经济活动拥有充分的永久主权。为了保卫这些资源，每一个国家都有权采取适合于自己情况的手段，对本国资源及其开发实行有效控制，包括有权实行国有化或把所有权转移给自己的国民，这种权利是国家充分的永久主权的一种表现。"②二是对跨国公司进行利用、限制和监督，反对跨国公司的掠夺和剥削。《各国经济权利和义务宪章》规定："每一个国家有权管理和监督其国家管辖范围内的跨国公司的活动，并采取措施保证这些活动遵守其法律、规章和条例，并符合其经济和社会政策。跨国公司不得干涉所在国的内政。"③为此，联合国经济和社会理事会还在 1974 年 12 月成立了联合国跨国公司专门委员会，下设跨国公司中心为执行机构。该机构也在1979 年 3 月提出了一个关于跨国公司行为守则的综合性方案，涉及国家主权、划拨价格、税收、技术转让、劳动力与就业、对消费者与环境的保护等方面的内容。到 1981 年 5 月，七十七国集团也提出了跨国公司行为守则，对跨国公司的活动作出了原则规定。制定跨国公司行为守则的活动，是发展中国家行使国家主权的一种具体表现，体现出发展中国家在争取建立国际经济新秩序的斗争中，经济主导权得到了进一步的提高。三是保卫 200 海里

---

　　① "Development and International Economic Co-operation", A. G. Moss and H. N. M. Winton, *A New International Economic Order: Selected Documents 1945—1975,* UNITAR Document, No. 1, New York: The UNITAR, 1977, p. 923

　　② "Declaration on the Establishment of New International Economic Order", A. G. Moss and H. N. M. Winton, *A New International Economic Order: Selected Documents 1945—1975,* UNITAR Document, No. 1, New York: The UNITAR, 1977, p. 892.

　　③ "Charter of Economic Rights and Duties of States", A. G. Moss and H. N. M. Winton, *A New International Economic Order: Selected Documents 1945—1975,* UNITAR Document, No. 1, New York: The UNITAR, 1977, p. 903.

海洋权的斗争。1958 年和 1960 年，联合国先后召开了两届海洋法大会，各国在领海宽度和渔区等问题上存在很大分歧。面对这种形势，9 个拉美国家于 1970 年 5 月联合签署了《蒙得维的亚海洋法宣言》，重申了保卫 200 海里海洋权的决心。同年 12 月 17 日，联合国大会通过一项原则宣言，声明"各国管辖范围以外海洋底床与下层土壤（以下简称该地域），以及该地域之资源，为全人类共同继承之财产"，"任何国家或个人，……均不得以任何方式将该地域据为己有，任何国家不得对该地域之任何部分主张或行使主权或主权权利"。①正是根据这一原则，联合国第三届海洋法会议从 1971 年开始筹备，经过多次艰难的谈判和协商，终于在 1982 年 4 月 30 日召开的第三届海洋法大会的第 11 次会议上，通过了《海洋法公约草案》。该《公约草案》规定，"每一个国家有权确定其领海的宽度，直至从按照本公约确定的基线量起不超过 12 海里的界限为止"，"专属经济区从测算领海宽度的基线量起，不应超过 200 海里"。②《海洋法公约草案》虽然已经签订，但由于美国等少数西方国家的反对，未能正式生效。这表明，发展中国家维护对海底资源的开发权利的斗争，仍然需要长期而艰苦的努力。

第三，积极争取确定普惠制和扩大国际商品协定，改善国际贸易的条件。从第一届贸发会议以后，发展中国家采取了团结一致的立场，在贸发会议内，就建立普惠制的问题，同发达国家进行了长期的谈判。1968 年 2 月 1 日至 3 月 28 日，在印度首都新德里举行的第二届贸发会议，终于通过了建立普遍优惠制度的第 21 号决议，正式承认了普雷维什在第一届贸发会议上所提出的普惠制度的三项原则，并提出设立普惠制的主要目标是：（1）增加发展中国家的出口收益；（2）促进发展中国家的工业化；（3）加速发展中国家的经济增长率。③ 1970 年 10 月，联合国贸发会议的贸易和发展理事会通过决议，决定由每个发达国家制订各自的普惠制方案，对发展中国家的制成品和半制成品出口给予普惠制待遇，期限为 10 年。次年 6 月，关贸总协定也作出决定，允许发达的缔约国对发展中国家的原产品给予优惠待遇，期限也是 10 年。之后，欧共体、日本、美国等发达国家和地区先后实施了各

---

① 《关于各国管辖范围以外海洋底床与下层土壤之原则宣言》，载王铁崖、田如萱主编：《国际法资料选编》，北京：法律出版社 1982 年版，第 288—289 页。

② 《海洋法公约草案》，载王铁崖、田如萱主编：《国际法资料选编》，北京：法律出版社 1982 年版，第 296、315 页。

③ 《普惠制实务》编写组：《普惠制实务》，太原：山西人民出版社 1984 年版，第 162—163 页。

自的普惠制计划。

另一方面，发展中国家还加强了争取扩大国际商品协定的斗争。《关于建立国际经济新秩序的行动纲领》第一部分的内容就是关于"原材料与初级产品同贸易和发展有关的基本问题"，规定："在发展中国家出口的原材料、初级产品、制成品和半制成品的价格与它们进口的原材料、初级产品、粮食、制成品、半制成品和资本设备的价格之间建立一种公平合理的关系，并在发展中国家的出口货价格与它们来自发达国家的进口货价格之间建立一种联系。"①而且，发展中国家还在这次会议上提出了建立《商品综合方案》的提议，将普雷维什在第一届贸发会议上的提议又向前推进了一步。经过发展中国家的共同努力，1976 年 5 月，联合国第四届贸发会议正式通过了《商品综合方案》。该《方案》规定，应当通过谈判拟订香蕉、铝矾土、可可、咖啡、铜、棉花及棉纱、硬纤维及其产品、铁矿石、黄麻及其产品、锰、肉类、磷酸盐、天然橡胶、糖、茶叶、热带木材、锡、植物油及油籽等18 种初级产品的国际协定。这些协定的主要内容应该包括：（1）建立一项商品共同基金，为商品的缓冲储存和储存以外的其他措施提供资金；（2）建立国际缓冲储存，以便根据国际市场的供求状况进行调节，稳定价格。同时调整储存政策，并建立国际协调的国家储存；（3）设立价格安排，审查和调整特定交易的价格范围时应特别考虑进口制成品的价格、汇率、生产成本、世界通货膨胀、生产和消费水平等多种因素的变动；（4）建立并扩大补偿性金融设施，当发展中国家的初级产品出口收益下降到一定限度时，能从中得到优惠贷款和补贴；（5）采取国际措施，使发展中国家有效地参与初级产品的加工、运输和销售，帮助发展中国家实现出口多样化。《商品综合方案》对于发展中国家的初级产品出口部门来说具有非常重要的意义，如果它付诸实施的话，就有可能从根本上解决初级产品价格频繁波动的问题，遏止住贸易条件长期恶化的趋势。因此，它也是"建立国际经济新秩序的重要内容之一"②。

总之，到 20 世纪 70 年代中期，发展中国家建立国际经济新秩序的斗

---

① "Programme of Action on the Establishment of New International Economic Order", A. G. Moss and H. N. M. Winton, *A New International Economic Order: Selected Documents 1945—1975*, UNITAR Document, No. 1, New York: The UNITAR, 1977, p. 893.

② 朱立南、赵文京、陈宜军、安铂编著：《国际商品协定》，北京：中国大百科全书出版社 1995 年版，第 21 页。

争取得了阶段性的胜利。而这场胜利背后的主要理论动力就是受依附理论影响而不断激进化的拉美结构主义发展理论。对于这一点，甚至连西方学者也不得不予以承认。例如，美国经济学家米歇尔·P.托达罗指出："国际经济新秩序运动的起源可以追溯到 20 世纪 50 年代和 60 年代初期劳尔·普雷维什以及其他拉美持依附理论观点的经济学家提出的'中心-外围'分析。"①中国学者段乘璞也强调说："代表拉美新兴资产阶级利益的阿根廷著名经济学家劳尔·普雷维什，是最早提出国际经济新秩序概念的第三世界经济学家。他在 40 年代创立的关于发展的理论体系，是建立国际经济新秩序纲领的思想基础。"②

与此同时，拉美结构主义发展理论的激进化在拉美各国内部也带来了巨大的影响。其中最为显著的影响是经济民族主义的重新高涨，并表现出新的特征。经济民族主义在拉丁美洲的出现可以说是由来已久，最早可以追溯到 19 世纪中后期。对此，肖夏娜·B.坦塞指出："经济民族主义……在拉丁美洲并不是一个新现象。60 年代末和 70 年代初征用和没收外资的行动，只是长期传统的一部分。自从 19 世纪末以来，拉美人就始终关切自己在国际贸易中的地位，那个时候，他们已积累了足够的证据，认识到只靠政治独立不足以带来经济增长和多样化。"③不过，现代经济民族主义的迅速发展和壮大，则与第一次世界大战的爆发密切相关。一战爆发后，拉丁美洲的许多国家都陷入了经济危机之中：一方面，由于欧洲国家陷入战争，传统的初级产品出口部门因市场受阻而困难重重；另一方面，来自欧洲国家的进口工业品因战争的影响而出现中断。面对这种局面，许多有识之士开始反思和批判初级产品出口战略。对危机的反思和批判，推动了拉美经济民族主义的发展。以阿根廷为例，有学者这样描述："战时危机……激起了一小部分有影响的阿根廷知识分子对国家经济结构的反思。他们对传统的出口导向经济的合理性提出了挑战，他们对 20 世纪阿根廷经济思想的发展产生了深远的影响。他们提倡发展工业和渴求经济独立，成为现代阿根廷经济民族主义的思

---

① [美] M. P. 托达罗：《第三世界的经济发展》（下），于同申等译，北京：中国人民大学出版社 1991 年版，第 265 页。

② 段乘璞：《建立国际经济新秩序斗争的回顾和展望》，《世界经济》1983 年第 11 期，第 23 页。

③ [美] 肖夏娜·B. 坦塞：《拉丁美洲的经济民族主义——对经济独立的探求》，涂光楠等译，北京：商务印书馆 1980 年版，第 8—9 页。

想先驱。"[①]

　　大萧条带来的危机使经济民族主义思潮在拉美地区进一步发展和扩散。对于这种情况，美国学者伯恩斯指出："1929 年和 1930 年国际经济的崩溃以及随之而来的长期经济大萧条促使人们将注意力转向民族主义的另一种形式，即经济民族主义或发展民族主义。困难的年代再次向拉丁美洲人强调了依附性和他们经济的脆弱性。……民族主义者要求采取措施，增加民族经济的生存力，……他们制定了增加经济多样化和促进工业化的计划。工业化既是常识的要求，又是引以自豪的东西。首先，工业化可望使经济多样化；其次，它防止外汇花费在本国可以制造的进口项目上。"[②]可见，从基本主张和内容上看，拉美结构主义发展理论实际上是这一波经济民族主义的产物。

　　到 20 世纪 60 年代末期和 70 年代初期，随着拉美结构主义和依附理论，以及古巴革命后各种马克思主义理论和社会主义流派的广泛传播，发展中国家争取建立国际经济新秩序的斗争不断深入，加之美国资本的不断渗透，拉丁美洲地区爆发了新一轮经济民族主义的浪潮。美洲国家组织秘书长卡洛·普拉萨在 20 世纪 60 年代末指出："拉丁美洲今日最强大的力量之一，也是最不为外界所了解的一支力量，就是经济民族主义的高涨。"对于这一波经济民族主义思潮的特点，肖夏娜·坦塞的定义可谓是一语中的。她说，经济民族主义"是指一个国家的这样一种愿望：在世界经济体制范围内掌握本国的经济命运，以及在本国领土范围内行使主权，决定谁可以开发自然资源，谁可以参与各经济部门的活动"。[③]因此，到 20 世纪 70 年代，拉美国家在深化进口替代战略的过程中，将经济民族主义发挥到了极致，其结果是广泛的国有化运动和对外资活动的限制。

　　首当其冲的就是美国的跨国公司，这使得美拉之间的经济矛盾更加尖锐。据统计，在 20 世纪 50 年代末，美国公司控制了拉美地区矿业生产的80% 和石油产量的 75%。到 1965 年美国对拉美的投资已占外国投资总额的74%。以美国资本为主的外国垄断资本牢牢控制了拉美国家的重要经济部

　　① Carl E. Solberg, *Oil and Nationalism in Argentina: A History*, Stanford: Stanford University Press, 1979, p. 29.

　　②［美］E. 布拉德福德·伯恩斯：《简明拉丁美洲史》，王宁坤等译，长沙：湖南教育出版社 1989年版，第 257—258 页。

　　③［美］肖夏娜·B. 坦塞：《拉丁美洲的经济民族主义——对经济独立的探求》，涂光楠等译，北京：商务印书馆 1980 年版，第 27 页。

门。70 年代中期，仅美国跨国公司就控制了拉美国家国内生产总值的五分之一，工业生产的三分之一，出口的五分之二，银行资产的二分之一。外国资本在拉美的垄断地位使它赚取了巨额利润。1946—1960 年，美国通过向拉美投资获得了 112 亿美元的利润。1970—1976 年，跨国公司向拉美投资共计 100 亿美元，而所得利润达 370 亿美元。在外资企业的排挤下，大批民族企业破产倒闭。外国垄断资本乘机吞并拉美民族企业。1964 年，美国在墨西哥通过吞并当地企业建立起 177 家子公司；1964—1968 年，美国跨国公司吞食了巴西的 15 家和阿根廷的 29 家民族企业。据统计，美国在拉美 35.8% 的子公司就是通过吞并当地企业而建立起来的。①外国垄断资本对拉美企业的排挤和吞并政策，使拉美民族经济的发展受到严重阻碍，与当时拉美各国进口替代工业化希望加强民族工业的愿望之间产生了明显的矛盾，拉美各国政府和民众要求限制外资活动，实现经济独立的愿望日益强烈。到 70 年代，依附理论、各流派马克思主义和社会主义思潮的广泛传播，进一步推动拉美各国开展国有化、争取经济独立的斗争。

根据联合国相关机构的统计，1960—1976 年，拉美各国共对 200 家外国企业实行了国有化，其中美国投资的企业就有 158 家。②例如，智利的阿连德在任总统期间，开展了大规模的国有化运动，1971 年通过铜矿国有化法案，把美资和其他一些外资企业全部收归国有，并将包括银行、外贸和铁路在内的 150 家大型私人企业实行国有化。委内瑞拉的民主社会主义政党在 1970 年执政后先后将天然气、铁矿和石油业等产业实行国有化，其中 1974 年把美资伯利恒钢铁公司和美国钢铁公司在矿业部门的子公司收归国有。1970 年，墨西哥埃切维里亚执政后，把美资硫磺、铜矿等矿业公司收归国有，使国家控制了全国 98% 的矿业生产。秘鲁的胡安·贝拉斯科·阿尔瓦拉多军政府在 1968—1975 年执政期间，把外资控制的石油、铜矿、电力、电报和电话等部门全部收归国有，建立大型国营公司，并收购了外资在秘鲁银行的全部股份。厄瓜多尔罗德里格斯·拉腊军政府在 1972 年颁布石油法，收回了外国石油公司控制的 85% 的石油租让地，并成立厄瓜多尔国家石油公司。到 1977 年，国家石油公司已征购了美资德士古-海湾石油公司 62.5% 的股份，基本控制了本国的石油生产。③拉美各国轰轰烈烈的国有

① 焦震衡：《战后拉美国家的国有化运动》，《拉丁美洲研究》1987 年第 4 期，第 31 页。

② 联合国跨国公司中心编：《再论世界发展中的跨国公司》，北京：商务印书馆 1982 年版，第 285 页。

③ 焦震衡：《战后拉美国家的国有化运动》，《拉丁美洲研究》1987 年第 4 期，第 32—34 页。

化运动，削弱了外国资本对本国能源、矿产等关键部门的控制，大大减少了外国资本在这些国家经济中的比重，维护了国家主权和经济自主能力。例如，1970 年，美国在拉美石油业投资占该行业投资总额的 20.9%，到 70 年代末则下降到 12%左右。

与此同时，拉美国家还对跨国公司进行利用、限制和监督，反对跨国公司的掠夺和剥削。如前所述，1974 年 12 月，联合国大会通过《各国经济权利和义务宪章》，明确规定："每一个国家有权管理和监督其国家管辖范围内的跨国公司的活动，并采取措施保证这些活动遵守其法律、规章和条例，并符合其经济和社会政策。跨国公司不得干涉所在国的内政。"[①]在此前后，许多拉美国家纷纷颁布新的外资法，加强对在本国经营的跨国公司的监控和管理。1973 年，墨西哥政府颁布了新的《外资法》，规定石油、基础石油化学工业、电力工业、铁路、电报和无线电通信、铀矿开采和原子能发电，以及其他特定矿产品的开采只能由国家经营，电台和电视台、联邦公路和汽车运输、民航和海运业、天然气供应、森林开发等五个部门禁止外国投资；采矿业的外资不得超过 34%。同时对外国公司在墨西哥的活动范围和行为准则予以了明确规定。到 1977 年 4 月，拉丁美洲经济体系通过了《关于指导跨国公司活动的法律草案》，提出了跨国公司应尊重所在国的主权、应遵守法律、不得干涉内政等原则。

总之，进入 20 世纪 70 年代以后，在依附理论的影响下，拉美结构主义本身也发生着变化。一方面，它的理论和政策主张出现了激进化的趋势，对拉美国家和整个发展中国家经济发展的观点日益向依附理论靠拢，两者之间呈现出趋同的迹象，共同成为发展中国家争取建立国际经济新秩序斗争的重要理论武器；另一方面，拉美结构主义仍然在拉美各国的经济发展进程中发挥着非常重要的影响力，伴随其理论和政策主张的激进化，再加上进口替代向高级阶段深入的客观需要，拉美国家掀起了经济民族主义运动的高潮，广泛开展了国有化运动，将内向型的进口替代工业化战略也发展到了极致。伴随国有化运动出现了大量的国有企业，一些拉美国家也从经济政策的调节者变成了国家经济的生产者，将国家对经济的干预作用发挥到了异常极端的程度，这就为 80 年代的债务危机和经济危机埋下了伏笔。

---

① "Charter of Economic Rights and Duties of States", A. G. Moss and H. N. M. Winton, *A New International Economic Order: Selected Documents 1945—1975,* UNITAR Document, No. 1, New York: The UNITAR, 1977, p. 903.

第九章　新自由主义冲击与新结构主义

诚如中国著名拉美研究学者、中国社会科学院学部委员苏振兴研究员所说，"20 世纪 80 年代和 90 年代，新自由主义一度成为拉美地区的主流经济思想，并主导了拉美国家的经济改革"①，新自由主义理论对拉美地区长期以来影响甚巨的结构主义发展理论带来了巨大的冲击，并一度席卷整个拉美地区。新自由主义是起源于西方发达国家的一种经济理论学说，实际上包括了众多的理论流派，它们共同挑战着 20 世纪 30 年代以来盛行的凯恩斯主义学说。在 20 世纪 70 年代西方发达国家普遍陷入滞涨危机之后，新自由主义逐渐取代凯恩斯主义，成为这些国家乃至世界范围的主流理论。事实上，新自由主义早在 20 世纪 70 年代就开始在部分拉美国家粉墨登场，但直到 80 年代债务危机爆发后，以美国为首的西方发达国家和国际金融体系以帮助拉美国家解决债务问题为由，相继给拉美国家开出了一系列经济改革的处方，新自由主义理论堂而皇之地成为了整个拉美地区的"主流经济思想"，并"主导了拉美国家的经济改革"。新自由主义确实帮助拉美国家摆脱了债务危机，纠正了进口替代工业化时期存在的一些问题，但新自由主义同样给本地区带来了诸多负面的问题，导致宏观经济脆弱性加大，金融危机频发，贫困化和两极分化日益严重等问题。

第一节　新自由主义理论与实践

新自由主义经济理论是一种典型的正统经济发展理论，它最初出现于西

---

① 苏振兴：《拉丁美洲：新自由主义"退潮"，本土发展理论复兴》，《国际问题研究》2008 年第 6 期，第 25 页。

方国家，是在反对凯恩斯主义国家干预论的基础上形成的。所谓的新自由主义，是相对于古典自由主义而言的。古典自由主义是英国经济学家亚当·斯密、大卫·李嘉图等人在18世纪创立的西方经济学理论，其根本的学术主张就是经济自由，强调市场机制是推动经济发展的"看不见的手"，是反对封建制度和重商主义的国家干涉政策。新自由主义是依据新的历史条件对古典自由主义加以改造而来，针对凯恩斯主义的国家干预论，提出了更加强调市场化、自由化和私有化的主张。

事实上，作为一种经济理论，新自由主义早在20世纪二三十年代就已经形成，但在凯恩斯主义大行其道的20世纪30—60年代，该理论一直难以成为西方发达国家的主流理论。1973年的中东十月战争后，随着国际油价的持续提升，西方发达国家陷入了经济增长缓慢甚至停滞，同时通货膨胀又居高不下的"滞涨"危机。这种局面与凯恩斯主义的理论主张背道而驰，因而引起了西方学术界的深刻反思。正是在这样的背景下，以米尔顿·弗里德曼为代表的货币主义学派、以亚瑟·拉弗为代表的供给学派、以罗伯特·卢卡斯为代表的理性预期学派、以詹姆斯·布坎南为代表的公共抉择学派，在强调自由市场机制，反对国家干预方面持有共同的观点，因而从各个角度对凯恩斯主义的国家干预论发起了挑战，构成了新自由主义经济理论的大群体。新自由主义理论的主要观点包括：

第一，必须改革国家在经济中的干预作用，其主要措施是大幅度减少对市场的管制，缩小国家作为商品与劳务生产者的职能，把国家职能集中在提供社会服务及制定对经济进行宏观和微观调节的行为准则等方面。新自由主义的改革措施都是围绕这一观点来制定和进行的。

第二，全面而迅速的私有化是实现市场自由化的唯一有效的手段。私有化的开展，能够建立一个由私营企业为主体的市场经济体系，从而明确产权关系，降低交易费用，最大限度地发挥市场效率。此外，私有化还可以消除公共部门的低效率局面及其对财政的巨大压力。

第三，必须建立并坚持"健全财政原则"，主要途径是在大力压缩公共开支的同时，扩大税基和改革税制以增加政府的收入，保持财政平衡；改革货币金融政策，保持适度的正汇率以鼓励储蓄并使之有效地配置于投资项目中。

第四，在参与世界经济的问题上，新自由主义坚持实施全面的对外开放和对外部门的完全自由化。为此，必须大幅度降低关税率，完全取消非关税限制，对外国投资全面开放，建立一种外向型经济制度。

除了上述共同的学术观点以外，构成新自由主义理论群体的各经济学流派也有各自的理论重点和政策偏好，它们的学说共同构成了新自由主义理论与政策的主要内容。其中，就拉美 20 世纪 80 年代债务危机期间和之后的改革进程而言，货币主义学派的影响最为显著。

货币主义学派是 20 世纪五六十年代在美国形成的一个经济学流派，也称货币数量论或现代货币主义，主要代表人物除了米尔顿·弗里德曼以外，还包括美国的阿诺德·哈伯格、罗伯特·布伦纳和莱昂纳尔·安德森等人，在英国有戴维·莱德勒和米切尔·帕金等人。

弗里德曼从 20 世纪 50 年代起，以制止通货膨胀和反对国家干预经济为主旨，向凯恩斯主义的理论和政策主张提出挑战。他在 1956 年发表《货币数量论——重新表述》一文，对传统的货币数量学说进行了新的论述，为货币主义奠定了理论基础。1962 年，弗里德曼出版《资本主义与自由》一书，提倡将政府的角色最小化以让自由市场运作，以此维持政治和社会自由。该书提出了他的政治哲学，即强调自由市场经济的优点，并反对政府的干预。1963 年，弗里德曼与安娜·施瓦茨合著的《1867—1960 年美国货币史》一书出版，该书检验了美国历史上货币供给和经济活动之间的关联，得出了惊人结论：货币供给一直以来是经济活动起伏的唯一影响来源，而这种局面的造成源自政府对经济的干预。因此，弗里德曼更加强烈地反对国家干预经济，主张实行一种单一规则的货币政策。这就是把货币存量作为唯一的政策工具，由政府公开宣布一个在长期内固定不变的货币增长率，这个增长率应该是在保证物价水平稳定不变的前提下，与预计的实际国民收入在长期内保持的平均增长率相一致。

货币主义学派形成初期并没有引起世人的重视，始终处于凯恩斯主义的光环之下。然而，自 20 世纪 60 年代末期以来，美国的通货膨胀问题日益严重，尤其是对于 20 世纪 70 年初以后在发达资本主义国家出现的物价上涨与高失业率并存、经济停滞与通货膨胀并存的"滞胀"现象，凯恩斯主义理论无法做出具有说服力的解释。对此，货币主义选择了通货膨胀问题作为主要研究对象，提出了以稳定货币、反对通货膨胀为中心内容的一系列政策主张。其核心观点强调，根治通货膨胀的唯一出路是减少政府对经济的干预，控制货币增长。控制货币增长的方法是实行"单一规则"，即中央银行在制定和执行货币政策的时候要公开宣布并长期采用一个固定不变的货币供应增长率。

在凯恩斯主义无力解释"滞涨"现象的情况下，货币主义开始逐步被世人所接受，特别是对美国、英国等西方发达国家的经济政策产生了重要影响。1979 年，以撒切尔夫人为首相的英国保守党政府将货币学派理论付诸实施，奉行了一整套完整的货币主义政策；美国里根总统上任后提出的"经济复兴计划"中，也把货币主义学派提出的制定一种稳定的货币增长政策作为主要项目。货币主义学派一时声誉鹊起，被普遍看作凯恩斯学派之后的替代者，弗里德曼更是被称为"反通货膨胀的旗手"。在 20 世纪 80 年代的债务危机之后，货币主义理论和政策更是成为广大发展中国家摆脱危机、寻求发展的重要选择。

事实上，新自由主义在拉美地区的理论输出从 20 世纪 50 年代就开始了。例如，1956 年，美国政府、芝加哥大学和智利天主教大学之间签署了一份合作协议，由美国政府和一些美国国内的基金会出资，派遣芝加哥大学的经济学家到智利天主教大学任教，同时选择一些优秀的智利学生到芝加哥大学经济系攻读硕士或博士学位。该协议开始时为期 3 年，之后又多次续签，共执行了 8 年。众所周知，芝加哥大学经济系在第二次世界大战后云集了弗里德曼、阿诺德·哈勃格等著名经济学家，形成了所谓的"芝加哥学派"，鼓吹自由市场经济，反对国家对经济的干预，是新自由主义经济理论的主要阵地之一。上述协议签署后，芝加哥大学的经济学家被派到智利，他们改造了天主教大学的经济学教学大纲，并从本科毕业生中选送一批人到芝加哥大学留学，成为所谓的"芝加哥弟子"。这些留学生毕业后大部分都回到了智利，其中一部分人回到了天主教大学接替了他们的美国老师。到 1964 年，这些"芝加哥弟子"已经完成了对智利天主教大学经济系的控制。到 20 世纪 70 年代中期，累计有近百名智利的"芝加哥弟子"在芝加哥大学经济系获得博士或硕士学位，成为皮诺切特政变后在智利推行新自由主义改革的主要力量。

1973 年 9 月 11 日，在美国的暗中策划和帮助下，以皮诺切特为首的右翼军人发动军事政变，推翻了阿连德左翼政府，建立了独裁政权。皮诺切特政府面临的首要任务是控制通货膨胀并把阿连德政府实施国有化的企业再行私有化。军政权的基本诉求正好与"芝加哥弟子"们的经济主张相一致。于是，他们寻求到"芝加哥弟子"的帮助，后者迅速拿出了方案并在政府关键经济部门中获得了经济部长、财政部部长等重要职位。"芝加哥弟子"根据其所掌握的"科学"开出了治理智利经济问题的药方：必须用"看不见的手"去代替"看得见的手"，即用市场去代替政府干预。被国有化了的企业立即被私有化了，公共开支被大幅度地削减，对国内市场的保护政策被废除，智利经济对外国贸易和投资开放。除了汇率仍然不允许浮动外，其他的经济政策都直接来源于芝加哥学派的经济学著作，新自由主义由此在智利开始扎根。

自 1973 年以来，历届智利军政府都将新自由主义改革视为己任，主要采取了这样一些改革措施：（1）实行国营企业私有化。到 1989 年，除少数关键性战略部门以外，全国 500 家国营企业中的绝大部分都实行了私有化。（2）改革价格体制，取消国家对物价的补贴和控制。到 1978 年，价格受国家控制的商品由原来的两万种骤减为仅 8 种。（3）改革金融体制，先后实行了利率自由、银行业私有化和金融行业对外国投资开放等步骤。（4）实行税收体制改革，完善税务结构，增加税收收入。1973—1979 年，税收收入占国内生产总值的比重由 19.2%上升到 34%。（5）改革外贸体制，推行出口导向战略。1973 年，智利的平均关税和最高关税分别为 94%和 500%，到 1979 年就实行了 10%的统一关税。同时还取消了所有非关税壁垒，制定了鼓励外国投资和债务投资化的专门性法律。

1976 年 3 月 24 日，阿根廷右翼军人发动军事政变，推翻了庇隆夫人领导的政权，建立了由三军司令组成的执政委员会，并由豪尔赫·拉斐尔·魏地拉将军出任总统。军政权成立后，经济学家马丁内斯·德奥斯出任经济部长，他强调必须彻底改革阿根廷以国家干预为主导的经济模式，实行新自由主义经济政策。1976 年 4 月 2 日，马丁内斯·德奥斯提交的经济计划便是按照新自由主义思路来设计的，主张通过自由竞争和限制国家作用来建立一种"生产性的经济"。具体地说，军政权主要采取这样一些调整和改革的措施：实行贸易自由化，开放国内市场，降低进口关税，鼓励发展出口部门；改革宏观经济结构，实行国有企业的私有化，停止对工业出口的补贴；减少甚至取消国家对价格、汇率、利率、工资等方面的干预和控制，强化市场的调节机制；改革金融体制，实行金融市场自由化，批准建立新的银行和金融机构，实行利率自由化和新的汇率制度，允许利率逐月浮动；对外国资本开放，加强与国际货币基金组织和国际商业银行的合作等。

马丁内斯·德奥斯的经济政策尽管在短时间里改善了国际收支，增加了外汇储备，减少了财政赤字，降低了通货膨胀，提高了农牧业在国民经济中的地位，吸引了更多的外国资本，但其政策本身存在的内在缺陷使阿根廷在1980 年以后又一次陷入严重危机之中。一方面，马丁内斯·德奥斯的政策鼓励了大量资金流入阿根廷金融体系，而不是生产部门，具有明显的投机性。这些投机性资金的流入导致公共外债急剧增加，国家偿债负担迅速加重。外债总额由 1975 年年底的 60.26 亿美元激增至 1981 年的 356.71 亿美元。[①]另一方面，贸易自由化的结果对本国低效率工业部门的冲击特别大，开始了一个所谓的"反工业化"的进程，导致大量企业倒闭，失业率陡升。1975—1981 年，阿根廷制造业连续出现负增长，在国内生产总值中的比重由 37.3%下降到 22.4%，同期产业工人的每小时平均工资下降了 39.3%。[②]

1982 年，马岛战争的失败和债务危机的爆发，进一步加剧了阿根廷国内的经济危机和政治危机，1983 年激进公民联盟的候选人劳尔·阿方辛获得大选胜利，一方面试图改革进口替代战略对经济的过度干预，祛除庇隆主义的种种影响，另一方面又希望避免重蹈军政府新自由主义改革失败的覆辙。因此，它的调整政策具有明显的过渡性和混合性，其核心就是 1985 年6 月实施的"奥斯特拉尔计划"。直到 1989 年，正义党人卡洛斯·梅内姆当选总统后才开启了全面的新自由主义改革措施。梅内姆上任后主要从以下几个方面进行了以新自由主义为理论指导，以私有化、美元化、贸易自由化等为基本内容的全面经济改革。

首先，梅内姆政府鉴于阿根廷国有企业日益严重的亏损和低效率，确立了以国有企业私有化为突破口的改革思路。1989 年，阿根廷最大的 13 家国有企业（不包括国防工业）亏损 38 亿美元。1990 年上半年这 13 家企业的亏损额增加了 35%，其中国家石油矿藏管理局（YPF）、国有铁路公司、国家电信公司（ENTEL）和天然气公司等 4 家国有企业的亏损额即高达 26 亿美元。国有企业的严重亏损迫使国家投入巨额资金，造成公共部门的支出和赤字日益增加。与此同时，由于国家对私人部门缺乏鼓励措施，私人部门的投资率很低，而国有企业的不良管理则使企业提供的产品和服务的数量和质量都在下降。国有企业逐渐失去了影响经济增长的能力，成为经济发展的障碍。针对上述问题，梅内姆上任不久就向议会提交《国家改革法》，并于

---

① 苏振兴、徐文渊主编：《拉丁美洲国家经济发展战略研究》，北京：北京大学出版社 1987 年版，第 65 页。

② 李春辉、苏振兴、徐世澄主编：《拉丁美洲史稿》（第三卷），北京：商务印书馆 1993 年版，第587 页。

1989 年 8 月获得通过。《国家改革法》以立法的方式使政府获得了对除大学以外的所有公共机构实行私有化的权力，为梅内姆政府的大规模私有化进程提供了法律保障。《国家改革法》旨在重建公共部门，以便"减少财政赤字和提高这些部门的效率"，"把资金用于国家所面临的严重的社会和经济危机"。①以此法规为起点，梅内姆政府此后相继颁布并实施了《国家紧急状态法》等一系列法律、法规，形成了一整套比较完备的国有企业私有化的法律框架和实施办法。以 1999 年阿根廷国家石油公司出售给西班牙雷普索尔公司为标志，梅内姆时期的私有化进程告一段落。其结果，除军工、核工业和 3 家国营媒体以外的几乎所有阿根廷国有企业均实现了私有化。

其次，梅内姆政府非常重视金融货币领域的改革。1991 年 1 月 29 日，梅内姆任命多明戈·卡瓦略为经济部部长。卡瓦略强调，阿根廷的通货膨胀之所以长期居高不下，关键的原因在于政府倾向于使用通货膨胀的方法来弥补巨额的财政赤字。遏制这种偏好的最佳办法是限制政府任意增加货币发行量的权力。根据这种思路，卡瓦略制定了以"兑换计划"为中心的经济稳定和结构改革计划，并于当年 4 月在国会获得通过，开始生效。兑换计划的第一步是将阿根廷货币奥斯特拉尔与美元的比价定为 10000∶1。次年 1 月，阿根廷政府发行新的货币——比索，并做出如下规定：比索与美元的比价为 1∶1；货币的发行量完全以中央银行的外汇储备为基础；中央银行不得弥补政府的财政赤字；经常项目和资本项目交易活动所需的比索可以自由兑换；美元可以成为合法的支付工具；禁止任何契约采用指数化；外汇的买卖不受限制等。可见，卡瓦略的所谓"兑换计划"实质上是一种货币局制度，其核心是以法律手段来确保比索与美元之间汇率的稳固。

所谓货币局制度，是指由法律明确规定本国（或地区）货币与某一外国可兑换货币保持固定汇率，并要求本国（或地区）货币的发行必须以一定（通常是百分之百）的该外国货币作为准备金保证。货币局制度是一种极端的钉住汇率制，在这种制度安排下，中央银行失去了货币发行的主动权，即货币供给量不再由中央银行决定，而是由可用作准备的外币数量决定。因此，通过增加货币供应量来弥补财政赤字和商业银行亏损的闸门被关闭了，财政支出要受到税收规模和政府向公众借款能力的限制，政府扩张财政赤字的冲动得到了抑制，从而逐步恢复了货币信用，增强了公众持有本币的信

---

① 江时学主编：《阿根廷危机反思》，北京：社会科学文献出版社 2004 年版，第 104 页。

心。因此，这种固定的汇率制度在短期内起到了明显的成效，其中最为显著的是对通货膨胀的控制。1990 年阿根廷的通货膨胀率到达 1300%，到 1992 年骤降至 17.5%，1994 年降低到 4%，1996 年更只有 0.1%。1991 至 1998 年，GDP 年均增长率达到 6%。

除了进行上述改革以外，梅内姆政府还进行了一系列配套的改革措施。第一，加大力度进行贸易自由化的改革。一方面，梅内姆政府通过简化关税制度、降低关税水平，取消各种形式的非关税限制，来推进贸易自由化；另一方面，对外资开放了国民经济中的几乎所有领域，取消了对外国投资的预先审批制度和利润汇出等种种限制。第二，改革税收制度，加强税收管理，力争消除财政赤字。从 1991 年起，梅内姆政府制定了新的税务处罚条例，加大打击偷税漏税的力度；1992 年实行新的发票制度，加强对纳税情况的管理；1998 年，阿根廷国会通过《财政责任法》，从法律上限制政府的财政支出。第三，加强社会保障制度和劳工制度的改革。梅内姆改革以前，阿根廷的养老金制度实行国家管理的分摊制，养老金由基本养老金、补偿养老金和永久性养老金三部分组成。1993 年 10 月，阿根廷议会通过《养老金、抚恤金混合体制法》，并于次年 7 月 1 日开始实施。根据该法，专门成立了养老金管理公司监督局，对养老金管理公司实行严格的监控。1997 年起，开始对医疗保险制度进行改革，其核心是允许包括外资在内的私营企业经营医疗保险事业。第四，适度改革国家政治体制。梅内姆政府着手改革选举制度，布宜诺斯艾利斯市的市长由总统任命改为直选产生，调整内阁组成，设立首席部长一职，改组高等法院，将大法官的人数增加到 9 人。第五，调整对外政策，强调"现实主义、实用主义和正常状态"。梅内姆政府从外围现实主义出发，放弃过去长期奉行的不结盟政策，承认美国的领袖地位，实行亲美的外交政策；同时加强与巴西等南美国家的经济一体化进程。

梅内姆政府的新自由主义改革在阿根廷取得了一定程度的成效。整个 20 世纪 90 年代，阿根廷经济保持了较快的增长速度，年均增长率高达 4.25%。到 2000 年，阿根廷的国内生产总值高达 2842 亿美元，人均 GDP 超过 7600 美元，流入该国的外国直接投资存量高达 730.8 亿美元，在囊括全球 162 个国家的人类发展指数排名中名列第 34 位，是排名较高的发展中国家之一。阿根廷也一度被国际经济学界视为"经济自由化的成功范例"，阿根廷的现代化进程似乎又回到了正确发展的快车道。

然而，2001 年 12 月底，阿根廷总统萨阿宣布暂停支付 1320 亿美元的外债，由此标志着阿根廷陷入严重的金融危机。危机对阿根廷的冲击是巨大的：危机爆发后的两年内，阿根廷的 GDP 下降了 16%，失业率高达 23%，2003 年的实际工资仅为 1995 年的 75.5%，2002 年的通货膨胀率高达 41%，全国 3600 万人口中贫困人口高达 1800 多万，占全国总人口的 51%，其中 700 万人口属于严重贫困者。[①]目前，关于阿根廷金融危机的根源和影响，仍然是学术界广泛讨论的话题，亦尚无定论。但有一点是可以肯定的：这场危机使本已悲壮的阿根廷现代化进程愈发悲壮，以至于有学者感叹："对于阿根廷居民所能得到的福利来说，20 世纪是一个失去的世纪。"[②]

　　与阿根廷相比，墨西哥更早开始推行全面的新自由主义改革，其金融危机也爆发得更早。如前所述，墨西哥是最早陷入债务危机的拉美国家，1982 年 8 月 12 日墨西哥财政部部长席尔瓦·埃尔索格宣布该国已无力偿还到期的债务本息，要求提供紧急财政援助以缓解支付危机。这就是 20 世纪 80 年代拉美债务危机开始的信号。之所以如此，笔者认为，这与墨西哥在 20 世纪 70 年代至 80 年代初所奉行的经济政策有着很大的关系。

　　1976 年，何塞·洛佩斯·波蒂略当选为墨西哥总统时，在该国东海岸和坎佩切海湾一带不断发现新的大油田。到 1980 年，墨西哥的石油储量估计达 2000 亿桶。当时，正值中东十月战争后的油价高速增长的时期，整个世界正在为能源短缺所困扰，因此墨西哥大量石油资源的发现，使波蒂略政府对墨西哥经济发展的前景充满乐观。有学者非常贴切地描述道："石油的发现似乎一下子就把所有通向锦绣前程的大门都给墨西哥打开了，使得墨西哥政府大为振奋"。[③]波蒂略政府围绕石油产业制定了雄心勃勃的发展计划，期望 1980—1990 年的年均经济增长率达到 8% 到 10%，五年内解决粮食自给，十年内解决失业问题。为此，墨西哥政府调整经济结构，确定以石油工业为发展的核心。1980 年石油工业投资占全国工业总投资的 34.8%，石油生产从 1965 年的每天 57.5 万桶，猛增到 1982 年的每天 275 万桶。1981 年的石油出口收入占全国出口收入的 75%，政府财政收入的 70% 来自石油产业。与此同时，墨西哥政府还充分利用 20 世纪 70 年代国际资本市

　　① ECLAC, *Economic Survey of Latin America and the Caribbean, 2002—2003*, Santiago, 2004, p. 360 and p. 375；江时学主编：《阿根廷危机反思》，北京：社会科学文献出版社 2004 年版，第 155 页。

　　② 江时学主编：《阿根廷危机反思》，北京：社会科学文献出版社 2004 年版，第 155 页。

　　③ 李春辉、苏振兴、徐世澄主编：《拉丁美洲史稿》（第三卷），北京：商务印书馆 1993 年版，第 145 页。

场的宽松条件，倚仗自身丰富的石油资源，大肆举债以支撑其雄心勃勃的发展计划。1981 年，墨西哥的外债高达 570 亿美元，成为世界上最大的负债国之一。[①]

然而，20 世纪 80 年代初期，当世界石油价格大幅度下跌，国际利率扶摇直上之时，墨西哥以丰富的石油资源和外部资金为基础的经济泡沫便破碎了。面对资金的蜂拥外逃，1982 年 8 月，墨西哥政府宣布比索贬值 260%，停止支付外债利息，严重的债务危机和经济危机爆发了。危机初期，墨西哥政府采取了全面干预的结构主义调整方案。到 1982 年年底，墨西哥政府几乎控制了所有的对外贸易，并实施了全面的外汇控制和银行系统的国有化，国营企业也从 1970 年的不足 300 家膨胀到 1155 家。然而，这种调整措施并没有取得预期的效果，反而使危机更甚。该年墨西哥的人均 GDP 下降了 8.12%，通货膨胀率上升到 98.87%。

1983—1986 年，墨西哥政府接受了一项非常正统的稳定战略，即由国际货币基金组织提出的"紧急经济调整计划"，该计划要求通过比索贬值来调整对外部门，通过削减公共赤字来降低通货膨胀，同时配套实施经济自由化政策。这项计划的结果是：公共部门赤字由 1982 年占国内生产总值的 17.6%下降到 1984 年的 8.7%，同期通货膨胀率由 98.87%下降到 59.17%，对外贸易顺差由 65 亿美元增加到 129 亿美元。然而，其代价则是实际工资的大幅度下降（1983—1986 年累计下降 35.2%）和进口能力的缩减。

1985 年的大地震和 1986 年的油价下跌，使正统的调整方案陷入了困境。1987 年，公共部门赤字再次膨胀到占国内生产总值的 16.1%，通货膨胀率上升到 159.16%。面对这种局势，墨西哥政府再次采用非正统的调整方案来控制通货膨胀。1987 年，政府与企业界和劳工界共同签署了"经济团结契约"，强调在财政、外贸、货币、价格和工资等方面协调改革，通过协议来扭转价格扭曲的现象，力求以此从根本上消除通货膨胀预期，制止惯性通货膨胀。该计划的一个根本特点是以新结构主义政策为主，辅之以新自由主义的政策措施，取得了较好的效果。到 1989 年，通货膨胀率下降到了 19.7%，公共部门赤字在国内生产总值中的比重也减少到 6%，国内生产总值也实现了 5.87%的增长率。

---

① 李春辉、苏振兴、徐世澄主编：《拉丁美洲史稿》（第三卷），北京：商务印书馆 1993 年版，第 148 页。

1988 年，卡洛斯·萨利纳斯当政以后转而采取全面的新自由主义改革方案。萨利纳斯政府继续沿用了社会协议的形式，只是将之更名为"稳定和经济增长契约"。经过四个阶段的谈判和续签，"契约"一直延续了下来。最初几个阶段主要侧重于对价格和工资的控制、对财政和宏观经济调整以及债务安排等问题，随后的各阶段则把重点转向放松控制和私有化、贸易和金融的自由化等领域。借助这些"契约"，萨利纳斯政府主要进行下面几个方面的改革：一是财政改革和私有化。为了消除巨额财政赤字，墨西哥政府一方面继续贯彻财政紧缩的方针，削减公共部门赤字，实施以扩大税基、降低税率为主要内容的税制改革；另一方面则实行大规模的私有化，以增加政府收入，其私有化涉及工业、农业和金融体系等有关国民经济的方方面面。二是贸易自由化向纵深发展。通过减少非关税限制、降低关税率和关税结构的多样化，墨西哥对外部门实现了完全的自由化。在此过程中，墨西哥还参加了多个双边或多边自由贸易组织，如北美自由贸易区、亚太经合组织等。外国直接投资的限制仅保留给极少数关键部门。三是金融自由化，其主要措施是废除强制储备的要求和向公共部门企业提供优惠信贷的义务；允许成立多功能综合银行和其他金融机构，全部商业银行进行私有化，中央银行独立于政府部门之外；所有外国银行、代理公司和保险公司均可直接进入墨西哥国内市场。四是采取统一汇率在波动范围内进行浮动的举措，银行买入美元的最低汇率保持固定，但卖出美元的最高汇率继续使用爬行钉住制，爬行钉住的浮动范围则不断扩大。与此同时，墨西哥政府还实施了浮动利率政策。五是通过上述措施，大大地改变了政府在经济事务中大包大揽的做法，完全遵循自由市场原则。

总之，到 20 世纪 90 年代，新自由主义经济理论及其政策得到了绝大部分拉丁美洲国家的认同，它们也先后开始将这种发展理论应用到各自国内的经济改革之中。秘鲁，这个长期遵循民众主义经济理论的国家，从 90 年代初起在藤森总统的领导下也开始了新自由主义与本国经济改革相结合的历程；哥伦比亚，这个经济危机姗姗来迟的拉丁美洲国家，在其国内经济危机爆发之初就拉开了新自由主义改革的序幕；巴西，这个以进口替代战略坚守在拉丁美洲的最后堡垒，同样在进入 90 年代后迈上了新自由主义改革的大道。总之，新自由主义之花开遍了 90 年代的拉丁美洲大地。

到 20 世纪 90 年代初期，拉美国家的新自由主义改革可以说是初见成效，主要表现在：（1）经济摆脱长期停滞的局面，恢复了增长。1991—1994

年，拉丁美洲地区的年均经济增长率为 3.6%。（2）外向型经济初步建立，出口能力得到加强。拉美国家的出口额由 1990 年的 1363 亿美元增加到 1996 年的 2520 亿美元，年均增长率为 10.8%。（3）困扰拉丁美洲国家多年的恶性通货膨胀得到控制。整个拉丁美洲地区的通货膨胀率由 1991 年的 199.4%降到 1996 年的 18.3%。（4）外债问题得到缓解。外债总额占拉丁美洲地区国家国内生产总值的比重由 1989 年的 50.9%下降到 1994 年的 20%以下，达到世界银行所规定的安全线以内。（5）外资流入恢复，资本外逃停止，1991—1994 年拉丁美洲国家年均吸收外资达 500 亿美元，与 20 世纪 80 年代年均外逃资本 250 亿美元的情况形成鲜明对照。总之，上述成就使拉丁美洲国家完全有理由将新自由主义处方视为挽救拉丁美洲经济的"万丹灵药"。

然而，1994 年爆发的墨西哥金融危机及其在拉丁美洲地区所造成的"特基拉效应"无情地打破了拉美国家对新自由主义发展模式所抱有的幻想。其实，任何理论都不会"包治"经济"百病"。在新自由主义鼎盛时期，拉丁美洲国家似乎忽视了它所带来的负面影响，只有当墨西哥危机降临时，拉美国家才如梦方醒。

第二节　新自由主义的成败得失

客观地说，新自由主义理论及其政策工具帮助拉丁美洲国家（和其他发展中国家）摆脱了 20 世纪 80 年代的债务危机和经济危机，其积极作用是非常明显的。与此同时，新自由主义改革之后，拉美地区（和其他发展中地区、转轨国家）先后多次爆发金融危机，也是不争的事实。因此，新自由主义在拉美地区的成败得失就成为国内外学术界和政要们关注和讨论的重要问题。笔者认为，新自由主义作为拉美现代化进程中曾经发挥过重要作用的理论和政策工具，理应给予客观的评价，我们不能因为它带来了诸多问题，就否定它在拉美改革进程中的积极作用；相反，也不能因为新自由主义改革帮助拉美国家摆脱了债务危机和经济危机，就无视这种理论和政策工具存在的问题，以及由此带给拉美国家的消极影响。

总体上看，新自由主义理论及其政策工具在拉美地区的实施，除了前文所述帮助拉美国家摆脱经济停滞，恢复经济增长，控制通货膨胀，缓解债务问题等成效以外，还在以下几个方面发挥了积极作用。

首先，新自由主义改革扭转了拉美国家在进口替代工业化时期过度借助关税、非关税保护和汇率工具等手段所建立的内向型经济模式，采取了更加开放的，强调贸易自由化、金融自由化的外向型发展模式，从而使拉美各国经济顺利地完成了发展模式的转换。在进口替代时期，拉美各国普遍采取贸易保护主义政策，对本国的工业部门采取高关税或数量限制、配额等非关税壁垒来加以保护，使得各国工业产品质量低劣、效率低下，普遍缺乏国际竞争力。与此同时，拉美各国还求助于汇率高估来降低进口工业原材料、中间品和资本品的价格，以此来推进进口替代工业化的深入开展。最终结果是使拉美国家主要依托国内市场来发展经济，造成了国内市场相对狭小、生产成本居高不下、经济效率低下等诸多问题。进行新自由主义改革以后，拉美各国普遍实行了贸易自由化和金融自由化，将面向国内市场的进口替代工业化战略转变成面向国际市场的出口导向战略，提高了国内经济部门的效率，为拉美各国解决债务危机和经济危机奠定了基础。

其次，新自由主义改革改变了国家对经济的过度干预，强调市场机制的调节作用。在进口替代时期，拉美各国普遍重视国家在经济活动中的干预作用，这是与凯恩斯主义和拉美结构主义的基本主张相一致的，也是发展中国家现代化进程中理应采取的有效措施。然而，在依附理论的影响下，拉美国家在 20 世纪 70 年代以后普遍采取了极端的经济民族主义政策，强调国家对本国资源的有效控制，纷纷采取国有化的政策，使国家从经济的调节者变成了经济的实际生产者，其结果是建立了大量经济效率低下、腐败盛行的国有企业，严重影响了拉美国家的政治、经济和社会发展。新自由主义理论及其政策工具强调市场机制的自我调节机制，反对国家对经济的干预。因此，拉美国家普遍采取了私有化，将大量国有企业出售给私营企业或外国公司，同时在金融、财政、税收、外资管理、产权、社会保障等各领域实施以市场机制为主导的改革措施，为拉美国家摆脱经济危机提供了有效的制度保障。当然，新自由主义对市场机制的过度迷信，实际上也潜伏着巨大的危机。

再次，拉美国家的新自由主义改革是与政治民主化进程相伴而行的，使拉美各国摆脱了军人干政的威权主义传统，建立了几乎覆盖整个拉美地区的民主政治体系。在 20 世纪六七十年代，在进口替代工业化遇到暂时困难的历史背景下，一些拉美国家的国内政治、经济和社会矛盾不断加剧，再加之古巴革命后左翼革命运动的蓬勃开展，严重威胁到这些国家内的既得利益集团，他们遂支持军人发动军事政变，建立了一系列威权主义的军政权。这些军政权普遍采取独裁统治，剥夺民众的基本权利，野蛮镇压左翼人士，造成了大量的"失踪者"，留下了非常糟糕的"人权纪录"。在拉美国家实施新自由主义改革的进程中，政治民主化也成为改革的一部分，军政权纷纷退出历史舞台，代议制民主得以在拉美地区普遍建立。

总之，从整个拉美地区的角度上看，新自由主义改革是在拉美国家面临严重的债务危机和经济危机的情况下开始的，它提出了变革拉美国家政治、经济、社会结构的诸多政策建议，帮助这些国家从危机的深渊里走了出来。应该说，新自由主义改革在当时的历史条件下是非常有效的抉择，它也完成了历史赋予它的使命。然而，由于新自由主义理论及其政策工具本身存在着一些缺陷，加之拉美国家在实施改革进程中的种种失误，新自由主义同样也给拉美地区带来了诸多的问题。1994 年爆发的墨西哥金融危机、1997 年东亚金融危机、1998 年俄罗斯金融危机、1999 年巴西金融危机、2001 年阿根廷金融危机等，都与新自由主义改革有着千丝万缕的联系。到 21 世纪初，人们普遍认为，拉美新自由主义改革的结果是"令人失望的，尤其是考虑到增长、就业和消除贫困等问题"。[1]还有学者评价说："毫无疑问，站在拉美国家的立场上，拉美新自由主义的改革总体上是失败的——即使不考虑某些国家在政治上丧失的独立性，绝大多数拉美国家的经济状况并没有发生实质性的好转，在一些国家比改革前问题更多。"[2]更有学者断言说："新自由主义学说代表的是少数主导经济全球化的发达国家及国际垄断资产阶级的利益，对拉美国家却是圈套和陷阱。"[3]综合看来，新自由主义理论及其政策工具在拉美地区带来了以下几个方面的问题。

第一，新自由主义改革过分迷信市场机制，导致拉美国家重新回到依赖比较优势的老路，大部分拉美国家再次成为初级产品出口国，经济结构相对单一。在 19 世纪中后期到大萧条的数十年里，拉美国家经济依靠出口初级产品获得了较为迅速的增长，当时所依据的是古典自由主义的比较优势学说。然而，这种发展模式在大萧条后就陷入了困境，拉美国家转而依靠内向

---

① UCTAD, *Trade and Development Report 2003: Capital Accumulation, Growth and Structural Change*, New York: United Nations, 2003, p. 4.

② 陈平、王军：《拉美新自由主义改革：为什么必然失败？》，《拉丁美洲研究》2004 年第 4 期，第 52 页。

③ 李淑梅：《新自由主义与拉美国家的金融危机》，《理论学刊》2005 年第 5 期，第 14 页。

型的进口替代工业化战略来谋求国家的现代化，这也是拉美结构主义所开出的重要处方之一。客观地说，进口替代工业化战略在拉美国家的现代化进程中发挥了至关重要的作用，巴西、阿根廷、墨西哥、智利、哥伦比亚等主要拉美国家建立了基础较为雄厚的工业部门，经济结构得到了极大的改善。然而，经过新自由主义改革，拉美国家普遍出现了"反工业化"的现象，工业部门的发展出现了停滞，甚至倒退。根据联合国贸易与发展组织的统计，1960—2000 年，拉美国家制造业产值占国内生产总值的比重从 28.1%降到 17.8%，就业人数占总就业的比例从 15.4%下降到 14.2%。[1]这样，到 21 世纪后，除了巴西、墨西哥和一些从事客户工业的中美洲小国以外，其他拉美国家大多重新成为初级产品的出口国，初级产品生产和出口再次成为这些国家经济发展的支柱。当国际市场对初级产品需求较为旺盛时，这些国家的经济就一片繁荣；相反，在 2008 年世界金融危机之后，国际市场原材料价格持续走低，绝大部分拉美国家的经济便陷入低速增长或负增长。这实际上又一次陷入了依附理论所说的"依附性状态"之中。

第二，新自由主义改革加大了拉美国家宏观经济的脆弱性。所谓的宏观经济脆弱性是指一个国家在经济结构、贸易结构、金融结构等方面存在明显缺陷，以至于容易受到内外因素影响的一种状态。前述拉美国家在新自由主义改革之后所确立的以初级产品出口为主的生产结构和贸易结构，便具有明显的脆弱性。例如，委内瑞拉经济在石油价格急剧下跌后便一蹶不振，2009 年和 2010 年的国内生产总值分别下降 3.2%和 1.5%；2014—2016 年则连年下降，国内生产总值的增长率分别是-3.9%、-5.7%和 9.7%；而在国际市场油价略微上涨的 2011 年和 2012 年，其国内生产总值的增长率就分别达到了 4.2%和 5.6%。[2]该国生产结构和贸易结构的脆弱性可见一斑！与此同时，拉美国家的新自由主义改革实施了全面的金融自由化，对外资全面开放，加大了这些国家的金融脆弱性。对此，著名经济学家约瑟夫·斯蒂格利茨评论说：由于"不成熟的、过快的金融和资本市场的自由化，以及缺乏足够的管制框架，使国家更多地暴露在风险面前，而没有提高它们应对风险的

---

① UCTAD, *Trade and Development Report 2003: Capital Accumulation, Growth and Structural Change*, New York: United Nations, 2003, p. 143.

② ECLAC, *Preliminary Overview of the Economies of Latin America and the Caribbean 2016*, Santiago: United Nations, 2016, pp. 88—89.

能力"，拉美国家的宏观经济具有极大的脆弱性。[1] 1994 年后不断爆发的金融危机就是这种脆弱性的体现。

第三，新自由主义改革大大削弱了拉美国家对经济的调控能力。如前文所述，新自由主义理论的核心观点就是"国家失败论"，即国家对经济的任何干预都将是失败的，应该让市场机制自由地发挥其作用。然而，拉美国家不仅将进口替代时期实施国有化政策后建立的大量国有企业进行了私有化，而且几乎完全放弃了政府在经济生活中的干预作用，其结果是严重削弱了国家对经济的调控能力。例如，阿根廷梅内姆政府在 1999 年将国家石油公司出售给西班牙雷普索尔公司，从而开启了全面私有化的进程，在其任内除军工、核工业和 3 家国营媒体以外的几乎所有阿根廷国有企业均实现了私有化，其中有相当一部分国有企业被国际垄断资本控制。譬如该国 10 家较大的银行在 1995 年有 6 家为本国银行，但到 2002 年仅剩 1 家。全面私有化的结果是，国家投资在社会总投资的比重急剧下降，对宏观经济稳定的影响力必然随之降低。因此，当 2001 年金融危机爆发时，阿根廷政府调控能力不足的缺陷暴露无遗。

第四，新自由主义改革使拉美国家的收入分配状况进一步恶化。新自由主义改革最受人诟病的一个方面就是，它过分强调效率而忽视公平，强调市场机制的自我调节而忽视政府在社会保障部门中不可替代的作用。因此，拉美国家在经历了新自由主义改革之后，不仅没有改善社会公平问题，收入分配状况还进一步恶化了，贫困人口不断上升。基尼系数是考察一个国家或地区收入分配公平状况的重要指标。根据拉美经委会的统计，1992—2001 年，巴西的基尼系数一直到达 0.6，到 2002—2006 年仍然超过 0.55；阿根廷的基尼系数在 2003 年也超过了 0.55；绝大部分拉美国家的基尼系数均在 0.55 到 0.60 之间波动，整个拉美地区的平均基尼系数高达 0.522，这充分说明该地区的收入分配严重不均。[2]同时，拉美地区的贫困人口由 1994 年的 2.09 亿上升到 2003 年的 2.27 亿。[3]对此，有学者评价说，新自由主义"在

---

① Joseph E. Stiglitz, "Whither Reform? Toward a New Agenda for Latin America", *CEPAL Review*, No. 80, August 2002, p. 22.

② ECLAC, *Economic Survey of Latin America 2013*, Santiago: United Nations, 2013, p. 77. 当然，从 2003 年后拉美国家的基尼系数略有下降，这正好与许多拉美国家开始放弃新自由主义改革，转而寻求其他替代发展模式的时间相一致。更说明新自由主义改革在造成社会分配不公方面确实难辞其咎。

③ ECLAC, *Preliminary Overview of the Economies of Latin America and the Caribbean 2003*, Santiago: United Nations, 2003, p. 10.

提高人类的福利方面基本上是无所作为。新自由主义模式使大多数人的生活普遍恶化，扩大了收入差距，弱化了国家主权和政策的平等性"。①智利前总统帕特里西奥·艾尔文认为，新自由主义经济理论不能消除拉美日益严重的社会灾难，因为市场"常常是非常残酷的，它有利于最强势者，而加重最贫困者的贫穷"。他依据智利的经验指出，"市场本身不能发挥这种功能（指解决社会问题）。市场推动消费和创造财富，但并不意味着它能公平地分配财富"。②

由上可见，新自由主义改革尽管帮助拉美国家从债务危机和经济危机中摆脱出来，但由于其理论和政策过于强调市场机制的调节作用，忽视国家在经济和社会发展中的调节作用，因此也给拉美国家带来非常大的问题，导致这些国家金融危机频仍，经济增长缺乏持续性，社会两极分化严重，贫困人口不断上升。从这个意义上说，新自由主义改革在拉丁美洲是失败的。但我们并不能因为这场改革经历了失败的结局，就完全否认新自由主义理论及其政策工具在拉美国家现代化进程中的作用，甚至将新自由主义视为西方发达国家给拉美国家设置的"陷阱"。就像我们必须客观地评价拉美结构主义和依附理论在该地区现代化进程中的作用一样，我们同样必须客观地评价新自由主义在历史上的成败得失。

第三节　拉美经委会与新结构主义形成

如前文所述，拉美经委会提出并完善的结构主义发展理论在战后相当长一段时间里是指导绝大部分拉美国家经济发展的主要理论依据，对该地区的现代化进程做出了不可磨灭的贡献。更加难能可贵的是，拉美经委会的经济学家们能够比较清醒地认识结构主义发展理论的问题，不断根据拉美国家经济发展过程中遇到的困难，吸收其他理论流派，包括不同流派马克思主义、依附理论的合理成分，不断对自己的理论体系进行修正。在拉美债务危机爆发后，拉美经委会又毅然决然地承担起责任，提出了一系列帮助拉美国家克

---

① Jorge Nef and Wilder Robles, "Globalization, Neoliberalism, and the State of Underdevelopment in the New Periphery", *Journal of Developing Societies*, Vol. XVI, No. 1, 2000, p. 28.

② 转引自江时学、白凤森、宋晓平：《拉美人看新自由主义》，《拉丁美洲研究》2001 年第 4 期，第 58 页。

服经济危机的解决方案。在 20 世纪八九十年代，尽管新自由主义在拉美地区占据压倒性优势，但拉美经委会及其经济学家们仍然提出了自己的理论主张和政策建议，逐步形成了所谓的"新结构主义"，"它既保留了传统结构主义理论的一些内核，同时又吸收了新自由主义的一些合理成分，是结构主义理论与新自由主义理论调和的产物"。①只是当时他们的声音完全被新自由主义的呐喊所淹没了，当新自由主义导致拉美国家危机频发，贫困问题不断加剧，社会矛盾日益激化时，拉美经委会的理论创新和政策建议才再一次引起了拉美国家，尤其是那些左派政党执政的拉美国家的重视。

事实上，早在 20 世纪 70 年代，拉美经委会就开始针对部分拉美国家实施的新自由主义改革措施提出了自己的一些见解，也适当调整了部分政策建议。普雷维什在 70 年代中期提出的"体制变革理论"和阿尼瓦尔·平托提出的改变"发展方式"的呼声，就在拉美经委会的经济学家中引起了广泛的讨论。也正是基于这一点，有学者认为，"拉美的新结构主义理论出现于70 年代中期，到 80 年代中期已逐渐奠定其理论基础"。②80 年代的债务危机爆发后，拉美国家和拉美经委会均失去了解决问题的主导权，以国际货币基金组织和世界银行为主导的西方国家主要按照新货币主义理论来解决债务问题。新货币主义理论，也称货币数量论，其主要的代表人物是美国的米尔顿·弗里德曼，其理论有两个最为重要的特点：一是坚持经济自由，反对国家对经济的干预；二是强调货币的作用，认为通货膨胀归根到底是一种货币现象。因此，弗里德曼认为，货币最重要的经济指标，货币的推动力是说明产量、就业和物价变化的最主要因素。通货膨胀纯粹是货币现象，因此，制止通货膨胀的唯一有效方法是减少政府对经济的干预，限制货币数量的增长。

基于这种理论，世界银行和国际货币基金组织（及其背后的西方发达国家商业银行）给拉美国家开出的处方"将反通货膨胀措施与意在减少债务负担的政策结合在一起。一些稳定措施的目的是减少进口和促进出口，以便停

---

① 韩琦：《拉美的新结构主义理论——转型时期现代化道路的新思考》，《拉丁美洲研究》2008 年第 3 期，第 27 页。

② 王赞桔：《拉美的新结构主义经济理论及其对经济结构调整的政策建议》，《拉丁美洲研究》1990 年第 2 期，第 21 页。作者继续写道："新结构主义经济理论是对拉美传统的发展理论特别是结构主义经济理论的更新和发展，并在同新自由主义经济理论的论战中不断丰富和完善，它是在拉美经济发展形势急剧恶化、经济结构调整逐渐展开的形势下出现的，它对拉美经济结构的调整提出了一系列政策建议，成为拉美地区具有广泛影响的主流经济学理论。"

止举借外债。用来专门对付通货膨胀的政策包括：控制银行信贷、提高利率，减少政府赤字，抑制名义工资上升，取消价格控制"。①这些调整计划的基本特点是"紧缩"，以牺牲拉美国家的经济增长为代价来换取其偿债能力，因此导致拉美国家更加严重的经济萧条，人均收入急剧下降，失业率普遍上升，债务危机进一步演化为经济危机。然而，让这些拉美国家更加进退两难的窘境是，他们除了接受国际货币基金组织和世界银行提出的调整方案以外，别无选择，因为这是他们在国际金融市场获得新的贷款的唯一途径。换言之，当时的拉美国家在西方发达国家的商业银行进行谈判以重新安排债务时，接受国际货币基金组织和世界银行调整处方是这些银行答应借款的"唯一前提"。所以，到20世纪80年代中期，拉美国家的债务问题不仅没有解决，经济衰退问题也日趋严重，债务危机蔓延成为严重的经济危机。1980—1985年，拉美国家的人均国民收入下降了14%。②

事实上，债务危机爆发后，除了世界银行和国际货币基金组织给拉美国家开出了调整处方以外，拉美经委会也提出了"非正统的调整方案"，希望帮助拉美国家摆脱债务危机和经济危机。拉美经委会的方案存在这样几个特点：一是影响力大为减弱，失去了像结构主义发展理论那样在拉美国家中的强大影响力。这是非常容易理解的情况，因为主导拉美国家债务问题的是西方发达国家及其商业银行，它们控制的国际货币基金组织和世界银行拥有更大的影响力也是情理之中的事情。二是存在自相矛盾之处，拉美经委会一方面希望坚持结构主义发展理论之中的一些重要内容，另一方面又无力拿出切实可行的解决方案，因而只好听任发达国家紧缩方案中的拉美国家大行其道。三是开始较为系统地反思结构主义和进口替代工业化战略的问题，吸收了一些发达国家调整方案中的合理成分。这样，在传统的结构主义发展理论与发达国家以新货币主义为核心的新自由主义理论之间，出现了一种调和性的理论，即萌芽阶段的新结构主义理论。

到20世纪80年代中期，随着国际货币基金组织和世界银行调整方案在拉美国家的相继失败，一些拉美国家开始更多地听取拉美经委会方面的建议，实施了以结构主义与新自由主义相结合的"非正统"调整计划。其中，

---

① 韩琦：《拉美的新结构主义理论——转型时期现代化道路的新思考》，《拉丁美洲研究》2008年第3期，第29页。

② Cristóbal Kay, *Latin American Theories of Development and Underdevelopment,* London: Routledge, 1989, p. 202.

阿根廷在 1985 年开始实施的奥斯特拉尔计划（AUSTRAL），秘鲁在同年开始启动的因蒂计划（INTI）和巴西于次年开始实施的克鲁扎多计划（CRUZADO）产生了较大的影响。我们以 1985 年 6 月阿根廷开始实施的"奥斯特拉尔计划"为例。根据该计划，阿方辛政府改革币制，发行新货币，规定 1 奥斯特拉尔兑换 1000 旧比索，兑换 1.25 美元；冻结工资和基本食品价格，维持公用事业收费标准；将经营不善的国有企业进行改组和私有化，改革公共行政部门。奥斯特拉尔计划初期颇具成效，通货膨胀率从 1984 年的 688%迅速下降到 1986 年的 81.9%，但该计划很快就显示出其缺陷，到"1987 年初已经成了一颗正在陨落的星星"。①阿方辛政府被迫于 1988 年 8 月开始实施所谓的"春季计划"，试图控制阿根廷经济的危机，但最终也以失败收场。秘鲁和巴西的调整计划也有相似的结局，究其原因如中国学者韩琦所言，"这些稳定计划最终被放弃，因为政府、企业和工会之间没能就如何分摊沉重的调整负担而达成共识，并且对消除结构性通货膨胀的基本压力尚缺少切实可行的政策措施"。②

尽管一些拉美国家的"非正统"调整计划并没有最终解决他们的经济危机问题，但是在实践层面为拉美经委会的理论创新提供了很好的素材。也正是在上述计划实施后不久，拉美经委会较为系统地提出了新结构主义的早期理论。当然，这里需要强调的是，与传统结构主义发展理论不同的是，新结构主义理论是拉美经委会的众多经济学家集体思考的结果，其在拉美国家中的影响也远未达到普雷维什和结构主义曾经的高度。对此，中国社会科学院学部委员苏振兴研究员强调说："在新结构主义的形成过程中，虽然拉美经委会继续起着十分重要的作用，但是没有产生像以前劳尔·普雷维什那样突出的理论上的代表人物。可以说，新结构主义是一种集体创作。"③

1988 年 4 月，《拉美经委会评论》刊发了两篇专题论文，较为系统地阐述了早期新结构主义理论的起源、大致内容及其与新自由主义之间的关系。其中一篇文章题为《新结构主义方法概要》，作者是智利的拉丁美洲经济研究中心（CIEPLAN）副主任里卡多·弗伦奇-戴维斯。他在简要阐述了新结

---

① ［阿根廷］胡安·卡洛斯·托雷：《1946 年后的阿根廷》，载 ［英］莱斯利·贝瑟尔主编：《剑桥拉丁美洲史》（第八卷），中国社会科学院拉丁美洲研究所译，北京：当代世界出版社 1998 年版，第 185 页。

② 韩琦：《拉美的新结构主义理论——转型时期现代化道路的新思考》，《拉丁美洲研究》2008 年第 3 期，第 29 页。

③ 苏振兴：《拉丁美洲的新结构主义》，《拉丁美洲研究》1991 年第 2 期，第 1 页。

构主义起源的基础上，对新结构主义与新自由主义进行了比较分析，他联系债务危机前后拉美经济运行的实践，着重比较了新自由主义和新结构主义的理论及其各自提出的政策主张，分别就两者在七个理论问题和十个政策建议问题进行了对比，指出它们之间存在的差异性。作者最后强调，拉丁美洲未来的经济调整必然会在新自由主义和新结构主义两者之间做出选择，两者实际上都可以在未来拉美国家的经济发展中发挥各自的作用；新自由主义理论和政策存在明显的缺陷，新结构主义尚需要进一步完善，特别是在如何把握国家对经济干预的"度"，以及如何实现经济增长、社会公正和地区自主发展的政策方面需要进一步完善。①

另一篇文章是塞尔吉奥·比塔尔的《拉丁美洲的新保守主义与新结构主义》。作者宣称，在拉美"新自由主义"是用来表示旨在实行私有化、自由化、削弱国家作用、贸易和金融更加开放的一整套经济措施，但在英语国家中，这些政策更多地以"新保守主义"闻名，除了这些经济内容外，"新保守主义"还与政治考虑联系在一起。作者指出，大多数拉美经济学家认为结构调整计划并不成功，危机仍然持续不断，他们正在形成一些共识，诸如必须超越进口替代与出口促进、计划与市场、农业发展与工业发展等所谓的两难困境，实际上这种二元对立是可以相互兼容的；承认政治和制度因素在经济分析中的重要性；确认通货膨胀是一种社会现象；认同增加国内储蓄水平以提高投资率的紧迫性；必须降低参与国际经济的风险；为保证实现自主增长和提高制成品的国际竞争力需要拥有自己的生产和技术基地以及协调核心；必须为拉美一体化注入新的活力；必须改变国际货币基金组织的调整形式；必须尝试建立基础广泛的社会联盟以便长期支持新的发展战略。然后，比塔尔归纳了新结构主义在对外贸易、生产结构、金融、储蓄和投资、收入分配、国家的作用、其他政治和社会因素等方面不同于新自由主义的政策方针。②

这样，"到 20 世纪 80 年代末和 90 年代初，一个称为新结构主义的思

---

① Ricardo Ffrench-Davis, "An Outline of a Neo-Structuralist Approach", *CEPAL Review*, No. 34, April 1988, pp. 37—44.

② Sergio Bitar, "Neo-Conservatism versus Neo-Struturalism in Latin America", *CEPAL Review*, No. 34, April 1988, pp. 45—62.

想流派在联合国拉丁美洲和加勒比委员会内形成了"。①面对严重的债务危机，早期新结构主义力图通过非正统的稳定和调整计划，以较低的衰退代价来解决通货膨胀和贸易失调问题。因此，同新自由主义一样，当时的新结构主义实际上成为一种处理短期经济问题的理论。新结构主义面对新的现实，在继承结构主义通货膨胀理论和批判货币主义理论的基础上，提出了"惯性通货膨胀"理论以及治理通货膨胀的非正统"休克疗法"的主张。②新结构主义的创新在于将通货膨胀预期理论和惯性通货膨胀的概念以及宏观经济的分析方法引入结构主义理论的分析模式，强调传播机制的作用；提出在短期内消除惯性通货膨胀的一整套政策，在一定程度上弥补了结构主义理论忽视短期调整政策的不足；将反通货膨胀列为优先目标，认为它是经济获得新发展能力的先决条件。③新结构主义的理论和主张在一定时期内取得了消除通货膨胀的成功经验。但是，由于新结构主义的政策主张偏重消除通货膨胀的传播机制，忽视消除通货膨胀的基本压力，结果在惯性通货膨胀被初步克服之后，因通货膨胀的基本压力以及由此引起的结构性通货膨胀依然存在，惯性通货膨胀继续重现，致使反通货膨胀政策最终失败。④

　　对于早期新结构主义的基本内容，美国经济学家阿尔伯特·费希洛（Albert Fishlow）总结了以下几个方面：（1）不能因为偿还债务而牺牲经济增长，必须通过同国际货币基金组织和债权银行的重新谈判来减轻外债负担。（2）在许多国家中，通货膨胀问题是同外债管理有联系的，并且一般说来同国际经济震荡的联系更密切，因此，否认正统派的货币政策和财政政策的有效性。（3）贫困和不平等问题日益突出，有些政府为了保持稳定，实行了用大量增加名义工资来补偿实际收入下降的政策，但这会形成新的通货膨胀压力，未来的考验是分配新增长的收益能力，公共政策应该在就业目标和对付赤贫及失业方面影响生产。（4）倾向于重建一个有效的发展主义国家，

---

① Alicia Bárcena and Antonio Prado, eds., *Neostructuralism and Heterodox Thinking in Latin America and the Caribbean in the Early Twenty-first Century*, Santiago: ECLAC, 2016, p. 13.

② Ricardo Bielschowsky, "Evolución de las Ideas de la CEPAL", *Revista de la CEPAL*, Número Extraordinario, Octubre de 1998, http://www.eclac.cl/publicaciones/SecretariaEjecutiva/7/LCG2037PE/bielchow.htm.

③ 陈舜英等：《经济发展与通货膨胀——拉丁美洲的理论与实践》，北京：中国财政经济出版社1990年版，第233页。

④ 韩琦：《拉美的新结构主义理论——转型时期现代化道路的新思考》，《拉丁美洲研究》2008年第3期，第29—30页。

支持政府在生产方面实行更多的干预。①

　　总之，早期的新结构主义理论在新自由主义大行其道的情况下并没有成为拉美国家克服经济危机的"良方"，其本身也存在自相矛盾之处，对拉美国家的影响较为有限。不过，这些早期新结构主义者的探索为拉美经委会提供了可资借鉴的素材，为新结构主义理论的正式形成奠定了基础。

第四节　新结构主义的主要内容和影响

　　1990 年 3 月，拉美经委会发布题为《变革生产模式、实现社会公正：20 世纪 90 年代拉丁美洲和加勒比发展的首要任务》的报告，在对 80 年代拉美社会经济发展形势分析估价的基础上，对拉美国家变革生产模式与实现社会公正的微观经济、宏观经济、社会发展、国际经济地位的改善及政治体制的改革和国家的作用等方面做了比较系统、全面的阐述，它代表了拉美经委会对发展理论的重新定向，第一次希望把经济增长、社会公正和政治民主三者结合在一起制定发展战略。②这一思路又被随后的两个出版物所完善，即 1991 年拉美经委会环境部提交的《持续发展：变革生产模式、社会公正和环境》和 1992 年提交的《公正与变革生产模式：一种整体考虑的思路》报告。报告强调了环境问题，深化了对"社会公正"问题的解释。有学者强调说，这些成果成为拉美新结构主义理论正式形成的标志。③

　　1993 年，由智利经济学家奥斯瓦尔多·松克尔主编的《从内部发展：对拉美新结构主义思路的探讨》一书出版，对新结构主义理论进行了更加系统的阐述。④该书在新结构主义理论形成过程中具有重要的意义，早在该书出版前，时任中国社会科学院拉丁美洲研究所所长的苏振兴研究员评价说：

---

①［美］A. 费希洛：《新结构主义——拉美经济学的新趋势》，《国外社会科学》1988 年第 8 期，第 10—17 页。

② ECLAC, *Changing Production Patterns with Social Equity: The Prime Task of Latin American and Caribbean Development in the 1990s*, Santiago: United Nations, 1990.

③ 韩琦：《拉美的新结构主义理论——转型时期现代化道路的新思考》，《拉丁美洲研究》2008 年第 3 期，第 31 页。

④ Osvaldo Sunkel, ed., *Development from Within: Toward a Neostructuralist Approach for Latin America*, Boulder: Lynne Rienner Publishers, 1993; Osvaldo Sunkel and Gustavo Zuleta, "Neo-Structuralism versus Neo-Liberalism in the 1990s", *CEPAL Review*, No. 42, December 1990, pp. 45—51.

"1990 年 3 月拉美经委会发表的《生产改造与公平相结合》的报告，以及即将出版的由奥·松克尔主编的《从内部发展》一书，是迄今为止集新结构主义思想大成的两部代表作。"①该书由关于经济发展重大问题的数篇专题论文组成，每篇文章均首先回顾 20 世纪 50 年代的拉美结构主义发展理论，然后再与 20 世纪六七十年代经济发展的经历相比较，由此来分析结构主义发展理论的成败得失。在此基础上，每篇文章的作者建议改进传统结构主义思路，提出克服危机和重新走上发展之路的总体方针和具体政策建议。可以说，以松克尔为代表的一些拉美经委会的经济学家们经过反思结构主义理论的成败得失，在继承结构主义的基本思路的基础上，吸收了一些新自由主义理论中的合理成分，逐步形成了较为系统的新结构主义理论体系。对此，前拉美经委会执行秘书罗森塔尔概括说：新结构主义"是正统经济理论和非正统经济理论的结合，换句话说，即一种稳定的一致的宏观经济管理与在微观和中观经济层面的新干预形式的结合"。②到 20 世纪 90 年代前半期，拉美经委会已经形成了较为系统的新结构主义理论体系，其主要内容包括以下几个方面。

第一，强调"从内部发展"的思想。在《从内部发展》一书中，松克尔提出了"从内部发展"的新发展战略，"这代表了拉美人试图形成一种新自由主义的替代战略的尝试，是对新结构主义思路的一个重要的补充"。③事实上，"从内部发展"概念是普雷维什在 20 世纪 50 年代初期提出来的，但一直未受重视。"从内部发展"提出要在拉美国家建立一种内源的积累机制、产生技术进步的机制和提高生产率的机制，强调真正吸收和消化外部的技术进步，而不是单纯地模仿和复制。

松克尔认为，"从内部发展"的战略与"内向发展"是截然不同的。"内向发展"把重心放在需求、扩大内部市场，以及用当地产品取代原来进口的产品方面，从而形成一种扩大国内消费，效仿中心国家的消费模式、工业生产模式和技术模式的战略，具体体现为进口替代进程。这个进程是由极不平等的国内收入分配所造成的一种狭小的、倾斜的内部需求来引导的。也就是

---

① 苏振兴：《拉丁美洲的新结构主义》，《拉丁美洲研究》1991 年第 2 期，第 1—2 页。

② Gert Rosenthal, "Development Thinking and Policies: the Way Ahead", *CEPAL Review*, Vol. 60, December 1996, p. 17.

③ 韩琦：《拉美的新结构主义理论——转型时期现代化道路的新思考》，《拉丁美洲研究》2008 年第 3 期，第 31 页。

说，进口替代进程是以满足社会中上阶层的需求为目的的。这种工业化实际上已经违背了普雷维什工业化思想的初衷，因为普雷维什认为，就像工业革命以来的中心国家一样，拉美国家的国内工业化进程会创造一种内生的资本积累机制，产生技术进步和改进生产力，他当年强调的是生产，是经济的供给方面。松克尔重申普雷维什的这一思想，并将其放大。他认为，内部发展的重心应该放在供给方面，而不是在需求方面。这种发展首先要求建立一批支柱性产业，如钢铁、电力机械、金属加工、基础化学和石油化工，以及能源、交通、通信等基础设施，并积极利用本国的自然资源，加强国内市场的统一和协调。在此基础上，加强大工业与中小企业、科学技术机构、各级人才培训机构、群众性通信手段以及制定战略、政策、标准的公共机构之间的积极参与和密切配合。一旦各方代表的通讯、交流形成，作为一种全国行为的决策水平得到巩固，一种"内生的技术动力的核心"就将形成。[①]这种战略是要创造一种内生的产生和积累技术进步的机制，能使拉美发展自己的能力以提高生产力，实现带有活力的增长。它绝不是要把工业化再度引向"进口替代"，因为这最终将陷入一种无出路的境地。恰恰相反，它是要把工业化引向在长期发展战略中被认为是优先的和有希望的国内外市场，而且在这些市场上，拉美国家能够拥有或能够获得保证自己稳固参与世界经济的相对优势。换句话说，真正的关键不在需求和市场，发展的核心在于供给方面，如质量、灵活性、生产资源的综合和有效使用和对技术进步的审慎吸收、革新努力和创造性。总之，要从内部做出独立性的努力，以实现自我持续的发展。[②]

第二，强调社会公正。拉美经委会认为社会公正是增强竞争力的必要条件，这意味着每一个人都应该直接或间接地参与生产进程。1990年发布的题为《变革生产模式、实现社会公正》的报告把社会公正提高到了战略高度，并提出采取补充性的重新分配措施：包括提供技术、金融、服务和大量培训小企业家、个体经营者和农民的计划；改革各种建立小型工商业的规章；使社会服务适应最贫困阶层的需求；促进相互援助的措施和恰当地向当局反映贫困阶层的要求；采取措施在收入和有关公共开支趋向两方面充分利

① Osvaldo Sunkel, ed., *Development from Within: Toward a Neostructuralist Approach for Latin America*, Boulder: Lynne Rienner Publishers, 1993, pp. 45—47.

② Osvaldo Sunkel, ed., *Development from Within: Toward a Neostructuralist Approach for Latin America*, Boulder: Lynne Rienner Publishers, 1993, pp. 8—9.

用财政政策的再分配潜力，等等。①国家应该优先关注三个方面：首先，通过在生产、生产率、收入和社会服务方面对最贫困和最易受损害的阶层提供支持，缩小外部冲击对他们的影响；其次，减少结构调整中与改革联系在一起的重新配置劳动力的代价；最后，一旦增长恢复，就要为根除贫困和解决收入及财富的过度集中提供便利。同时，为了改善劳动力市场的功能和吸纳劳动力，有必要采取一项重视非正规部门的新战略。②

第三，重新阐释国家的作用。拉美经委会认为，20 世纪 90 年代国家工作的重心应该发生变化，要从 80 年代集中解决偿付外债问题转移到推动形成真正的竞争力和社会公正问题上。同时，要分清国家与市场的关系，分清哪些属于国家干预的领域，哪些是主要由市场机制发挥作用的领域。国家干预的形式会发生新的变化，确定公共行为的作用和保证其有效的执行方式很重要。③要坚持有选择的政府干预，实质性问题不是国家规模的大小，而是国家的管理能力和与私人部门达成共识的能力。国家应该通过积极的、有活力的行动来补充市场。就新阶段国家的作用而言，目前需要加强其传统职能、基本职能和辅助职能，而不是加强其生产职能。国家作为"从内部发展"的有效推动者，应该制定一个优化干预的战略，该战略包括确立优先干预的领域、对公共管理实行分权和非政治化、建立干预的平衡机制等。④

第四，提出了系统竞争力的思想。拉美经委会认为，20 世纪 80 年代的结构调整再次使拉美经济转向专门发展拥有比较优势的初级产品出口部门（少数中美洲国家则是劳动密集型出口加工工业），经济的对外依附性更加突出。因此，拉美国家必须变革生产模式，将经济发展的重点转向具有高附加值、高增长潜力和高国际竞争力的部门或产业。这种部门或产业转移则要求生产过程要系统地提升技术水平、企业经营管理能力，改善生产组织以及提高劳动力质量。为此，必须强调系统竞争力。"在国际市场上参与竞争的国家之中，尽管企业起着关键作用，但它是连接制度、技术、能源和运输基础

---

① ECLAC, *Changing Production Patterns with Social Equity: The Prime Task of Latin American and Caribbean Development in the 1990s*, Santiago: United Nations, 1990, pp. 14—15.

② Osvaldo Sunkel, Gustavo Zuleta, "Neo-Structuralism versus Neo-Liberalism in the 1990s", *CEPAL Review,* No. 42, December 1990, p. 42.

③ Eugenio Lahera, Ernesto Ottone and Osvaldo Rosales, "A Summary of the ECLAC Proposals", *CEPAL Review,* No. 55, April 1995, pp. 23—24.

④ Osvaldo Sunkel, ed., *Development from Within: Toward a Neostructuralist Approach for Latin America,* Boulder: Lynne Rienner Publishers, 1993, p. 17.

结构、雇主和雇工之间、国营部门和私营部门之间以及金融部门等的一个完整的网络的组成部分。换句话说，企业是被纳入整个经济和社会体系之中的。从这个观点来看，加速生产模式的变革需要坚决的、持久的努力，而最重要的是需要恰当的整体努力"①，通过整个系统提高生产率。拉美经委会号召整个生产系统的现代化，强调各部门之间的联系和提高整个系统的生产率。这样，工业化必须超越狭窄的传统部门框架，与初级产品部门和服务部门相联系，形成整个生产系统的一体化，并逐渐推动生产力水平的一致性。同时，从宏观经济角度看，变革生产模式也要与保护自然环境相一致，资源和环境必须被充分地纳入发展进程之中。

第五，提出建立一种公开的参与式的民主政治体制。拉美经委会认为，变革生产模式必须基于人们对一个民主的、多元的、共同参与的政治背景的确认，也就是说，支持任何国家意图的协议必须通过建立共识来达成，社会冲突必须保持在民主制度能够控制的范围之内。因此，一方面，需要建立参与性的政治体系，为了得到中产阶级和城市民众阶层的支持，有必要保证他们在短期和中期内能够分享到变革进程的好处。②通过作为利益代表和有效对话者的稳定的社会组织来加强政治参与，对增强民主功能很重要。对那些由于种族、年龄、社会、地域、性别关系的特征通常被排除在发展的好处之外的个人和团体，应该专门为他们创造一种实际参与的空间。另一方面，需要协调各种代理人的行为，"协调战略"包括政府和主要的政治、社会代理人之间就合理变革生产模式、实现社会公正以及由此所必须采取的一系列政策和进行的体制改革达成各种广泛的、明确和含蓄的协议。理想的结果是加强雇主与工人之间共识的直接形成，国家只是作为被最终诉求的调解人。③

除了上述内容以外，新结构主义还在宏观经济分析、开放的地区主义、可持续发展等领域进行了理论阐释和政策建议。尤其是进入 21 世纪以来，新结构主义理论有了新的发展。2009 年，有学者撰文回顾了拉美经委会成立 60 年以来结构主义和新结构主义的发展历史，将拉美经委会的理论创新

① ECLAC, *Changing Production Patterns with Social Equity: The Prime Task of Latin American and Caribbean Development in the 1990s*, Santiago: United Nations, 1990, p. 14.

② ECLAC, *Changing Production Patterns with Social Equity: The Prime Task of Latin American and Caribbean Development in the 1990s*, Santiago: United Nations, 1990, p. 18 and pp. 58—59.

③ Eugenio Lahera, Ernesto Ottone and Osvaldo Rosales, "A Summary of the ECLAC Proposals", *CEPAL Review*, No. 55, April 1995, p. 23.

和发展分为两个阶段：20 世纪 50—80 年代是结构主义阶段；1990 年至今则是新结构主义阶段。在此基础上，重点分析了 1998—2008 年拉美经委会在五个关键领域进行的理论创新："广泛评估拉美各国新自由主义改革后的经济与社会形势；更加关注全球议程；公民与社会凝聚的社会政治概念；结构主义与熊彼特经济学说之间的融合；强调对金融脆弱性局势下反周期宏观经济政策的研究。"①

2016 年 12 月，拉美经委会出版了《21 世纪初拉丁美洲和加勒比地区的新结构主义和非正统思想》一书，系统地回顾了新结构主义是如何在与其他理论流派的争论和对话中逐渐形成的，并着重讨论了 21 世纪以来新结构主义的理论重点。该书是拉美经委会与加拿大国际发展研究中心（International Development Research Centre）在 2012—2013 年进行的"劳尔·普雷维什与 21 世纪的挑战"合作项目的研究成果。全书共分五个部分十五章，每个部分三章，均由拉美经委会和加拿大国际发展研究中心的经济学家们撰写。第一部分回顾了 21 世纪初的经济思想流派和区域背景，着重反思了结构主义和新结构主义与其他非正统理论流派之间的争论和对话，在此基础上分析了世界经济动荡局势下拉美地区的发展问题；第二部分以新结构主义与发展的宏观经济学为主题，并分析了反周期研究的新思想和有关资本积累的解释；第三部分以"结构变革与生产发展"为题，分别研究了新结构主义与其他非正统流派中结构变革方面的对话、自然资源型增长的宏观和微观经济学分析，以及拉丁美洲的发展方式和福利国家等问题；第四部分是"国家的作用"，分别研究了国家在经济增长、就业与社会平等方面的新作用与拉美国家的变革与发展范式以及女性主义运动的贡献；第五部分则是国别研究，分别以墨西哥、巴西和阿根廷为案例，反思了新结构主义在各国未来发展中可能发挥的作用。②笔者认为，在世界经济和拉美国家经济普遍陷入低迷的形势下，在新自由主义遭到普遍质疑的背景下，在拉美新左派政权纷纷提出替代新自由主义发展方案的情况下，拉美经委会出版该书的目的除了对新结构主义理论进行一个阶段性的总结以外，还希望为拉美国家未来的发展找到一条可行之路。

① Ricardo Bielschowsky, "Sixty Years of ECLAC: Structuralism and Neo-structuralism", *CEPAL Review*, No. 97, April 2009, p. 179.

② Alicia Bárcena and Antonio Prado, eds., *Neostructuralism and Heterodox Thinking in Latin America and the Caribbean in the Early Twenty-first Century*, Santiago: ECLAC, 2016.

正如拉美经委会在该书中所展示的那样，新结构主义理论在进入新世纪以后仍然在不断发展和丰富，呈现出一些新的内容。2002 年和 2004 年，拉美经委会先后发布《全球化与发展》（*Globalization and Development*）和《开放经济中的生产性发展》（*Productive Development in Open Economies*）两份报告，明确将新结构主义理论的关注重点放在四个广泛的领域：宏观经济与财政、国际贸易、社会发展与环境的可持续性。2010 年后，拉美经委会又先后发布三份报告，着重讨论社会平等在经济、社会和环境的可持续发展中的重要作用，这三份报告也被誉为"拉美经委会的平等三部曲"。①这三部曲分别是 2010 年发布的《是时候平等了：缩小差距，开放路径》（*Time for Equality: Closing Gaps, Opening Trails*），2012 年发表的《争取平等的结构变革：一条整体发展路径》（*Structural Change for Equality: An Integrated Approach to Development*）和 2014 年的《平等契约：迈向可持续的未来》（*Compacts for Equality: Towards a Sustainable Future*）。

表 9-1　结构主义、新结构主义和新自由主义理论和政策主张的比较

序号	结构主义	新结构主义	新自由主义
1	以大萧条后的拉美经济发展现实为基础	以 20 世纪 80 年代拉美经济危机以来的现实为基础	以理论模式为基础，形成一整套意识形态
2	强调技术进步及其传播的不平衡导致的"中心-外围"体系，以及这种体系的不利影响	坚持"中心-外围"体系的不利影响，但提出拉美国家国内生产改造的必要性和重要性	不承认外部因素对不发达国家的不利影响，忽视技术进步
3	进口替代工业化	进口替代时间过长	进口替代从一开始就是错误的
4	内向型发展	从内部发展	外向型发展
5	强调国家对经济的干预，提倡计划	国家干预与市场机制相结合	充分发挥市场机制的作用，尽可能减少国家对经济的干预
6	国家成为直接生产者	适度的私有化	全面、迅速的私有化
7	容忍通货膨胀，认为这是工业化进程所不可避免的现象	强调由传播机制引起的惯性通货膨胀，提出非正统稳定方案	通货膨胀是一种货币现象，主张紧缩货币，汇率贬值和财政改革

① Alicia Bárcena and Antonio Prado, eds., *Neostructuralism and Heterodox Thinking in Latin America and the Caribbean in the Early Twenty-first Century*, Santiago: ECLAC, 2016, p. 20.

续表

序号	结构主义	新结构主义	新自由主义
8	贸易保护，高关税保护和非关税限制	适度合理的保护，取消非关税限制	全面的贸易自由化
9	汇率高估，多重汇率	适度的金融开放	完全的金融自由化，尽快开放资本项目
10	重视长期经济增长，忽视短期宏观经济政策	强调短期经济分析，重视宏观经济平衡	重视宏观经济平衡

通过介绍和分析新结构主义理论的主要内容及其在 21 世纪的发展、变化，可以非常肯定的一点是，新结构主义理论是拉美经委会在应对债务危机和经济危机以及探索拉美地区可持续发展的过程中，对传统的结构主义和其他非正统经济理论进行反思后，合理地吸收了新自由主义理论和政策中的合理成分，摒弃了结构主义极端内向和过度保护等不足，以及新自由主义极端外向和忽视国家作用等缺陷后，逐步形成并不断发展、完善的一种理论。笔者认为，从经济发展的开放性角度看，如果说结构主义和新自由主义分别代表了发展理论上的两个极端的话，新结构主义则是对二者的中和，而且新结构主义并没有放弃结构主义的一些核心观点（关于三者之间的相互关系可参见表 9-1）。当然，拉美经委会的理论创新之所以被称为新结构主义，其中的关键是新结构主义继承了传统结构主义理论的基本分析框架和核心观点，它只是根据债务危机后拉美和世界经济发展的新变化，适度地吸收了包括新自由主义在内的其他理论流派的合理因素。对此，有学者分析说，拉美经委会"1990 年以来的经济思想在分析框架上非常接近其成立最初四十年的理论。尽管增加了对开放和全球化的关注，但结构主义对拉丁美洲和加勒比地区不发达问题分析的基础依然原封未动"。[1]总之，在结构主义、新结构主义和新自由主义之间，犹如中国传统文化中的中庸之道，新结构主义或许就代表了拉美和加勒比地区未来发展的"中庸之道"。在这一点上，美国著名学者罗伯特·吉尔平的话表达了同样的含义。他说："折衷主义不是进行精确的理论研究的一条道路，但有些时候它却是唯一可行的道路。"[2]

---

① Ricardo Bielschowsky, "Sixty Years of ECLAC: Structuralism and Neo-structuralism", *CEPAL Review*, No. 97, April 2009, p. 188.

② ［美］罗伯特·吉尔平：《国际关系政治经济学》，杨宇光等译，北京：经济科学出版社 1994 年版，第 33 页。

当然，新结构主义的问世正值新自由主义如日中天之时，所以在拉美各国的经济发展实践中几乎很难体会出它的存在，其影响也随着拉美经委会对拉美国家影响力的下降而大打折扣。然而，随着新自由主义改革所暴露出大量的问题，尤其是社会问题的不断恶化和金融危机的频繁发生，大批左派政党在拉美国家执政，他们开始寻求替代新自由主义的发展方案。在这样的情况下，新结构主义大有复兴之势。例如，在 2004 年 10 月 3 日的《您好，总统!》第 206 期电视节目中，委内瑞拉总统查韦斯直接号召全国民众阅读松克尔的《向内发展：对拉美新结构主义思路的探讨》，学习该书中提出的新结构主义关于从内部发展和人的全面发展的思想。[1]早在 20 世纪 90 年代后期，就有学者提出："劳尔·普雷维什、塞尔索·富尔塔多和其他拉丁美洲杰出经济学家的思想再一次被视为解决在当今发展中的全球化世界中遇到困难的有效道路。"[2]在当时的历史条件下，这种论断被认为有些夸大其词。然而，随着经济全球化迅速发展和新自由主义泛滥所导致的南北差距的不断扩大，拉美结构主义和依附理论再次回到人们的视野之中，成为替代新自由主义的有效选择。对此，有学者评述说："全球化日益加速的时代理应意味着结构主义和依附论之有效，因为它们都是从全球的视角来看待发达与不发达问题的。……中心国家（或称发达国家）与外围国家（或称不发达国家）之间的经济鸿沟和收入差距在不断扩大，这恰好证明了结构主义与依附论的预言，而与新古典理论和新自由主义的趋同论相反。"[3]还有学者直言不讳地说："目前，主流经济学已经陷入这样的困境：这种方法的有效性和连贯性基本上根源于其预测能力。这样就为寻找其他可替代的主张，规划新的理论原则和政策建议提供了机会。……对于拉丁美洲和加勒比地区来说，根本无需白费力气地做重复工作"，因为"严密的可替代理论已经存在"，这

---

① "Aló Presidente 206 desde Bramón, Revolucion Venezolana Impulsa Modelo de Desarrollo Endo geno Como Estrategia de Independencia", 3 de Octubre de 2004, http://minci.gov.ve/noticias-prensa-presi dencial/28/6876/revolucion_venezolana_impulsa.htm.

② Aldo Ferrer, "Development and Underdevelopment in a Globalized World: Latin American Dilemmas", in Louis Emmerij, ed., *Economic and Social Development into the XXI Century,* Washington, D. C.: Inter-American Development Bank, 1997, p. 184.

③ Robert N. Gwynne and Cristóbal Kay, "Latin America Transformed: Changing Paradigms, Debates and Alternatives", in Robert N. Gwynne and Cristóbal Kay, eds., *Latin America Transformed: Globalization and Modernity*, London: Arnold, 1999, p. 5.

就是"产生于本地区的、与一群结构主义经济学家密切相关的经济思想"，即拉美结构主义发展理论。[①]因此，继承结构主义基本思想又吸收新自由主义合理成分的新结构主义，开始成为越来越多拉美国家，尤其是左翼政党执政的拉美国家的一种选择。

---

① Esteban Pérez Caldentey, "A Time to Reflect on Opportunities for Debate and Dialogue between (Neo)structuralism and Heterodox Schools of Thought", in Alicia Bárcena and Antonio Prado, eds., *Neostructuralism and Heterodox Thinking in Latin America and the Caribbean in the Early Twenty-first Century*, Santiago: ECLAC, 2016, p. 45.

结　语

2008—2009 年国际金融危机爆发以来，拉丁美洲经济增长缓慢，有些年份甚至出现了下降，经济形势异常严峻，人民的生活水平出现了实质性的下降。根据拉美经委会的报告，2009 年拉美经济受到国际金融危机的严重影响，国内生产总值和人均国内生产总值双双出现负增长，分别下降了 1.7% 和 2.9%。在此后的 2010 年和 2011 年，拉美经济出现短暂复苏，GDP总量分别增长了 6.2% 和 4.5%，人均 GDP 分别增长 4.9% 和 3.3%。2012 年以后，拉美经济陷入较低增长水平，到 2015 年和 2016 年则出现了连续的衰退，GDP 总量分别下降了 0.5% 和 1.1%，人均 GDP 则从 2014 年起出现负增长，在这三年分别下降了 0.2%、1.6% 和 2.2%。其中苏里南、委内瑞拉、巴西、阿根廷和厄瓜多尔的经济形势最为严峻，这五个国家 2016 年的 GDP 总量分别下降了 10.4%、9.7%、3.6%、2.0% 和 2.0%，人均国内生产总值则分别下降 11.2%、10.8%、4.4%、3.4% 和 2.9%。[①]这说明，自 2014 年以来拉美和加勒比地区的人民实际生活水平出现了实质性的下降，而上述五个国家人民生活水平的降幅尤为剧烈。2015—2016 年，拉美和加勒比地区的城市失业率从 7.4% 上升到 9%，南美洲国家的城市失业率更是从 8.2% 剧增到 10.5%。[②]面对如此严峻的经济形势，在各国政府和人民在寻求解决出路的同时，拉美经委会也在承担了其应尽的责任。

2016 年 12 月，拉美经委会在题为《21 世纪初拉丁美洲和加勒比地区的新结构主义和非正统思想》的报告中强调说："近年来，把持过去五十多年学术、教学和经济决策的经济思想受到了严厉的批判，也成为各个思路流

[①] ECLAC, *Preliminary Overview of the Economies of Latin America and the Caribbean 2016*, Santiago: ECLAC, pp. 88—89.

[②] ECLAC, *Preliminary Overview of the Economies of Latin America and the Caribbean 2016*, Santiago: ECLAC, p. 11.

派争论的焦点。……这种情况在很大程度上源自大萧条以来的两次最长也是最严重的危机：国际经济和金融危机（2008—2009）和欧元区危机（2009—2013）。这些历史上前所未有的事件产生了巨大的经济和社会影响，人们因此热烈讨论，需要评估或重构应对这些挑战的政策，考虑这些行动对现行经济模式的影响。然而，源自最近危机的社会经济脆弱性也允许我们重新思考以非正统经济思想流派……或结构主义和新结构主义的方法来替代现有模式。""虽然结构主义思想纯粹是拉丁美洲人创造的，但它并不是孤立于当今时代潮流而发展的；恰恰相反，它吸收、消化和受益于同其他当今最杰出的非正统经济学家之间的思想交流。""被华盛顿共识……打压的结构主义传统以新结构主义的形式回归，并因适应本地区当前的发展形势而复活了。"①也就是说，以新自由主义为核心的主流经济理论导致了人类历史自大萧条以来最为严重的两次经济危机，并且至今还看不到解决问题的出路。在这样的情况下，以结构主义和新结构主义为代表的经济理论或许可以成为摆脱当前危机的良方。

另一方面，从 20 世纪末期起，先后有一大批拉美国家的左翼政党获得大选胜利成为执政党，在本地区掀起了一股"粉色浪潮"。这些左翼政党深受各种流派的马克思主义理论和社会主义思潮的影响，他们批判新自由主义导致本国出现宏观经济脆弱、社会两极分化、贫困化现象日趋严重等问题，试图找寻替代新自由主义的发展方案。在此过程中，许多拉美左翼政府非常自然地从本地区和本国历史文化中去寻求灵感，同时也从国际共产主义和世界社会主义运动中探索可资借鉴的经验和教训。在这样的情况下，拉美历史进程中的玻利瓦尔主义、印第安人土著运动、民主社会主义、基督教社会主义、结构主义、新马克思主义、依附理论以及现实中的新结构主义，就成为这些左翼政权构建其发展战略的灵感之源。更为重要的是，在先后经历了墨西哥金融危机、东亚金融危机、巴西经济危机、阿根廷金融危机、2008 年以来的世界金融危机和最近的欧元区危机以后，以西方国家主导的新自由主义模式暴露出其内在的缺陷，拉丁美洲地区的许多中右翼政党同样开始寻找替代新自由主义的发展战略，综合了新自由主义和结构主义各自优势和特点的新结构主义同样成为这些拉美国家的重要理论依据。因此，在当前的拉丁

① Alicia Bárcena and Antonio Prado, eds., *Neostructuralism and Heterodox Thinking in Latin America and the Caribbean in the Early Twenty-first Century*, Santiago: ECLAC, 2016, p. 17 and p. 19.

美洲和加勒比地区，无论是左派政党执政，还是中右翼政党掌权，他们在认识新自由主义模式的相对失败和拉美结构主义发展理论的现实意义上，实际上正在达成某种共识。

首先，对于国家在经济发展中的作用，拉美国家有了新的认识。根据新自由主义理论和政策主张，国家对经济的干预注定会失败，因此最好的做法是让市场机制自由发挥其作用，完全放弃国家对经济的干预。然而，新自由主义模式在拉丁美洲国家盛行了数十年之后，人们赫然发现自己的国家经济出现了那么多的问题：由于过度强调对外开放，强调金融自由化、贸易自由化、私有化，国家的宏观经济处于极端脆弱的状态，大量投机性资金充斥国内金融市场，但凡有风吹草动，金融危机便会点燃；由于放任市场机制的自我调节作用，轻视国家在经济发展中的作用，甚至连社会保障部门都被私有化，大量国有资产被廉价地出售给私人企业和外国公司，导致了少数人的暴富和贫困人口的急剧上升，社会两极分化十分严重；凡此种种，都充分说明新自由主义模式对于拉丁美洲国家来说依然是失败的，其中最为惨痛的教训就是国家在经济发展中的作用被忽视了。因此，无论是左派政党当权还是中右翼政党执政，拉美国家都认识到需要发挥国家在经济发展中的重要作用，只是在国家对经济干预的程度上左右政党略有差别而已。在这一点上，拉美国家政府与拉美经委会倡导的新结构主义可以说是完全一致的。拉美经委会组织撰写的《21世纪初拉丁美洲和加勒比地区的新结构主义和非正统思想》一书，实际上就代表了该组织近30年来对其传统的结构主义和新自由主义成败得失的一种系统的反思，并在此基础上提出，新结构主义是帮助拉美国家摆脱新自由主义所导致的危机，寻求可持续发展道路的有效选择。在新结构主义理论体系中，国家在经济活动中的作用至关重要，并且具有了与传统结构主义理论不同的新作用。该书第四部分的主题就是"国家的作用"，其中由罗伯特·博耶尔撰写的《增长、就业和平等：国家的新作用》一章，在回顾了美国、欧洲国家战后经济发展的历史进程，分析他们如何走向2008年金融危机的理论和政策机制之后，博耶尔提出必须重新定义国家在经济中的作用，认为国家对经济的干预是保证经济持续增长、实现充分就业和社会公平的必要条件。博耶尔最后满怀期待地说："世界刚刚经历了一个经济、社会和国际关系剧烈变革的时期，但是承继于过去的诸多伟大理论对这些变革的分析是不完美的。从长远来看，资本主义及其理论应该同时改变。然而，几乎所有的经济学家都将他们的分析建立在已经过时的理论基础之上……，这就是他们为什么在评估当前经济形势和向政治家提供咨询意见时小心谨慎的原因。……当今世界经历了如此深刻的变化，过去的理论已经不适用了。我们期待，一个类似于 20 世纪 30 年代的、伟大的理论化时代即将展开。"①

其次，无论是左翼政党还是中右翼政党执政，拉美国家都非常关注社会公平问题，都认同拉美经委会提出的包容性发展战略，将克服贫困问题、实现社会公平作为政治目标。新自由主义在拉丁美洲国家中最令人诟病的一个问题是加剧了这些国家的两极分化问题，贫富差距日益扩大，贫困人口不断增加。进入 21 世纪以后，许多拉美国家的左翼政党之所以在大选中获胜，他们就是抓住了本国民众对新自由主义改革导致的社会问题的不满，纷纷提出了民众主义或新民众主义的改革方案，强调解决社会问题，实现社会公平。例如，委内瑞拉的查韦斯政府的"21 世纪社会主义"中社会部门的改革占有非常重要的地位，他先后实施了社会救助的"使命"计划，意在促进社会公平。巴西卢拉政府采取了减少失业、"零饥饿计划"和养老金改革等措施，希望构建全面的社会保障体系，提高民众的生活质量。阿根廷基什内尔政府在社会改革方面采取了一些重要措施，如较大幅度地提高了养老金标准和最低工资标准；提高了雇主解雇工人的"门槛"和补偿标准；恢复了由行业工会与企业进行劳工合同谈判的制度；通过扩大公共工程建设增加就业；通过实施社会救助计划改善了部分贫困人口的生活状况等。经过 10 多年的改革，加强社会部门改革，改善居民生活质量，实现社会公平，已经成为所有拉美国家民众的良好愿望。对于这一点，不仅左翼政党身体力行，右翼政党也有了更加清醒的认识。因此，在 2008 年世界金融危机爆发后，一些拉美国家的中右翼政党抓住左翼政党政府经济增长减缓、社会矛盾加剧的机会，提出了自己的改革方案，并在一些国家的选举中获得胜利。一时间，拉丁美洲"粉色潮流"退潮，左翼政权"面临严峻挑战"，拉美国家间"重新向右转"的声音此起彼伏。事实上，从 2015 年开始，在巴西、阿根廷、委内瑞拉等国家，左翼政党遭遇到巨大的挑战：巴西劳工党罗塞芙总统被弹劾，阿根廷正义党候选人在大选中败给右翼的马克里总统，委内瑞拉右翼反对派赢得了议会选举，秘鲁中右翼总统候选人库钦斯基获得胜利。然而，我

---

① Robert Boyer, "Growth, Employment and Equality: The New Role of the State", in Alicia Bárcena and Antonio Prado, eds., *Neostructuralism and Heterodox Thinking in Latin America and the Caribbean in the Early Twenty-first Century*, Santiago: ECLAC, p. 294.

们深入分析即会发现，实际上这些获得胜利的中右翼政党在社会改革问题上并没有实质性的变化，社会部门改革和实现社会公平同样是他们的重要目标。从这个意义上说，拉丁美洲的中右翼政党在社会改革领域同样也达成了共识，这与拉美经委会的新结构主义之间同样是不谋而合。如前所述，拉美新结构主义理论最终形成的标志性文件就是拉美经委会在 1990 年发布的《变革生产模式、实现社会公正》，可见社会公平问题在新结构主义理论体系中的重要性。新世纪后，拉美经委会进一步提出了一体化与社会凝聚的思想，得到了拉美国家的普遍支持。无论是左派政府还是中右翼政权，他们都非常赞同和支持拉美经委会的构想，充分考虑全球化和一体化背景下，不同国家之间的差异性，设立社会凝聚基金，从而将社会公平问题纳入整个拉美地区层面来加以重视。

再次，中国在拉美国家经济增长中的作用以及拉美国家与中国保持良好关系，在左派政党和中右翼政党之间实际上也形成了共识。自从 21 世纪以来，中国与拉丁美洲和加勒比地区的关系经历了跨越式的发展。在政治领域，中拉关系达到了空前的高度，高层互访不断。时任国家主席江泽民曾三次到访拉美，其行程覆盖拉美七国；时任国家主席胡锦涛曾五次到访拉美，其行程覆盖拉美七国；截至 2016 年底，习近平在担任国家主席的近四年之中三次访问拉美，其行程覆盖 10 个国家。2014 年 7 月，中国-拉美和加勒比国家共同体论坛宣告成立，标志着中拉整体合作正式启动。2015 年 1 月，中拉论坛的第一届部长级会议在北京成功举行，通过了《中拉论坛首届部长级会议北京宣言》《中国与拉美和加勒比国家合作规划（2015—2019）》和《中拉论坛机制设置和运行规则》三个重要成果文件，为中拉整体合作迈向机制化奠定了良好的基础。2016 年 11 月，中国政府发布第二份《中国对拉丁美洲和加勒比政策文件》，对中拉整体合作给予高度重视和重点论述。

在经贸领域，中拉关系发展尤为迅速。2001—2013 年，中拉贸易额从约 150 亿美元激增到 2780 亿美元，此后几年因受国际金融危机的影响，中拉贸易额略有下降，2015 年为 2470 亿美元，2016 年约为 2600 亿美元，中国成为拉美和加勒比地区的第二大贸易伙伴，仅次于美国。在投资领域，中国对拉美地区的直接投资流量迅速增长，从 2003 年的 10.38 亿美元增长到 2016 年的 298 亿美元，拉美成为中国企业海外投资的第二大目的地，仅次于亚洲地区。①除此之外，中国和拉美国家之间在能源、基础设施、金融、制造业等领域的合作也正在经历着快速增长。尤为重要的是，中国与许多拉美国家之间的贸易结构呈现出中国出口以高附加值的工业制成品为主，拉美国家则以出口低附加值的初级产品为主的特征。中国经济对初级产品的巨大需求成为绝大部分拉美国家经济增长的动力之源。从这个意义上说，中国已经成为一些资源出口型拉美国家经济增长的"发动机"。有研究表明，中国的经济增长，特别是中国对初级产品的巨大需求，推进了大部分拉美国家的经济增长，使它们从中获得了不同程度的收益。以 2007 年为例，智利、秘鲁和玻利维亚等矿产品出口国获利率在 20%—50%之间；委内瑞拉、厄瓜多尔和墨西哥等石油出口国获利率在 7%—20%之间；哥伦比亚、巴拉圭等国家获利率也在 10%左右；仅有乌拉圭和一些中美洲国家未能从中获利。②世界银行的研究也提出了相似的观点，认为"拉美地区从中国的扩张中获得了明显的净收益"。③

　　中国与拉美国家之间工业制成品与初级产品交换的贸易关系以及中国在拉美地区投资的产业分布，滋生了一些值得深思的问题：首先，中国与拉美国家之间这种国际分工与拉美结构主义发展理论所批判的、历史上存在的"中心-外围"国家之间的国际分工有什么异同呢？笔者认为，两者之间应该说有着本质上的不同。拉美国家与西方发达国家之间的国际分工是殖民主义和新殖民主义统治的产物，是历史地形成的，两者之间是明显的不平等贸易关系。然而，中国与拉美国家之间的国际分工是全球化的产物，是由于双方经济结构差异而自然形成的，是互利共赢的关系。其中最为关键的一个因素是，初级产品的定价权并不是由中国所掌握，而是由拉美国家根据国际市场的供求关系所确定的，中国在对拉美国家的贸易关系中并不总是掌握主动权。譬如，巴西淡水河谷公司对铁矿石价格的掌控曾经让中国的钢铁产业陷

---

　　① 联合国拉丁美洲和加勒比经济委员会：《拉丁美洲和加勒比地区与中国之间的经济关系：机会与挑战》，圣地亚哥：联合国拉美经委会，2016 年，第 13 页和中国海关统计资讯网 http://www.chinacustomsstat.com/aspx/1/newdata/record_class.aspx?page=9&guid=1566 等。

　　② Rhys Jenkins, "The 'China Effect' on Commodity Prices and Latin American Export Earnings", *CEPAL Review*, No. 103, April 2011, p. 84.

　　③ "Latin American Geopolitics: The Dragon in the Backyard", *The Economist*, August 13, 2009.世界银行发布的《2009 全球经济展望》专门以初级产品的发展为主题，同样肯定了中国对原材料需求的增长推动了拉美经济的增长（World Bank, *Global Economic Prospects 2009: Commodities at the Crossroads*, Washington, D. C., 2009.）。

入极大的困境。另一方面，中国与拉美国家之间的国际分工表明，拉美国家经过一个多世纪的发展，其经济结构仍然没有发生革命性的变化，初级产品出口仍然是绝大部分拉美国家赖以获得经济增长的关键渠道。从这个意义上说，中国与拉美国家之间的国际分工又有其历史的延续性，是拉美经济结构相对单一的特点没有得到根本改变的结果。因此，如何处理好比较优势和产业升级换代，避免陷入"资源诅咒"仍然是拉美国家亟待解决的问题。

那么，中拉经贸关系的现有格局会让拉美国家产生对中国的"依附性"吗？所谓的依附性，是指一些国家经济增长的动力不是内生的，而是源自外部的一种状态。那么，拉美地区众多资源出口型国家在 21 世纪以来的经济增长情况主要依赖国际市场对其出口产品的需求形势，这是否与其历史上被拉美结构主义和依附理论所批判的情况一样或类似呢？之所以提出这个问题，因为西方的一些学者在讨论中国与非洲国家之间快速发展的经贸关系时，时常指责中国正在非洲国家实施"新殖民主义"政策。[①]他们对中国的这种指责，其依据在于中国发展与非洲之间的经贸联系，特别是在非洲国家进行大量投资，主要目的是为中国的国家利益服务，攫取非洲的资源。例如，美国杜鲁门国家安全计划的防务委员会成员亚当·蒂芬声称："中国接近非洲是一种新型的殖民主义。中国在非洲的兴趣完全是为了自己的利益……得到国家支持的中国公司将继续攫取珍贵的自然资源，而无视当地人民的利益。中国日益扩张的经济影响将导致不断上升的依附性，进而统治非洲国家的经济和政治。"[②]西方政客和部分学者的上述观点显然是极端错误的，他们完全忽视了西方国家过去对非洲国家的殖民统治与中非互利共赢友好关系之间的本质不同！事实上，中国始终将"加强同非洲国家的团结与合作"视为"中国独立自主和平外交政策的重要基石"，"中非始终是风雨同舟的好朋友、休戚与共的好伙伴、肝胆相照的好兄弟"，中国与非洲国家之间始终是互利共赢的平等关系。

目前，中国在拉美地区的投资也大多集中在能源、矿产方面，中国进口

---

① 关于这方面的言论，可以参阅 Khadija Sharife, "China's New Colonialism", *Foreign Policy*, September 25, 2009, http://foreignpolicy.com/2009/09/25/chinas-new-colonialism/; Ben Wills, "China, African and Neo-Colonialism", http://www.e-ir.info/2014/01/22/china-africa-and-neo-colonialism/; Elizabeth Manero, "China's Investment in Africa: The New Colonialism?" https://southernafrican.news/2017/02/21/chinas-investment-in-africa-the-new-colonialism/等。

② Adam Tiffen, "The New Neo-Colonialism in Africa", *Global Policy*, August 19, 2014, http://www.globalpolicyjournal.com/blog/19/08/2014/new-neo-colonialism-africa.

拉美国家的产品也大多为原材料，因此西方国家对于中国在非洲的指责大有蔓延到拉美地区的迹象。例如，有评论指责说："拉丁美洲过去与外部势力的关系揭示了一种资源攫取和经济依附的模式，它主要让外部势力和当地精英阶层获利。……不幸的是，中国最近涉足本地区似乎在让这种历史悲剧重演。"①显然，该评论将中国与拉美国家之间在能源领域的平等合作武断地解读为"新殖民主义式的"资源攫取，同样是极端错误的。中拉关系和中非关系一样都是互利共赢的平等关系，这是由中国外交政策的基本原则所决定的。拉美结构主义发展理论所批判的是西方殖民主义和新殖民主义所导致的"中心-外围"体系，以及由此给包括拉美国家在内的"外围"所带来的不利影响，与中国和拉美国家之间的关系有着本质上的区别。对于中国在拉美地区的积极作用，拉美经委会执行秘书阿丽西亚·巴尔塞纳说："中国对拉美和加勒比地区的高度兴趣为本地区提供了一个历史性的良机。"②

---

① Gordon Gatlin, "China in Latin America: Sister Country or Neo-Colonialist?" http://thepolicywire.com/china-in-latin-america-sister-country-or-neo-colonialist/.

② 联合国拉丁美洲和加勒比经济委员会：《拉丁美洲和加勒比地区与中国之间的经济关系：机会与挑战》，圣地亚哥：联合国拉美经委会，2016 年，第 6 页。

参考文献

1. Aguilar, Luis E., ed., *Marxism in Latin America*, New York: Alfred A. Knopf, 1968.

2. Amsden, Alice H., "Good-bye Dependency Theory, Hello Dependency Theory", *Studies in Comparative International Development*, Vol. 38, Issue 1, Spring 2003.

3. Amsden, Alice H., "Import-substitution in High-tech Industries: Prebisch Lives in Asia!" *CEPAL Review*, No. 82, 2004.

4. Angotti, Thomas, "The Political Implications of Dependency Theory", *Latin American Perspectives*, Vol. 8, No. 3/4, 1981.

5. Arndt, H. W., "The Origins of Structuralism", *World Development*, Vol. 13, No. 2, 1985.

6. Ayres, Ron and David Clark, "Capitalism, Industrialisation and Development in Latin America: The Dependency Paradigm Revisited", *Capital & Class*, Issue 64, Spring 1998.

7. Baer, Werner, "Import Substitution and Industrialization in Latin America: Experiences and Interpretations", *Latin American Research Review*, Vol. VII, No. 1, 1972.

8. Baer, Werner, "Reply to Flanders", *Economic Development and Cultural Change*, April 1964.

9. Baer, Werner, "The Economics of Prebisch and ECLA", *Economic Development and Cultural Change,* January 1962.

10. Baer, Werner, "The Inflation Controversy in Latin America: A Survey", *Latin American Research Review*, Vol. 2, No. 2, 1967.

11. Baldwin, R. S., "Secular Movements in the Terms of Trade", *American*

Economic Review: Papers and Proceedings, Vol. 45, May 1955.

12. Bambirra,Vania, *Capitalismo dependiente latinoamericano*, Mexico: Siglo Veintiuno Editores, 1974.

13. Bárcena, Alicia and Antonio Prado, eds., *Neostructuralism and Heterodox Thinking in Latin America and the Caribbean in the Early Twenty-first Century*, Santiago: ECLAC, 2016.

14. Bath, C. Richard and Dilmus D. James, "Dependency Analysis of Latin America: Some Criticisms, Some Suggestions", *Latin American Research Review*, Vol. 11, No. 3, 1976.

15. Bertholomieu, Claude, Christophe Ehrhart and Leticia Hernandez-Bielma, "El neostructuralismo como renovacion del paragigma estructuralista de la economia del desarrollo", *Problemas del Desarrollo*, Vol. 36, Num. 143, 2005.

16. Besa García, José, ed., *Archivo de trabajo del Dr. Raúl Prebisch, 1920——1986*. Microfilm, 8 rolls. Santiago de Chile: CEPAL, 2003.

17. Besa García, José, ed., *Raúl Prebisch: escritos 1919——1986*, Santiago: CEPAL, 2006.

18. Bethell, Leslie, ed., *Ideas and Ideologies in Twentieth-Century Latin America,* New York: Cambridge University Press, 1996.

19. Bielschowsky, Ricardo, "Sixty Years of ECLAC: Structuralism and Neo-structuralism", *CEPAL Review*, No. 97, April 2009.

20. Bielschowsky, Ricardo, *ECLAC Thinking: Selected Texts (1949——1998),* Santiago: United Nations, 2016.

21. Bitar, Sergio, "Neo-Conservatism versus Neo-Structuralism in Latin America", *CEPAL Review*, No. 34, April 1988.

22. Bloch, Harry and David Sapsford, "Whither the Terms of Trade?: An Elaboration of the Prebisch-Singer Hypothesis", *Cambridge Journal of Economics*, Vol. 24, No. 4, July 2000.

23. Blomström, Magnus and Björn Hettne, *Development Theory in Transition: The Dependency Debate and Beyond: Third World Responses*, London: Zed Books Ltd, 1984.

24. Bruce, David C., "The Impact of the United Nations Economic Commission for Latin America: Technocrats as Channels of Influence", *Inter-*

American Economic Affairs, Vol. 33, No. 4, Spring 1980.

25. Burger, Hilary, *An Intellectual History of the ECLA Culture, 1948—1964*, Ph. D. Dissertation, the Department of History, Harvard University, December 1998.

26. Burki, Shahed Javid and Guillermo E. Perry, *Beyond Washington Consensus: Institutions Matter*, Washington, D. C.: The World Bank, 1998.

27. Camacho, Daniel, ed., *Debates sobre la Teoria de la Dependencia y la Sociologia Latinoamericana*, San Jose: Editorial Universitaria Centroamericana, 1979.

28. Cardoso, F. H. and Faletto, Enzo, *Dependency and Development in Latin America*, tr. by Marjory Mattingly Urquidi, London: University of California Press, 1979.

29. Cardoso, Fernando Henrique, "Dependency and Development in Latin America", *New Left Review*, No. 74, July-August, 1972.

30. Cardoso, Fernando Henrique, "The Originality of the Copy: CEPAL and the Idea of Development", *CEPAL Review*, Second Half of 1977.

31. Castañeda, Jorge G. y Enrique Hett, *El economismo dependentista*, México: Siglo Veintiuno Editores, 1978.

32. CEPAL, *Capital social y reducción de la pobreza: en busca de un nuevo paradigma*, Santiago: Naciones Unidas, 2001.

33. CEPAL, *La CEPAL en sus 50 años: notas de un seminario conmemorativo*, Santiago: Naciones Unidas, 2000.

34. Chew, Sing C. and Robert A. Denmark, eds., *The Underdevelopment of Development: Essays in Honour of Andre Gunder Frank*, Thousand Oaks: Sage Publications, 1996.

35. Chilcote, Ronald H., ed. *Development in Theory and Practice: Latin American Perspectives*, Lanham: Rowman & Littlefield, 2003.

36. Chilcote, Ronald H., *Theories of Development and Underdevelopment*, Boulder: Westview Press, 1984.

37. Cockcroft, James D., Andre G. Frank and Dale L. Johnson, eds., *Dependence and Underdevelopment: Latin America's Political Economy*, New York: Doubleday & Company, Inc., 1972.

38. Colclough, Christopher, "Structuralism versus Neo-liberalism: An Introduction", in Colclough and J. Manor, eds. *States and Markets: Neoliberalism and the Development Policy Debate*, Oxford: Clarendon, 1991.

39. Di Filippo, Armando, "Latin American Structuralism and Economic Theory", *CEPAL Review*, No. 98, August 2009.

40. Di Marco, Luis E., ed., *International Economics and Development: Essays in Honour of Raúl Prebisch*, New York: Academic Press, 1972.

41. Dietz, James and D. Dilmus James, eds., *Progress toward Development in Latin America: From Prebisch to Technological Autonomy*, Boulder: Lynne Rienner Publishers, 1990.

42. Dietz, James and James Street, eds., *Latin America's Economic Development: Institutionalist and Structuralist Perspectives*, Boulder: Lynne Rienner Publishers, 1987.

43. Donghi, Tulio Halperin, "'Dependency Theory' and Latin American Historiography", *Latin American Research Review*, Vol. 17, No. 1, 1982.

44. Dos Santos, Theotonio, "The Structure of Dependency", *American Economic Review*, Vol. 60, No. 21, 1970.

45. Dos Santos, Theotonio, *Dependencia y Cambio Social*, Santiago: Centro de Estudios Socio-Economicos, Universidad de Chile, 1970.

46. Dosman, Edgar, *The Life and Times of Raúl Prebisch, 1901—1986*, Montreal: McGill-Queen's Press, 2008.

47. ECLA, *Economic Development, Planning and International Cooperation*, Santiago: ECLA, 1961.

48. ECLA, *Economic Survey of Latin America 1949*, New York: United Nations Department of Economic Affairs, 1951.

49. ECLA, *Growth, Disequilibrium and Disparities: Interpretation of the Process of Economic Development*, New York: United Nations, 1951.

50. ECLA, *International Co-operation in a Latin American Development Policy*, New York: United Nations, 1954.

51. ECLA, *Preliminary Study of the Technique of Programming Economic Development*, Santiago: ECLA, 1953.

52. ECLA, *Problems of the Steel Making and Transforming Industries in*

Latin America, México, D. F.: ECLA, 1957.

53. ECLA, *Theoretical and Practical Problems of Economic Growth*, New York: United Nations Economic and Social Council, 1950.

54. ECLA, *Towards a Dynamic Development Policy for Latin America*, New York: United Nations, 1963.

55. ECLAC, *Changing Production Patterns with Social Equity: The Prime Task of Latin American and Caribbean Development in the 1990s*, Santiago: United Nations, 1990.

56. ECLAC, *Compacts for Equality: Towards a Sustainable Future*, Santiago: United Nations, 2014.

57. ECLAC, *Globalization and Development*, Santiago: United Nations, 2002.

58. ECLAC, *Open Regionalism in Latin America and the Caribbean: Economic Integration as a Contribution to Changing Productions Patterns with Social Equity*, Santiago: Naciones Unidas, 1994.

59. ECLAC, *Productive Development in Open Economies*, Santiago: United Nations, 2004.

60. ECLAC, *Social Equity and Changing Production Patterns: An Integrated Approach*, Santiago: United Nations, 1992.

61. ECLAC, *Structural Change for Equality: An Integrated Approach to Development*, Santiago: United Nations, 2012.

62. ECLAC, *Time for Equality: Closing Gaps, Opening Trails*, Santiago: United Nations, 2010.

63. ECOSOC, *Economic and Social Council Official Records: Fifth Session*, New York: United Nations, 1948.

64. ECOSOC, *Economic and Social Council Official Records: Seventh Session*, New York: United Nations, 1949.

65. ECOSOC, *Economic and Social Council Official Records: Sixth Session*, New York: United Nations, 1948.

66. ECOSOC, *Economic and Social Council Official Records: Sixth Session, Supplement No. 7*, New York: United Nations, 1948.

67. ECOSOC, *Economic and Social Council Official Records: Thirteenth*

Session, Supplement No. 8, New York: United Nations, 1951.

68. Emmerij, Louis, ed., *Economic and Social Development into the XXI Century*, Washington D. C.: Inter-American Development Bank, 1997.

69. Evans, Peter, *Dependent Development: The Alliance of Multinational, State and Local Capital in Brazil*, Princeton: Princeton University Press, 1979.

70. Faletto, Enzo, "La CEPAL y la sociología del desarrollo", *Revista de la CEPAL*, No. 58, abril 1996.

71. Ffrench-Davis, Ricardo, "An Outline of a Neo-Structuralist Approach", *CEPAL Review*, No. 34, April 1988.

72. Ffrench-Davis, Ricardo, "Neostructuralismo e insercion externa", Paper read at Mesa Redonda sobre Estilos de Desarrollo en America Latina y Desafios del Futuro, 6-8 de enero, Santiago, Chile, 1986.

73. FitzGerald, Valpy and Rosemary Thorpe, eds., *Economic Doctrines in Latin America: Origins, Embedding and Evolution*, New York: Palgrave Macmillan, 2005.

74. Frank, Andre G., "Dependence Is Dead, Long Live Dependence and the Class Struggle", *Latin American Perspectives*, Vol. 2, No. 1, 1974.

75. Frank, Andre G., "Latin American Development Theories Revisited: A Participant Review", *Latin American Perspectives*, Vol. 19, No. 2, 1992.

76. Frank, Andre G., "The Development of Underdevelopment", in James D. Cockcroft, Andre G. Frank and Dale L. Johnson, eds., *Dependence and Underdevelopment: Latin America's Political Economy*, New York: Doubleday & Company, Inc., 1972.

77. Frank, Andre G., *Capitalism and Underdevelopment in Latin America: Historical Studies of Chile and Brazil*, New York: Monthly Review Press, 1967.

78. Frank, Andre G., *Development and Underdevelopment in Latin America*, New York: Monthly Review Press, 1968.

79. Frank, Andre G., *Latin America: Underdevelopment or Revolution*, New York: Monthly Review Press, 1969.

80. Frank, Andre G., *Lumpenbourgeoisie: Lumpendevelopment: Dependence, Class, and Politics in Latin America*, New York: Monthly Review Press, 1972.

81. Frankenhoff, Charles A., "The Prebisch Thesis: A Theory of

Industrialism for Latin America", *Journal of Inter-American Studies*, Vol. IV, No. 2, April 1962.

82. Furtado, Celso, "Dependencia externa y teoria economica", *El Trimestre Economico,* 38-2, No. 150, 1971.

83. Furtado, Celso, "Development and Stagnation in Latin America: A Structural Approach", *Studies in Comparative International Development*, Vol. 1, No. 11, 1965.

84. Furtado, Celso, *Development and Underdevelopment*, Berkeley: University of California Press, 1964.

85. Ghosh, Baidyanath N., *Dependency Theory Revisited*, Farnham: Ashgate Publishing, 2001.

86. Gordon, Wendell, "Institutionalism and Dependency", *Journal of Economic Issues*, Vol. 16, No. 2, June 1982.

87. Grawford, William Rex, *A Century of Latin-American Thought*, Cambridge: Harvard University Press, 1963.

88. Griffin, Keith, *Underdevelopment in Spanish America,* London: Alle Unwin, 1969.

89. Grosfoguel, Ramon, "Developmentalism, Modernity, and Dependency Theory in Latin America", *Nepantla: Views from South*, Vol. 1, Issue 2, 2000.

90. Guillenromo, Hector, "From the ECLAC Development Order to Neo-structuralism in Latin America", *Comercio Exterior*, abril de 2007.

91. Gwynn, Robert N. and Cristóbal Kay, eds., *Latin America Transformed: Globalization and Modernity*, London: Arnold, 1999.

92. Harding, Timothy F., "Dependency, Nationalism and the State in Latin America", *Latin American Perspectives*, Vol. 3, No. 4, Autumn 1976.

93. Harris, Richard L., *Marxism, Socialism, and Democracy in Latin America*, Boulder: Westview Press, 1992.

94. Henfrey, Colin, "Dependency, Modes of Production, and the Class Analysis of Latin America", *Latin American Perspectives*, Vol. 8, No. 3/4, 1981.

95. Hirschman, Albert O., *A Bias for Hope: Essays on Development and Latin America*, New Haven: Yale University Press, 1971.

96. Hirschman, Albert O., ed., *Latin American Issues: Essays and*

Comments, New York: Twentieth Century Fund, 1961.

97. Hirschman, Albert O., *Toward a New Strategy for Development: A Rethko Chapel Colloquium*, New York: Pergamon Press, 1979.

98. Hofman, Andréand Miguel Torres, "ECLAC Thinking in the *CEPAL Review* (1976—2008)", *CEPAL Review*, No. 96, December 2008.

99. Hounie, Adela, Lucia Pittaluge, Gabriel Porcile and Fabio Scatolin, "ECLAC and the New Growth Theories", *CEPAL Review*, No. 68, August 1999.

100. Jameson, Kenneth P., "Latin American Structuralism: A Methodological Perspective", *World Development*, Vol. 14, No. 2, 1986.

101. Kahl, Joseph Alan, *Modernization, Exploitation and Dependency in Latin America: Germani, Gonzalez Casanoa and Cardoso*, New Brunswick: Transaction Books, 1976.

102. Kay, Cristóbal and Robert N. Gwynne, "Relevance of Structuralist and Dependency Theories in the Neoliberal Period: A Latin American Perspective", *Journal of Developing Societies* (Brill), Vol. 16, Issue 1, April 2000.

103. Kay, Cristóbal, "For a Renewal of Development Studies: Latin American Theories and Neoliberalism in the Era of Structural Adjustment", *Third World Quarterly*, Vol. 14, No. 4, 1993.

104. Kay, Cristóbal, "Reflections on the Latin American Contribution to Development Theory", *Development & Change*, Vol. 22, No. 1, 1991.

105. Kay, Cristóbal, *Latin American Theories of Development and Underdevelopment*, London: Routledge, 1989.

106. Larrain, Jorge, *Theories of Development: Capitalism, Colonialism and Dependency*, Cambridge: Polity Press, 1989.

107. Leiva, Fernando Ignacio, "Neoliberal and Neostructuralist Perspectives on Labour Flexibility, Poverty and Inequality: A Critical Appraisal", *New Political Economy*, Vol. 11, No. 3, 2006.

108. Leiva, Fernando Ignacio, *Latin American Neostructuralism: The Contradictions of Post-Neoliberal Development*, Minneapolis: University of Minnesota Press, 2008.

109. Lira, Marximo, "La larga marcha de Prebisch hacia la critica del capitalismo periferico y su teória de la transformación de la sociedad", *El Trimeste*

Económico, Vol. 53, Núm. 211, 1986.

110. Love, Joseph, "Structuralism and Dependency in Peripheral Europe: Latin American Ideas in Spain and Portugal", *Latin American Research Review*, Vol. 39, No. 2, 2004.

111. Love, Joseph, "The Rise and Decline of Economic Structuralism in Latin America: New Dimensions", *Latin American Research Review,* Vol. 40, No. 3, 2005.

112. Love, Joseph L., "Raúl Prebisch and the Origins of the Doctrine of Unequal Exchange", *Latin American Research Review*, Vol. XV, No. 3, 1980.

113. Love, Joseph L., "The Origins of Dependency Analysis", *Journal of Latin American Studies*, Vol. 22, 1990.

114. Lustig, Nora, "Del estructuralismo al neoestructuralismo: la búsqueda de un paradigma heterodojo", *Colección Estudios CIEPLAN*, Vol. 23, 1988.

115. Lutz, Matthias G., "A General Test of the Prebisch-Singer Hypothesis", *Review of Development Economics,* Vol. 33, No. 1, 1999.

116. Marini, Ruy Mauro, *Dialectica de la dependencia*, Mexico: Ediciones Era, 1973.

117. Marini, Ruy Mauro, *Subdesarrollo y Revolucion*, Mexico: Siglo Veintiuno Editores, 1969.

118. Meller, Patricio, ed., *The Latin American Development Debate: Neostructuralism, Neomonetarism and Adjustment Processes*, Boulder: Westview Press, 1991.

119. Moore, Russell Martin, "Imperialism and Dependency in Latin America: A View of the New Reality of Multinational Investment", *Journal of Interamerican Studies and World Affairs*, Vol. 15, No. 1, February 1973.

120. Morgan, Theodore, "The Long-Run Terms of Trade between Agriculture and Manufacturing", *Economic Development and Cultural Change*, October 1959.

121. Munck, Ronaldo, *Politics and Dependency in the Third World: The Case of Latin America*, Jordanstown, Newtownabbey, Co. Antrim: Ulster Polytechnic, 1984.

122. Ocampo, José Antonio, "Terms of Trade and Center-Periphery Relations", in Osvaldo Sunkel, ed., *Development from Within: Toward a*

Neostructuralist Approach for Latin America, Boulder: Lynne Rienner Publishers, 1993.

123. Petras, James, *Politics and Social Structure in Latin America*, New York: Monthly Review Press, 1970.

124. Pinto, Aníbal, "Notas sobre industrialización y progreso tecnico en la perspectiva Prebisch-CEPAL", *Pensamiento Iberoamericano*, No. 16, julio-diciembre 1989.

125. Pinto, Aníbal, "Raúl Prebisch (1901—1986)", *CEPAL Review*, No. 29, August 1986.

126. Pollock, David, "David Pollock Interview with Raúl Prebisch", Text of 8 Tapes, Washington, D..C., 1985.

127. Popescu, Oreste, *Studies in the History of Latin American Economic Thought*, London: Routledge, 1997.

128. Prebisch, Raúl, "A Critique of Peripheral Capitalism", *CEPAL Review*, No. 1, First Half of 1976.

129. Prebisch, Raúl, "A Historic Turning Point for the Latin American Periphery", *CEPAL Review*, No. 18, December 1982.

130. Prebisch, Raúl, "A New Strategy for Development", *Journal of Economic Studies,* Vol. 3, No. 1, March 1968.

131. Prebisch, Raúl, "Biósfera y desarrollo", *Revista de la CEPAL Review*, No. 12, diciembre 1980.

132. Prebisch, Raúl, "Centro y periferia en el origen y maduracion de la crisis", *Pensamiento Iberoamericano*, No. 3, enero-junio 1983.

133. Prebisch, Raúl, "Commercial Policy in the Underdeveloped Countries", *American Economic Review,* Vol. 49, May 1959.

134. Prebisch, Raúl, "Crisis mundial y nuevas fórmulas para la integración", *Integación Latinoamericana*, año 10, No. 98, enero-febrero 1985.

135. Prebisch, Raúl, "Dependence, Interdependence and Development", *CEPAL Review*, No. 34, April 1988.

136. Prebisch, Raúl, "Economic Development or Monetary Stability: The False Dilemma", *Economic Bulletin for Latin America*, Vol. 6, No. 1, March 1961.

137. Prebisch, Raúl, "Evolución de la crisis y el futuro de América Latina",

Análisis Económico, No. 10, junio 1986.

138. Prebisch, Raúl, "Hacia la recuperación económica y la equidad social", *Estudios Internacionales*, año 16, No. 64, Octubre-diciembre 1983.

139. Prebisch, Raúl, "Las teorias neoclasicas del liberalismo economico", *Revista de la CEPAL*, No. 7, abril 1979.

140. Prebisch, Raúl, "Monetarism, Open-Economy Policies and the Ideological Crisis", *CEPAL Review*, No. 17, August 1982.

141. Prebisch, Raúl, "Notes on Trade from the Standpoint of the Periphery", *CEPAL Review*, No. 28, April 1986.

142. Prebisch, Raúl, "Power Relations and Market Laws", in Kwan S. Kim and David F. Ruccio, eds., *Debt and Development in Latin America*, Norte Dame, Indiana: University of Norte Dame Press, 1985.

143. Prebisch, Raúl, "Reflexiones sobre la integración económica latinoamericana", *Comercio Exterior*, Vol. 11, Núm. 11, noviembre de 1961.

144. Prebisch, Raúl, "Renovar el pensamiento económico latinoamericano, un imperativo", *Comercio Exterior*, Vol. 36, Núm. 6, junio 1986.

145. Prebisch, Raúl, "Retorno a la ortodoxia", *Pensamiento Iberoamericano*, No. 1, enero-junio 1982.

146. Prebisch, Raúl, "Revista desde la perspectiva latinoamericana", *Pensamiento Iberoamericano*, No. 1, enero-junio 1982.

147. Prebisch, Raúl, "Socio-Economic Structure and Crisis of Peripheral Capitalism", *CEPAL Review*, No. 6, Second Half of 1978.

148. Prebisch, Raúl, "The Crisis of Capitalism and International Trade", *CEPAL Review*, No. 20, August 1983.

149. Prebisch, Raúl, "The Economic Development of Latin America and Its Principal Problems", *Economic Bulletin for Latin America*, Vol. 7, No. 1, February 1962.

150. Prebisch, Raúl, "The External Debt of the Latin American Countries", *CEPAL Review*, No. 27, December 1985.

151. Prebisch, Raúl, "The Global Crisis of Capitalism and Its Theoretical Background", *CEPAL Review*, No. 22, April 1984.

152. Prebisch, Raúl, "Thirty Years of CEPAL: Statement by Mr. Prebisch",

CEPAL Review, No. 6, Second Half of 1978.

153. Prebisch, Raúl, "Towards a Theory of Change", *CEPAL Review*, No. 10, April 1980.

154. Prebisch, Raúl, *Change and Development: Latin America's Great Tasks*, Washington, D. C.: Inter-American Development Bank, 1970.

155. Prebisch, Raúl, *Towards a New Trade Policy for Development*, Report by the Secretary-General of UNCTAD, United Nations, 1964.

156. Ramirez-Faria, Carlos, *The Origins of Economic Inequality between Nations: A Critique of Western Theories on Development and Underdevelopment*, London: Unwin Hyman Ltd., 1991.

157. Ray, David, "The Dependency Model of Latin American Underdevelopment: Three Basic Fallacies", *Journal of Interamerican Studies and World Affairs*, Vol. 15, No. 1, 1973.

158. Rodríguez, Octavio and Alberto Couriel, "On Peripheral Capitalism and Its Transformation", *CEPAL Review*, No. 13, April 1981.

159. Rodríguez, Octavio, "Fundamentos del estructuralismo latinoamericano", *Comercio Exterior*, Vol. 51, No. 2, 2001.

160. Rodríguez, Octavio, "On the Conception of the Centre-Periphery System", *CEPAL Review*, No. 3, First Half of 1977.

161. Rodríguez, Octavio, "Prebisch: Actualidad de sus ideas basicas", *Revista de la CEPAL*, No. 75, diciembre 2001.

162. Rogge, B. A., "Economic Development in Latin America: The Prebisch Thesis", *Inter-American Economic Affairs*, Spring 1956.

163. Rosenthal, Gert and Fernando Fajnzylber, "On the Article by Raúl Prebisch 'Towards a Theory of Change'", *CEPAL Review*, No. 11, August 1980.

164. Santiago Macario, "Protectionism and Industrialization in Latin America", *Economic Bulletin for Latin America*, Vol. IX, No. 1, March 1964, p. 78, reprinted in G. M. Meier, ed., *Leading Issues in Economic Development: Studies in International Poverty, 2nd Edition*, Oxford: Oxford University Press, 1970, p. 528.

165. Sapsford, D., "Policy Arena: the Prebisch-Singer Thesis: A Thesis for the New Millennium?", *Journal of International Development*, Vol. 11, No. 6,

September-October 1999.

166. Sapsford, David, "The Statistical Debate on the Net Barter Terms of Trade: A Comment and Some Additional Evidence", *Economic Journal*, September 1985.

167. Sarkar, P. and H. W. Singer, "Manufactured Exports of Developing Countries and Their Terms of Trade since 1965", *World Development*, Vol. 19, No. 4, April 1991.

168. Sarkar, Prabirjit, "The Singer-Prebisch Hypothesis: A Statistical Evaluation", *Cambridge Journal of Economics*, Vol. 10, No. 1, October 1986.

169. Sikkink, Kathryn, "The Influence of Raúl Prebisch on Economic Policy-Making in Argentina, 1950—1962", *Latin America Research Review*, Vol. 23, No. 2, 1988.

170. Singer, Hans W., "Terms of Trade and Economic Development", John Eatwell, et al., eds., *The New Palgrave: A Dictionary of Economics*, London: The Macmillan Press, 1987.

171. Singer, Hans W., "The Distribution of Gains between Investing and Borrowing Countries", *American Economic Review: Papers and Proceedings*, Vol. 40, No. 2, May 1950.

172. Sprout, Ronald V. A., "El pensamiento de Prebisch", *Revista de la CEPAL*, No. 46, abril 1992.

173. Stavenhagen, Rodolfo, "The Future of Latin America: Between Underdevelopment and Revolution", *Latin American Perspectives*, Vol. 1, No. 1, Spring 1974.

174. Street, James H. and Dilmus D. James, "Institutionalism, Structuralism, and Dependency in Latin America", *Journal of Economic Issues*, Vol. 16, No. 3, 1982.

175. Street, James H., "Raúl Prebisch, 1901—1986: An Appreciation", *Journal of Economic Issues*, Vol. XXI, No. 2, June 1987.

176. Sunkel, Osvaldo and Gustavo Zuleta, "Neo-Structuralism versus Neo-Liberalism in the 1990s", *CEPAL Review*, No. 42, December 1990.

177. Sunkel, Osvaldo, "National Development Policy and External Dependence in Latin America", *Journal of Development Studies,* Vol. 6, No. 1,

1969.

178. Sunkel, Osvaldo, "Transnational Capitalism and National Disintegration in Latin America", *Social and Economic Studies,* Vol. 22, 1973.

179. Sunkel, Osvaldo, ed., *Development from Within: Toward a Neostructuralist Approach for Latin America*, Boulder: Lynne Rienner Publishers, 1993.

180. Thomas, Luis, "Neoclassical Development Theory and the Prebisch Doctrine: A Synthesis", *American Economist*, Vol. 38, No. 1, 1994.

181. UNCTAD, *Proceedings of the United Nations Conference on Trade and Development, Geneva, 23 March—16 June 1964*, Vol. I-VIII, New York: United Nations, 1964.

182. UNCTAD, *Towards a Global Strategy for Development*, Report of the Secretary-General of the United Nations Conference on Trade and Development at the Second Session of the Conference, New York: United Nations, 1968.

183. UNCTAD, *UNCTAD at 50: A History*, Geneva: United Nations, 2014.

184. Urguidi, Victor L., *The Challenge of Development in Latin America*, New York: Frederick A. Praeger Publishers, 1964.

185. Vernengo, Matias, "Liberalización externa e inversión extranjera directa en Brasil, 1971—2000: una perspectiva neoestructuralista", *Investigación Económica*, Vol. 62, No. 246, 2003.

186. Weinberg, Gregorio, et al., *Raúl Prebisch: Obras 1919—1948 (Tomo I—III)*, Buenos Aires: Fundación Raúl Prebisch, 1991.

187. Zuleta, Gustavo, "El desarrollo desde dentro: Un enfoque neoestructuralista para América Latina", *Pensamiento Iberoaméricano*, Vol. 21, 1992.

188. [阿根廷] 阿道弗·古里埃里：《技术进步及其成果——劳尔·普雷维什著作中的发展思想》，《国际经济评论》1982 年第 7 期。

189. [阿根廷] 劳尔·普雷维什：《发达国家的利益与拉丁美洲的发展》，《国外社会科学》1984 年第 3 期。

190. [阿根廷] 劳尔·普雷维什：《发展经济学的新格局——进步与展望》，北京：经济科学出版社 1987 年。

191. [阿根廷] 劳尔·普雷维什：《发展主义与新古典派的对话——评弗

里德曼和哈耶克》，《国外社会科学》1983 年第 2 期。

192.［阿根廷］劳尔·普雷维什：《关于拉丁美洲经济发展的若干问题》，《世界经济译丛》1986 年第 10 期。

193.［阿根廷］劳尔·普雷维什：《货币主义、开放主义和思想危机》，《国际贸易译丛》1983 年第 2 和 3 期。

194.［阿根廷］劳尔·普雷维什：《拉丁美洲的发展战略》，《拉丁美洲研究》1984 年第 6 期。

195.［阿根廷］劳尔·普雷维什：《外围资本主义：危机与改造》，苏振兴、袁兴昌译，北京：商务印书馆 1991 年版。

196.［阿根廷］劳尔·普雷维什：《外围资本主义的动力及其改造》，《世界经济译丛》1981 年第 4 期。

197.［阿根廷］劳尔·普雷维什：《我的发展思想的五个阶段》，载［英］杰拉尔德·迈耶和达德利·西尔斯编：《发展经济学的先驱》，谭崇台译，北京：经济科学出版社 1988 年。

198.［阿根廷］劳尔·普雷维什：《资本主义的危机与外围》，《世界经济译丛》1983 年第 4 期。

199.［埃及］萨米尔·阿明：《不平等的发展——论外围资本主义的社会形态》，高铦译，北京：商务印书馆 1990 年版。

200.［巴西］塞尔索·富尔塔多：《巴西经济的形成》，徐亦行、张维琪译，北京：社会科学文献出版社 2002 年版。

201.［巴西］塞尔索·富尔塔多：《拉丁美洲经济的发展：从西班牙征服到古巴革命》，徐世澄等译，上海：上海译文出版社 1981 年版。

202.［巴西］特奥托尼奥·多斯桑托斯：《帝国主义与依附》，毛金里等译，北京：社会科学文献出版社 1992 年版。

203.［巴西］特奥托尼奥·多斯桑托斯：《新自由主义的兴衰》，郝名玮译，北京：社会科学文献出版社 2012 年版。

204.［德］安德烈·冈德·弗兰克：《依附性积累与不发达》，高铦、高戈译，南京：译林出版社 1999 年版。

205.［古巴］奥斯瓦尔多·马丁内斯：《垂而不死的新自由主义》，高静译，北京：当代世界出版社 2009 年版。

206.［美］A. 费希洛：《新结构主义——拉美经济学的新趋势》，《国外社会科学》1988 年第 8 期。

207. ［美］爱德华·J. 威廉斯：《从发展角度看拉丁美洲的政治思潮》，钟腊梅译，北京：商务印书馆 1979 年版。

208. ［美］安德烈斯·范拉斯科：《依附理论》，《国外社会科学文摘》2003 年第 3 期。

209. ［美］查尔斯·威尔伯主编：《发达与不发达问题的政治经济学》，北京：中国社会科学出版社 1984 年版。

210. ［美］基思·格里芬：《可供选择的经济发展战略》，倪吉祥等译，北京：经济科学出版社 1992 年版。

211. ［美］罗纳德·奇尔科特和江时学主编：《替代拉美的新自由主义——〈拉美透视〉专辑》，江心学译，北京：社会科学文献出版社 2004 年版。

212. ［美］肖夏娜·B. 坦塞：《拉丁美洲的经济民族主义——对经济独立的探求》，涂光楠等译，北京：商务印书馆 1980 年版。

213. ［墨］F. 帕索斯：《R. 普雷维什与拉丁美洲的经济发展》，《国外社会科学》1982 年第 1 期。

214. ［墨］费利佩·帕索斯：《拉丁美洲经济思想 50 年》，《拉美问题译丛》1990 年第 2 期。

215. ［墨］维克多·乌尔基迪：《发展中国家经济增长的障碍：拉丁美洲当前的经验》，《国际社会科学杂志》中文版，第 7 卷，第 2 期（1990 年 5 月）。

216. ［日］植松忠博：《劳尔·普雷维什的外围资本主义论——资本积累和体制改革的新观点》，《世界经济译丛》1983 年第 11 期。

217. ［苏联］B. M. 达维多夫：《什么是"依附论"？》，《拉美资料》1986 年第 2 期。

218. ［委］斯特维·埃尔内：《拉丁美洲关于反新自由主义战略的争论（上下）》，《国外理论动态》2005 年第 4 期和第 5 期。

219. ［智利］奥斯瓦尔多·松克尔和［智利］古斯塔沃·苏莱塔：《90 年代的新结构主义与新自由主义》，《拉美问题译丛》1992 年第 1 期。

220. ［智利］费尔南多·法伊恩兹尔伯：《拉丁美洲的工业化：从"黑箱"到"空箱"》，《国际社会科学杂志》中文版，第 7 卷第 1 期（1990 年 2 月）。

221. 曹因：《拉美发展主义理论简述——普雷维什的结构主义》，《社会观察》2004 年第 3 期。

222. 曹远征：《世界经济体系中的发达与不发达关系》，杭州：浙江人民出版社 1988 年版。

223. 陈平：《新自由主义的兴起与衰落：拉丁美洲经济结构改革（1973—2003）》，北京：世界知识出版社 2008 年版。

224. 陈舜英、吴国平、袁兴昌：《经济发展与通货膨胀——拉丁美洲的理论与实践》，北京：中国财政经济出版社 1990 年版。

225. 陈雪梅：《中心-外围格局的存在与突破——发展中国家经济发展战略选择研究》，《学术界》1993 年第 3 期。

226. 陈雪梅、郭熙保：《贸易条件恶化论述评》，《教学与研究》1999 年第 7 期。

227. 崔丕：《"依附与低度开发"论研究》，《东北师大学报（哲学社会科学版）》1987 年第 6 期。

228. 高波：《马克思主义对拉美本土发展理论的影响分析》，《拉丁美洲研究》2018 年第 5 期。

229. 高岱：《依附论者对南北经济关系理论思考》，《学海》2007 年第 4 期。

230. 高君成：《评拉美发展主义的经济理论及其实践》，《拉丁美洲丛刊》1985 年第 2 期。

231. 高铦：《第三世界发展理论探讨》，北京：社会科学文献出版社 1992 年版。

232. 高铦：《拉丁美洲的"发展主义"经济思潮》，《世界经济》1978 年第 4 期。

233. 高铦：《拉丁美洲的依附与依附论》，《拉丁美洲丛刊》1985 年第 1 期。

234. 高铦：《战后拉丁美洲经济思潮概述》，《拉丁美洲丛刊》1982 年第 1 期。

235. 郭寿玉：《资本主义南北经济关系新论——马克思主义中心外围论》，北京：首都师范大学出版社 1993 年版。

236. 韩琦：《拉美的新结构主义理论——转型时期现代化道路的新思考》，《拉丁美洲研究》2008 年第 3 期。

237. 韩琦：《拉美结构主义研究中的几个问题》，《世界历史》2008 年第 2 期。

238. 韩琦：《塞尔索·富尔塔多及其经济发展思想》，《拉丁美洲研究》

2007 年第 3 期。

239. 贾根良、沈梓鑫：《普雷维什-辛格新假说与新李斯特主义的政策建议》，《中国人民大学学报》2016 年第 4 期。

240. 江时学：《拉美发展模式研究》，北京：经济管理出版社 1996 年版。

241. 江时学：《拉美结构主义论再认识》，《国外社会科学》1995 年第 2 期。

242. 江时学：《普雷维什的"中心-外围论"：以第三世界视角探讨国际经济关系》，《中国社会科学报》2012 年 7 月 4 日。

243. 马颖：《论发展经济学的结构主义思路》，《世界经济》2002 年第 4 期。

244. 邱崇明：《新结构主义的通货膨胀理论——惯性通货膨胀理论及其启迪》，《学术月刊》1997 年第 12 期。

245. 沈安：《阿根廷模式与新发展主义的兴起》，《拉丁美洲研究》2009 年第 1 期。

246. 沈堃：《再评结构主义发展理论：以中国为背景》，《经济评论》1998 年第 2 期。

247. 苏振兴：《拉丁美洲：新自由主义"退潮"，本土发展理论复兴》，《国际问题研究》2008 年第 6 期。

248. 苏振兴：《拉丁美洲的新结构主义》，《拉丁美洲研究》，1991 年第 2 期。

249. 苏振兴编译：《关于拉丁美洲的发展模式》，《拉丁美洲丛刊》1982 年第 2 期。

250. 苏振兴主编：《拉丁美洲的经济发展》，北京：经济管理出版社 2000 年版。

251. 孙来斌、颜鹏飞：《依附论的历史演变及当代意蕴》，《马克思主义研究》2005 年第 4 期。

252. 王萍：《结构主义与拉美的发展》，《拉丁美洲研究》1999 年第 4 期。

253. 王赞桔：《拉美的新结构主义经济理论及其对经济结构调整的政策建议》，《拉丁美洲研究》1990 年第 2 期。

254. 肖枫编著：《西方发展学和拉美的发展理论》，北京：世界知识出版社 1990 年版。

255. 徐世澄主编：《拉丁美洲现代思潮》，北京：当代世界出版社 2010 年版。

256. 杨龙：《作为意识形态的发展主义》，《理论与现代化》1994 年第 9 期。

257. 于宾、朱廷珺：《贸易条件理论研究：文献述评》，《社科纵横》2006 年第 8 期。

258. 余幼宁：《拉美经济委员会的不发达理论》，《国外社会科学》1981 年第 3 期。

259. 俞新天：《依附理论的渊源及特点——发展理论再思考之一》，《史林》1992 年第 1 期。

260. 袁兴昌：《对结构主义经济理论的新认识——〈外围资本主义：危机与改造〉读后感》，《拉丁美洲研究》2016 年第 4 期。

261. 袁兴昌：《对依附理论的再认识——依附理论的起源》，《拉丁美洲研究》1990 年第 4 期。

262. 袁兴昌：《对依附理论的再认识——依附理论的主要组成部分》（上、中、下），《拉丁美洲研究》1990 年第 5、6 期和 1991 年第 2 期。

263. 袁兴昌：《非正统发展理论的产生、演变和方法论特点》，《拉丁美洲研究》1989 年第 4 期。

264. 袁兴昌：《评弗兰克的"不发达的发展"论》，《拉丁美洲研究》1992 年第 4 期。

265. 曾昭耀：《关于进口替代工业化战略的再思考》，《拉丁美洲研究》1996 年第 6 期。

266. 张海防、宋娟：《论普雷维什的特权消费社会思想》，《南京师大学报（社会科学版）》2016 年第 6 期。

267. 张康之、张桐：《"世界体系论"的"中心-边缘"概念考察》，《中国人民大学学报》2015 年第 2 期。

268. 张康之、张桐：《论依附论学派的中心-边缘思想——从普雷维什到依附论学派的中心-边缘思想演进》，《社会科学研究》2014 年第 5 期。

269. 张雷声：《弗兰克"不发达的发展"理论论析》，《江淮论坛》1989 年第 6 期。

270. 张雷声：《弗兰克及其"依附理论"》，《世界经济》1989 年第 8 期。

271. 张雷声：《卡尔多索和他的"依附的发展"理论》，《世界经济》1991年第 12 期。

272. 张雷声：《拉丁美洲"依附论"简析》，《教学与研究》1989 年第 3 期。

273. 张仕荣、张曙光：《新时期拉美结构主义与中拉能源合作的前景》，《拉丁美洲研究》2012 年第 6 期。

274. 赵丽红：《关于贸易条件恶化论的争论》，《拉丁美洲研究》2011 年第 3 期。

275. 郑皓瑜：《经济发展理论与国家经济角色的转变——以 90 年代巴西为例浅析结构主义与新结构主义》，《拉丁美洲研究》2006 年第 6 期。

276. 周长城：《新依附理论：卡多佐对传统依附理论的挑战》，《社会科学研究》1997 年第 4 期。

后 记

在拙著《拉美结构主义发展理论研究》付梓之际，我想借此表达深深的谢意。

首先，感谢南开大学历史学科的前辈先贤和授业恩师。笔者于 1986 年考入南开大学历史系世界史专业，至今已 36 载。当时的系主任是刘泽华先生，副系主任是王敦书先生和王连升先生，党总支书记是陈志远先生，他们的言传身教让我们常沐"惟真惟新，学以致用"史学传统春风。于可先生、陈志强先生、樊文治先生和张象先生教授的《世界通史》，孙立群先生、常建华先生、侯杰先生和张洪祥先生讲授的《中国通史》，为我们打下坚实的史学基础。黎国彬先生的《研究生专业英语》（旁听）、王敦书先生和陆镜生先生的《专业英语》、洪国起先生的《马列经典著作选读》、季绍德先生的《古代汉语》、张国刚先生的《史学概论》、林和坤先生的《现代国际关系史》、张伟伟先生的《西方文官制度》、王元明先生的《哲学》、薛琛先生的《公共英语》，以及帕特、罗伯特·李等外教的《英语口语》，至今仍记忆犹新，仿佛置身主楼宽敞明亮的教室。2023 年将迎来南开大学历史系成立100 周年，本书作为"美洲史丛书"之一部，我希望借此向南开大学历史学科的前辈先贤致以崇高的敬意，向授业恩师们表达诚挚的谢意。

其次，感谢南开大学拉美研究中心的恩师、同事和同学们。1992 年，我考入南开大学历史系地区国别史专业，师从洪国起先生攻读拉丁美洲史专业研究生，今年正好 30 年。在此之前，我任教于湖北省武汉市汉阳区委党校，利用业余时间复习考研。当时，我报考的是张象先生的世界当代史专业，因故转投洪先生门下。洪先生在学术和为人方面对我的启迪和教诲，使我受益良多，终生难忘。在生活上，先生与师母更是对我和家人关怀备至，事无巨细，均为我们考虑周全。30 年以来，我见证了南开大学拉丁美洲研究中心的成立和发展，并有幸成为其中一员，有幸与王晓德先生、韩琦教

授、谭融教授、王萍教授、李巨轸副教授、王翠文副教授、潘芳副教授共
事。我还要感谢我的那些可爱的学生们（硕士生徐文丽、房建国、褚俊俊、
余建明、曹龙兴、李传美、王静、高雪燕、杨云、安梁、王延鑫、薛桐、张
畅、杨冰玉、肖亚兰、王露、汤慧琴、时习、孙禹剑、刘紫奕；博士生吴
茜、王延鑫、冯利、袁苗苗、石晓文、薛桐、王露和闫广臣）和拉美研究中
心其他老师门下的学生们，与这些青年人的交流总让人得到新的启迪。

　　再次，感谢国内外拉美（史）研究的前辈和同人们。1995 年留校工作
至今，我有幸加入拉美研究的大家庭，有幸聆听诸多前辈和名家的教诲，他
们是（但不限于）苏振兴先生、徐世澄先生、林被甸先生、张森根先生、曾
昭耀先生、张宝宇先生、毛相麟先生、郝名玮先生、冯秀文先生、刘文龙先
生、陈才兴先生、沈安先生、吴志华先生、张家唐先生、江时学先生，以及
吴洪英研究员、程洪教授、袁东振研究员、张凡研究员、贺双荣研究员、夏
立安教授、董经胜教授、孙若彦教授。我的谢意还要送给那些拉美研究学界
的同人和青年才俊，包括（但不限于）王文仙研究员、刘维广编审、杨守国
研究员、谢文泽研究员、周志伟研究员、杨志敏研究员、杨建民研究员、郭
存海研究员、李紫莹教授、闫屹教授、崔守军教授、陈才教授、郭洁副教
授、杜娟副研究员、左晓园副教授、张伟劼副教授、叶健辉副教授、张青仁
副教授、崔忠洲副教授、张琨副教授、谭道明副研究员，以及这里没有提及
的拉美学界其他同人。当然，我还要感谢美国伊利诺伊大学厄巴纳-香槟分
校（UIUC）拉美和加勒比研究中心的约瑟夫·洛夫（Joseph Love）、维尔
纳·贝尔（Werner Baer）、希克斯托·克罗多阿尔多·索托（Sixto Clodoaldo
Soto）教授、安吉丽娜·科特勒（Angelina Cotler）博士、格罗里亚·里布
雷（Gloria Ribble）女士和 UIUC 拉美图书馆的内莉·冈萨雷斯（Nelly
Gonzalez）馆长；以及加州大学圣迭戈分校（UCSD）拉美研究中心的卡洛
斯·威斯曼（Carlos Waisman）、戴维·马雷斯（David Mares）和克里斯蒂
娜·胡恩菲尔特（Christine Hunefeldt）教授。特别是约瑟夫·洛夫教授，他
是我在 UIUC 访问研究时的合作教授，是国际学术界最为知名的拉美经济思
想史的研究者，他提供给我大量拉美结构主义相关的史料，是本书得以完成
的重要保障。卡洛斯·威斯曼教授则是我在 UCSD 留学期间的指导教师，他
是拉美社会问题领域的知名学者，与他的每一次交流都使我获益良多。

　　最后，我要感谢那些奋战在抗击新冠疫情一线的医护工作者和志愿者，
在疫情肆虐的三年时间里，是他们的无私奉献保证了我们相对安全和正常的

工作和生活环境；我要感谢南开大学历史学院的同事们，他们让我拥有了一个宽松的、满是关爱的工作环境；我还要感谢南开大学出版社负责本书的各位编辑，正是他们的细致工作保证了本书得以出版。应该感谢的人还有很多，他们都对本书的问世做出了贡献。书中的不足和错误当然得由我承担全部责任，衷心希望学界前辈、同人和各位读者提出宝贵意见。

董国辉

2022 年 8 月 31 日